高等卫生职业院校课程改革教材
供高职高专医学检验技术专业使用

案例版™

寄生虫检验技术

主　编　陆予云
副主编　朱福琪　刘　萍　戴翠萍
编　者　（按姓氏汉语拼音排序）
　　　　戴翠萍　江苏护理职业学院
　　　　邝浩成　广东省从化市疾病预防控制中心
　　　　李　华　乌兰察布医学高等专科学校
　　　　李福玲　黑龙江农垦职业学院
　　　　刘　萍　安徽医学高等专科学校
　　　　陆予云　广州医科大学卫生职业技术学院
　　　　王群兴　三峡大学第一临床医学院
　　　　翁　静　楚雄医药高等专科学校
　　　　叶　薇　惠州卫生职业技术学院
　　　　员建武　运城护理职业学院
　　　　朱炳生　宜春职业技术学院医学院
　　　　朱福祺　江西护理职业技术学院

科学出版社
北　京

·版权所有　侵权必究·

举报电话：010-64030229；010-64034315；13501151303（打假办）

内　容　简　介

本教材由全国12所高职高专医、护院校的医学检验技术专业老师编写。本书分为12章，包括绪论、医学蠕虫、医学原虫与医学节肢动物四大部分。后附实验指导，分为7章，包括实验指导总则、线虫纲、吸虫纲、绦虫纲、原虫、节肢动物检验技术及免疫学检验技术。每章教学内容中设有教学目标、案例分析、链接、目标检测、参考答案，配合本教材使用的教学大纲，以利于学生学习，并配套制备了与本教材一致的PPT课件。

本教材供3年制高职高专或3+2中、高职衔接医学检验技术专业的学生学习使用。

图书在版编目（CIP）数据

寄生虫检验技术／陆予云主编．—北京：科学出版社，2015.12
高等卫生职业院校课程改革教材
ISBN 978-7-03-046547-4

Ⅰ．寄…　Ⅱ．陆…　Ⅲ．寄生虫病-医学检验-高等职业教育-教材
Ⅳ．R530.4

中国版本图书馆CIP数据核字（2015）第288415号

责任编辑：邱　波／责任校对：何艳萍
责任印制：徐晓晨

版权所有，违者必究。未经本社许可，数字图书馆不得使用

科　学　出　版　社　出版
北京东黄城根北街16号
邮政编码：100717
http://www.sciencep.com

北京中科印刷有限公司　印刷
科学出版社发行　各地新华书店经销

*

2015年12月第　一　版　开本：787×1092　1/16
2022年8月第七次印刷　印张：15
字数：356 000
定价：64.80元
（如有印装质量问题，我社负责调换）

前　言

　　为了贯彻落实2014年5月2日通过的《国务院关于加快发展现代职业教育的决定》，积极推进学历证书和职业资格证书"双证书"制度，进一步深化高职高专医学检验专业教学教材改革，培养高素质技术技能型高级医学检验人才，科学出版社针对高职高专教育的职业方向性及人才需求特点，组织编写了全国高职高专医学检验技术专业《寄生虫检验技术》教材。

　　本教材充分体现"以就业为导向，以能力为本位，以发展技能为核心"的职业教育培养理念。作为本教材的指导思想，"三基"（基本知识、基本理论和基本技能）、"五性"（思想性、科学性、先进性、启发性和适用性）、"三特定"（特定对象、特性要求和特定限制）及职业教育的"五个对接"（专业与行业及岗位对接、教学内容与职业标准对接、教学过程与临床过程对接、考试标准与执业标准及执业准入对接和职业教育与终身教育对接）贯穿始终。每章设有学习目标、教学内容、案例分析、目标检测，并根据需要，插入了内容生动的相关知识链接，使得教材不但满足了高职高专医学检验技术专业学历教育及执业资格考试学习需要，同时强化培养了学生的专业可持续学习能力。为便于学生学习，教材后部附带实验指导、教学大纲，本书还配套制作了全部教学内容PPT课件。

　　本教材共分为12章。第1章为绪论。第2~11章为各论部分，以寄生虫生物学分类的顺序，即医学蠕虫、医学原虫、医学节肢动物三大类，将各纲的寄生虫独立成章。为了突出以技能为核心的职业教育理念，每章最后一节详细介绍了本章寄生虫的最新及主要检验技术方法。第12章为寄生虫的其他检验技术。本教材适用于3年制高职高专或3+2中、高职衔接医学检验技术专业的学生学习使用。

　　本教材的编写工作得到广州医科大学卫生职业技术学院等全国12所医、药、护院校的领导及参编教师的大力支持与协助，由广东省惠州卫生职业技术学院参编老师承担秘书工作，并承蒙科学出版社专业人员悉心指导，编者谨此一并表示衷心感谢。由于编写时间仓促，参编人员水平有限，教材中难免存在不足之处，敬请读者给予批评指正。

陆予云
2015年6月15日

目 录

- 第1章 绪论 ··· (1)
- 第2章 线虫纲 ··· (19)
  - 第1节 概述 ··· (19)
  - 第2节 似蚓蛔线虫 ·· (20)
  - 第3节 蠕形住肠线虫 ··· (23)
  - 第4节 十二指肠钩口线虫和美洲板口线虫 ································· (26)
  - 第5节 班氏吴策线虫和马来布鲁线虫 ······································ (30)
  - 第6节 旋毛形线虫 ·· (34)
  - 第7节 其他线虫 ··· (37)
  - 第8节 线虫的检验技术 ·· (44)
- 第3章 后棘头虫纲 ··· (50)
- 第4章 吸虫纲 ··· (52)
  - 第1节 概述 ··· (52)
  - 第2节 华支睾吸虫 ·· (53)
  - 第3节 卫氏并殖吸虫 ··· (56)
  - 第4节 斯氏狸殖吸虫 ··· (60)
  - 第5节 日本血吸虫 ·· (61)
  - 第6节 布氏姜片吸虫 ··· (68)
  - 第7节 吸虫的检验技术 ·· (70)
- 第5章 绦虫纲 ··· (77)
  - 第1节 概述 ··· (77)
  - 第2节 链状带绦虫 ·· (78)
  - 第3节 肥胖带绦虫 ·· (83)
  - 第4节 细粒棘球绦虫 ··· (86)
  - 第5节 微小膜壳绦虫 ··· (90)
  - 第6节 曼氏迭宫绦虫 ··· (93)
  - 第7节 绦虫的检验技术 ·· (95)
- 第6章 叶足纲 ··· (98)
  - 第1节 溶组织内阿米巴 ·· (98)
  - 第2节 其他阿米巴 ·· (102)
  - 第3节 叶足虫的检验技术 ··· (105)
- 第7章 动鞭毛纲 ··· (108)
  - 第1节 阴道毛滴虫 ·· (108)
  - 第2节 蓝氏贾第鞭毛虫 ·· (110)

第3节　杜氏利什曼原虫 ………………………………………………… (113)
　　第4节　其他人体寄生鞭毛虫 …………………………………………… (117)
第8章　孢子纲 ………………………………………………………………… (120)
　　第1节　疟原虫 …………………………………………………………… (120)
　　第2节　刚地弓形虫 ……………………………………………………… (127)
　　第3节　隐孢子虫 ………………………………………………………… (132)
　　第4节　其他人体寄生孢子虫 …………………………………………… (134)
　　第5节　孢子虫的检验技术 ……………………………………………… (136)
第9章　动基裂纲 ……………………………………………………………… (141)
第10章　昆虫纲 ………………………………………………………………… (144)
　　第1节　蚊 ………………………………………………………………… (144)
　　第2节　蝇蛆 ……………………………………………………………… (147)
　　第3节　蚤 ………………………………………………………………… (149)
　　第4节　虱 ………………………………………………………………… (151)
　　第5节　白蛉 ……………………………………………………………… (152)
　　第6节　昆虫纲节肢动物的检验技术 …………………………………… (154)
第11章　蛛形纲 ………………………………………………………………… (156)
　　第1节　蜱 ………………………………………………………………… (156)
　　第2节　恙螨 ……………………………………………………………… (159)
　　第3节　疥螨 ……………………………………………………………… (161)
　　第4节　蠕形螨 …………………………………………………………… (162)
　　第5节　其他常见医学螨类 ……………………………………………… (164)
　　第6节　蛛形纲节肢动物的检验技术 …………………………………… (166)
第12章　其他检验技术 ………………………………………………………… (168)
　　第1节　显微镜测微尺使用方法 ………………………………………… (168)
　　第2节　原虫的人工培养方法 …………………………………………… (169)
　　第3节　动物感染与保种方法 …………………………………………… (170)
　　第4节　免疫学诊断方法 ………………………………………………… (171)
　　第5节　分子生物学诊断技术 …………………………………………… (177)
　　第6节　标本的固定和保存 ……………………………………………… (184)
　　第7节　检验技术常用试剂配制 ………………………………………… (187)
寄生虫检验技术实验指导 ……………………………………………………… (195)
　　第1节　实验指导总则 …………………………………………………… (195)
　　第2节　线虫检验 ………………………………………………………… (198)
　　第3节　吸虫检验 ………………………………………………………… (203)
　　第4节　绦虫检验 ………………………………………………………… (208)
　　第5节　原虫检验 ………………………………………………………… (212)
　　第6节　医学节肢动物检验 ……………………………………………… (219)
　　第7节　寄生虫的免疫学检验技术 ……………………………………… (222)
参考文献 ………………………………………………………………………… (227)
《寄生虫检验技术》教学大纲 ………………………………………………… (228)
目标检测选择题参考答案 ……………………………………………………… (233)

第1章 绪 论

学习目标

1. 掌握 寄生虫、宿主、生活史、感染阶段、土源性蠕虫、生物源性蠕虫、世代交替、带虫免疫、伴随免疫、幼虫移行症、机械性传播、生物源性传播的概念;寄生虫对宿主损害方式;寄生虫病流行的基本环节;寄生虫感染检验方法的类型。
2. 熟悉 寄生虫感染的转归;寄生虫病流行因素、流行特点和防治原则。
3. 了解 寄生现象;寄生虫的分类与范畴;宿主抗寄生虫感染的免疫机制和特点;我国寄生虫病流行现状。

寄生虫检验技术(parasitological laboratory medicine)是研究人体寄生虫形态、生活史,寄生虫病的发生、发展和转归,寄生虫流行与防治,以及为寄生虫感染与寄生虫病诊断、疗效考核或寄生虫病防治工作提供物证的科学。同时,也是医学检验技术专业的一门专业主干课程。其研究范畴包括医学蠕虫、医学原虫和医学节肢动物。研究内容包括各种寄生虫的形态、生活史、致病、流行与防治原则的基础理论知识,和应用各种实验检测方法对寄生虫感染与寄生虫病进行实验诊断,使感染者能获得及时准确的诊断与治疗。

一、寄生、寄生虫与宿主

(一) 寄生现象

在自然界,众多的生物在漫长的进化过程中,由于某些偶然的原因,使不同生物间共同生活,彼此之间相互作用,相互依存,逐渐形成了各种复杂的生态关系,其中包括两个不同种生物一起生活的共生现象。按照共生现象中彼此之间得益或受损,可将共生现象分为共栖、互利共生和寄生三种类型。

1. 共栖 或称片利共生,指两个不同种生物生活在一起,其中一方得益,另一方既不得益亦不受害的共生现象。例如,生活在海洋中的䲟鱼,个体虽小,但可利用其背鳍演化而成的吸盘吸附在大型鱼类体表,借助大型鱼类的游弋,被带到食物丰富的海域觅食,以求生存。这种共生现象中,䲟鱼是得益方,而被吸附的大型鱼类则既无得益,但也不受害。

2. 互利共生 指两个不同种生物生活在一起,彼此相互得益,甚至双方相互依赖,缺一不可的共生现象。例如,在白蚁的消化道内定居的鞭毛虫,可分泌纤维素酶,以帮助白蚁将食入的木质纤维素消化,使其获得营养成分。同时,白蚁的消化道也为鞭毛虫提供了营养和适宜的寄居环境。彼此得益,相互依赖,共同生存。

3. 寄生 指两个不同种生物生活在一起,其中一方得益,另一方受害,受害方为得益方提供生存所需的营养物质和寄居环境,得益方则通过夺取营养及各种损伤方式对受害方造成损害,通常把这种共生现象的关系称之为寄生关系。在寄生关系中,得益的一方,即营寄生生活的单细胞原生动物和多细胞的低等无脊椎动物统称为寄生虫(parasite),受害的一方,即被寄生虫寄生的人或动物称为宿主(host)。例如,蛔虫寄生在人体小肠内,并从肠腔获取营养物质,同时对人体造成损害,如离开人体的蛔虫在自然环境则不能独立生存。故蛔虫是寄生虫,人则是蛔虫的宿主。

(二) 寄生虫的生活史与感染阶段

1. 寄生虫的生活史 寄生虫从卵或幼虫(或原虫滋养体、包囊等)开始,到成虫(或原虫滋养体、包囊等),完成一代生长、发育和繁殖的全过程称为寄生虫的生活史(life cycle)。不同寄生虫的生活史过程繁简不一,根据生活史过程中是否需要中间宿主,将寄生虫的生活史分为直接发育型和间接发育型两类。

(1) 直接发育型:寄生虫整个生活史过程中不需更换宿主,虫卵、幼虫或原虫包囊等在外界直接发育到感染期,主动或被动进入人体而感染。例如,蛔虫、钩虫及阿米巴原虫等的生活史属于该种类型。

(2) 间接发育型:寄生虫整个生活史过程中需更换一个以上宿主,尚能完成整个生长发育过程。常把幼虫或无性生殖阶段寄生的宿主称为中间宿主,而成虫或有性生殖阶段寄生的宿主则称为终宿主(或保虫宿主)。例如,血吸虫的生活史过程中,毛蚴、胞蚴和尾蚴阶段寄生在中间宿主钉螺体内,感染阶段的尾蚴进入人或脊椎动物体内发育为成虫,被成虫寄生的人称终宿主,而被成虫寄生的脊椎动物称保虫宿主。此种生活史属间接发育型。

寄生虫经历了漫长的适应性进化过程,其繁殖方式比较复杂。某些寄生虫仅有有性生殖,如蛔虫、钩虫和丝虫等蠕虫。有的只有无性繁殖,如溶组织内阿米巴和阴道毛滴虫等原虫。而某些寄生虫既有有性生殖又有无性繁殖,如华支睾吸虫、血吸虫和并殖吸虫等蠕虫;疟原虫、弓形虫等原虫。在寄生虫生活史过程中,既有无性繁殖又有有性生殖,即有性世代与无性世代相互交替的现象称之为世代交替(alternation of generations)。

2. 寄生虫的感染阶段 寄生虫的生活史过程中,能侵入人体并引起人体感染的发育阶段,称为该寄生虫的感染阶段(infective stage)。例如,蛔虫在其生活史中需要经历成虫、虫卵、含幼虫卵、幼虫再到成虫等发育阶段,只有误食了蛔虫的含幼虫卵(感染性虫卵)才可引起人体感染,含幼虫卵则为蛔虫的感染阶段。每种寄生虫在其生活史过程中,有一个适宜的感染阶段,避免与该发育阶段的虫体接触,可防止引起感染。个别寄生虫对人有一个以上的感染阶段,如链状带绦虫的虫卵与幼虫囊尾蚴阶段对人均有感染能力。

(三) 寄生虫分类与命名

在我国,迄今已发现可寄生于人体的寄生虫有230多种,其中常见的有30余种。有的仅寄生于人体,有的既寄生于人体,也寄生于某些动物,分别可引起人体寄生虫病或人畜共患寄生虫病。可以根据不同分类方法将寄生虫分成不同的类型:

1. 按生物分类系统分类 寄生虫均属单细胞原生动物和多细胞的低等无脊椎动物,依据生物分类系统的界、门、纲、目、科、属、种七个阶元分类,人体寄生虫分别隶属于动物界(Kingdom Animalia) 7个门中的10余纲。与习惯性将人体寄生虫分为多细胞的医学蠕虫、单细胞的医学原虫和医学节肢动物三类相对应的是,医学蠕虫包括线形动物门(Phylum Nemathelminthes)、棘头动物门(Phylum Acanthoce-phala)和扁形动物门(Phylum Platyhelminthes)中的线虫纲、后棘头虫纲、吸虫纲和绦虫纲等4个纲;医学原虫包括原生动物亚界

(Subkingdom Protozoa)中的肉足鞭毛门(Sarcomastigophora)、顶复门(Apicomplexa)和纤毛门(Ciliophora)3个门中的叶足纲、动鞭毛纲、孢子纲和动基裂纲共4个纲;医学节肢动物则包括了节肢动物门(Phylum Arthropoda)中的昆虫纲、蛛形纲、甲壳纲、唇足纲及倍足纲等5个纲,见表1-1。

表1-1 常见人体寄生虫分类及范畴

界	门	纲	主要虫种	范畴
动物界	线形动物门	线虫纲	似蚓蛔线虫、蟯形住肠线虫、十二指肠钩口线虫和美洲板口线虫、班氏吴策线虫和马来布鲁线虫、旋毛形线虫、毛首鞭形线虫、粪类圆线虫、结膜吸吮线虫、广州管圆线虫	医学蠕虫
	棘头动物门	后棘头虫纲	猪巨吻棘头虫	
	扁形动物门	吸虫纲	华支睾吸虫、卫氏并殖吸虫、斯氏狸殖吸虫、日本血吸虫、布氏姜片吸虫	
		绦虫纲	链状带绦虫、肥胖带绦虫、微小膜壳绦虫、曼氏迭宫绦虫、细粒棘球绦虫	
	肉足鞭毛门	叶足纲	溶组织内阿米巴、结肠内阿米巴	医学原虫
		动鞭毛纲	阴道毛滴虫、杜氏利什曼原虫、蓝氏贾第鞭毛虫、人毛滴虫、口腔毛滴虫	
	顶复门	孢子纲	疟原虫、刚地弓形虫、隐孢子虫、肉孢子虫、贝氏等孢球虫	
	纤毛门	动基裂纲	结肠小袋纤毛虫	
	节肢动物门	昆虫纲	蚊、蝇、虱、蚤、白蛉	医学节肢动物
		蛛形纲	疥螨、蠕形螨、恙螨、蜱	
		甲壳纲	溪蟹、蝲蛄	
		唇足纲	蜈蚣	
		倍足纲	马陆	

2. 按寄生部位或解剖系统部位分类 依据寄生部位不同,可将人体寄生虫分为体内寄生虫和体表寄生虫。体内寄生虫则可分为腔道寄生虫、组织内寄生虫等,也可依据解剖系统部位不同分为消化系统寄生虫、神经系统寄生虫等。例如,蛔虫和钩虫寄生于人体小肠,两者均属体内寄生虫,亦属于肠道寄生虫或消化系统寄生虫。肺吸虫寄生于肺部,属于组织内寄生虫或呼吸系统寄生虫。虱和蚤则属于体表寄生虫。

3. 按寄生时间分类 可分为永久性寄生虫和暂时性寄生虫。永久性寄生虫是指必须在人体内发育或成熟,并始终寄居于人体的寄生虫,如蛔虫、钩虫等。暂时性寄生虫则是指在需要吸血之时才侵袭、依附人体,一旦完成吸血觅食后,则离开人体的寄生虫,如蚊、蚤等。

4. 按寄生的性质分类

(1) 专性寄生虫:指其生活史中全部阶段或者至少某一个阶段,必须营寄生生活的寄生虫。人体寄生虫中大部分都属于此种类型,如蛔虫、钩虫及丝虫等。

(2) 兼性寄生虫:生活史中主要营自生生活,也可营寄生生活的寄生虫,如粪类圆线虫。

(3) 偶然寄生虫:原本营自由生活,因偶然机会进入人体,但不能长期在人体寄生的寄生虫,如某些蝇蛆偶然进入人体寄生,引起蝇蛆病。

(4) 机会致病寄生虫:有的寄生虫在宿主体内通常不致病或致病力很弱,处于隐性感染状态,只有当宿主免疫功能降低或受损时,才可迅速增殖而致病的寄生虫,如弓形虫、隐孢子虫等。这类寄生虫常可导致艾滋病患者的严重感染,并可致死。

5. 寄生虫的命名 根据国际统一生物命名法规定,动物种的名称(学名)采用双名法(binomen)表示,即由种的本名和其从属的属名的两个拉丁词组成,属名在前,第一字母大写,种名居后,有的还附有亚种名。种、或亚种及变种名第一个字母均小写。最后附以命名者的姓名和命名年份。拉丁学名在文献中就以斜体词表示。例如,阴道毛滴虫的学名为 *Trichomonas vaginalis* Donne,1837。

(四) 寄生虫的范畴

1. 医学蠕虫 蠕虫(helminth)是指动物界中一类软体、内无骨骼、外无甲壳,借肌肉伸缩而蠕动的多细胞无脊椎动物。蠕虫多数生活在自然界的水、土壤中,部分可寄生于人或动、植物体内或体表。寄生于人体或人与动物体,引起人体损害与人类健康有关的蠕虫则称为医学蠕虫。主要的医学蠕虫有 20~30 种,分别寄生于人体的消化道、胆道、血管、肝、肺、脑、肾、肌肉及淋巴组织中。由其所引起的寄生虫病也可称为蠕虫病。

医学蠕虫的生活史中需要经历成虫、虫卵、幼虫再到成虫的发育。根据其生活史过程中是否需要中间宿主、发育的环境及发育方式不同,可将其分为以下两大类。

(1) 土源性蠕虫:生活史属于直接发育型。即在发育过程中不需要中间宿主,其卵或幼虫直接在外界环境(如土壤)中发育为感染阶段,后随同被污染食物、水进入人体,也可经黏膜感染人体。大多数线虫尤其是肠道寄生线虫属于土源性蠕虫,如蛔虫、钩虫、蛲虫及鞭毛虫。

(2) 生物源性蠕虫:生活史为间接发育型。即在发育过程中幼虫需要在中间宿主体内发育至感染阶段,人类的感染来源于另一生物或媒介。所有的吸虫和棘头虫,大部分绦虫及少数线虫(如丝虫、旋毛虫)属于生物源性蠕虫。

2. 医学原虫 原虫(protozoon)属原生动物亚界的单细胞真核生物。其虽体积微小,结构简单,但具有感觉、运动、摄食、营养、排泄、生殖等生理活动功能。原虫种类繁多,分布广泛,生活方式多为自生或腐生,少数营共栖或寄生生活。寄生于人体的致病性原虫,或与人体处于共栖状态的非致病性原虫统称为医学原虫。现已发现的医学原虫约 40 余种,有些致病性种类原虫如溶组织内阿米巴、疟原虫、弓形虫等可严重危害人类健康,引起人或人兽共患的寄生虫病。

(1) 形态:原虫大小从 2~200μm,其形态也因种类不同而异,可呈圆形、新月形,甚至有的种类没有固定的外形。基本结构:①细胞膜,又称为质膜或表膜,由单位膜构成。表面有多种受体、抗原、酶等,并且可不断更新,具有很强的免疫原性。细胞膜在维持原虫的形态及履行运动、摄食、排泄、感觉等功能上发挥重要作用,并与原虫的致病性关系密切。②细胞质,由基质、细胞器和内含物组成。有些原虫的基质可分为内质和外质。内质呈溶胶状,含有多种细胞器和内含物,是原虫代谢和营养储存的主要场所;外质透明,呈凝胶状,参与原虫的运动、摄食、排泄、呼吸、感觉等生理活动。也有的原虫基质均匀一致,无明显内、外质之分。原虫的细胞器主要有内质网、高尔基复合体、线粒体等参与能量合成与分解代谢的膜质细胞器;伪足、鞭毛、纤毛等履行运动功能的运动细胞器,以及胞口、胞肛等参与摄食、排泄、消化的营养细胞器。原虫的内含物主要包括食物泡、拟染色体、糖原团等营养储存小体及色素等代谢产物。内含物的特点是鉴别原虫的重要标志之一。③细胞核,由核膜、核质、核仁和染色质组成,与原虫的生长、发育和繁殖功能有关。根据细胞核的结构不同,寄生性原虫的细胞核可分为泡状核和实质核两种类型,其特点见表1-2。

表1-2　泡状核与实质核特点比较

鉴别点	泡状核	实质核
外形	圆球形,体积小	形状不一,体积大
染色质颗粒	量少,主要分布于核膜内缘,碱性染料染色着色浅	量多均匀分散在核质中,碱性染料染色着色深
核仁	1个	1个以上
代表虫种	溶组织内阿米巴	阴道毛滴虫

(2) 生理:原虫虽属单细胞生物体,但具有多细胞生物体的主要生理功能。①运动,具有不同运动细胞器的原虫,可借助运动细胞器进行不同方式的运动。例如,阿米巴原虫借助伪足进行变形运动;阴道毛滴虫借助鞭毛和波动膜进行旋转运动;结肠小袋纤毛虫借助纤毛进行波状运动。另无明显运动细胞器的原虫,可借助体表构造进行滑动和扭动,如疟原虫。运动期的原虫能摄食,称为滋养体;在不良条件下其分泌囊壁即形成不活动的包囊或卵囊。成熟的包囊或卵囊为很多原虫的感染阶段,在原虫的传播中发挥了重要作用。②营养与代谢,原虫可通过吞噬、胞饮、表膜渗透或胞口摄入等方式摄取营养。其代谢方式多为兼性厌氧代谢。原虫的代谢产物可通过表膜渗透、伸缩泡和胞肛等排除,也可在虫体分裂时释放。③生殖,原虫的生殖方式有无性生殖和有性生殖。无性生殖包括二分裂、多分裂和出芽生殖。二分裂由细胞核先一分为二,然后细胞质再分裂,并包绕每个核,形成两个子体,如阿米巴滋养体的增殖;多分裂则是先细胞核连续多次分裂,细胞质再分裂,包绕在每个核周围,形成多个子体,如疟原虫在人体内进行的裂体增殖;出芽生殖是产生与母体大小不等的子体的分裂,如刚地弓形虫滋养体的内出芽增殖。有性生殖包括配子生殖和接合生殖。配子生殖是先由雌、雄两个性配子结合为合子,再由合子发育经裂体增殖为多个新子体,如疟原虫在蚊体内的生殖;接合生殖是同种原虫的两个个体暂时性结合在一起,相互交换部分核质后分开,再各自进行二分裂增殖,如结肠小袋纤毛虫的增殖。

(3) 生活史类型:根据原虫发育过程对宿主要求的不同,可将其生活史分为两种类型。①直接发育型,生活史的完成只需一种宿主,原虫通过人与人之间的直接接触或通过食物、饮水等而传播,前者如阴道毛滴虫,后者如阿米巴原虫。②转换宿主型,生活史的完成需一种以上的宿主,原虫在不同的宿主体内分别进行有性生殖和无性生殖。原虫在人和其他脊椎动物之间传播称之为循环传播型,如刚地弓形虫;原虫在人和吸血节肢动物之间传播则称之为虫媒传播型,如疟原虫。

3. 医学节肢动物　节肢动物是一类两侧对称,体壁由含几丁质及醌单宁蛋白组成的坚硬外骨骼构成的动物,由于躯体及附肢均分节故称节肢动物。其发育过程包括蜕皮和变态。节肢动物中有些种类可通过蜇刺、吸血、寄生或传播病原体等方式危害人类健康,称为医学节肢动物(medical arthropod)。

(1) 分类:与医学有关的节肢动物分属5个纲。①昆虫纲:虫体分头、胸、腹三部分。头部有触角1对,具有感觉功能。胸部有足3对,具有运动功能。多有1对翅,有的有2对翅或无翅。与医学有关的种类有:蚊、蝇、白蛉、蚤、虱、臭虫、蜚蠊等。②蛛形纲:虫体分头胸和腹两部分或头胸腹愈合为躯体。躯体前端的颚体有1对螯肢为摄食器官；两侧有1对须肢具感觉功能。无触角。成虫和若虫有4对足，幼虫有3对足。与医学有关的种类有蜱、螨、蜘蛛、蝎等。③甲壳纲：虫体分头胸和腹两部。触角2对，足5对，大多为水生。与医学有关的种类有：淡水蟹、淡水虾、蝲蛄、剑水蚤等。④唇足纲：虫体窄长而稍扁平，由头部及若干相似的体节组成，通常10节以上。头部有触角1对，每一体节均有足1对，第一体节有1对毒爪，可排出有毒物质伤害人体，主要种类如蜈蚣。⑤倍足纲：虫体呈长管形，由头及若干形态相似的体节组成。头部有触角1对，除第一体节外，每节有足2对，所分泌的物质常引起皮肤过敏，如马陆。

其中蛛形纲和昆虫纲与人类疾病关系最为密切，两个纲的节肢动物形态主要区别要点见表1-3。

表1-3 昆虫纲和蛛形纲的形态区别

名称	昆虫纲	蛛形纲
躯体	分头、胸、腹三部	分头胸和腹两部分，或头胸腹合一
腹节	有明显节	无明显节
触角	有触角，触角与口器无关	无触角，有螯肢（为口器附肢）
翅	1~2对，有的退化	无
足	成虫3对	成虫或若虫4对，幼虫3对

（2）医学节肢动物的危害：节肢动物对人类的危害可分为直接危害和间接危害。①直接危害：骚扰和吸血，如蝇在人周围飞翔骚扰人类，蚊、虱、臭虫、蚋、蠓、虻、蜱、螨等叮刺吸血等；螫刺（蜇刺）和毒害，如松毛虫和桑毛虫毒毛及毒液通过接触引起人体皮炎和结膜炎等；寄生，如有些蝇类幼虫寄生于宿主腔道可致蝇蛆病，疥螨寄生可致疥疮等；过敏反应，如尘螨可引起哮喘、鼻炎和异位性皮炎等疾病。②间接危害，则是由节肢动物通过携带并传播病原体，使宿主感染疾病而导致的危害。根据病原体是否经节肢动物体发育，形态与数量是否发生改变，可分为机械性传播和生物性传播两类。

机械性传播：指病原体附着于节肢动物体表、口器，或通过消化道，未进行生长发育，形态与数量均无改变，通过污染食物、餐具等将病原体传播给另一宿主，引起宿主感染。

生物性传播：指病原体必须在媒介节肢动物体内经历发育或繁殖，形态或数量有改变才具有感染力，随节肢动物的活动感染人，引起疾病。携带病原体的节肢动物称为病媒节肢动物，由其传播的疾病称为虫媒病（arbo-disease），见表1-4。

表1-4 我国重要媒介节肢动物与虫媒病

媒介节肢动物		虫媒病	病原体	传播方式
昆虫纲	蝇	霍乱	霍乱弧菌	机械性传播
		伤寒	伤寒杆菌	
		痢疾	痢疾杆菌	
		阿米巴病	溶组织内阿米巴	
		蛔虫病	蛔虫病	

续表

媒介节肢动物	虫媒病	病原体	传播方式
蚊	疟疾	疟原虫	生物性传播
	丝虫病 班氏丝虫/马来丝虫		
	流行性乙型脑炎	乙型脑炎病毒	
	登革热	登革热病毒	
白蛉	黑热病	杜氏利什曼原虫	
蚤	鼠疫	鼠疫杆菌	
	地方性斑疹伤寒	莫氏立克次体	
蛛形纲 虱	流行性斑疹伤寒	普氏立克次体	
	流行性回归热	俄拜疏螺旋体	
软蜱	蜱媒回归热	伊朗和拉氏疏螺旋体	
	森林脑炎	森林脑炎病毒	
	新疆出血热	蜱媒 RNA 病毒	
	莱姆病	伯氏疏螺旋体	
恙螨	恙虫病	恙虫病立克次体	

（五）宿主的种类

在寄生虫的寄生生活中，不同的发育阶段可寄生于不同的宿主体内。有的寄生虫只需经历一种宿主，有的则需经历两种或更多的宿主，才能完成其发育过程。按寄生关系中寄生虫不同阶段寄生的宿主，可将宿主分为以下几种。

1. 终宿主（definitive host） 指寄生虫的成虫或有性生殖阶段寄生的宿主。例如，华支睾吸虫的成虫可寄生于人或某些脊椎动物，并可进行有性生殖，人为其终宿主。疟原虫的有性生殖是在蚊体内完成，故蚊可谓疟原虫的终宿主。

2. 中间宿主（intermediate host） 指寄生虫的幼虫或无性繁殖阶段所寄生的宿主。例如，华支睾吸虫幼虫阶段的毛蚴、胞蚴、雷蚴、尾蚴寄生在豆螺体内，并进行无性增殖，囊蚴寄生于淡水鱼、虾体内。豆螺和淡水鱼、虾则为华支睾吸虫的中间宿主。按前后顺序则豆螺为华支睾吸虫第一中间宿主，淡水鱼、虾即为第二中间宿主。

3. 保虫宿主（reservoir host） 某些寄生虫的成虫或有性生殖阶段除了寄生于人体之外，还可寄生于某些脊椎动物体内，这些感染的脊椎动物同终宿主一样，也可成为该寄生虫的传染源，这些脊椎动物称保虫宿主，又称储蓄宿主。例如，华支睾吸虫成虫除了寄生于人体之外，也可寄生于猫、犬等脊椎动物，猫、犬等脊椎动物则为华支睾吸虫的保虫宿主。

4. 转续宿主（paratenic host） 又称延续宿主，指感染了某种寄生虫幼虫的非适宜宿主。由于偶然机会，某种寄生虫幼虫进入到一个非适宜宿主体内，该寄生虫幼虫在其体内不能继续正常生长，处于滞育状态，如果该处于滞育状态的幼虫有机会重新进入适宜宿主体内，则可以在其体内继续发育成熟。例如，卫氏并殖吸虫的囊蚴被野猪食入后，幼虫侵入其肌肉不再继续发育但能长期存活，处于滞育状态，如人或适宜的脊椎动物宿主因生食野猪肉而感染处于滞育状态的卫氏并殖吸虫，重新进入人或适宜脊椎动物宿主体内的卫氏并殖吸虫幼虫则可发育为成虫。野猪即为卫氏并殖吸虫的转续宿主。

二、寄生虫与宿主的相互作用

（一）寄生虫对宿主的损害作用

寄生虫经不同的途径与方式侵入宿主体内后，如未能被宿主机体清除，则可在宿主体内继续生长、发育与繁殖。同时，寄生虫以掠夺营养、机械或化学性作用方式，对宿主的局部或全身造成损害，严重时导致寄生虫病发生。寄生于人体的寄生虫种类较多，它们以不同的方式导致宿主的损害，寄生虫对人体的损害与致病作用包括以下几方面。

1. 夺取营养 寄生虫在宿主体内生长、发育和繁殖，必须从宿主体内不断地获取营养物质，当长期或大量感染某种寄生虫时，必然引起人体正常所需营养不足，就可导致人体营养不良，生长发育障碍的损害。例如，蛔虫寄生于人体小肠，以人体小肠内半消化食物为营养，大量或长时间感染可引起营养不良，直接影响人体的健康发育和成长。

2. 机械性损伤 有的寄生虫在腔道、组织器官或细胞内寄生，当虫体数量增多或体积增大时，可造成所寄生部位的腔道阻塞、组织器官被压迫或被寄生的细胞破裂等机械损害。例如，肠管内大量寄生蛔虫导致的肠梗阻，由于蛔虫穿过肠壁而引起的肠穿孔；链状带绦虫的囊尾蚴寄生于大脑，压迫脑组织，可引起癫痫发作或偏瘫；疟原虫在红细胞内繁殖，致使红细胞大量破裂，而引起贫血等。

3. 毒素作用 有的寄生虫在寄生过程中，其分泌物或代谢产物对宿主具有毒性作用。如溶组织内阿米巴原虫分泌的溶组织酶，可以使宿主肠壁组织溶解，并引起肠壁溃疡坏死病变。钩虫释放的抗凝素样物质，可以使被其咬伤的宿主肠黏膜流血不止。某些蜱的涎液具有神经毒性作用，叮咬后可致宿主肌肉麻痹甚至瘫痪。

4. 免疫病理损伤 寄生虫的分泌物、代谢产物及虫体死亡崩解的虫体成分等对宿主都具有抗原性异物的作用，可刺激机体产生免疫应答，其结果可能引起各种超敏反应。例如，感染了蛔虫、钩虫可引起荨麻疹属Ⅰ型超敏反应病变。杜氏利什曼原虫感染可引起贫血属Ⅱ型超敏反应病变。疟疾患者因免疫复合物的沉积可以引起疟性肾病属Ⅲ型超敏反应病变。感染日本血吸虫其虫卵可溶性抗原可引起肠壁或肝组织肉芽肿病变，进而可导致肝硬化属Ⅳ型超敏反应病变。

（二）宿主对寄生虫的抗损害作用

寄生虫侵入人体后，因其抗原性异物的诱导，正常宿主免疫系统可产生一系列防御性的免疫应答反应，其本质为阻止寄生虫的入侵，或抑制、杀伤和清除侵入的寄生虫，以维护宿主机体的生理功能平衡与稳定。

1. 寄生虫抗原 寄生虫抗原种类繁多，成分复杂，主要是蛋白质或多肽、糖蛋白、糖脂或多糖。有代谢抗原（metabolic antigen），包括腺体分泌物、排泄物及幼虫蜕皮液等；体抗原（somatic antigen），包括位于虫体表膜（可脱落）的表面抗原（surface antigen）；循环抗原（circulating antigen，CAg），系指生活虫体释放于宿主血液循环中的大分子微粒，主要是虫体的排泄分泌物和表膜脱落物中具有抗原性且能通过免疫学试验被检出的物质。一般认为，循环抗原阳性即提示有活虫寄生存在，常用于判断现症患者及评价疗效等。对某些寄生虫病循环抗原检测已渐成为一种常规诊断方法。

2. 抗寄生虫感染免疫的类型

(1) 固有免疫：此种免疫由遗传所获得，并可遗传。但其作用缺乏针对性，又称先天性免疫或非特异性免疫。固有免疫在寄生虫感染之初即发挥作用，其作用机制包括：①机体的皮肤、黏膜、胎盘与血脑的机械屏障，胃液等物质的化学屏障作用，可阻挡某些寄生虫的入侵；②吞噬细胞吞噬游离于细胞外的某些原虫；③血液中的一些免疫分子在特定条件下也可以杀伤寄生虫。

此外，固有免疫还表现在某些特定人群对某些寄生虫具有先天的不感染性，如鼠疟原虫不能感染人，西非黑人中Duffy血型阴性的居民可免遭间日疟原虫的感染等。

(2) 适应性免疫：此种免疫是机体在后天生活过程中，免疫系统针对某一种寄生虫抗原刺激而产生的免疫应答反应，不能遗传。其特点为作用具有专一性，只对刺激产生该种免疫应答反应的寄生虫抗原起作用，故又称特异性免疫或获得性免疫。根据产生和作用机制不同，适应性免疫又分体液免疫和细胞免疫。①体液免疫，是寄生虫抗原刺激机体B淋巴细胞后，诱导其产生IgG、IgM、IgA、IgE及IgD等抗体，通过体液中的这些抗体发挥相应的免疫效应；抗体与寄生虫抗原结合，可阻止某些原虫侵入细胞；通过调理作用，增强单核/巨噬细胞的吞噬功能，可对某些原虫进行清除；通过抗体依赖性细胞(NK细胞、巨噬细胞)介导的抗体依赖细胞介导细胞毒作用(antibody dependent cell-mediated cytotoxicity, ADCC)触发单核/巨噬细胞、NK细胞杀伤某些蠕虫和细胞内寄生的原虫；抗原与抗体结合，通过经典途径激活补体，使虫体溶解。原虫感染时，外周血中的IgM和IgG增高为多，蠕虫和节肢动物感染可引起IgE增高。对不同抗体进行检测，可作为这类寄生虫感染的辅助诊断。②细胞免疫，是寄生虫抗原刺激机体T淋巴细胞后，由T细胞介导，多种细胞参与的免疫应答。经寄生虫抗原激活的致敏性迟发超敏反应性炎症T细胞($CD4^+Th1$)，通过释放大量的细胞因子(如IL-2、IFN-γ、TNF等)，增强单核/巨噬细胞、NK细胞、LK细胞的吞噬和杀伤功能，对寄生虫发挥免疫效应。其中的TNF-β(又称淋巴毒素)可直接杀伤寄生虫。而激活的致敏性细胞毒性T细胞($CD8^+CTL$)则可以直接杀伤胞内寄生的某些原虫，如疟原虫或弓形虫等。

在寄生虫感染的适应性免疫中，不同虫体抗原诱导不同的免疫类型，既可以是体液免疫，也可以是细胞免疫。但多数情况是体液免疫和细胞免疫相互配合，相互协同，共同完成对寄生虫抗原的识别、攻击和清除作用。

3. 抗寄生虫感染免疫的特点 由于寄生虫种类多，抗原复杂，而且每种寄生虫的抗原繁杂不一。不同种、属、株的寄生虫之间，以及同一种(株)寄生虫的不同发育阶段之间既有各自的特异性抗原，又有共同抗原。不同的抗原可诱导机体产生不同的免疫应答。寄生虫感染诱导机体产生的免疫应答效应与细菌、病毒等病原微生物相比，免疫应答效应普遍较弱。人体感染寄生虫后，受寄生虫抗原刺激所产生的获得性免疫效应，因虫种不同而异，可分为以下两种类型。

(1) 消除性免疫：指宿主受寄生虫抗原刺激所产生的获得性免疫效应能完全消除体内寄生虫，并对同种寄生虫的再次感染产生完全的抵抗力。例如，皮肤利什曼原虫侵入机体，机体产生免疫力后，宿主体内原虫完全被清除，并对皮肤利什曼原虫再感染具有长期、特异的免疫力。这种消除性免疫在寄生虫感染的免疫中仅属个别现象。

(2) 非消除性免疫：指宿主受寄生虫抗原刺激所产生的获得性免疫效应不能完全清除体内的寄生虫，或仅表现在一定程度上的抗同种寄生虫再感染作用，而一旦体内虫体被完全清除，则这种获得的免疫力也随之而消失。根据寄生虫种类不同，抗寄生虫感染的非消除性免疫常见有两种类型：①带虫免疫(premunition)，主要由某些原虫感染引起。例如，疟原虫感染者所产生的获得性免疫效应，可杀灭体内部分疟原虫，使疟疾发作暂时停止，体内仍存在低密度原虫，这种免疫力，对同种疟原虫的再感染也具有一定的抵抗力。当药物清除体内的寄生虫后，这种免疫便逐渐消失。②伴随免疫(concomitant immunity)，主要由某些蠕虫感染引起。例如，血吸虫感染者所产生的获得性免疫效应，对体内活的成虫无明显杀伤作用，但可抵抗同种血吸虫幼虫的再次感染。大多数寄生虫感染所诱导的适应性免疫都属于非消除性免疫。

(3) 寄生虫的免疫逃避机制：寄生虫在免疫的宿主体内能赖以生存与以下因素有关。①抗原变异及抗原伪装，有些寄生虫通过改变自身的抗原成分逃避免疫系统的攻击；有些寄生虫能将宿主的抗原分子镶嵌在虫体表面，或用宿主抗原包被，称为抗原伪装；还有些寄生虫能表达与宿主组织抗原相似的成分，称为分子模拟；从而逃避宿主的免疫攻击。②释放可溶性抗原，如疟原虫、锥虫等原虫释放的可溶性抗原能阻断由特异性抗体介导的免疫效应或者与抗原形成免疫复合物，从而抵制免疫力的产生。③寄生部位的隔离，寄生于肠道、生殖道或细胞内的寄生虫，如蛔虫、阴道毛滴虫或疟原虫等，难与抗体或T细胞接触，从而避开了宿主的免疫作用。腔道内由于缺乏补体和巨噬细胞，对寄生虫的杀伤能力有限。④抑制宿主免疫应答，有些寄生虫进入宿主体内后，可通过调节T细胞，或抑制抗体产生，或降低巨噬细胞的吞噬功能，从而抑制细胞介导的免疫应答。例如，杜氏利什曼原虫寄生于机体的巨噬细胞中，使巨噬细胞受破坏而减少，引起宿主免疫力减弱。

(三) 寄生虫感染的转归

当寄生虫感染发生后，一则表现寄生虫对宿主的致病作用，二则为宿主对寄生虫的抗感染免疫作用，这种相互作用加之外界环境等因素的影响，最终决定了寄生虫感染的转归。

1. 隐性感染(亚临床感染)　　见于早期感染，或感染的虫种致病力较弱，或机体有较强的免疫力，宿主体内虽然有寄生虫，但并未出现明显受损的临床症状，寄生虫与宿主的相互作用形成了一定的平衡状态，称为隐性感染。如一旦机体的抵抗力下降，处于隐性感染的寄生虫将得以大量生长繁殖，此种平衡状态关系则被打破，机体则出现明显受损的临床症状，引起寄生虫病。此类感染常见的寄生虫如弓形虫、隐孢子虫等原虫。

2. 显性感染(临床感染或寄生虫病)　　当感染的虫数较多，或寄生的虫种毒性较强，而人体缺乏有效的免疫力或免疫力低下时，侵入体内的寄生虫迅速大量生长繁殖，引起严重的病理损害，并出现明显的临床症状，称显性感染，即寄生虫病。

3. 带虫状态　　常见于隐性感染及显性感染的恢复期。感染者虽没有临床症状，但体内仍然寄生有活的寄生虫，并不断向外界排出虫体或长期携带虫体，此称带虫状态。带虫的人则称为带虫者。从流行病学来看，带虫者是该种寄生虫病重要的传染源。

4. 幼虫移行症　　某些寄生于动物体的蠕虫幼虫，侵入非正常宿主体内，这些幼虫不能在非正常宿主体内发育成熟，可在皮肤及各器官中移行，并引起皮肤或相应组织器官的损害，称为幼虫移行症(larva migrans)，也称蠕蚴移行症。

> **知识链接**
>
> **幼虫移行症**
>
> 幼虫移行症是1952年由Beaver等提出,当时主要指弓首线虫病。随后又发现其他一些蠕虫如颚口线虫、四川并殖吸虫等也以幼虫为主要形式寄生于非正常宿主人体,并引起疾病。幼虫移行症可分为皮肤幼虫移行症和内脏幼虫移行症两种,有时两者也可同时存在。皮肤幼虫移行症是幼虫虫体侵入人体的皮肤,并长期在皮肤组织中移行,引起皮肤匐行疹损害及游走性病变。常见的虫种有寄生于猫或犬的钩虫如巴西钩口线虫、犬钩口线虫及棘颚口线虫等。如幼虫在体内游窜移行,侵犯胃肠、肝、肺、眼、中枢神经系统等组织,并引起相应组织的损害症状,则称为内脏幼虫移行症。常见虫种有犬弓首线虫、曼氏迭宫绦虫、斯氏狸殖吸虫、广州管圆线虫等。

三、寄生虫病的流行与防治

(一)寄生虫病流行的基本环节

寄生虫属于病原生物,与其他传染病相同,一种寄生虫病的传播与流行,必须具备有传染源存在、适当的传播途径及易感人群这三个基本环节。

1. 传染源 即寄生虫的来源。只寄生于人体的寄生虫,其传染的来源是感染了寄生虫并不断向体外排放虫体的患者与带虫者。例如,蛔虫病的传染源是蛔虫患者或带虫者,此种寄生虫只寄生于人体,此病只能由人传人。成虫或有性生殖阶段既可寄生于人体也可寄生于脊椎动物体的寄生虫,其传染的来源则包括患者、带虫者和保虫宿主(动物)。华支睾吸虫病的传染源既可以是患者、带虫者,也可以是感染了华支睾吸虫的猫、犬、猪等脊椎动物,因华支睾吸虫既可以人传人,人也可以传给动物,动物也可以传给人。这种可以在人和脊椎动物之间自然传播的寄生虫病又称为人兽共患寄生虫病(parasitic zoonoses),如华支睾吸虫病、日本血吸虫病等。

2. 传播途径 指寄生虫体离开传染源后,发育至感染阶段虫体再侵入新的易感者的途径或方式,也称感染途径或感染方式。因寄生部位不同,多数寄生虫都有特定的传播途径与感染方式。例如,蛔虫寄生于小肠,感染阶段的虫卵主要经口入消化道感染。而丝虫寄生于淋巴组织,感染阶段的丝状蚴经蚊叮咬传播。只有通过适宜的传播途径,不同的寄生虫才可重新侵入新的宿主,完成其生长、发育与繁衍过程,使物种得以延续。寄生虫的传播途径与感染方式因虫种不同而异,常见有:

(1) 经消化道感染:此为最常见的感染途径与方式。感染阶段的蠕虫卵、幼虫或原虫包囊随污染了的食物、水、蔬菜、瓜果,或污染了的餐具、手指等,经食入或饮入而感染,如蛔虫、鞭虫、蛲虫卵等。或因食入未煮熟的肉类而感染,如旋毛虫囊包蚴、华支睾吸虫囊蚴等。或喝了被污染的生水而感染,如溶组织内阿米巴包囊、蓝氏贾第鞭毛虫包囊。食入带有某种蠕虫感染阶段幼虫或原虫食物后,而感染引起的寄生虫病称为食源性寄生虫病(food-borne parasitic disease)。

(2) 经皮肤或黏膜感染:寄生虫的感染期幼虫直接经皮肤或黏膜侵入人体组织而感染。例如,土壤中的钩虫丝状蚴经皮肤钻入人体引起感染,疫水中的血吸虫尾蚴经皮肤钻入人体引起感染。人若食或饮入带有钩虫丝状蚴和血吸虫尾蚴的蔬菜、瓜果或水,丝状蚴和尾蚴还可经消化道黏膜侵入人体。

寄生虫检验技术

> **知识链接**
>
> **食源性寄生虫病**
>
> 食源性寄生虫病是由于以生食或半生食方式,食入了带有感染阶段蠕虫幼虫、原虫或节肢动物卵的食物而感染的寄生虫病。随着人类食物来源及饮食方式的多样化,由此引发的食源性寄生虫病已渐被人们关注。食源性寄生虫病在食源性疾病中占有重要的位置,常见病原包括:线虫、吸虫、绦虫、原虫和节肢动物等100多种。通过食品传播的寄生虫包括经动物性食品和植物性食品两大类。动物性食品包括鱼类、蛙、蛇类与禽、畜类等肉类食品。植物性食品主要是指粮食、蔬菜和瓜果等。原卫生部调查结果显示,近年来,食源性寄生虫病已成为新"富贵病",我国城镇居民特别是沿海经济发达地区的感染人数呈上升势头。常见食源性寄生虫病有:华支睾吸虫病、并殖吸虫病、链状带绦虫病、肥胖带绦虫病、曼氏迭宫绦虫病、旋毛形线虫病、异尖线虫病、弓形虫病、棘颚口线虫病、广州管圆线虫病、肝片形吸虫病、姜片虫病等。

(3) 经媒介节肢动物叮咬感染:节肢动物叮人吸血后,其体内携带的某些寄生虫便得以侵入而感染人体。例如,蚊叮人可使人感染丝虫和疟原虫,白蛉叮人可感染杜氏利什曼原虫等。

(4) 经接触感染:包括直接接触和间接接触感染。例如,阴道毛滴虫既可经直接的两性接触感染,也可通过共用毛巾、浴盆或公共浴池等间接接触传播。同样的方式还可感染疥螨和蠕形螨。

(5) 经胎盘感染:母亲体内的寄生虫可通过胎盘传给胎儿,引起先天性感染,如弓形虫、疟原虫。

此外,某些寄生虫还有其他的感染方式,如疟原虫还可通过输血传播,使受血者获得感染。链状带绦虫、微小膜壳绦虫感染者肠道内虫卵,可经肠逆动至小肠,引起自体内感染。

3. 易感者或人群 指对某种寄生虫缺乏免疫力的人或群体。其主要包括未曾感染过该寄生虫的人,以及儿童、免疫力低下或免疫缺陷者。人体感染寄生虫后,除对少数虫种,如热带利什曼原虫可产生消除性免疫以外,对大多数寄生虫缺乏先天性免疫,即使是感染了寄生虫之后所产生的获得性免疫,大多也属非消除性免疫。当寄生虫从人体消失之后,对该虫的免疫力即逐渐下降和消退,又可重新成为易感者。

(二) 影响寄生虫病流行的因素

1. 自然因素 自然界的温度、湿度、雨量、日照和气候,地球的经纬度及地理环境等自然因素,对寄生虫在外界或在媒介体内的发育,乃至整个生活史过程造成影响,从而直接或间接地影响寄生虫病的流行。例如,温暖、潮湿、雨量充沛的环境与季节有利于蚊虫的孳生,吸血活动加强,也有利于疟原虫在蚊体内的发育,增加疟疾的传播机会。当温度低于15~16℃时,疟原虫不能在蚊体内发育,此时为疟疾流行的休止期。蚊虫的孳生与分布决定了疟疾的流行与休止期。因此,自然因素决定了寄生虫病流行的地方性和季节性。

2. 生物因素 间接型生活史的寄生虫,其中间宿主或传播媒介的存在是这些寄生虫病流行的必需条件,这些寄生虫病的流行与中间宿主或传播媒介的地理分布活动,季节消长相符。例如,我国长江流域以北由于没有钉螺分布,北方也就没有日本血吸虫病的流行;而丝虫病与疟疾病的流行与所需蚊媒的地理分布也相一致。因此,在这些寄生虫病的防治中,控制或消灭中间宿主和防止其感染是一个有效措施。

3. 社会因素 包括该地域的社会制度、经济状况、卫生状况、文化教育水平、居住条件、生产方式、生活习惯及人类文明的程度等,也是制约寄生虫病传播与流行的重要因素。例如,在经济欠发达地区,人们的生活水平、受教育程度较低,居住环境及卫生条件较差,生产和生活方式落后,容易造成某些寄生虫病的流行。

(三) 寄生虫病的流行特点

1. 地方性 某些寄生虫病的分布与流行有明显区域性。这主要与该地域的气候条件、中间宿主和媒介节肢动物的地理分布及人群的生活习惯等有关。例如,温暖、潮湿的气候适合蚊子孳生,利于疟疾的流行;吸虫病的流行区与其中间宿主的分布呈相关性;而猪带绦虫病与牛带绦虫病则多流行于生食或半生食猪、牛肉的地区;我国的黑热病只在长江以北有白蛉孳生的地方流行。

2. 季节性 某些寄生虫病的流行有明显的季节性。这些寄生虫病在温暖、湿度较高,雨量较多的季节流行,其流行季节与媒介节肢动物的季节消长相一致。此主要与这些寄生虫在外界或在媒介昆虫体内发育所需要的条件有关,同时也与人们的活动有关。例如,间日疟在我国的流行季节与中华按蚊或嗜人按蚊的活动季节一致。血吸虫病、钩虫病等主要在夏秋季节流行。

3. 自然疫源性 在自然界一些无人涉足的原始森林或荒漠地区,某些人兽共患寄生虫病在当地的一些脊椎动物之间相互传播,而当人们进入该地区,这些人兽共患寄生虫病也可通过一定途径,传播到人,引起人感染。这种不需人参与,而在自然界动物之间自然传播循环的人兽共患寄生虫病,具有明显的自然疫源性,这些地区则称为自然疫源地。在我国,多种人兽共患寄生虫病如弓形虫病、旋毛虫病、日本血吸虫病、黑热病等均有自然疫源性。

(四) 寄生虫病的防治原则

寄生虫病的传播流行与其传染源、传播途径和易感人群三大因素密切相关,其中任一因素都可影响到某种寄生虫病的传播流行。因此,可根据每种寄生虫生活史特性及流行和传播的规律,采取综合性措施进行防治。

1. 控制和消除传染源 在寄生虫病的流行地区人群中,定期开展普查、普治工作,及时发现并治疗现症患者或带虫者。同时,也开展保虫宿主和转续宿主的调查,并进行及时有效的处理。做好流动人口的监测,控制流行区传染源的输入和扩散等。

2. 切断传播途径 做好粪便和水源管理,注意饮食、饮水卫生。改进不良饮食卫生习惯,不吃未熟食品(如肉类、鱼虾等),避免寄生虫感染。搞好环境卫生和个人卫生,控制或消灭传播媒介(如蚊、蝇、钉螺等)。

3. 保护易感人群 开展卫生知识宣传,进行健康教育,改进不良生活习惯,提高人群对寄生虫病的自我保护意识。改进或去除不良的生产方式,必要时可适当采用预防用药或防护措施,避免或减少接触感染的机会。

(五) 我国寄生虫病的流行与防治概况

我国是一个具有 5000 年悠久文明历史的国家,地域幅员辽阔,从南到北兼有热带、亚热带、暖温带、温带、寒温带几个不同的温度带,繁衍生息着 56 个生活习俗各异的民族。千百年来,各种寄生虫病肆虐,尤以钩虫病、丝虫病、血吸虫病、疟疾及黑热病等最为猖獗,对人民的身体健康造成了极大的危害。新中国成立之初,据统计,在我国流行的寄生虫病多达数十种,其中有血吸虫病患者超过1000万,疟疾年发病人数逾3000万;黑热病患者约53万;丝虫病患者约3000万;钩虫感染者约2.5亿。

新中国成立后的60余年中,党和政府一直高度重视寄生虫病的防治工作。在1956年提出的全国农业发展纲要中,把钩虫病、丝虫病、血吸虫病、疟疾及皮肤黑热病列为重点防治的五大寄生虫病。每年投入大量的人力与物力,坚持以预防为主,对多种寄生虫病进行了大规模的普查、普治,并采取因地制宜,群防、群控等多种措施,使我国寄生虫病的防治工作取得了举世瞩目的成就。继20世纪50年代基本消灭了黑热病以后,到2006年,丝虫病亦已达到传播阻断或基本消灭的标准;疟疾的流行区域也不断缩小,发病率不断下降,全国发病人数由1970年的2411万,减少到1990年的4.97万;日本血吸虫病曾在我国长江以南12个省(区)流行,危害十分严重,通过多年的防治,已有70%的流行区达到了消灭或基本消灭的指标,全国1100多万血吸虫病患者被治愈。改革开放以来,随着社会经济的发展,人们生活水平的提高,昔日最常见的蛔虫、钩虫、鞭虫及痢疾阿米巴等肠道寄生虫感染率已明显下降。虽然,我国人群中各种寄生虫病正逐渐减少,有的甚至难以觅迹。但进入21世纪以来,随着社会主义市场经济的快速发展,人口流动的不断增加,人们物质生活水平的极大改善,生活习俗与生活方式改变等,我国寄生虫病流行及防治工作呈现出新的特点。主要表现为:①某些原已在防治工作中取得了重大成就的重要寄生虫病疫情仍不稳定,如由于疟原虫的传播媒介依然存在,加上人口流动性增加、恶性疟抗药性的扩散,使输入性病例明显增多或有局部流行发生。2006年在安徽、河南及贵州等省尚出现暴发疫情。血吸虫病近年在某些地区呈现出疫情回升现象,表现为疫区人和牲畜的急性感染时有发生,偶尔重现新的晚期患者。在洞庭湖、鄱阳湖等湖沼地区及一些大山区钉螺孳生面积亦有扩大的趋势。而尽管早在40多年前我国已基本消灭的黑热病,现在每年仍有数百散在发生病例。丝虫病虽已基本消灭,但传染源仍未完全控制,全国尚存在为数不少的微丝蚴血症阳性或有丝虫病临床表现者。②某些蠕虫病与已往相比,虽然感染率有了明显的下降,但据2005年卫生部公布的全国人体重要寄生虫病现状调查报告报道,全国蠕虫总感染率为21.74%,其中土源性线虫感染率高达19.56%,并呈现农村感染率远高于城市,以及儿童感染尤为严重的特征。③随着人们生活水平的不断提高,人口流动与交往的增加,膳食结构的改变和饮食方式的多样化等,使吃生鱼、生肉或生螺的习惯蔓延到非流行区的大、中城市,导致华支睾吸虫病、卫氏并殖吸虫病、姜片虫病、旋毛虫病、广州管圆线虫病、带绦虫病和猪囊尾蚴病、裂头蚴病等食源性寄生虫病病例发生机会大增。④某些机会致病寄生虫,如弓形虫、隐孢子虫、粪类圆线虫感染,也因逐渐增多的艾滋病致免疫缺陷或因免疫制剂的使用,使其感染发生也日趋常见。

寄生虫病防控工作不仅是我国长期面临的艰巨任务,也是困扰世界的一个严重问题。寄生虫病的防治具有极强的科学性、社会性和群众性,是一项复杂的系统工程,应长期不懈地努力,要在巩固原有防治成果的基础之上,加强监控,严防某些原已控制和消灭的寄生虫病卷土重来。这些均需要各级政府统一领导,有关部门配合,专业人员认真负责,广大群众积极参与。通过加快经济建设的发展,加速新农村建设,改进落后的生产和提高农村人口生活水平,加强饮食卫生的宣传教育,摒弃不良的饮食习惯,进一步控制和消灭土源性蠕虫病和食源性寄生虫病。

四、寄生虫感染的诊断方法

临床工作中,寄生虫病的诊断方法包括临床诊断和实验室诊断两大步骤。其中实验室诊断主要有寄生虫的病原学、免疫学和分子生物学等检验方法。

(一) 临床诊断

1. 既往病史　某些寄生虫病的感染有明显的接触感染史。在患者就诊初应详细询问了解其居住地、职业与近期所从事过的生产行为方式、饮食习惯、疫区旅行史,或寄生虫感染的治疗经过等。如近期从事过旱地作业并有皮肤直接接触土壤史,加之就诊时有钩虫病表现者则应有该病感染的可能性;居住在血吸虫病流行疫区或短时间到过该疫区并有与疫水接触史,就诊时有相应的症状和体征的人群应考虑感染了血吸虫病;另有生食淡水鱼、虾史者有感染华支睾吸虫病的可能等。了解这些既往病史资料,对于临床诊断寄生虫病具有重要作用。

2. 物理诊断　某些寄生虫感染后长期寄居在机体某特定的部位,虫体可呈现特征性表现,或引起该部病理改变,形成特征性的病变表现等。因此,在进行寄生虫病诊断时,还可辅以各种物理诊断仪器设备,对感染者进行相应的物理诊断。例如,超声波检查对于寄生在肝脏等处的棘球蚴病、血吸虫病肝硬化等能较好地进行诊断;计算机 X 线断层扫描(CT)、磁共振成像(MRI)技术对于弓形虫脑炎、并殖吸虫病及华支睾吸虫病等具有重要诊断价值等。

(二) 实验室检查

人体感染寄生虫后,虫体可出现在其寄生部位或经不同的途径随排泄物或分泌物排出体外。例如,疟原虫、丝虫微丝蚴可在外周血中,蠕虫卵、原虫的滋养体或包囊体随粪便排出,阴道毛滴虫随分泌物排出等。另外,无论幼虫或成虫抗原性物质,均可刺激机体产生相应的抗体。寄生虫感染的实验室检查方法中,既可采取检查寄生虫病原方法,也可选择检测寄生虫相应抗原或抗体的方法,或采用基因检测技术进行寄生虫感染的实验室诊断。

1. 病原学检查　在寄生虫感染的诊断中,检查出该寄生虫病原体是确诊的依据。例如,粪便中找到某种蠕虫卵或原虫的滋养体、包囊等则可诊断为相应的寄生虫感染,为临床治疗和流行病学调查提供可靠的依据。根据寄生虫的种类、在人体的发育阶段和寄生部位的不同需采集相应的标本,如粪便、尿液、痰液、阴道分泌物、血液、组织活检或骨髓穿刺等标本,采用不同的检查方法进行检查。标本的来源和质量是病原检查结果正确的前提,临床工作中标本的采集、送检必须遵循以下原则:①盛放待检标本的容器必须是专门配备的,清洁、无污物、化学试剂及药品等污染。②送检标本应注明标本名称、患者的姓名、来源,收集或送检的日期等信息。③标本应新鲜,采集后需立即送检,并且尽快进行检验。尤其是阿米巴痢疾患者的粪便和滴虫性阴道炎患者的阴道分泌物,冬天或气温较低时,送检和检查还应注意保温,防止虫体死亡。④标本采集、送检和检验的过程中,应注意防护,防止自身感染或实验室传播。检查方法包括:①肉眼观察法。对蠕虫或节肢动物,根据其标本来源及形态特征可做出初步判断。例如,从粪便中发现蛔虫成虫或带绦虫的节片,从肛周查到蛲虫,从组织活检标本中找到裂头蚴,从毛发中找到虱子或跳蚤等经鉴定均可直接报告。②显微镜观察法。先将不同的待检测标本,经相应检测方法制成镜检玻片标本,如找蠕虫卵采用直接涂片法、浮聚法、沉淀法等制作玻片标本,找疟原虫可制作血液厚、薄涂片,找阴道毛滴虫先将标本制成涂片等，然后在显微镜下检查。③幼虫孵化或培养法。如将含有钩虫卵或血吸虫卵的粪便标本，采用钩蚴培养或毛蚴孵化法处理后，可凭肉眼或借助放大镜查找培养或孵化出的幼虫钩蚴或毛蚴也可作为该虫的诊断依据。病原学检查的质量与操作者对各种寄生虫形态学知识和观察技术的掌握程度及良好的职业道德相关。

2. 免疫学诊断 寄生虫抗原诱导宿主机体产生相应抗体，抗原可与相应抗体特异性结合，对某些早期感染、轻度感染、单性感染（仅有雄性）、隐性感染寄生虫或由于特殊的寄生部位、幼虫移行症而使病原检查难以检获虫体，或进行大样本的流行病学调查研究中，可采用检测样本中寄生虫抗原或抗体的方法，作为寄生虫感染的辅助诊断或确诊。此外，免疫学诊断方法尚具有简便、经济、快速、灵敏等优点，也常用于某种寄生虫病流行病学调查的初筛检查、感染度的估计及疗效考核。寄生虫感染的免疫学检验方法主要检测寄生虫的特异性抗体、循环抗原和免疫复合物。其方法学包括：①体内试验。如皮内抗原试验，将特异性寄生虫抗原注入受试者皮内，观察注射部位速发型超敏反应的有无，用于某些蠕虫感染如华支睾吸虫病、并殖吸虫病、血吸虫病、棘球蚴病、猪囊尾蚴病、旋毛虫病等的辅助诊断或流行病学调查及疗效考核等。②体外抗原、抗体检测的血清学试验。可采用经典的凝集反应、沉淀反应方法学。目前，广泛应用的为酶标记技术中的酶联免疫吸附试验(enzyme-linked immunosorbent assay, ELISA)、酶联免疫印迹试验(enzyme-linked immunoblotting, ELIB)和斑点酶联免疫吸附试验(Dot-ELISA)，对待检者血清标本中的特异性抗体、循环抗原及免疫复合物进行检测。其中以特异性抗体的检测为多见，作为多种寄生虫感染的诊断参考或流行病学调查。

由于寄生虫抗原成分复杂，在免疫学检查实验结果中，常出现交叉反应现象。因此，对于免疫学检测的实验结果应结合患者的临床表现、病史或其他资料，进行综合分析判断，必要时进行重复或不同间隔时间检查的动态观察，最终作出客观、准确的诊断。

3. 分子生物学诊断 基于不同物种间基因碱基序列的差异性原理，检测样本中是否存在某种寄生虫特异性基因的DNA片段，来诊断寄生虫感染。例如，根据碱基互补原理可设计并标记DNA探针进行原位杂交；也可设计合成引物进行聚合酶链反应(polymerase chain reaction, PCR)，扩增样本中微量的DNA片段，以确定有无该寄生虫感染。又例如，近年发展使用的免疫检测技术与基因扩增技术结合的PCR-ELISA方法，敏感度可达检测出样本中DNA含量为0.3pg，如用于疟原虫的检测，最低可检测阈值为0.001%的原虫密度的样本。

▶ 五、实验室诊断中的生物安全

在寄生虫感染的临床实验室诊断工作中，检验工作者常需近距离接触各种待检标本，如患者的血液、病变部位分泌物、各种排泄物等，对于这些可能带有病原体的生物危险因子的标本，在对其进行采集、保存、运送、检查和废弃物处理的全过程中，都必须在相应的生物安全条件下进行。多数寄生虫病原体和血液样本的检测一般需在具备BSL-2级生物安全条件的实验室内操作。

目标检测

一、名词解释
1. 寄生虫　2. 机会致病寄生虫　3. 宿主
4. 中间宿主　5. 终宿主　6. 保虫宿主
7. 生活史　8. 感染阶段　9. 土源性蠕虫

10. 生物源性蠕虫　11. 世代交替　12. 消除性免疫
13. 非消除性免疫　14. 带虫免疫　15. 伴随免疫
16. 幼虫移行症　17. 食源性寄生虫病
18. 接合生殖　19. 机械性传播
20. 生物源性传播　21. 虫媒病

9. 经接触感染的寄生虫是
　A. 钩虫和异形吸虫
　B. 阴道毛滴虫和弓形虫
　C. 阿米巴和粪类圆线虫
　D. 蠕形螨和疥螨
　E. 肝吸虫和猪肉绦虫

二、选择题

1. 寄生虫幼虫或无性生殖阶段寄生的宿主称为
　A. 终宿主　　　　B. 保虫宿主
　C. 中间宿主　　　D. 转续宿主
　E. 非适宜宿主

2. 机会致病寄生虫是指
　A. 偶然感染的寄生虫
　B. 免疫功能低下时致病的寄生虫
　C. 暂时寄生的寄生虫
　D. 免疫功能正常时致病的寄生虫
　E. 随机感染的寄生虫

3. 无明显运动细胞器的原虫是
　A. 根足虫　　　　B. 纤毛虫
　C. 鞭毛虫　　　　D. 孢子虫
　E. 肉足虫

4. 寄生虫侵入人体后能继续发育或繁殖的阶段是
　A. 诊断阶段　　　B. 致病阶段
　C. 感染阶段　　　D. 移行阶段
　E. 寄生阶段

5. 与寄生虫定义无关的是
　A. 属于脊椎动物
　B. 属于低等无脊椎动物动物
　C. 从宿主体内获取营养
　D. 造成宿主的损害
　E. 寄生于宿主体内或体表

6. 所谓偶然寄生虫是指其
　A. 只在取食时侵袭宿主
　B. 因偶然机会侵入非适宜宿主
　C. 可营自身生活也可营寄生生活
　D. 成虫期不一定过寄生生活
　E. 因偶然机会侵入适宜宿主

7. 下列属于单细胞原生动物的寄生虫是
　A. 蛔虫　　　　　B. 血吸虫
　C. 链状带绦虫　　D. 疟原虫
　E. 蠕形螨

8. 寄生虫成虫或有性阶段寄生的宿主叫
　A. 终宿主　　　　B. 中间宿主
　C. 保虫宿主　　　D. 转续宿主
　E. 非适宜宿主

10. 以下不属寄生虫对宿主的机械性损伤的是
　A. 阻塞腔道　　　B. 夺取营养
　C. 压迫组织　　　D. 吸附作用
　E. 破坏细胞

11. 血吸虫在生物分类学上其地位属
　A. 线形动物门　　B. 棘头动物门
　C. 节肢动物门　　D. 扁形动物门
　E. 顶复门

12. 血吸虫抗原诱导产生的伴随免疫属于
　A. 非消除性免疫　B. 消除性免疫
　C. 获得性免疫　　D. 先天性免疫
　E. 细胞免疫

13. 在建国初期我国重点防治的五大寄生虫病是
　A. 血吸虫病、疟疾、丝虫病、利什曼病和锥虫病
　B. 疟疾、血吸虫病、丝虫病、钩虫病和利什曼病
　C. 丝虫病、猪囊尾蚴病、血吸虫病、疟疾和锥虫病
　D. 利什曼病、血吸虫病、棘球蚴病、锥虫病和疟疾
　E. 卫氏并殖吸虫病、阿米巴病、丝虫病、利什曼病和锥虫病

14. 影响寄生虫病流行的主要自然因素
　A. 温度和湿度　　B. 仅与湿度有关
　C. 与湿度无关　　D. 与雨量无关
　E. 仅与雨量有关

15. 寄生虫病的流行特点,除地方性和季节性外,还具有
　A. 社会性　　　　B. 自然疫源性
　C. 广泛性　　　　D. 多样性
　E. 普遍性

16. 与医学关系密切的节肢动物属于
　A. 昆虫纲与甲壳纲　B. 甲壳纲与蛛形纲
　C. 蛛形纲与昆虫纲　D. 唇足纲与昆虫纲
　E. 唇足纲与倍足纲

17. 确诊寄生虫病的检验方法主要是
　A. 病原学检查　　B. 免疫学检查
　C. 动物接种　　　D. 活组织检查
　E. 分子生物学检查

18. 属于免疫学诊断的方法是
    A. 粪便中查虫卵　　　B. 粪便中查成虫
    C. 组织活检　　　　　D. 皮内试验
    E. PCR 技术
19. 人兽共患寄生虫病中,在流行病学上重要的是
    A. 终宿主
    B. 保虫宿主
    C. 转续宿主
    D. 中间宿主和终宿主
    E. 保虫宿主和转续宿主
20. 寄生虫病的传染源,除外
    A. 感染的中间宿主　　B. 寄生虫带虫者
    C. 感染的家畜　　　　D. 感染的野生动物
    E. 寄生虫病患者
21. 人兽共患寄生虫病的定义是
    A. 脊椎动物传给人的寄生虫病
    B. 人传给脊椎动物的寄生虫病
    C. 脊椎动物与人之间自然地传播着的寄生虫病
    D. 脊椎动物之间自然地传播着的寄生虫病
    E. 动物之间自然地传播着的寄生虫病
22. 自然疫源地是指传染病(含寄生虫病)
    A. 在人和动物之间传播的地区
    B. 在动物之间传播的地区
    C. 在脊椎动物之间传播的未开发地区
    D. 在人之间严重传播的地区
    E. 在疾病流行的区域
23. 人兽共患寄生虫病中,人主要作为
    A. 保虫宿主　　　　　B. 转续宿主
    C. 终宿主　　　　　　D. 第一中间宿主
    E. 第二中间宿主
24. 机体感染疟原虫所产生的免疫属于
    A. 伴随免疫　　　　　B. 带虫免疫
    C. 消除性免疫　　　　D. 获得性免疫
    E. 先天性免疫
25. 人体感染某些寄生虫后,可清除体内所有虫体,并可抵御再次感染,此免疫称
    A. 带虫免疫　　　　　B. 伴随免疫
    C. 非消除性免疫　　　D. 消除性免疫
    E. 获得性免疫
26. 寄生虫病的流行特点有
    A. 无季节性　　　　　B. 仅有季节性
    C. 无地方性　　　　　D. 仅有地方性
    E. 既有地方性,又有季节性
27. 寄生虫病的防治原则是
    A. 治疗患者和带虫者
    B. 针对流行环节,综合防治
    C. 消灭保虫宿主
    D. 保护易感人群
    E. 以上都是
28. 蚊、蝇属于医学节肢动物的
    A. 昆虫纲　　　　　　B. 唇足纲
    C. 甲壳纲　　　　　　D. 蛛形纲
    E. 倍足纲
29. 蜱、螨属于医学节肢动物的
    A. 昆虫纲　　　　　　B. 唇足纲
    C. 甲壳纲　　　　　　D. 蛛形纲
    E. 倍足纲
30. 医学节肢动物对人的危害包括
    A. 吸血骚扰和毒害作用
    B. 毒害作用和致敏作用
    C. 致敏作用和寄生
    D. 寄生和传播疾病
    E. 直接危害和间接危害

三、问答题
1. 寄生虫对人体的感染方式有哪些(举例说明)?
2. 寄生虫对人体的致病作用有哪些?
3. 寄生虫病的流行主要有哪些特点?影响寄生虫病流行的因素有哪些?
4. 寄生虫病的实验诊断有哪些方法?

(陆予云)

第2章 线虫纲

学习目标

1. **掌握** 似蚓蛔线虫、蠕形住肠线虫、十二指肠钩口线虫、美洲板口线虫、毛首鞭形线虫成虫和虫卵的形态及班氏吴策线虫、马来布鲁线虫两种微丝蚴和旋毛形线虫幼虫囊包的形态，以及这些线虫的生活史和实验诊断方法。

2. **熟悉** 似蚓蛔线虫、蠕形住肠线虫、十二指肠钩口线虫、美洲板口线虫、班氏吴策线虫、马来布鲁线虫、旋毛形线虫的流行因素与防治原则，以及毛首鞭形线虫、粪类圆线虫、结膜吸吮线虫、广州管圆线虫的形态和生活史。

3. **了解** 似蚓蛔线虫、蠕形住肠线虫、十二指肠钩口线虫、美洲板口线虫、班氏吴策线虫、马来布鲁线虫、旋毛形线虫及其他线虫的致病机制与所致疾病。

第1节 概　述

线虫（Nematode）属线形动物门的线虫纲（Class Nematode）。虫体不分节，两侧对称，因呈线状或圆柱形而得名。线虫种类繁多，大小不一，分布广泛，绝大多数营自生生活，可以通过食物、饮水、皮肤接触或蚊子叮咬等侵入人体。寄生人体重要的线虫有似蚓蛔线虫、蠕形住肠线虫、十二指肠钩口线虫、美洲板口线虫、毛首鞭形线虫、班氏吴策线虫、马来布鲁线虫、旋毛形线虫、粪类圆线虫、广州管圆线虫等。

一、形态

成虫大小因种而异，大者可长达 1m 以上，小者不到 1cm。虫体呈圆柱形，雌雄异体，雌虫一般大于雄虫，雌雄虫的区别在于尾部，雌虫尾尖直，雄虫尾端卷曲或膨大呈交合伞。虫体外层为体壁，体壁与消化道之间的腔隙无上皮细胞覆盖，称原体腔，内部器官浸在腔内的液体中。消化系统完整，由口、咽管、肠和肛门组成。生殖系统发达，为管状结构，雌虫生殖器官多为双管型，由卵巢、输卵管、子宫、排卵管、阴道和阴门组成。雄虫生殖器官包括睾丸、储精囊、输精管、射精管、交配器，为单管型。线虫卵形态各不相同，多数为椭圆形，无卵盖，卵壳厚薄不一，颜色为无色、淡黄或棕黄色，分三层，从外向内分别是卵黄膜、壳质层（几丁质层）、脂层（蛔苷层）。光学显微镜下，三层不易分辨。脂层对虫卵有保护作用。卵内容物因虫种而异，有的是卵细胞，有的是幼虫。

二、生活史

线虫生活史过程多为排出虫卵,孵化出幼虫,发育为成虫三个阶段。线虫幼虫发育中的特点是"蜕皮",一般幼虫蜕 4 次皮后变为成虫。根据线虫生活史发育过程是否需要中间宿主可分为两种类型:生活史中不需要中间宿主为直接发育型,感染期直接进入宿主体内发育,属于土源性线虫,如钩虫、蛲虫、蛔虫、鞭虫等;生活史中需要中间宿主为间接发育型,需先在中间宿主体内发育到感染期幼虫,再进入宿主体内发育为成虫,属于生物源性线虫,如丝虫、旋毛虫等。

第 2 节 似蚓蛔线虫

似蚓蛔线虫(*Ascaris lumbricoides* Linnaeus,1758)简称蛔虫,成虫寄生于小肠,是人体最常见的寄生虫。蛔虫呈世界性分布,感染率高,人群感染的特点为农村高于城市,儿童高于成人。

一、形态

(一) 成虫

虫体形似蚯蚓,呈长圆柱形,头端尖细,尾部钝圆。活体呈粉红色,死后呈灰白色,体表有细横纹,两侧有明显的侧线(图 2-1)。虫体顶端有一口孔,周围有 3 个唇瓣,呈"品"字形排列(图 2-2)。雌虫长 20~35cm,宽 0.3~0.6cm,尾端尖直;雄虫较小,长 15~31cm,宽 0.2~0.4cm,尾端向腹面卷曲,末端有一对镰刀状的交合刺。

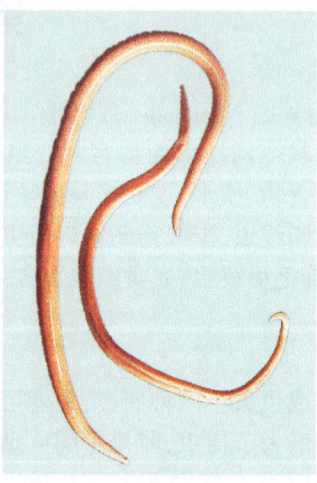

图 2-1 蛔虫成虫

(二) 虫卵

虫卵分为受精卵(fertilized)和未受精卵(unfertilized)两种。受精卵呈宽椭圆形,大小为 (45~75)μm×(35~50)μm,卵壳厚而透明,其表面有一层由子宫分泌物形成的凹凸不平的蛋白质膜,被宿主胆汁染成棕黄色。卵内含有 1 个大而圆的卵细胞,其两端与卵壳间有半月

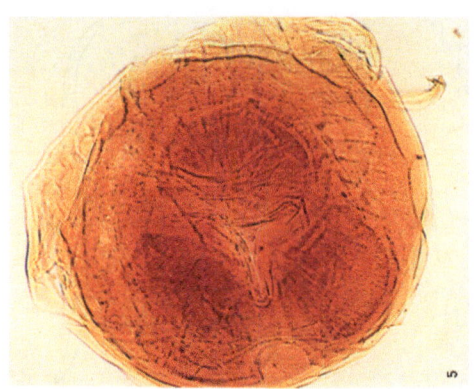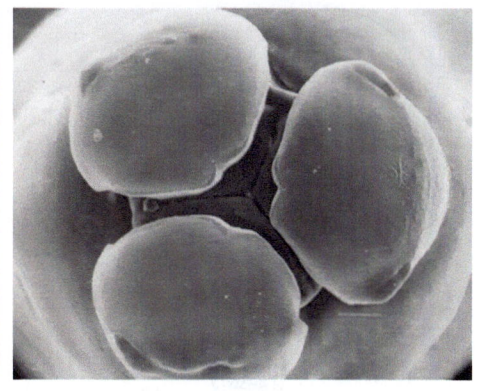

●● 图 2-2 蛔虫头端唇瓣光镜(左)和电镜(右) ●●

形空隙(图 2-3)。未受精卵呈长椭圆形，棕黄色，大小为(88~94)μm×(39~40)μm，卵壳及其表面的蛋白质膜较受精蛔虫卵薄，卵内充满了大小不等的折光颗粒(图 2-3)。

两种虫卵表面的蛋白质膜有时可脱落，而使虫卵变为无色，成为脱蛋白膜的蛔虫卵，极易与钩虫卵混淆，观察时应注意鉴别(图 2-3)。

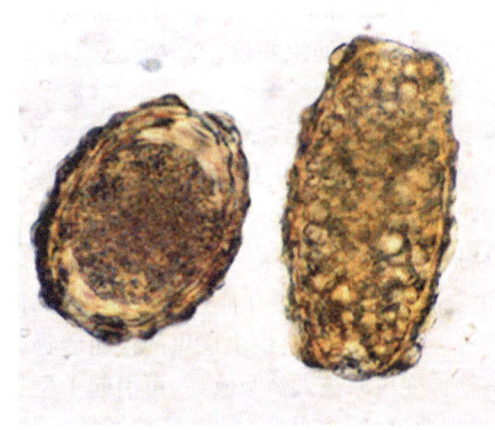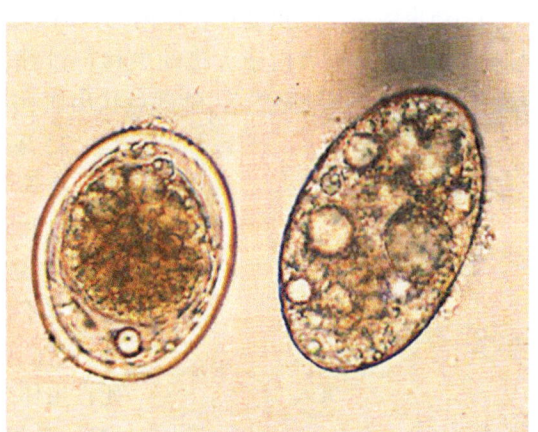

●● 图 2-3 蛔虫受精卵和未受精卵(左)及脱蛋白质膜卵(右) ●●

二、生活史

成虫寄生于人体小肠中，以肠内半消化食物为食，雌雄成虫交配后雌虫产卵，卵随宿主粪便排出体外，粪便中受精蛔虫卵在适宜温度(21~30℃)、潮湿、荫蔽、氧气充足的泥土中，约经 3 周，卵内细胞发育为幼虫，且卵内幼虫蜕皮 1 次后成为感染期虫卵。感染期虫卵污染食物和水被人误食后，在小肠内孵出幼虫。幼虫侵入肠黏膜和黏膜下层，钻入肠壁静脉或淋巴管，经血液循环到达右心，到达肺，穿破肺泡毛细血管进入肺泡，蜕皮 2 次后，沿支气管、气管上行至咽，在咽部随人的吞咽动作而进入食管，经胃再回到小肠，经第 4 次蜕皮后发育为成虫(图 2-4)。自感染期卵进入人体到发育为成虫产卵需 60~75 天，成虫的寿命为 1 年左右。

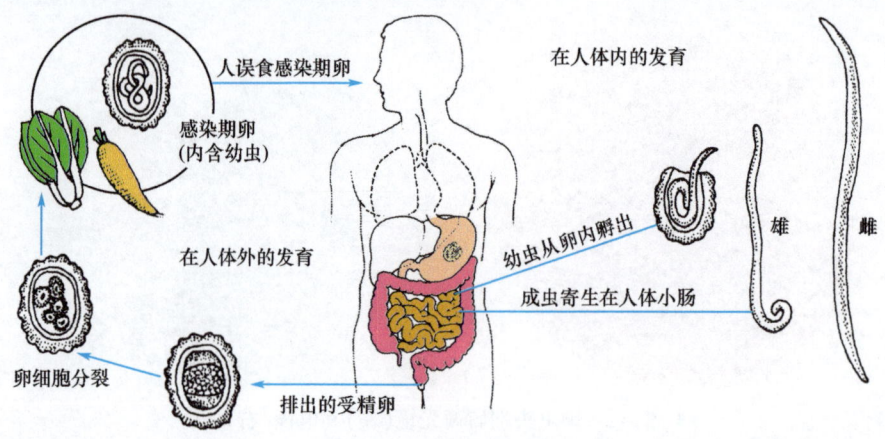

图 2-4 蛔虫生活史

三、致病

蛔虫的幼虫和成虫均可对人体造成损害,表现为机械性损伤、免疫损伤、营养不良等。

1. 幼虫致病 蛔虫幼虫在体内移行时导致所经过的组织和器官损害,其中危害较重的是肺部。感染严重者由于大量幼虫移行过程,可因机械损伤、幼虫蜕皮、释放变应原物质,导致细支气管上皮细胞脱落,肺部点状出血,引起蛔蚴性肺炎等。

2. 成虫致病 为主要的致病阶段,主要危害有:①掠夺营养,成虫除掠夺营养外,还损伤肠黏膜,导致消化不良和营养吸收障碍。患者可出现食欲缺乏、恶心、呕吐、间歇性脐周痛等消化道症状。儿童严重感染可出现营养不良和发育障碍,并常伴有神经精神症状,如惊厥、夜惊、磨牙等。②超敏反应,蛔虫成虫的代谢产物或死亡虫体分解物等变应原被人体吸收后,可引起Ⅰ型超敏反应,患者出现荨麻疹、皮肤瘙痒、血管神经性水肿、IgE 含量升高等。③并发症,危害最为严重。因蛔虫成虫有钻孔的习性,在宿主发热、胃肠道疾病、大量食入辛辣食物或使用驱虫药物不当等因素刺激下,蛔虫可钻入开口于肠道的各种管道(如胆道、阑尾等),引起相应的并发症。临床最为常见的是胆道蛔虫病,此外还可并发蛔虫性肠梗阻(图 2-5)、蛔虫性胰腺炎或阑尾炎,甚至引起肠穿孔和急性腹膜炎等。

图 2-5 蛔虫性肠梗阻

四、实验诊断

病原学诊断是从粪便中查出虫卵或虫体。由于蛔虫产卵量大,可采用直接涂片法,查 3 张涂片,检出率可达 95%。阴性者用沉淀法和浮聚法进一步检查。定量透明法(改良加藤法)可做虫卵定量检查。对粪便中查不到虫卵的临床疑似蛔虫感染者,进行驱虫治疗性诊断。此外,如患者出现呼吸系统症状(咳嗽、哮喘等)时,取痰液检查,查出蛔虫幼虫也可确诊。

五、流行与防治

（一）分布

蛔虫呈世界性分布,主要流行区域是温暖、潮湿的地区,卫生状况差的地区也是蛔虫的主要流行区。在我国蛔虫分布于各个省市自治区,全国平均感染率为12.72%。

（二）流行因素

造成蛔虫流行广泛,感染率高的主要因素有:①蛔虫产卵量大,每条雌虫平均每天产卵24万个;②蛔虫卵抵抗力强,由于蛔贰层的保护,使虫卵在荫蔽的土壤中或蔬菜上,可存活几个月至1年,醋、酱油、腌菜或泡菜盐水都不能影响卵内幼虫发育;③蛔虫生活史简单;④用未经处理的人粪便施肥,鸡、犬、蝇类等可机械性携带虫卵;⑤人们不良的饮食卫生习惯。

（三）防治原则

1. 查治患者和带虫者,是控制传染源的重要措施。目前常用的驱虫药物有阿苯达唑（肠虫清）、甲苯咪唑和伊维菌素。
2. 对粪便无害化处理,杀灭蛔虫卵,注意个人卫生,不随地大便,切断传播途径。
3. 广泛宣传蛔虫的危害及预防知识,注意饮食卫生,做到饭前便后洗手,不生食未洗净的瓜果、蔬菜等,不饮生水,灭蝇,防止食入蛔虫感染期卵,减少感染机会。

案例 2-1

患者,男,8岁。半天前剑突下阵发性钻顶样疼痛,疼痛向右肩放射,伴恶心、呕吐,急诊入院。询问病史,患者家住农村,饮食卫生习惯差,经常生吃瓜果蔬菜,半年前开始经常出现阵发性脐周腹痛,排便时偶见圆形虫体排出。查体,心肺听诊无异常。剑突下偏右有压痛,腹软,可扪及条索状物。

问题:
1. 该案例中的患者可能患什么病?
2. 请列出对该病的诊断依据。
3. 可采用什么措施预防和治疗该病?

第3节 蠕形住肠线虫

蠕形住肠线虫[*Enterobius vermicularis*(Linnaeus,1758)Leach,1853]简称蛲虫,寄生于人体小肠末端、盲肠和结肠,引起蛲虫病。蛲虫呈世界性分布,儿童感染率较高,是一种儿童常见的寄生虫病。

一、形态

（一）成虫

成虫细小呈线头状,乳白色。虫体头端两侧的角皮膨大成头翼,咽管末端膨大呈球状,称为咽管球。雌虫长8~13mm,宽0.3~0.5mm,体中部膨大,尾端长直尖细;雄虫较细小,长为 2~5mm,宽 0.1~0.2mm,尾端向腹面卷曲,似"6"字形,一般在交配后雄虫即死亡,不易见到(图 2-6)。

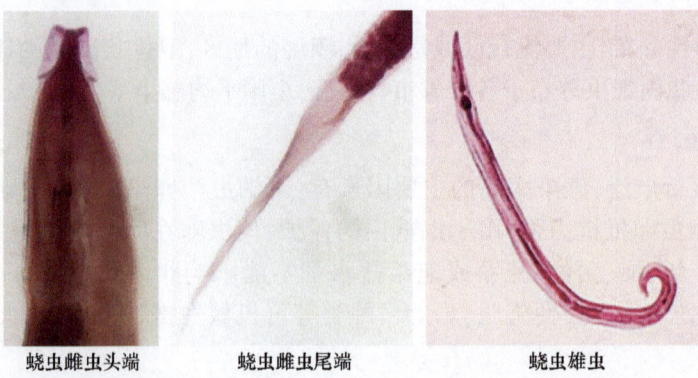

蛲虫雌虫头端　　　蛲虫雌虫尾端　　　蛲虫雄虫

图 2-6　蛲虫成虫形态(雌虫头部、尾部、雄虫)形态

（二）虫卵

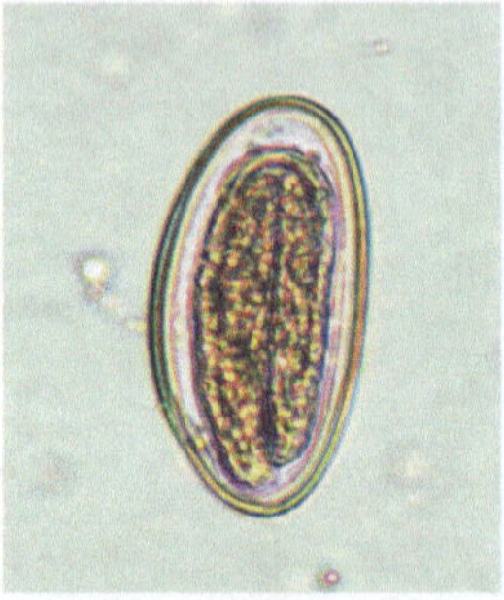

虫卵无色透明,卵壳较厚,一侧扁平,一侧稍凸,呈不规则椭圆形,两侧不对称,形似柿核,大小为 $(50\sim60)\mu m\times(20\sim30)\mu m$,刚产出的虫卵内含 1 个蝌蚪期胚胎,感染期虫卵内有 1 条盘曲的幼虫(图 2-7)。

图 2-7　蛲虫卵形态

二、生活史

成虫寄生于人体小肠末端、盲肠和结肠等处,以肠内容物、组织、血液为食。雌雄交配后,雄虫很快死亡,子宫内含有大量虫卵的雌虫随肠内容物下行至直肠,当宿主睡眠时,因肛门括约肌松弛,雌虫爬出肛门,在肛门周围及会阴部皮肤皱褶处产卵。产卵后的雌虫大多自然死亡,少数可返回肠腔,有的也可误入阴道、子宫、尿道等处异位寄生。虫卵在肛门周围适宜的条件下,约经 6 小时,蜕皮一次后发育为感染期虫卵(图 2-8)。

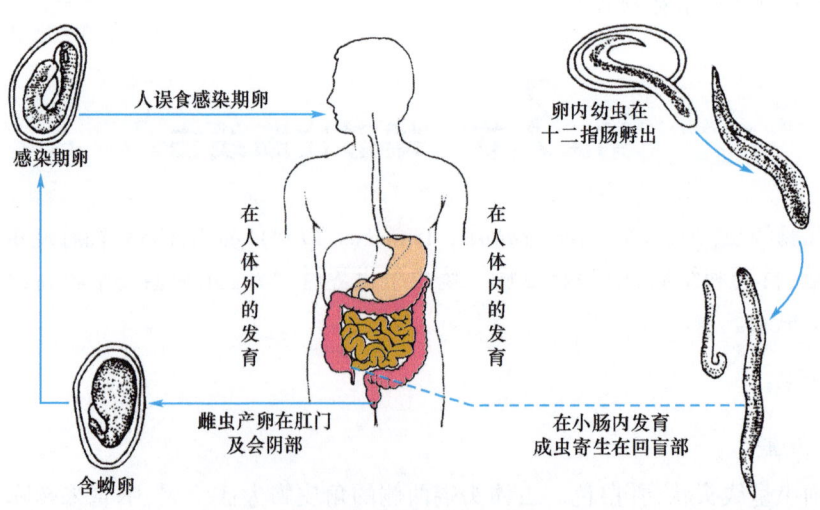

图 2-8　蛲虫生活史

由于雌虫在肛周产卵,蠕动刺激,导致肛门周围瘙痒,患儿用手搔痒时,感染期卵便可污染手指,经肛门-手-口的方式形成自身感染;感染期卵还可散落在衣裤、被褥、玩具、食物上,经口感染人体,或者散落在空气中的卵经吸入再咽下感染人体。误入人体的虫卵在十二指肠内孵出幼虫,沿小肠下行,途中蜕 2 次皮,进入结肠内蜕第 4 次皮发育为成虫。自食入感染期卵至虫体发育为成虫并产卵,需 2~4 周。雌虫寿命约 1 个月,一般不超过 2 个月。因蛲虫生活史简单,发育方式特别,感染途径多样,易出现持续的再感染,使儿童病情迁延不愈。

三、致病

成虫寄生于肠道可造成肠黏膜损伤,引起消化紊乱和炎症。蛲虫寄生于阑尾可导致阑尾炎的发生。雌虫在夜间移行至肛周产卵,刺激局部皮肤,引起肛门周围及会阴部皮肤瘙痒(主要的症状),影响睡眠;搔抓后可继发细菌感染,引起局部炎症。患者表现为烦躁不安、失眠、夜惊、食欲减退等症状。长期反复不愈,可影响儿童的身心健康。若雌虫误入阴道、尿道、子宫等处异位寄生,可引起泌尿生殖系统炎症。

四、实验诊断

因蛲虫一般不在人体肠道产卵,粪便查虫卵阳性率极低,根据蛲虫肛周产卵的习性,病原诊断是在肛门周围取标本查虫卵,常用的检查方法有透明胶纸法或棉签拭子法,其中透明胶纸法效果较好,5 次检出率可达到 99%。此外,夜间在肛门周围或粪便中查到成虫也可确诊。

五、流行与防治

(一) 分布

蛲虫感染呈世界性分布,儿童感染率高于成人,常表现为儿童集体机构聚集倾向,特别是幼儿园、小学,5~7 岁儿童是主要感染对象。

(二) 流行因素

1. 传染源是患者和带虫者。

2. 传播方式多样,主要是肛门-手-口途径,雌虫夜间在肛周产卵引起皮肤瘙痒,感染者搔抓时,虫卵污染手指,若感染者饭前不洗手,或有吸吮手指头习惯,均可导致自体重复感染;集体生活的儿童,可以通过交换食物和共玩玩具间接接触感染;另外虫卵可随尘埃漂浮在空气中,人呼吸时可感染;少数情况下雌虫产卵后逆行回到肠道寄生导致逆行感染。

(三) 防治原则

1. 注意个人卫生、家庭卫生和公共卫生,教育儿童饭前便后洗手,不吸吮手指头,勤剪指甲,幼儿从小训练穿闭裆裤。定期清洗消毒玩具和被褥。

2. 驱虫可用阿苯达唑或甲苯咪唑。局部外用药为 3% 噻嘧啶软膏、蛲虫膏等。

案例 2-2

患者,女,4岁。因外阴肛周瘙痒3天,在其肛门周围皮肤上发现1条白色小虫入院。家长诉近期患儿睡眠不安,有夜惊和磨牙,烦躁,常用手抓挠外阴和肛门。查体:外阴及肛周皮肤红肿有抓痕。

问题:
1. 该案例中的患者可能患什么病?
2. 请列出对该病的诊断依据。
3. 可采用什么措施预防和治疗该病?

第4节 十二指肠钩口线虫和美洲板口线虫

钩虫(hookworm)是钩口科线虫的统称。寄生于人体的钩虫主要有十二指肠钩口线虫(*Ancylostoma duodenale* Dubini,1843),简称十二指肠钩虫和美洲板口线虫(*Necator americanus* Stile,1902),简称美洲钩虫两种。钩虫寄生于人体小肠,引起钩虫病,最严重的危害是导致人体慢性失血,是危害人民健康的重要寄生虫之一。

一、形态

(一) 成虫

虫体细小,长约1cm,活体为淡红色,半透明,死后呈灰白色。虫体前端略向背面仰曲,虫体顶端有一口囊,口囊腹侧缘有钩齿或板齿,是鉴别虫种重要依据之一。虫体前端两侧有头腺1对,其功能是分泌抗凝素和多种酶类。钩虫雌虫较大,末端呈圆锥形;雄虫较小,尾端膨大,由角皮层向后延伸形成膜质交合伞,交合伞内有肌性辐肋支撑。辐肋分为背、侧和腹三种,其中背辐肋的分支也是鉴别钩虫成虫的重要依据。此外交合伞内还有两根细长的交合刺。两种钩虫成虫的形态主要区别如下(表2-1,图2-9~图2-11)。

表2-1 十二指肠钩虫与美洲钩虫形态鉴别

鉴别要点	十二指肠钩虫	美洲钩虫
体态	头端和尾端都向背面弯曲,虫体似"C"形	头端向背面仰曲,尾端向腹面弯曲,虫体似"S"形
大小	大	小
口囊腹侧缘	有2对钩齿	有1对半月形板齿
背辐肋	远端分2支,每支再分3小支	基部分2支,每支再分2小支
交合伞	略圆	略扁,似扇形
交合刺	两刺末端分开	两刺合并,末端形成一倒钩
尾刺	有	无

(二) 虫卵

两种钩虫虫卵形态相似,光镜下不易区别。虫卵呈椭圆形,无色透明,大小为(57~76)μm×(39~40)μm,卵壳薄,新鲜粪便中虫卵内通常含2~4个卵细胞,粪便放置过久或便秘患者的粪便,卵内细胞可继续分裂,数目增多成桑椹状。卵细胞与卵壳之间有明显空隙(图2-12)。

第2章 线虫纲

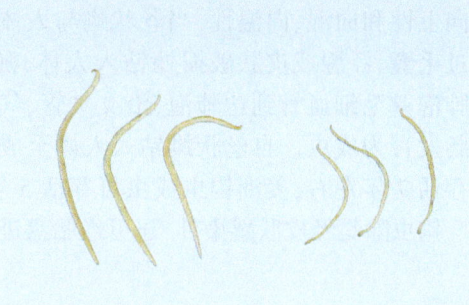

●● 图2-9 十二指肠钩虫（左）和美洲钩虫（右）成虫体态 ●●

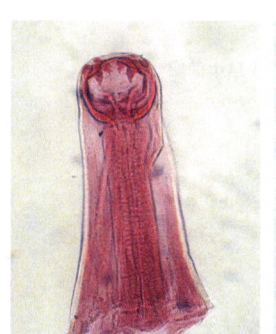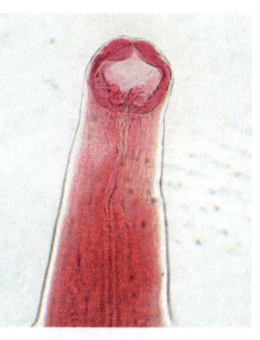

●● 图2-10 十二指肠钩虫（左）和美洲钩虫（右）口囊 ●●

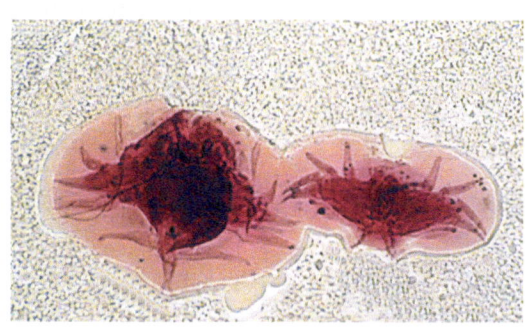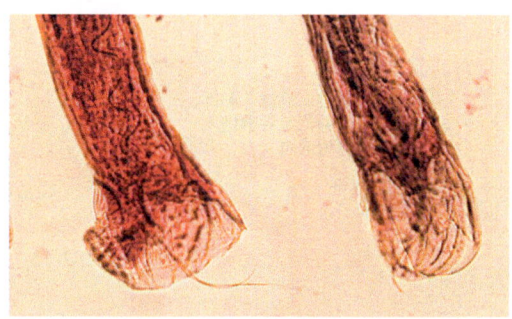

●● 图2-11 十二指肠钩虫（左）和美洲钩虫（右）交合伞、交合刺 ●●

（三）幼虫（钩蚴）

幼虫分为杆状蚴和丝状蚴两个阶段，丝状蚴呈蛇形，为0.25～0.7mm，无色透明。

二、生活史

两种钩虫生活史基本相同。成虫寄生于人体小肠，借钩齿或板齿咬附在肠黏膜上，以人体血液、肠黏膜等为食，雌雄交配产卵。虫卵随宿主粪便排出体外，在温暖（25～30℃）、潮湿、荫蔽、氧气充足的疏松土壤中，经1～2天，卵内孵出杆状蚴，再经7～8天发育成为具有感染能力的丝状蚴，即感染期幼虫。丝状

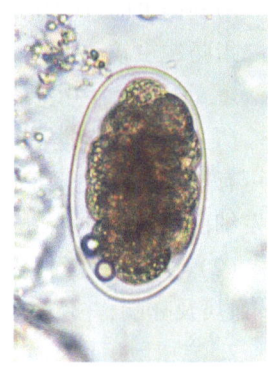

●● 图2-12 钩虫卵 ●●

蚴一般生活在 1~2cm 深的表层土壤中,也可存在于小植物茎上或草叶表面。丝状蚴具有向上性和向湿、向温性,当丝状蚴与人体皮肤接触后,受人体温度刺激,活动能力增强,通过毛囊、汗腺或皮肤破损处钻入人体,随即进入血管或淋巴管,随血流经右心至肺,穿过肺泡壁毛细血管到达肺泡,沿支气管、气管向上移行至咽,随吞咽活动,经食管、胃到达小肠发育为成虫。自丝状蚴钻入人体至成虫交配产卵需 4~6 周,十二指肠钩虫成虫一般可存活 7 年左右,美洲钩虫成虫可存活 5 年以上(图 2-13)。

钩虫除是经皮肤感染外,还可经胎盘进入胎儿体内,十二指肠钩虫还可以经口感染。

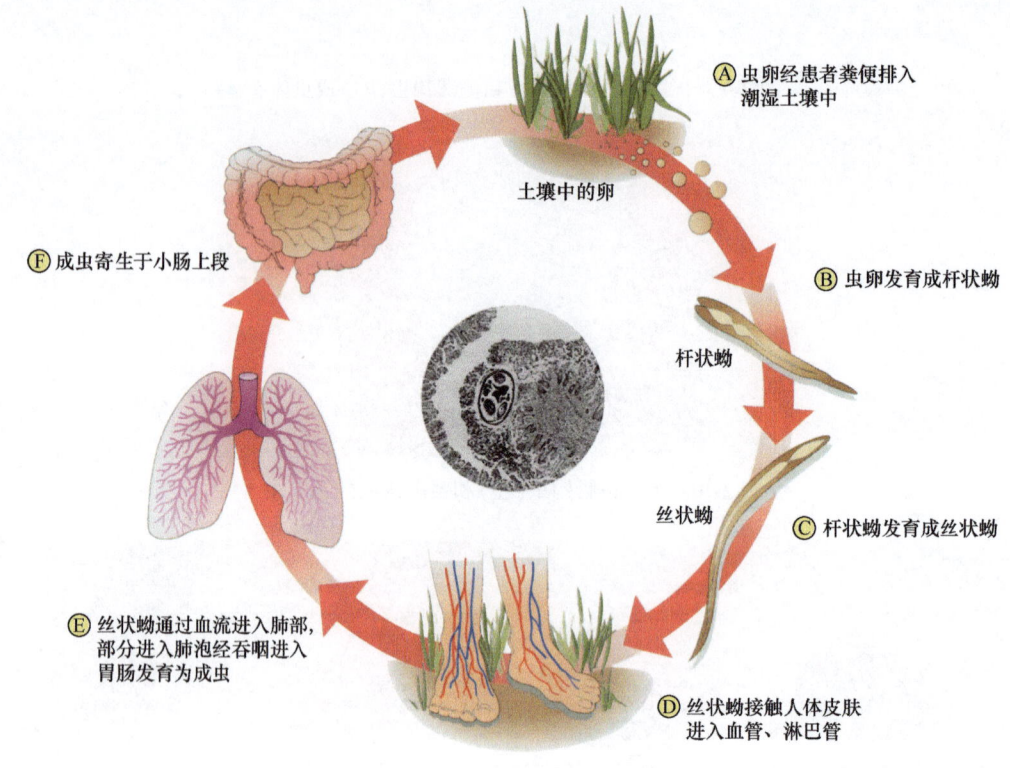

•• 图 2-13 钩虫生活史 ••

三、致病

两种钩虫的致病作用相似,幼虫和成虫均可对人体致病,但成虫的危害较严重,另外,十二指肠钩虫较美洲钩虫对人体的危害更大。

1. 幼虫致病 主要是丝状蚴侵入皮肤及幼虫在体内移行对人体造成的损害。

(1)钩蚴性皮炎:当人体赤手裸脚接触土壤时,钩虫丝状蚴钻入皮肤,数分钟后局部皮肤可有奇痒、烧灼感,继而出现小出血点或丘疹,称为钩蚴性皮炎,俗称"粪毒"。抓破后可继发细菌感染,形成脓疱。

(2)呼吸系统病变:幼虫移行至肺,可造成肺血管和肺泡的损伤,患者可出现阵发性咳嗽、血痰及哮喘,并伴有畏寒、发热等症状。

2. 成虫致病

(1)消化道症状:钩虫成虫造成肠黏膜损伤,可引起上腹部不适、隐痛、恶心、呕吐、腹泻或便秘和消化道出血等消化道症状。

（2）贫血：钩虫对人体最严重的危害是成虫导致患者慢性失血，引起的缺铁性贫血。轻度感染临床表现为头晕乏力、轻度气促、心悸等；重者可出现劳动力丧失、贫血性心脏病等。儿童严重感染可致发育障碍；妇女则可出现闭经、流产等。

（3）异嗜症：少数患者还会出现"异嗜症"，表现为喜食生米、生豆，甚至泥土、碎纸、茶叶、破布、煤渣、瓦片等物。异嗜症的原因至今未明，可能与缺铁有关。

（4）婴幼儿钩虫病：多见十二指肠钩虫感染。母体在孕期感染后，幼虫经胎盘感染胎儿，或母亲体内钩虫幼虫随乳汁感染婴儿，患儿表现为急性血性腹泻。

> **知识链接**
>
> **钩虫引起贫血的原因与机制**
>
> 钩虫引起贫血的原因与机制包括：①钩虫吸血后血液迅速经其消化道排出；②钩虫吸血时不断分泌抗凝素，使咬附处伤口不断渗血，其渗血量与虫体吸血量大致相当；③虫体有更换咬附部位的习性，致使新伤口不断增加，原伤口在凝血前仍继续出血。由于患者长期处于慢性失血状态，体内铁元素和蛋白质不断丢失，使造血原料不足，血红蛋白质合成减少，导致小细胞低色素性贫血。同时钩虫寄生于小肠，导致肠黏膜损伤，影响宿主对营养物质的吸收，可加重贫血。

▶▶ 四、实验诊断

粪便中检出钩虫卵或孵出钩蚴为确诊依据，方法有：

1. 粪便直接涂片法 简便易行，但轻度感染者易漏诊。

2. 饱和盐水浮聚法 是诊断钩虫感染最常用的方法。

3. 定量透明法 属于定量检查，用于感染度测定，也可用于考核疗效及流行病学调查。

4. 钩蚴培养法 检出率与饱和盐水浮聚法相似，此法光镜下可观察幼虫形态以鉴别虫种，但时间长，需要5~6天才能得出结果。

此外，在患者出现呼吸系统症状（咳嗽、哮喘等）时，取痰液检查，查出钩虫幼虫也可确诊。

▶▶ 五、流行与防治

（一）分布

钩虫呈世界性分布，主要流行于热带和亚热带。我国有31个省、市、自治区有钩虫感染者，主要分布在黄河以南地区，南方人群感染率高于北方，平均感染率为6.12%。北方以十二指肠钩虫为主，在南方美洲钩虫居多。两种钩虫同时存在于同一区域也较常见，长江流域是以十二指肠钩虫流行为主的混合感染区。

（二）流行因素

1. 钩虫病患者和带虫者为传染源。

2. 粪便管理不当，污染土壤，人们赤足下地劳作，人体接触含丝状蚴的土壤、植物，丝状蚴经皮肤感染人体。

（三）防治原则

1. 查治患者和带虫者 治疗钩虫感染者的常用药物有阿苯达唑和甲苯咪唑。

2. 管理粪便 使粪便无害化，杀灭钩虫卵，达到切断传播途径的目的。

3. 加强个人防护防止感染 不赤足下地劳作，避免皮肤接触含有丝状蚴的土壤和植物，可在皮肤上涂抹1.5%左旋咪唑硼酸乙醇等做防护，对预防感染有一定效果。

> **案例 2-3**
>
> 患者，男，50岁，农民，因上腹部隐痛、头昏、乏力、心慌2个月余，解黑便1天就诊。查体：中度贫血貌，心肺正常，腹软，肝脾肋下未及，剑突下偏右轻压痛。血常规：红细胞 $2.7×10^{12}$/L，血红蛋白53g/L。胃镜检查见胃窦散在黏膜出血点，于十二指肠壶腹部发现6条长约1cm的白色虫体。大便潜血试验强阳性，直接涂片未见虫卵。追问病史，患者有用人粪施肥，且赤脚下地干活的习惯。
>
> 问题：
> 1. 该案例中的患者可能患什么病？
> 2. 请列出对该病的诊断依据。
> 3. 可采用什么措施预防和治疗该病？

第5节 班氏吴策线虫和马来布鲁线虫

丝虫（filaria）是由蚊传播的寄生性线虫，因虫体细长如丝线而得名。寄生在人体的丝虫有8种，在我国能感染人体的只有班氏吴策线虫[*Wuchereria bancrofti* Cobbold,1877]（班氏丝虫）和马来布鲁线虫[*Brugia malayi* Brug,1927]（马来丝虫）两种，这两种丝虫均寄生于人体淋巴系统，引起丝虫病。

一、形态

（一）成虫

两种丝虫成虫的形态相似，虫体细长如丝线，乳白色，表面光滑，长3~7cm，雌虫大于雄虫。

（二）微丝蚴

雌虫直接产出的幼虫称为微丝蚴，虫体细长，虫体头端钝圆，尾端尖细，外被鞘膜，体内有许多圆形或椭圆形的体核，头端无核区为头间隙，体前1/5处的环形无核区为神经环，尾部逐渐变细，近尾端腹侧有一肛孔。尾端有无尾核因种而异。班氏微丝蚴和马来微丝蚴区别如下（表2-2，图2-14）。

表2-2 班氏微丝蚴和马来微丝蚴形态鉴别

鉴别点	班氏微丝蚴	马来微丝蚴
体态	弯曲自然、柔和	弯曲僵硬，大弯中有小弯
大小（μm）	(244~296)×(5.3~7.0)	(177~230)×(5.0~6.0)
头间隙	较短，长：宽为1:1或1:2	较长，长：宽为2:1
体核	圆形，排列均匀，相互分离，清晰可数	卵圆形，排列紧密，相互重叠，不易分清
尾核	无	有2个，前后排列，尾核处角皮略膨大

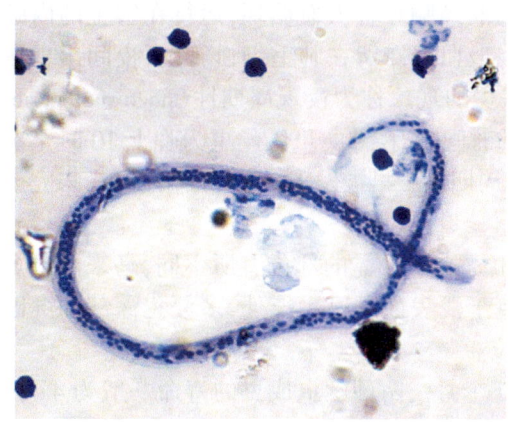 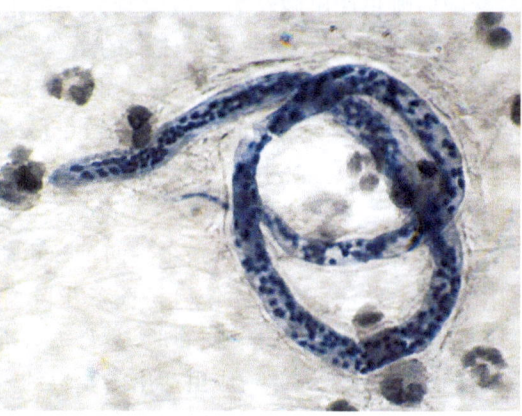

● ● 图 2-14 班氏微丝蚴(左)和马来微丝蚴 ● ●

(三) 丝状蚴

丝状蚴为感染期的幼虫,虫体细长,活动力强,见于中间宿主蚊体内。

▶▶ 二、生活史

班氏丝虫和马来丝虫的生活史都要经过 2 个发育阶段,即幼虫在蚊体(中间宿主)及成虫在人体(终宿主)的发育阶段(图 2-15)。

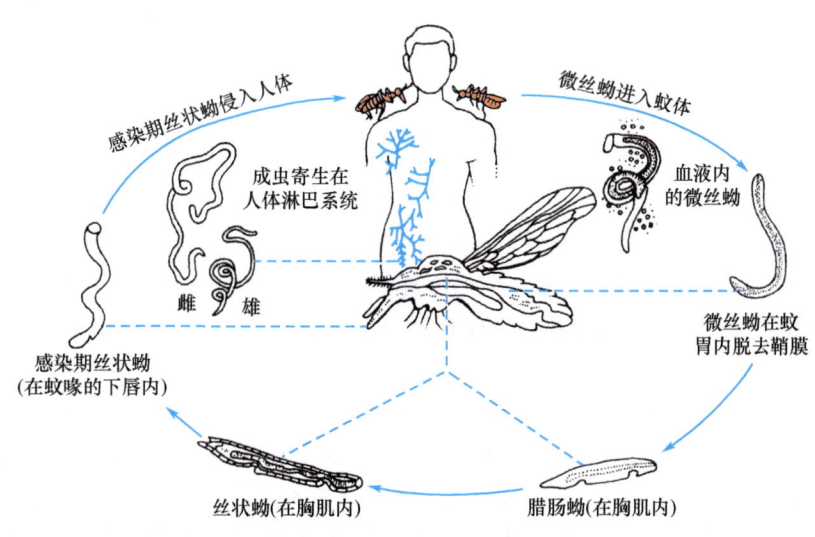

● ● 图 2-15 丝虫生活史 ● ●

1. 在蚊体的发育 当雌蚊叮吸患者或带有微丝蚴的人时,微丝蚴随血液进入蚊胃,经 1~7 小时,脱去鞘膜,穿过胃壁经血腔侵入蚊胸肌。胸肌内的幼虫经 3~5 天缩短变粗,形如腊肠,称腊肠期幼虫。其后虫体内部组织分化,蜕皮 2 次后发育成体型细长的感染期幼虫即丝状蚴。丝状蚴离开胸肌,进入血腔,其中大多数到达蚊下唇,当蚊再次叮人吸血时,幼虫自蚊下唇逸出,经吸血伤口或正常皮肤侵入人体。

2. 在人体的发育 丝状蚴进入人体后的具体移行途径,至今尚不清楚。一般认为幼虫可迅速侵入淋巴管内,并移行至大淋巴管及淋巴结,在此发育为成虫。雌、雄虫体相互缠绕,交配后雌虫产出微丝蚴。微丝蚴大多随淋巴液经胸导管入血循环,运行在宿主的内脏或皮肤血管之中。丝虫感染者体内的微丝蚴,一般白天滞留在肺毛细血管中,夜间出现在外周血液,这种微丝蚴在外周血中表现为夜多昼少的现象称为夜现周期性(nocturnal periodicity)。两种微丝蚴在外周血液出现数量最多的时间略有不同:班氏丝虫为晚上10时至次晨2时,马来丝虫为晚上8时至次晨4时。夜现周期性虽早被发现,但其机制至今尚未完全阐明。

人是班氏丝虫唯一的终宿主。两种丝虫成虫寄生于人体的部位有所不同,马来丝虫多寄生于上、下肢浅部淋巴系统。班氏丝虫除寄生于浅表部淋巴系统外,多侵犯深部的淋巴系统,主要寄生于下肢、阴囊、腹股沟、肾盂等部位。

自丝状蚴侵入人体到成虫产出微丝蚴约需3个月。两种丝虫成虫的寿命一般为4~10年,个别可长达40年。微丝蚴的寿命一般为2~3个月。

三、致病

丝虫的成虫、感染期蚴、微丝蚴对人体均有致病作用,但以成虫为主。丝虫病的临床表现大致可分为以下几种。

1. 急性期超敏反应和炎症反应 虫体的代谢产物、分泌物及死虫分解产物等均可刺激机体产生局部和全身反应。在感染早期,淋巴管出现内皮细胞肿胀、增生,随之管壁及周围组织发生炎症细胞浸润,继而导致淋巴管壁增厚、瓣膜受损,管腔阻塞。在浸润的细胞中有大量的嗜酸粒细胞,但病变的淋巴管或淋巴结中不一定有成虫或微丝蚴,提示急性炎症与超敏反应有关。其临床表现为急性淋巴管炎、淋巴结炎及丹毒样皮炎等,以下肢淋巴管较为常见。发作时可见皮下有一条呈离心性发展的红线,俗称"流火";当炎症波及浅表细微淋巴管时,局部皮肤可出现一片弥漫性红肿,有压痛和灼热感,状似丹毒,故称丹毒样皮炎。班氏丝虫还可引起精索炎、附睾炎和睾丸炎。此外,出现局部症状的同时,患者还可出现畏寒、发热即丝虫热表现。

2. 慢性期阻塞性病变 随着急性炎症的反复发作,以及死亡成虫和微丝蚴为中心形成肉芽肿,导致局部淋巴管栓塞,淋巴液回流受阻。受阻部位的远端管内压力增高而发生淋巴管曲张或破裂,淋巴液流入周围组织导致淋巴肿或淋巴积液。由于阻塞部位不同,临床表现各异,常见的病变为:

(1) 象皮肿(elephantiasis):多发于下肢和阴囊,是晚期丝虫病最常见的体征。由于从破溃淋巴管流出的含高蛋白质的淋巴液积聚在皮下组织,刺激纤维组织增生,初期表现为淋巴液肿,如在肢体,多为压凹性水肿,继而纤维组织增生,皮肤增厚、弹性消失、变粗变硬形如象皮。上下肢象皮肿可见于两种丝虫病,而生殖系统象皮肿仅见于班氏丝虫病(图2-16)。一般在象皮肿患者血中不易查到微丝蚴。

(2) 鞘膜积液(hydrocele testis):多由班氏丝虫所致。因精索、睾丸淋巴管阻塞,淋巴液流入鞘膜腔内形成积液,致阴囊肿大。穿刺吸出的积液中有时可查到微丝蚴。

(3) 乳糜尿(chyluria):由班氏丝虫所致。因主动脉前淋巴结或肠干淋巴结阻塞,使腰干淋巴压力增高,导致从小肠吸收的乳糜液回流受阻,经侧支流入肾淋巴管,并经肾乳头黏膜破损处流入肾盂,混于尿中排出,尿液呈乳白色,似牛奶,称乳糜尿。乳糜尿中含大量的蛋白质及脂肪,在体外放置后易凝结。沉淀物中有时可查见微丝蚴。

(4) 隐性丝虫病:也称热带肺嗜酸粒细胞增多症(tropical pulmonary eosinophilia,TPE),

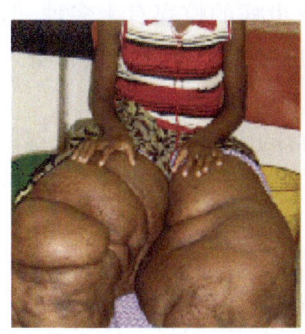
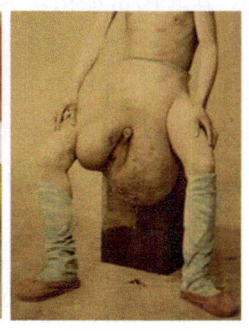

●● 图 2-16　班氏丝虫病象皮肿病变 ●●

约占丝虫患者中的 1%。患者表现为夜间阵发性咳嗽、哮喘、持续性超度嗜酸粒细胞增多和 IgE 水平升高，胸部 X 线可见中下肺弥漫性粟粒样阴影。在外周血中查不到微丝蚴，但可在肺和淋巴结的活检物中查到。其机制主要是微丝蚴抗原刺激宿主引起Ⅰ型超敏反应。

四、实验诊断

（一）病原学检查

1. 血液中微丝蚴检查　是诊断丝虫病的主要病原学手段，因微丝蚴具有夜现周期性，应在晚上 9 时至次晨 2 时采血检查。检查方法有：①厚血膜法，最常用，取末梢血涂成厚片，干后溶血镜检。②新鲜血滴法，取末梢血直接加盖片镜检，可观察微丝蚴活动情况。③溶血离心沉淀法，取静脉血 2ml，溶血后离心沉淀，检查沉渣，检出率高，适用于门诊。④海群生白天诱出法，在白天给患者口服海群生（乙胺嗪）2~6mg/kg 体重，30 分钟后取血检查，此法用于夜间采血不方便的患者。

2. 体液和尿液内微丝蚴检查　取患者的鞘膜积液、淋巴液、乳糜尿、胸腔积液和腹水等经离心沉淀后涂片、染色镜检。

3. 组织内活检成虫　可用注射器从可疑淋巴结或肿块中抽取成虫或利用组织切除物做病理切片查找成虫或微丝蚴。

（二）免疫学诊断

用免疫学方法检查患者血清中的特异性抗体或循环抗原，可用于患者的辅助诊断，还可用于流行病学调查和防治效果考核。常用的方法有间接荧光素标记抗体实验（IFA）、酶联免疫吸附试验（ELISA）等。

五、流行与防治

（一）分布

丝虫病流行于热带及亚热带。我国曾是丝虫病流行最严重的国家之一，我国中、南部的 17 个省曾有丝虫病流行，经积极的防治至 2006 年已达到基本消除的标准，现重心转为疫情监测。

（二）流行因素

1. 血中带有微丝蚴的患者及带虫者为传染源。

2. 传播媒介是蚊类，在我国可能传播丝虫病的蚊媒有十多种，但班氏丝虫主要是淡色库蚊和致倦库蚊，其次是中华按蚊；马来丝虫主要是中华按蚊和嗜人按蚊。在我国东南沿海地带及岛屿，丝虫的媒介是东乡伊蚊。

3. 人对丝虫普遍易感。影响丝虫病流行的因素主要是温度、湿度、雨量、地理环境和社会因素，我国丝虫病感染的季节多在气温高、雨量充沛、湿度较大的 5~10 月。

（三）防治原则

1. 加强监测和管理，这是防治的重点工作，内容包括人群监测、蚊媒监测和血清学监测，及时发现可能残存的和输入性传染源，防止丝虫病再度传播。

2. 防蚊灭蚊，针对蚊的生态习性，采取综合性措施，清除孳生地，杀灭成蚊、幼虫；使用蚊帐、蚊烟、灭蚊器等防止蚊叮咬吸血。

3. 普查普治，及时发现患者和带虫者，及时治愈。常用药物有乙胺嗪、呋喃嘧酮和伊维菌素等。

案例 2-4

患者，男，26 岁。因右下肢粗大，皮肤粗糙就诊。自述：5 岁左右，家长发现右下肢较左侧粗，但未引起注意。随后症状加重，由于家庭困难未就医。查体：右下肢明显粗大，皮肤粗糙。外周血涂片检查，查到微丝蚴。诊断为晚期丝虫病。

问题：
1. 该案例中的患者是如何感染的？
2. 可采用什么措施预防和治疗该病？

第 6 节 旋毛形线虫

旋毛形线虫 [*Trichinella spiralis*（Owen，1835）Railliet，1895] 简称旋毛虫，可寄生于人和多种哺乳动物，其成虫和幼虫分别寄生于同一宿主的小肠和横纹肌细胞内，引起旋毛虫病，该病流行于生食或半生食肉类的地区，是一种重要的食源性寄生虫病。

一、形态

（一）成虫

细小线状，乳白色，长 2~3mm，雄虫较雌虫小，两性成虫的生殖器官均为单管型，雄虫尾端具有一对叶状交配附器，雌虫子宫较长，其中段含虫卵，后段和近阴门处则充满幼虫，新生幼虫自阴门产出，大小 125μm×6μm（图 2-17）。

（二）幼虫囊包

在宿主横纹肌内发育成熟的幼虫长约 1mm，卷曲于梭形囊包中，囊包壁厚，大小为（0.25~0.5）mm×（0.21~0.42）mm，其纵轴与肌纤维平行，1 个囊包内通常含 1~2 条幼虫（图 2-18）。

图 2-17 旋毛虫成虫形态

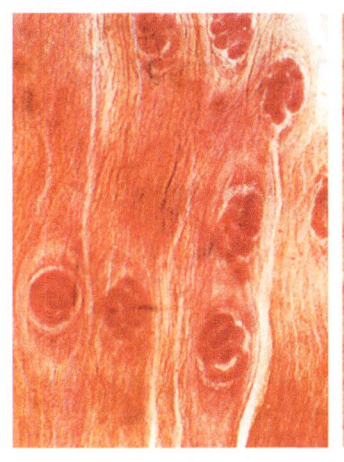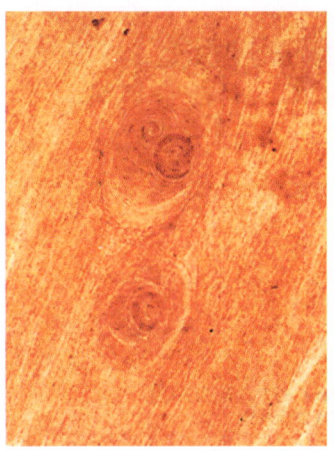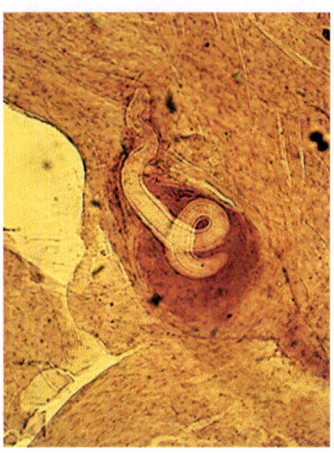

● ● 图 2-18　旋毛形线虫囊包幼虫 ● ●

二、生活史

旋毛虫成虫和幼虫寄生于同一宿主体内，成虫寄生于小肠，幼虫寄生于横纹肌细胞中。旋毛虫在完成生活史过程中不需要在外界发育，但必须转换宿主才能继续下一代生活史，被旋毛虫寄生的宿主既是终宿主，也是中间宿主。

宿主食入含有活幼虫囊包的肉类后，在消化酶的作用下，幼虫在胃中从囊包中逸出，钻入十二指肠及空肠上段的黏膜中，经过一段时间发育再返回肠腔，在感染 48 小时内，幼虫经 4 次蜕皮发育为成虫。雌雄虫交配后，多数雄虫死亡。雌虫子宫内的虫卵发育为幼虫，于感染后 5~7 天开始产出。新生幼虫侵入肠壁小血管或淋巴管，随淋巴和血液循环到达各组织、器官，但只有到达横纹肌内才能继续发育，并以膈肌、胸肌、腓肠肌等活动频繁，血液供应丰富的部位多见。于感染 1 个月后形成囊包。囊包若无机会进入新宿主，则多在半年内钙化，少数钙化囊包内的幼虫可存活数年，甚至长达 30 年（图 2-19）。

三、致病

旋毛虫的主要致病阶段是幼虫，其致病程度与食入的幼虫的数量、活力和新生幼虫侵入的部位及人体的免疫力等因素有关。轻者可无症状，重者若未及时治疗，可在发病后数周内死亡。旋毛虫致病过程可分为 3 个时期。

1. 侵入期　为食入幼虫囊包后，幼虫在小肠内脱囊发育为成虫阶段，病程约 1 周，此期主要导致肠黏膜炎症反应，患者出现恶心、呕吐、腹痛、腹泻的急性胃肠道症状，可伴有厌食、乏力、低热等全身性反应。

2. 幼虫移行期　为新生幼虫随淋巴、血液循环到达各器官及侵入横纹肌的发育阶段，导致血管炎和肌炎的过程，病程 2~3 周。患者可出现高热、全身肌肉酸痛、压痛，尤以腓肠肌、肱二头肌、肱三头肌显著，重症者因心肌炎、肺炎或脑炎等而死亡。

3. 囊包形成期　为受损组织修复的过程，需 4~16 周。伴随囊包形成，急性炎症逐渐消退，患者全身症状减轻或消失，但肌痛仍可持续数月。

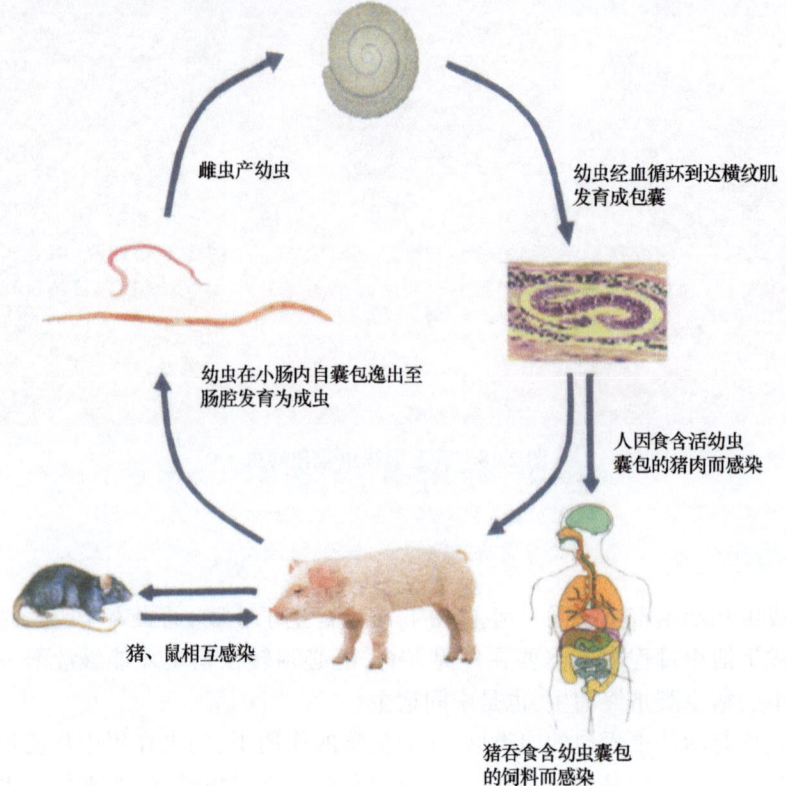

图 2-19 旋毛虫生活史

四、实验诊断

旋毛虫病因无特异性症状和体征,临床难以及时、正确诊断。因此,在诊断过程中应注重询问流行病学资料和病史。

(一)病原学检查

肌肉活组织检查发现幼虫或囊包是确诊的依据,自发病之日 10 天后,自患者疼痛肌肉处取标本,进行压片或切片镜检查到幼虫包囊即可确诊。但轻度感染者或病程早期均不易检获虫体。同时也可将患者吃剩的肉用同样方法检查。

(二)免疫学诊断

对早期或轻度感染者,采用血清学方法检测患者血清中的特异性抗体,可作为诊断该病的重要辅助手段。常用方法有皮内试验(ID)、ELISA 等。

五、流行与防治

(一)分布

旋毛虫呈世界性分布,以欧美发病率高。在我国,旋毛虫的流行具有地方性、群体性和食源性等特点,主要有 3 个流行区域:①云南、西藏、广西、四川;②湖北、河南;③辽宁、吉林和黑龙江。

(二) 流行因素

1. 旋毛虫病是一种动物源性寄生虫病,目前已知猪、野猪、狗、鼠等150多种动物自然感染有旋毛虫,这些动物因互相残杀吞食或摄食尸肉而相互传播。

2. 人感染旋毛虫主要是因生食或半生食含幼虫囊包的猪肉及肉制品引起。

3. 囊包内幼虫抵抗力较强,耐低温,在-15℃下可存活20天,腐肉中可存活2~3个月,一般熏、烤、腌制和暴晒等方式不能杀死幼虫。囊包幼虫不耐热,在肉块中心温度达到71℃时即可死亡。另外,旋毛虫幼虫囊包也可借切生肉的刀和砧板传播。

(三) 防治原则

1. 加强健康教育,改变不良的饮食习惯,不生食或半生食猪肉及肉制品,切生、熟食的刀和砧板分开。

2. 严格进行肉类检疫及加强食品卫生管理,未经检疫的肉类严禁上市。

3. 改善养猪方法,提倡圈养,保持猪舍清洁,加强饲料管理,以防猪的感染。

4. 治疗旋毛虫病常选阿苯达唑。

案例 2-5

患者,男性,30岁,因发热、全身肌肉酸痛入院就诊。自诉1周前和朋友烧烤,吃过生猪肉,3天后感觉胃肠不适,发现眼睑部肿胀,并逐渐发展为全身肌肉酸痛、发热。查体 T 38.7℃,颜面水肿,四肢肌肉有明显压痛,以腓肠肌疼痛明显。实验室检查:血常规 WBC $15.0×10^9/L$,嗜酸粒细胞20%。尿常规正常,粪检未查见虫卵,腓肠肌活检见旋毛虫幼虫囊包。

问题:
1. 该案例中的患者是怎么感染的?
2. 可采用什么措施预防和治疗该病?

第7节 其他线虫

一、毛首鞭形线虫

毛首鞭形线虫(*Trichuris trichiura* Linnaeus,1771)简称鞭虫,成虫寄生于人体盲肠,可导致肠壁组织慢性炎症反应,引起鞭虫病。

(一) 形态和生活史

成虫外形似马鞭,因此得名。虫体前3/5较细似鞭绳,后2/5较粗如鞭柄。雌虫长30~50mm,尾端钝圆;雄虫稍小,长30~45mm,尾端向腹面呈环状卷曲,末端有交合刺1根。雌雄虫生殖器官均为单管型(图2-20)。鞭虫虫卵呈纺锤形或腰鼓形,棕黄色,大小为$(50~54)\mu m×(22~23)\mu m$,卵壳较厚,两端各有一透明塞状突起,卵内有1个尚未分裂的卵细胞(图2-21)。

鞭虫成虫寄生于盲肠,感染严重时也可寄生于结肠、直肠甚至回肠下端。虫卵随粪便排出,在20~30℃温暖、潮湿的土壤中,约经3周发育为含幼虫的感染期卵。感染期虫卵若污染了食物或饮水,被人吞食,进入小肠,感染人体,约1小时后,幼虫从卵内孵出,钻入肠上皮摄取营养，经 8~10 天后回到肠腔，再移行至盲肠发育为成虫。鞭虫成虫细长的头端钻入肠黏膜内，以血液和组织液为食。自感染到产卵约需 60 天，成虫寿命为 3~5 年(图 2-22)。

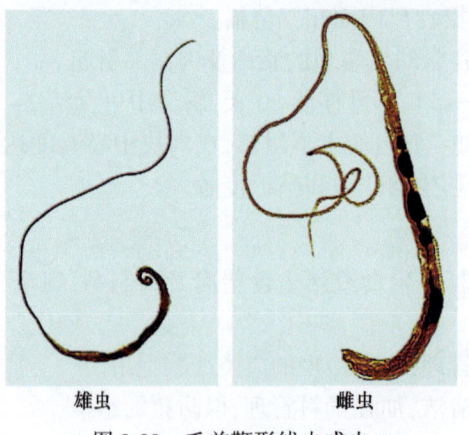

●● 图 2-20 毛首鞭形线虫成虫 ●●

●● 图 2-21 毛首鞭形线虫卵 ●●

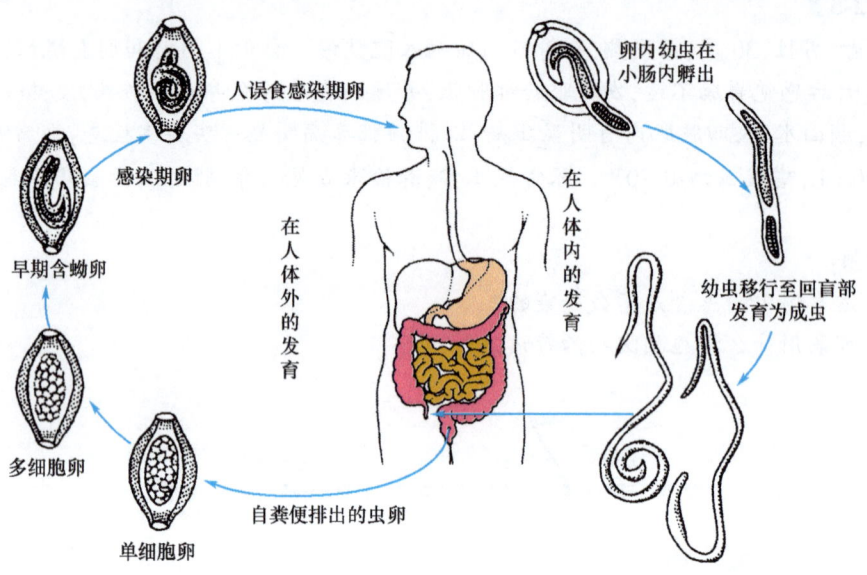

●● 图 2-22 毛首鞭形线虫生活史 ●●

（二）致病和诊断

鞭虫成虫以其细长的头端钻入肠黏膜，引起肠黏膜点状出血、炎症或溃疡(图 2-23)。少数患者可有细胞增生，肠壁组织明显增厚。如直肠受累，可出现黏膜水肿、出血，并常因腹泻、直肠套叠而出现直肠脱垂，此症多见于儿童。轻度感染者一般多无明显症状，重度感染者可出现头晕、腹痛、腹泻和贫血等症状，重度感染的儿童可出现发育迟缓、水肿和营养不良。

鞭虫感染的诊断以检获粪便中的虫卵为依据，常用的方法有生理盐水涂片法、饱和盐水漂浮法、沉淀集卵法。但因鞭虫卵较小，容易漏检，所以阴性结果时应连续检查 3 张涂片以提高检出率。

●● 图 2-23　毛首鞭形线虫寄生于肠壁 ●●

（三）流行和防治

鞭虫流行分布与蛔虫的分布相一致,但感染率不及蛔虫高,多见于热带、亚热带地区的发展中国家,特别是农村地区。人是唯一的传染源。鞭虫的感染方式、流行因素和防治原则与蛔虫基本相同,但一般驱虫药物对鞭虫的疗效较蛔虫差。

▶▶ 二、粪类圆线虫

粪类圆线虫[*Strongyloides stercoralis*（Bavay,1876）Stiles and Hassall,1902]是一种兼性寄生虫,其生活史复杂,包括自生世代和寄生世代。在寄生世代中,成虫主要寄生在人、猫、狗等宿主的小肠内,幼虫可侵入肺、脑、肾等组织器官引起粪类圆线虫病。

（一）形态和生活史

粪类圆线虫的生活史复杂,包括在土壤中完成的自生世代和在宿主体内完成的寄生世代。粪类圆线虫在寄生世代有成虫、虫卵、杆状蚴和丝状蚴 4 个阶段（图 2-24）。两世代的

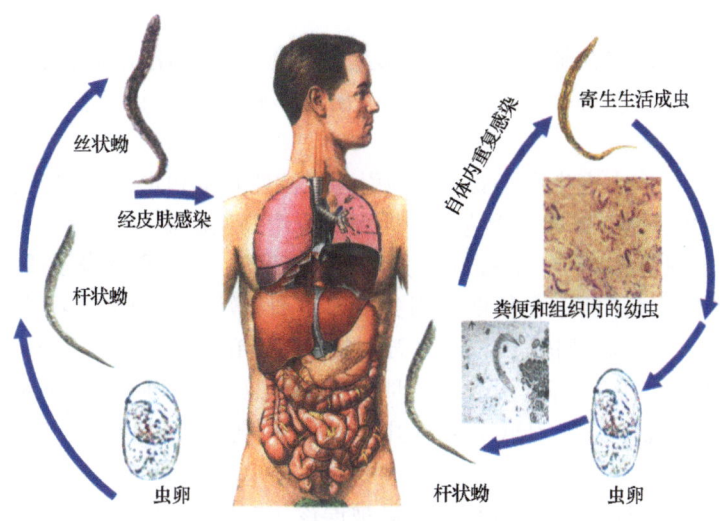

●● 图 2-24　粪类圆线虫生活史与各期形态 ●●

成虫大小差异较大。自生世代雌虫和雄虫均较短小。寄生世代成虫仅见雌虫,雌虫大小为 2.2mm×(0.04~0.06)mm,虫体半透明,体表具有细横纹,尾尖细,末端略呈锥形,口腔短,咽管细长,生殖器官为双管型。其虫卵形似钩虫卵,但较小,部分卵内含胚幼。粪类圆线虫的幼虫有两种:杆状蚴头端钝圆,尾尖细,长 0.2~0.45mm,具有双球型咽管;丝状蚴即感染期幼虫,长 0.6~0.7mm,咽管呈柱状约为体长的 1/2,尾端尖而分叉。

粪类圆线虫的生活史两世代既可独立存在,又可交替进行。成虫在温暖、潮湿的土壤中产卵,孵化出的杆状蚴经 4 次蜕皮后发育为成虫,在适宜的外界环境下,此发育过程可多次进行,该过程为自生世代。当外界环境不利时,杆状蚴蜕皮 2 次后发育为丝状蚴,可经皮肤或黏膜侵入人体,开始寄生世代。丝状蚴在体内移行的过程似钩虫,但幼虫须侵入到小肠黏膜内才能发育为成虫并产卵。虫卵发育较快,数小时后即可孵化出杆状蚴,并自黏膜内逸出,进入肠腔,随粪便排出体外。自丝状蚴感染人体至杆状蚴排出,至少需要 17 天。被排出的杆状蚴既可经 2 次蜕皮后发育为丝状蚴感染人体,也可直接发育为成虫。当宿主机体免疫力低下或发生便秘时,寄生于肠道中的杆状蚴可迅速发育为具有感染性的丝状蚴,这些丝状蚴可在小肠下段或结肠经黏膜侵入血液循环,引起体内自身感染。当排出的丝状蚴附着在肛周,则可钻入皮肤,导致体外自身感染。

(二) 致病和诊断

粪类圆线虫的致病作用与其感染程度、侵袭部位及人体机体的免疫功能状态密切相关。在流行区,人体感染粪类圆线虫后表现出三种病型:第一类宿主免疫功能正常,轻度感染后虫体可被清除,无明显临床表现;第二类为持续存在的慢性自身感染(可长达数十年),可间歇出现胃肠症状;第三类为播散性超度感染,在免疫力低下的人或长期使用激素、免疫抑制剂、艾滋病患者中可引发,幼虫可进入脑、肝、肺、肾等器官,导致弥漫性的组织损伤,患者可出现腹泻、肺炎、出血、脑膜炎及败血症等症状,甚至因严重衰竭而死亡。故认为粪类圆线虫是一种机会性致病寄生虫。

粪类圆线虫病患者的临床表现主要有:

1. 皮肤损伤 丝状蚴侵入皮肤后,可引起小出血点、丘疹,并伴有刺痛和痒感,或出现移行性线状荨麻疹。

2. 肺部症状 当幼虫在肺部移行时,穿破毛细血管,引起肺泡出血,细支气管炎性细胞浸润。轻者表现为过敏性肺炎或哮喘,重者可出现咳嗽、多痰、持续性哮喘、呼吸困难等症状。

3. 消化道症状 成虫寄生在小肠黏膜内引起机械性刺激和毒性作用,轻者表现为以黏膜充血为主的卡他性肠炎;重者表现为水肿性肠炎或溃疡性肠炎,甚至引起肠壁糜烂,导致肠穿孔。患者可出现恶心、呕吐、腹痛、腹泻等,并伴有发热、贫血和全身不适等症状。

4. 弥漫性粪类圆线虫病 在长期使用免疫抑制剂、激素、细胞毒药物或患各种消耗性疾病(如恶性肿瘤、白血病、结核病等)及先天性免疫缺陷和艾滋病患者体内,可导致丝状蚴移行扩散到心、脑、肺、肝、肾等处引起广泛性的损伤,形成肉芽肿病变,导致弥漫性粪类圆线虫病发生。因此,机体免疫力低下和应用免疫抑制剂是粪类圆线虫重症感染的主要因素。

由于患者缺乏特征性表现,故临床上极易被误诊。首先应询问患者有无与泥土的接触史。粪类圆线虫感染人体后早期急性期一般可引起嗜酸粒细胞增高,出现消化道或呼吸道症状,而用抗生素、抗病毒药物治疗,病情无法得到控制,类似这样的感染应考虑为粪类圆线虫感染。此虫感染的诊断主要依靠从患者新鲜粪便、痰、尿或脑脊液中检获杆状蚴或丝状蚴或培养出丝状蚴为确诊依据。由于患者有间歇性排虫现象,故病原检查应进行多次。在观察虫体时,滴加卢氏碘液,可使幼虫呈现棕黄色,且结构特征清晰,便于鉴别。此外,在腹泻患者的粪便中也可检出虫卵。近年来,用 ELISA 法检测患者血清抗体,对轻、中度感染者,具有较好的辅助诊断价值。

(三) 流行和防治

粪类圆线虫主要分布在热带、亚热带及温带和寒带地区,呈散发感染。在我国有 26 个省(市、区)查到感染者,全国平均感染率为 0.122%,主要流行于南方地区,感染率最高的是海南省(1.709%),其次是广西(1.091%)。人的感染主要是与土壤中的丝状蚴接触所致,犬、猫可作为保虫宿主增加感染机会。本病防治原则与钩虫相似,除加强粪便、水源管理及做好个人防护外,应避免发生自身感染。临床使用激素类药物和免疫抑制剂前,应做粪类圆线虫常规检查,如发现有感染,需及时治疗。治疗首选阿苯达唑,此外伊维菌素疗效也较好。

三、结膜吸吮线虫

结膜吸吮线虫(*Thelazia callipaeda* Railliet & Henry, 1910)主要寄生于犬、猫等动物眼结膜囊内,也可寄生于人眼,引起结膜吸吮线虫病。因本病多流行于亚洲地区,故又称东方眼虫病。

(一) 形态和生活史

成虫细长,圆柱形,乳白色半透明,头端钝圆,有圆形的角质口囊,体表具有明显的环纹,侧面观呈锯齿状。雄虫大小为(4.5~15.0)mm×(0.25~0.75)mm,尾端向腹面卷曲,有长短交合刺 2 根。雌、雄虫尾端肛门周围均有数对乳突和一对尾感器。雌虫大小为(6.2~20.0)mm×(0.30~0.85)mm,近阴门端子宫内的虫卵逐渐变为盘曲的幼虫,雌虫直接产出幼虫,为卵胎生,初产幼虫大小为(350~414)μm×(13~19)μm,外披鞘膜,尾部连一大鞘膜囊。

成虫主要寄生于犬、猫等动物眼结膜囊及泪管内,偶尔寄生于人的眼部。雌虫直接产幼虫于结膜囊内,当中间宿主冈田绕眼果蝇舐吸终宿主眼部分泌物时,幼虫被吸入蝇体内,经 2 次蜕皮发育为感染期幼虫,进入蝇的头部口器。当蝇再次舐吸人或其他动物眼部时,感染期幼虫自蝇口器逸出并侵入宿主眼部,经 15~20 天发育为成虫(图 2-25)。成虫寿命可达 2 年以上(图 2-25)。

(二) 致病和诊断

主要致病阶段是成虫,成虫寄生于人眼结膜囊内,以上结膜囊外眦侧多见,也可见于眼前房、泪小管、泪腺、眼睑及结膜下等处,多侵犯一侧眼,少数可见双侧感染。由于虫体表面锐利环纹的摩擦、头端口囊吸附作用等机械性损伤,加上虫体分泌物、排泄物的刺激及继发细菌感染等,可引起眼结膜炎症及肉芽肿形成。轻者无明显症状,或有眼部异物感、痒感、刺痛、流泪、畏光、分泌物增多、疼痛等,一般无视力障碍。感染重者可发生结膜充血,形成小溃疡面,角膜浑浊、眼睑外翻等。婴幼儿表现惧怕睁眼,有手抓眼的动作,家长可发现患儿眼球有白色细小的虫体爬行。

诊断主要靠用镊子或棉签自患者眼部取出虫体镜检,为确诊依据。

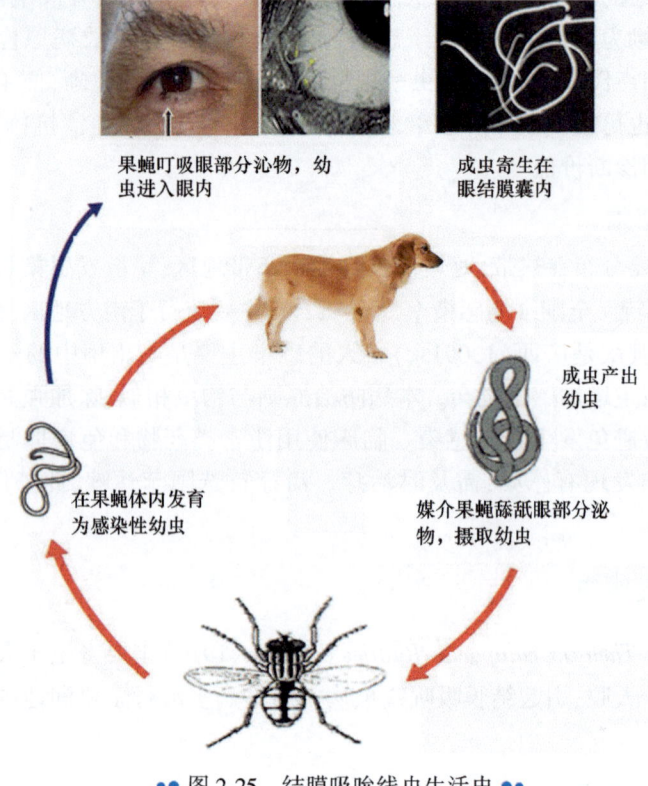

图 2-25　结膜吸吮线虫生活史

（三）流行和防治

本虫主要分布在亚洲。在我国各地均有人体感染的病例报道，其中以江苏、湖北、安徽、河南、山东等地较多，累计报告病例近 400 例。已证实冈田绕眼果蝇是我国结膜吸吮线虫的中间宿主和传播媒介。感染季节以夏秋季为主，与蝇类的季节消长相吻合。传染源为家犬、猫等动物。本病农村多于城市，以婴幼儿多见，保虫宿主家犬、猫普遍存在，媒介中间宿主果蝇的广泛分布，再加上幼童不洁的眼部卫生，是本病流行的主要因素。因此，搞好环境卫生，加强犬、猫等动物的卫生管理，注意个人卫生，特别注意眼部清洁是预防感染的主要措施。治疗可用 1%~2% 可卡因或丁卡因溶液滴眼，虫体受刺激从眼角爬出，或用镊子取出。

四、广州管圆线虫

广州管圆线虫[*Angiostrongylus cantonensis*（Chen，1935）Dougherty，1946]成虫寄生于鼠类肺部血管，幼虫偶尔可寄生人体引起嗜酸粒细胞增多性脑膜脑炎或脑膜炎。陈心陶（1933，1935）首先在广州家鼠体内发现该虫，命名为广州肺线虫，1946 年由 Dougherty 订正为本名。

（一）形态和生活史

成虫线状，细长，体表具有微细环状横纹。头端钝圆，头顶中央有一小圆口，缺口囊。雄虫大小为（11~26）mm×（0.21~0.53）mm，交合伞对称，呈肾形。雌虫大小为（17~45）mm×（0.3~0.66）mm，尾端呈斜锥形，子宫双管型，白色，与充满血液的肠管绕成红、白相间的螺旋纹,非常醒目,阴门开口于肛孔之前。其第 3 期幼虫为感染期幼虫,外形呈细杆状,大小为(0.462~0.525)mm×(0.022~0.027)mm,虫体无色透明,体表有两层外鞘,头端稍圆,尾部顶端骤变尖细。

广州管圆线虫生活史过程(图 2-26)需要两个宿主,经历成虫、卵、幼虫 3 个发育阶段。成虫寄生在终宿主鼠的肺动脉内。虫卵产出后进入肺毛细血管,第 1 期幼虫孵出后穿破肺毛细血管进入肺泡,沿呼吸道上行至咽,再被吞入消化道,与宿主粪便一起排出。第 1 期幼虫在体外潮湿或有水的环境中可活 3 周,但不耐干燥。当第 1 期幼虫被吞入或主动侵入中间宿主螺类或蛞蝓体内后,幼虫可进入宿主肺及其他内脏、肌肉等处,在适宜温度(25~26℃)下,逐渐发育为第 2 期幼虫和第 3 期幼虫。鼠因吞食含有第 3 期幼虫的中间宿主、转续宿主或被幼虫污染的食物而受感染。从第 3 期幼虫感染终宿主到其粪便中出现第 1 期幼虫需 6~7 周。1 条雌虫平均每天可产卵 15 000 个。

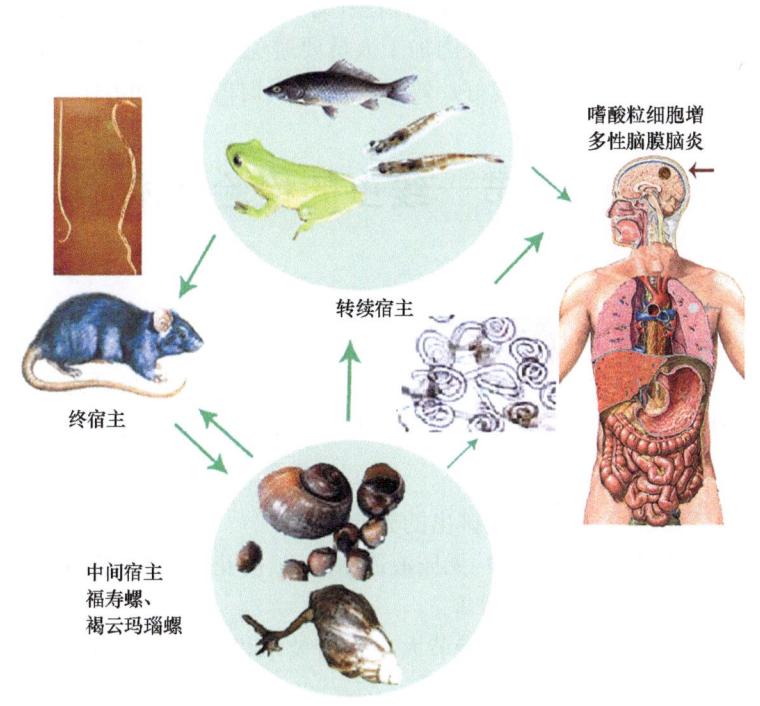

●● 图 2-26 广州管圆线虫生活史 ●●

人因生食或半生食含有第 3 期幼虫的中间宿主(褐云玛瑙螺、福寿螺、蛞蝓、皱疤坚螺、短梨巴蜗牛、中国圆田螺、方形环棱螺等)和转续宿主(黑眶蟾蜍、金线蛙、虎皮蛙、蜗牛、鱼、虾、蟹等)而感染;生吃被幼虫污染的蔬菜、瓜果或喝含幼虫的生水也可感染。动物实验提示,第 3 期幼虫也可经皮肤主动侵入宿主。由于人是本虫的非正常宿主,虫体停留在第 4 期幼虫或成虫早期(性未成熟)阶段,通常滞留在中枢神经系统和眼部等。

(二) 致病和诊断

广州管圆线虫病是一种幼虫移行症,能引起多个器官损伤,幼虫在体内移行时可引起机械性损伤及炎症反应,最严重的是侵犯中枢神经系统,引起嗜酸粒细胞增多性脑膜脑炎或脑膜炎,其特征为脑脊液中嗜酸粒细胞显著升高,主要病理改变为充血、出血、脑组织损伤及由巨噬细胞、嗜酸粒细胞、淋巴细胞和浆细胞所组成的肉芽肿炎性反应。主要临床表现如急性脑膜脑炎或脊髓炎或神经根炎的表现，最明显的症状为急性剧烈头痛、颈项强直等脑膜脑炎表现。头痛一般为胀裂性乃至不能忍受，起初为间歇性，以后发作渐频，出现持续性头痛。本虫偶见寄生于眼内，可造成视力障碍，甚至失明。若侵犯肺部可出现咳嗽等症状；若侵犯消化系统可有腹痛、腹泻或便秘，部分出现肝大。

目前诊断该病主要依据流行病学史、临床表现及相关实验室检查进行综合诊断。免疫学检查中，用 ELISA 检测患者血清中特异性抗体是最常用的。另外，若从脑脊液中或眼内等部位查出幼虫或成虫即可确诊，但此法检出率不高。

（三）流行和防治

本病在世界各地多呈散在分布，我国主要分布在台湾、香港、广东、浙江、福建、海南、天津、黑龙江、辽宁、上海、湖南、北京和云南等地。

预防本病的关键是不吃生或半生的中间宿主（螺类）及转续宿主的肉，不吃生菜、不喝生水；对淡水螺食物要监测和管理，从事螺肉加工人员要避免污染。加强环境卫生和灭鼠工作，以控制传染源。阿苯达唑对本病有良好疗效，若能得到及时的诊断和治疗，则效果好、预后佳。

第 8 节 线虫的检验技术

一、虫卵检查

线虫因产卵排卵的部位、途径、产卵量、虫卵自身特点的不同，有不同的虫卵检查方法。寄生在人体的线虫多为消化道寄生虫，虫卵多经粪便排出人体外，可通过粪便查找病原体，如蛔虫、钩虫、鞭虫虫卵的检查；还有蛲虫因其有特殊的产卵方式，主要用肛周查卵法。

（一）粪便检查注意事项

1. 送检粪便要新鲜，最好取自然排出的粪便。
2. 盛粪便的容器必须干燥、洁净，无尿液或水混入，防止药物、泥土或杂质污染；并在容器外贴上标签，注明受检者姓名、编号等。
3. 送检粪量一般为 5~10g（约拇指节大小），若要求做粪便自然沉淀法等，粪量一般不少于 30g。
4. 应观察送检粪便的颜色、性状，有无黏液、脓液、血液等，镜检时应区别粪便中的细胞、气泡、脂滴、纤维等，以免和虫卵混淆。
5. 检查完后彻底消毒用具，剩余粪便做无害化处理。

（二）直接涂片法

生理盐水直接涂片法是最常用的粪便检查方法，适用于检查蠕虫卵、原虫滋养体。方法简便，但因取材较少，故检出率较低，若连续涂片 3 张，可提高检出率。

1. 基本原理 用生理盐水稀释粪便后，使和粪便粘在一起的病原体分散在涂片中，且在等渗环境下保持原有的形态和活力，便于镜下观察。

2. 操作方法 在洁净的载玻片中央滴加 1 滴生理盐水，用竹签或牙签挑取米粒大小粪便，在生理盐水中均匀涂抹制成直径约 1cm 大小的圆形粪膜，其厚度以透过粪膜可隐约辨认玻片下书本的字迹为宜。最后在低倍镜下检查，如发现可疑虫卵转用高倍镜检查。

(三) 厚涂片法

1. 厚涂片透明法 厚涂片透明法(加藤厚涂片法)用粪便作厚涂片,增加视野中虫卵的数量,方法简便,检出率高,用于蠕虫卵的检查,特别适用于普查。

(1) 基本原理:经甘油和孔雀绿浸泡的玻璃纸覆盖在较厚的粪膜上经处理后,粪膜可变得透明,易于镜检。

(2) 操作方法:取粪便约 50mg(绿豆大小),置于载玻片上。用浸透甘油-孔雀绿溶液的玻璃纸片覆于粪便上,轻压,使粪便展开为约 20mm×25mm 大小粪膜。将粪膜置于 30~36℃ 温箱中约 30 分钟,或 25℃ 约 1 小时,使粪膜透明后镜检。

2. 定量透明法(改良加藤厚涂片法) 既可定性又可定量,用于粪便中各种蠕虫卵的计数,并评估感染度。

(1) 基本原理:用定量的粪便制备厚粪膜,经甘油和孔雀绿浸泡的玻璃纸覆盖处理后变得透明,便于镜检,计数整个粪膜中虫卵数后可通过公式计算出每克粪便中虫卵数。

(2) 操作方法:用尼龙网(100 目)覆盖在送检粪便标本上,用刮棒在网上刮取一定量粪便。将定量板放置于载玻片上,用手指压住定量板两端。将刮取的粪便填满模孔,刮去多余粪便。移去定量板,载玻片上留下一长形粪条,然后在粪条上覆盖用浸透甘油-孔雀绿溶液的玻璃纸,轻压,使粪条展平铺成长椭圆形粪膜。将粪膜置于 30~36℃ 温箱中约 30 分钟,或 25℃ 约 1 小时,使粪膜透明后镜检,并计数粪膜中全部虫卵数。根据公式(粪膜中全部虫卵数×24×粪便性状系数)计算出每克粪便虫卵数。

(四) 浮聚法

利用相对密度较大的液体使蠕虫卵或原虫包囊浮聚于液体表面,以提高检出率。

1. 饱和盐水浮聚法

(1) 基本原理:利用饱和盐水作为浮聚液,使虫卵浮聚于饱和盐水表面,使虫卵浓集,达到提高检出率的目的。适用于检查相对密度较小的虫卵,尤以检查钩虫卵的效果最好,也可检查带绦虫卵和微小膜壳绦虫卵。

(2) 操作方法:用竹签挑取黄豆大小的粪便放入浮聚杯或青霉素小瓶内。加入少量饱和盐水搅匀,再慢慢加入饱和盐水至近瓶口处,用竹签挑出粗大粪渣弃去。改用滴管继续加饱和盐水,以略高出瓶口又不溢出为宜,覆以载玻片。静置 15 分钟后,将载玻片迅速上提并翻转,直接镜检(图 2-27)。

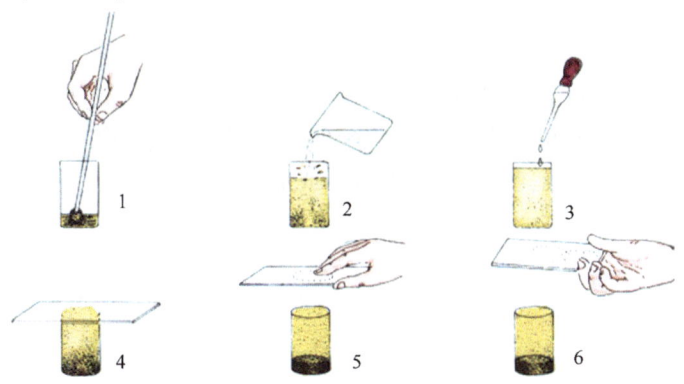

•• 图 2-27 饱和盐水浮聚法 ••
1. 加粪便样本;2. 加饱和盐水 2/3 瓶;3. 加饱和盐水至满;4. 加盖载玻片;
5. 拿起载玻片;6. 翻转载玻片

2. 硫酸锌浮聚法

（1）基本原理：原虫包囊的密度小于硫酸锌液的密度，经离心后可聚集于液体表面。主要用于检查原虫包囊。

（2）操作方法：用竹签挑取约 1g 左右的粪便于离心管内，加清水 10ml，充分搅匀，以 2000~2500r/min 离心 1 分钟，弃去上清液，再加清水混匀，离心，如此反复 3~4 次，最后弃去上清液，在沉渣中加入 33% 的硫酸锌溶液（相对密度 1.18），调匀后再加此液至距管口 1cm 处，以 2000r/min 离心 1 分钟，离心机自然停止后，垂直放置离心管，用金属环钩取表面液膜置载玻片上加盖玻片和碘液后镜检。

（五）肛门周围虫卵检查法

1. 透明胶纸法

（1）基本原理：蛲虫雌虫会在感染者肛周及会阴部皮肤上产卵，猪带绦虫和牛带绦虫孕节蠕动出肛门，被挤破，使虫卵黏附到肛门周围皮肤上，故可以用透明胶纸在肛门周围及会阴部皮肤上粘到虫卵检查。适用于蛲虫、猪带绦虫、牛带绦虫感染的病原学诊断。

（2）操作方法：剪取宽度为约 2cm 的透明胶纸 6cm，一端向胶面折叠约 0.5cm（易于使用时揭开），再将透明胶纸贴在洁净的载玻片上，备用。在载玻片的一端贴上标签，并写上被检者姓名或编号。检查时，从载玻片上揭下胶纸，用透明胶纸胶面粘贴肛门周围皮肤，然后将透明胶纸平整贴回载玻片，镜检（图 2-28）。

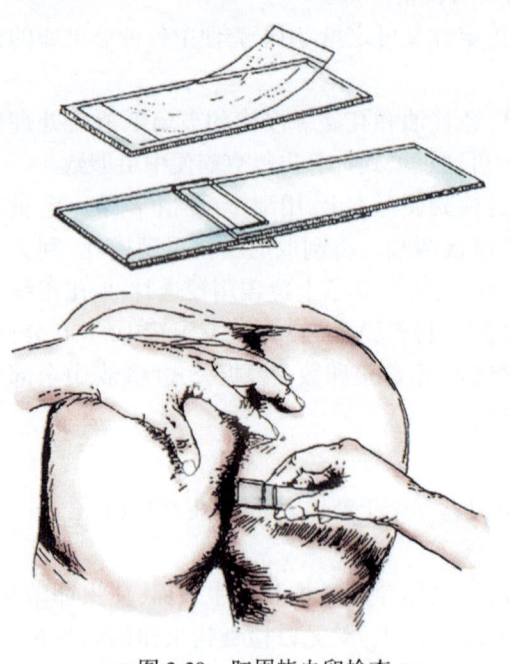

●● 图 2-28　肛周蛲虫卵检查 ●●

2. 棉签拭子法

（1）基本原理：蛲虫雌虫在感染者肛周及会阴部皮肤上产卵，猪带绦虫和牛带绦虫孕节蠕动出肛门，被挤破，使虫卵黏附到肛门周围皮肤上，利用湿棉签可以黏附肛周虫卵进行检查。

（2）操作方法：先将棉签浸入盛有生理盐水的试管内，使用时在试管内壁上挤去过多的水分。充分暴露患者肛门后用棉签擦拭肛门周围，然后将棉签放回试管中，提起棉签，在试管内充分搅拌，使黏附在棉签上的虫卵脱落，取出棉签，将该试管静置 15 分钟或以 1500r/min 离心 2 分钟，弃去上清液，吸取沉淀物镜检，或加饱和盐水浮聚后镜检。

二、幼虫检查

寄生在人体的线虫幼虫因侵入人体的途径不同、寄生的部位不同，可采用不同的检查方法。

（一）钩蚴培养法

此法检出率比粪便直接涂片法高，并且孵出的幼虫可鉴别虫种。

(1) 基本原理:钩虫卵在适宜的温度和湿度条件下,培养数日后发育并孵出幼虫,可用肉眼或用放大镜在水体中观察到活动的钩蚴。

(2) 操作方法:加冷开水约 1ml 于洁净试管内(1cm×10cm),将滤纸剪成与试管等宽但较试管稍短的 T 字形纸条,横条部分用铅笔标记受检者姓名、编号。取受检者粪便约 0.2～0.4g(如枣核大小),均匀地涂抹在滤纸条竖部上 2/3 处,再将纸条插入试管,下端浸泡在水中,以粪便不接触水面为度。在 20～30℃ 培养箱内培养。培养期间每天沿管壁加入冷开水,以补充管内蒸发掉的水分。3 天后用肉眼或放大镜检查试管底部水中有无钩蚴。若阳性钩蚴在水中常作蛇形游动,虫体透明。如未发现钩蚴,应继续培养观察至第 5 天(图 2-29)。

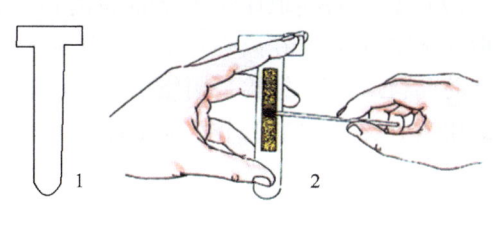
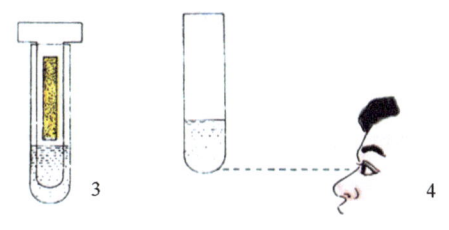

●● 图 2-29　钩蚴培养法 ●●
1. T 型滤纸条;2. 涂粪便样本;3. 纸条插入试管;
4. 肉眼观察钩蚴

(二) 微丝蚴检查法

1. 新鲜血片法

(1) 基本原理:丝虫微丝蚴周期性地出现在人体外周血中,经血液检查可发现微丝蚴。

(2) 操作方法:用 75% 酒精棉球消毒耳垂或手指。待干后用采血针刺破耳垂或手指,待血自然流出。取一大滴血,放载玻片中央,加一盖玻片。置低倍镜下观察,如有微丝蚴可呈蛇形蠕动,碰撞血细胞,使红细胞摆动不停。若做染色检查可确定虫种。此法用血量少,检出率低。

2. 厚血膜法

(1) 基本原理:丝虫微丝蚴夜间周期性地出现在人体外周血中,可采血制成厚血膜,经染色、镜检后可鉴别丝虫微丝蚴的种类。

(2) 操作方法:在夜间 9 时至次晨 2 时从患者耳垂或指尖(以左手无名指为宜)采血,3 大滴(约 60μl),滴在干净的载玻片中央,用另一载玻片一角将血液涂成 1.5cm×2.5cm 长方形或直径 1.5～2.0cm 的圆形厚血膜,自然晾干。加水溶血即可镜检。如需鉴定虫种,血片应经瑞氏或吉氏染色后镜检。

3. 离心浓集法

(1) 基本原理:丝虫微丝蚴周期性地出现在人体外周血中,可采血检查微丝蚴,适用于外周血中微丝蚴少的患者。

(2) 操作方法:采静脉血 1～2ml,肝素抗凝,加蒸馏水溶血后离心沉淀,取沉渣镜检。

4. 海群生白天诱出法

(1) 基本原理:丝虫微丝蚴夜间出现在人体外周血中,有些患者不方便夜间采血,可服用海群生后白天采血。

(2) 操作方法:白天给患者服用海群生 2～6mg/kg 体重,15 分钟后外周血液中的微丝蚴密度逐渐上升,2 小时后下降,在服药后 50 分钟左右采血最合适。但对于低度感染患者易漏诊。

5. 乳糜尿、腹水、鞘膜积液找微丝蚴

(1) 基本原理:丝虫微丝蚴除可出现在人体外周血中,还见于体液和尿中,故可从体液、尿液取样检查。

(2) 操作方法:取尿液 3~5ml 置离心管中,以 2000r/min 离心 3~5 分钟后取沉渣检查。如取乳糜尿检查,先在离心管中加与乳糜尿等量的乙醚,用力振荡使脂肪溶于乙醚,然后吸去脂肪,离心取沉渣镜检。鞘膜积液检查主要用于查找班氏微丝蚴,首先消毒阴囊的皮肤,然后用注射器抽取鞘膜积液,加生理盐水稀释后离心,取沉渣镜检。

(三) 囊包蚴检查法

(1) 基本原理:旋毛虫幼虫寄生于宿主横纹肌细胞中,可通过活组织检查,查到病原体。

(2) 操作方法:外科手术时,从患者疼痛的腓肠肌或肱二头肌取米粒大小的肌肉,置于载玻片上,加 50% 甘油 1 滴,盖上另一载玻片,压紧后低倍镜下观察。或取感染旋毛虫小鼠的横纹肌(咬肌、舌肌等),撕去肌膜,顺肌纤维方向剪成米粒大的小块,置两载玻片之间,轻轻压平后于镜下检查。注意取下的肌组织需立即检查,否则幼虫变模糊,不易观察。

(四) 脑脊液检查法

(1) 基本原理:溶组织内阿米巴滋养体和致病的自生生活阿米巴滋养体、卫氏并殖吸虫卵、棘球蚴砂、血吸虫卵、弓形虫、广州管圆线虫及粪类圆线虫幼虫等出现在脑脊液中,可对脑脊液进行检查。

(2) 操作方法:取脑脊液 2ml,置离心管中,以 2000r/min 离心 5 分钟后取沉渣检查。若检查阿米巴滋养体不可用离心沉淀法,因为会影响其伪足的活力,需自然沉淀后吸沉渣镜检。检查致病的自生生活阿米巴和弓形虫滋养体时均需涂片,干燥后经瑞氏或吉氏染色,油镜下观察。但由于这些寄生虫在脑脊液中数量不多,故检查阴性者不能完全排除该种寄生虫感染的可能。

▶▶ 三、成虫检查

寄生在人体的线虫成虫因形态大小各异,寄生的部位不同,可采用不同的检查方法。

(一) 粪便拣虫和淘虫法

1. 拣虫法

(1) 基本原理:某些蠕虫较大(如蛔虫、姜片虫、带绦虫成虫或孕节),可随粪便排出,肉眼可直接看见。

(2) 操作方法:可用镊子或竹签挑出粪便中虫体后做进一步检查。

2. 淘虫法

(1) 基本原理:一些小型的肠道蠕虫(如钩虫、蛲虫、鞭虫和短膜壳绦虫等)可随粪便排出,但混于粪渣中肉眼不容易看到,经过淘洗粪便后,清除过多的粪渣,易暴露虫体。

(2) 操作方法:将收集的粪便加水搅拌,转置于容积较大的玻璃缸或量杯内,加满水,静置 20 分钟后倾去上层粪水,再加满水,如此反复数次,直至上层液体清亮为止,倾去上清液,将沉渣倒入大玻璃器皿中,器皿下衬以黑色背景检查。

(二) 淋巴结检查丝虫成虫法

(1) 基本原理:丝虫成虫寄生于人的淋巴系统,可导致淋巴结发炎形成肿块,发生病理改变。

(2) 操作方法:用注射器从可疑的淋巴结中抽取成虫,或摘除结节寻找成虫,也可做病理组织切片检查。

(三) 肛门周围检查蛲虫成虫

(1) 基本原理:蛲虫雌虫在感染者睡眠时钻出肛门在肛周及会阴部皮肤上产卵,可在肛门周围检查蛲虫成虫。

（2）操作方法：在儿童睡眠1小时后或出现肛周瘙痒时，暴露其肛门，仔细观察若发现有白色小虫，用透明胶纸黏附虫体，然后贴于载玻片上，镜检或发现有白色小虫，用镊子夹入含有70%乙醇的小瓶内，固定后进一步检查。

> **学习小结**
>
> 　　寄生于人体的线虫均属线形动物门，可导致人体消化系统及其呼吸、血液、淋巴系统等的损伤，感染阶段多为感染期的虫卵或幼虫，感染方式因虫种而异。蛔虫、蛲虫、鞭虫、旋毛虫经口食入感染人体，钩虫经皮肤钻入人体，丝虫经蚊叮咬吸血感染人体。不同的线虫有不同的病原体检查方法，蛔虫、钩虫、鞭虫卵随粪便排出，检查多用粪便标本；蛲虫夜间在肛周产卵，多采用透明胶纸法或棉签拭子法在肛周查虫卵；旋毛虫寄生在宿主肌肉中可用活组织检查法；丝虫微丝蚴夜间出现在外周血中可采血镜检。线虫纲治疗多用阿苯达唑（丝虫用海群生治疗）。注意卫生习惯防止食入感染期虫卵，避免接触疫土，防蚊灭蚊是线虫防治重点。

 目标检测

一、名词解释
1. 夜现周期性
2. 象皮肿

二、选择题
1. 生活史中需要中间宿主的是
   A. 蛔虫　　　　　　B. 蛲虫
   C. 丝虫　　　　　　D. 钩虫
   E. 鞭虫
2. 蛔虫病诊断最常用的实验检查方法是
   A. 饱和盐水浮聚法
   B. 生理盐水涂片法
   C. 透明胶纸法
   D. 自然沉淀法
   E. 钩蚴培养法
3. 钩虫对人体最主要的危害是
   A. 钩蚴性皮炎　　　B. 钩蚴性肺炎
   C. 异嗜症　　　　　D. 贫血
   E. 消化道症状
4. 钩虫的感染方式是
   A. 感染性虫卵经口感染
   B. 尾蚴经皮肤感染
   C. 微丝蚴经皮肤感染
   D. 丝状蚴经皮肤感染
   E. 接触了含有杆状蚴的泥土
5. 在人体肛门周围产卵的线虫是
   A. 蛔虫　　　　　　B. 蛲虫
   C. 丝虫　　　　　　D. 钩虫
   E. 鞭虫
6. 丝虫的感染阶段是
   A. 微丝蚴　　　　　B. 丝状蚴
   C. 杆状蚴　　　　　D. 尾蚴
   E. 腊肠期蚴
7. 旋毛虫的诊断阶段是
   A. 囊蚴　　　　　　B. 囊尾蚴
   C. 虫卵　　　　　　D. 包囊
   E. 幼虫囊包
8. 虫卵两端有透明塞状突起的寄生虫是
   A. 蛔虫　　　　　　B. 鞭虫
   C. 丝虫　　　　　　D. 钩虫
   E. 蛲虫
9. 广州管圆线虫的中间宿主是
   A. 钉螺　　　　　　B. 川卷螺
   C. 福寿螺　　　　　D. 豆螺
   E. 扁卷螺
10. 结膜吸吮线虫的感染阶段是
    A. 成虫　　　　　　B. 虫卵
    C. 丝状蚴　　　　　D. 微丝蚴
    E. 感染期幼虫

三、问答题
1. 描述蛔虫、蛲虫、钩虫、鞭虫成虫和虫卵及丝虫微丝蚴、旋毛虫幼虫囊包形态结构特点。
2. 列表比较蛔虫、蛲虫、钩虫、鞭虫、丝虫、旋毛虫的寄生部位、感染阶段、感染方式和病原学检查方法。

（翁　静）

第 3 章 后棘头虫纲

学习目标

1. 掌握 猪巨吻棘头虫成虫形态、感染阶段、感染途径与方式、诊断方法。
2. 熟悉 猪巨吻棘头虫生活史过程,造成流行的因素。
3. 了解 猪巨吻棘头虫致病机制与所致疾病,流行分布与防治原则。

猪巨吻棘头虫

猪巨吻棘头虫[*Macracanthorhynchus hirudinaceus*(pallas,1781)Travassos,1916]主要寄生于猪的小肠内,引起人兽共患的人体猪巨吻棘头虫病。

(一) 形态

1. 成虫 成虫呈乳白色,体表有明显的横皱纹。活体时背腹略扁,固定后为圆柱形。虫体分吻突、颈部和躯干三部分。吻突呈类球形可伸缩,其周围有5~6排尖锐透明的吻钩,每排6个,呈螺旋形排列。颈部短,圆柱形,与吻鞘相连。虫体无消化器官,通过体壁吸收营养物质。雄虫体长5~10cm,尾端有钟状交合伞,睾丸2个;雌虫长20~65cm,尾端钝圆(图3-1)。

2. 虫卵 虫卵椭圆形,深褐色,大小为(67~110)μm×(40~65)μm,卵壳厚,成熟卵内含一条具有小钩的棘头蚴(图3-1)。

图 3-1 猪巨吻棘头虫成虫、虫卵

(二) 生活史

成虫主要寄生在终宿主猪和野猪的小肠内,偶尔可寄生于人、犬、猫的体内。中间宿主为鞘翅目昆虫,包括多种天牛和金龟子。虫卵随粪便排出,散落在土壤中,可存活数月至数年。当虫卵被甲虫的幼虫吞食后,棘头蚴逸出进入血腔,经3~5个月发育为感染性棘头体。当中间宿主被猪等动物吞食后,感染性棘头体在小肠内经1~3个月发育为成虫。

人若误食含感染性棘头体的中间宿主也可被感染,但人不是本虫适宜宿主,故在人体内极少发育成熟和产卵。

(三) 致病

该虫多寄生于人回肠中下段,一般为1~3条。棘头虫以吻钩固着于肠黏膜,造成黏膜组织充血、出血、坏死并形成溃疡,继而出现结缔组织增生,形成棘头虫结节突向质膜面,常与大网膜粘连形成包块。若伤及肠壁深层,可造成肠穿孔,引起局限性腹膜炎。少数患者由于肠粘连导致肠梗阻。由于虫体经常更换附着部位,使多处肠壁组织发生病变。患者早期症状不明显,偶有食欲缺乏、乏力等,随着虫体的毒性代谢产物的吸收,患者可出现恶心、呕吐、腹泻、消瘦、贫血、黑便等症状。

(四)实验诊断

本病的临床诊断,可根据流行病学史,有无食鞘翅目昆虫及临床表现,诊断性驱虫或急腹症手术发现虫体而确诊。病原学诊断可从粪便中找虫卵,但一般极少能查出虫卵。可选用汞醛碘离心沉淀法或水洗离心沉淀法找虫卵。

(五)流行与防治

1. 分布　我国辽宁、山东、河北、河南、天津、吉林、安徽、海南、四川、内蒙古等地,共有300多例人体猪巨吻棘头虫病的病例报道。

2. 流行因素　猪是本病的主要传染源。鞘翅目昆虫既是棘头虫的中间宿主,又是传播媒介。人感染棘头虫,主要与生食或半生食棘头体中间宿主的习惯有密切关系。流行区儿童喜捕食天牛和金龟子,故感染人群较多。

3. 防治原则　预防本病首先要做好宣传教育,教育儿童不要捕食甲虫,加强对猪的饲料管理。出现并发症者,应及时手术治疗,阿苯达唑、甲苯咪唑有一定疗效。

案例 3-1

患者,男,12岁,反复脐周疼痛2年,突发加重1天,伴发热、恶心、呕吐、乏力。既往有食甲虫史,面色消瘦,右下腹有压痛、反跳痛、腹肌紧张。腹部透视右膈下有游离气体。剖腹探查,发现回肠处有一直径0.4cm穿孔,行修补术。并在腹腔处发现一圆柱状,长约30cm,体表有明显横纹,尾端钝圆的虫体。

问题:
1. 该患者患得是什么病?诊断依据是什么?
2. 怎样防治该病?

目标检测

一、选择题

1. 中间宿主为鞘翅目昆虫的寄生虫是
   A. 疟原虫　　　　B. 丝虫
   C. 恙螨　　　　　D. 猪巨吻棘头虫
   E. 杜氏利什曼原虫

2. 猪巨吻棘头虫的终宿主是
   A. 牛　　　　　　B. 猪
   C. 天牛　　　　　D. 金龟子
   E. 人

3. 在人体内极少发育成熟和产卵,易造成肠结缔组织形成结节和包块的寄生虫
   A. 猪肉绦虫　　　B. 旋毛虫
   C. 猪巨吻棘头虫　D. 包生绦虫
   E. 溶组织内阿米巴

二、问答题

1. 简述猪巨吻棘头虫成虫形态、感染阶段、传播途径。
2. 简述猪巨吻棘头虫致病特点。
3. 简述猪巨吻棘头虫病的防治原则。

(朱福祺)

第4章 吸虫纲

学习目标

1. 掌握 华支睾吸虫、卫氏并殖吸虫、日本血吸虫和布氏姜片吸虫卵的形态、生活史和实验诊断方法。
2. 熟悉 华支睾吸虫、卫氏并殖吸虫、斯氏狸殖吸虫、日本血吸虫和布氏姜片吸虫的流行因素与防治原则。
3. 了解 华支睾吸虫、卫氏并殖吸虫、斯氏狸殖吸虫、日本血吸虫、布氏姜片吸虫成虫的形态、致病机制与所致疾病。

第1节 概 述

吸虫（trematoda）属扁形动物门的吸虫纲（Class Trematoda）。成虫体软，不分节，消化道不发达，无体腔，所有的器官都在疏松的实质组织中。寄生人体的吸虫都属于复殖目，称为复殖吸虫。复殖吸虫种类繁多，生活史复杂，大小悬殊，形态各异，但基本结构与生活史过程相似。寄生人体的主要有华支睾吸虫、卫氏并殖吸虫、斯氏狸殖吸虫、日本血吸虫和布氏姜片吸虫。

一、形态

成虫大小通常为2~15mm，最大的可达80mm。外形多呈叶状或舌状（血吸虫呈圆柱状），背腹扁平（并殖吸虫背面隆起），两侧对称。寄生人体的吸虫均有口、腹吸盘，多为雌雄同体（血吸虫为雌雄异体）。消化系统由口、前咽、咽、食管和肠管组成。肠管沿虫体两侧向后延伸，至虫体后端，血吸虫肠管则在中途后合为一支，末端均为盲端，无肛门。生殖系统发达。雄性生殖器官包括睾丸、输出管、输精管、储精囊、前列腺、射精管及阴茎等；雌性生殖器官包括卵巢、输卵管、卵模、梅氏腺、受精囊、劳氏管、卵黄腺、卵黄管、卵黄囊及子宫（图4-1）。除血吸虫卵外，虫卵均有卵盖，其大小、形态、颜色、卵壳及内含物等因虫种不同而异。

二、生活史

生活史均有有性世代与无性世代。成虫为有性世代，在终宿主人体内或保虫宿主脊椎动物体完成。无性世代经历虫卵、毛蚴、胞蚴（或母胞蚴、子胞蚴）、雷蚴（或母雷蚴、子雷蚴）、尾蚴与后尾蚴，其过程在中间宿主淡水螺体内完成。有的吸虫尚须在第二中间宿主淡

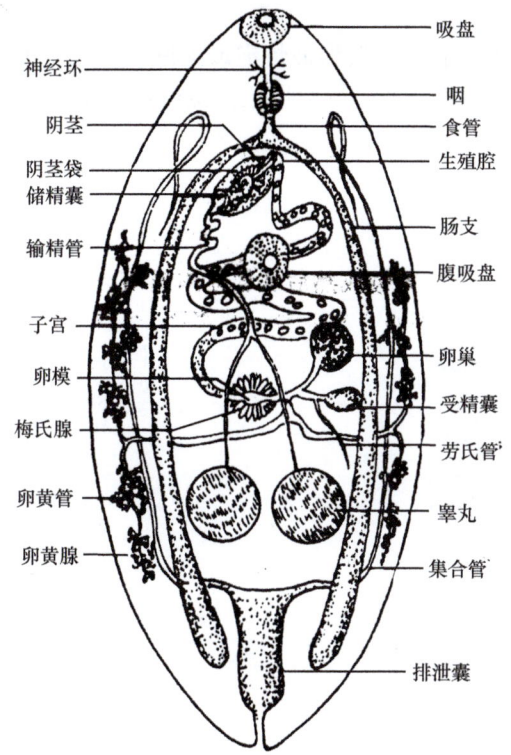

●● 图 4-1　复殖吸虫基本形态结构模式图 ●●

水鱼、虾或蟹、蝲蛄体内发育或在水生植物表面形成囊蚴（血吸虫除外）。大多数人体寄生吸虫感染阶段为囊蚴，血吸虫感染阶段为尾蚴。吸虫经世代交替完成生长发育过程，均属于生物源性蠕虫。

第2节　华支睾吸虫

华支睾吸虫[*Clonorchis sinensis*（Cobbold，1875）Looss，1907）]成虫寄生在终宿主或保虫宿主的肝胆管内，俗称肝吸虫。成虫寄生导致损害，称华支睾吸虫病。早在1874年，在印度加尔各答一华侨尸体的胆管内检获成虫，1975年，在湖北省江陵出土的2300多年前的西汉古尸体内检获虫卵。

▶▶ 一、形态

（一）成虫

虫体扁平，半透明，柔软，前端较细，后端钝圆，似葵花子状。长10~25mm，宽3~5mm。体表无棘。口吸盘略大于腹吸盘。消化道包括口、球形咽、短食管及沿虫体两侧伸至末端为盲端的两根肠支。生殖器官子宫管状，盘曲于卵巢与腹吸盘之间，卵巢分叶状，受精囊椭圆形，2个分支状睾丸前后排列于虫体的后1/3处，故名支睾吸虫。排泄囊为一略带弯曲的长袋，前端达受精囊处，排泄孔开口于虫体的末端（图4-2）。

（二）虫卵

虫卵为黄褐色，椭圆形，前端较窄，形似灯泡或芝麻状。大小平均为(27~35)μm×(11~20)μm，为人体寄生蠕虫最小的虫卵。卵盖明显，两侧可见突起的肩峰，卵壳较厚，底部有一小疣状突起，卵内含一成熟毛蚴(图4-3)。

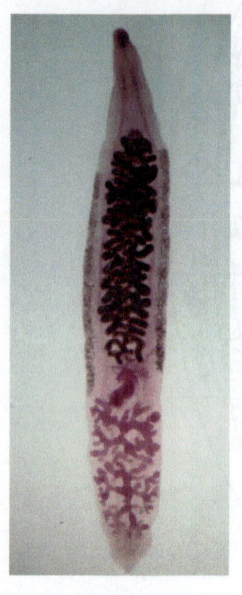

•• 图4-2 华支睾吸虫成虫 ••

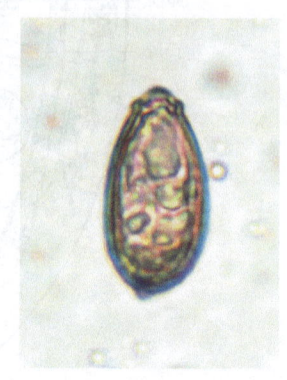

•• 图4-3 华支睾吸虫卵 ••

▶▶ 二、生活史

成虫寄生于终宿主人或保虫宿主犬、猫和猪等脊椎动物肝胆管内。虫卵随胆汁通过胆道进入肠腔，随粪便排出体外。虫卵入水，若被第一中间宿主豆螺、沼螺或涵螺吞食，在螺体内孵出毛蚴。毛蚴经胞蚴、雷蚴等无性生殖阶段发育成尾蚴。成熟尾蚴自螺体逸出入水，遇到第二中间宿主淡水鱼、虾，即可进入其体内发育为囊蚴。囊蚴为其感染阶段。终宿主(人)或保虫宿主(猫、狗等脊椎动物)，因生或半生食入带有囊蚴的第二中间宿主(淡水鱼、虾)而感染。囊蚴在肠内消化液作用下，后尾蚴脱囊而出，称为童虫，经胆总管进入肝胆管，成虫以肝胆管黏膜、分泌物和血细胞等为食，约需1个月发育成成虫产卵，其寿命一般为20~30年(图4-4)。

▶▶ 三、致病

成虫寄生于肝胆管内，虫体经机械性刺激损害，以及分泌物、代谢产物等抗原物质引起免疫病理反应，导致肝胆管炎症病理改变，纤维组织增生，可致管壁变厚，管腔变窄或阻塞，引起胆汁瘀滞。胆管扩张，若合并细菌感染，则表现为胆管炎和胆囊炎。虫卵、死亡的虫体及其碎片和脱落的胆管组织，可构成结石的核心，引起胆石症。晚期患者可出现肝硬化，甚至导致胆管上皮癌及肝癌的发生。儿童期反复感染，可致生长发育障碍。

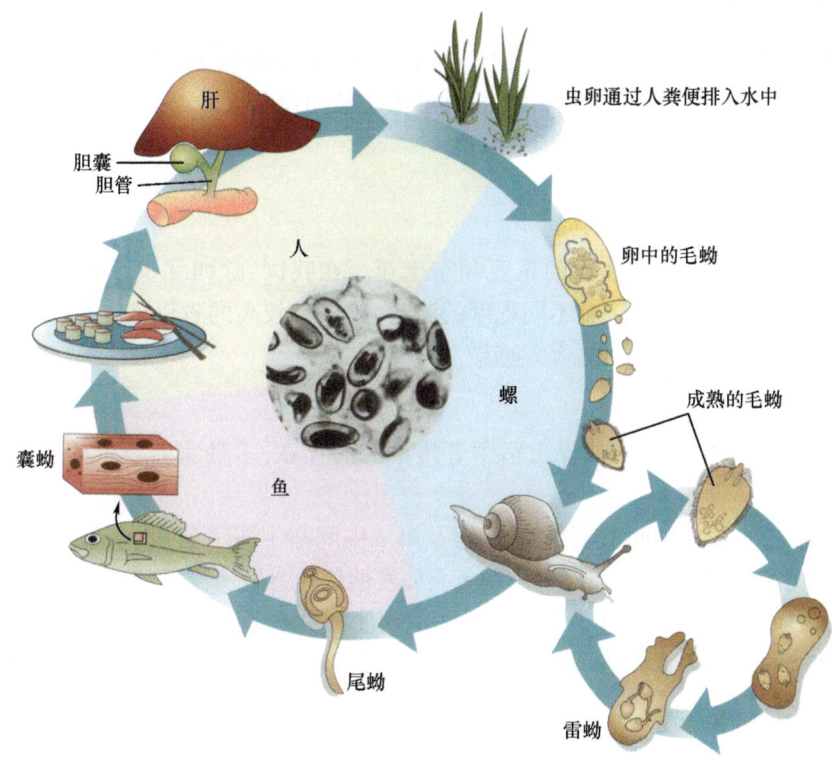

●● 图 4-4 华支睾吸虫生活史 ●●

四、实验诊断

(一) 病原学检查

常用粪便标本检查找虫卵,首选方法为粪便沉淀集卵法,其中醛醚沉淀法检出率较高。另对一份样本多次检查也可提高检出率。改良加厚涂片法等其他粪便找虫卵法也可应用。选择敏感的检查方法和反复检查可提高虫卵检出率。必要时可做十二指肠引流检查虫卵。华支睾吸虫卵易与异形类吸虫卵混淆,应注意鉴别(表 4-1)。同时,华支睾吸虫卵又是寄生于人体蠕虫最小的虫卵,其形态与灵芝孢子相似,也应注意镜下区别。灵芝孢子镜下为黄棕色,外形为下端钝圆,上端略尖,芝麻粒状,大小约在 (10×7.5) μm,较华支睾吸虫卵 (29×17) μm 略小,外包有双层厚壁,无卵盖、肩峰、小疣,内无毛蚴为实体。

表 4-1 华支睾吸虫卵与异形类吸虫卵形态鉴别

名称	大小	形态主要特征
华支血睾吸虫卵	$(27.3\sim35)$ μm×$(11.7\sim19.5)$ μm	芝麻或梨形状,卵盖突出,肩峰明显,卵盖对侧有一点状突起
猫后睾吸虫卵	平均(29×17) μm	外形同华支睾吸虫卵,仅长短比例不同
异形吸虫卵	(30×11) μm	卵圆形,无肩峰,卵盖对侧无明显突起
横川后殖吸虫卵	$(28\sim30)$ μm×$(11\sim17)$ μm $(26.5\sim28)$ μm×$(15.5\sim17)$ μm	卵圆或梨形,无肩峰,卵盖不清楚,对侧无明显突起

（二）免疫学诊断

皮内试验（intradermal test，ID），用于普查或临床诊断时初筛；酶联免疫吸附试验（enzyme-linked immunosorbent assay，ELISA）可用于辅助诊断或确诊。

五、流行与防治

（一）分布

华支睾吸虫主要分布于亚洲的东亚和东南亚。在我国，除西北少数省、自治区尚未有报道外，有25个省、市、自治区有不同程度的流行，感染率较高的省份是广东、广西、安徽、海南及东三省等，估计全国有1000万人感染。

（二）流行因素

1. 传染源 患者、带虫者或保虫宿主等传染源的存在，多种家养及野生脊椎动物可作保虫宿主。

2. 中间宿主 第一中间宿主沼螺、涵螺及第二中间宿主淡水鱼、虾存在。国内主要为鲤鱼科种类，如白鲩、黑鲩、鲤鱼等，野生小型鱼类如麦穗鱼的感染率较高，且感染度亦较重。

3. 终宿主或保虫宿主 终宿主或保虫宿主粪便污染水源。

4. 不良饮食卫生习惯 生或半生食带有囊蚴的淡水鱼、虾等不良饮食卫生习惯，如吃"鱼生"、"鱼生粥"等。

（三）防治原则

1. 加强卫生宣教，改进饮食习惯，不吃生或半生的鱼、虾，注意生熟炊、食具分开。
2. 加强粪便及水源的管理，防止未经无害化处理的人、畜粪便污染水源。
3. 结合农业生产治理鱼塘或定期用药物灭螺。
4. 查治患者病畜。首选药物为吡喹酮，也可用阿苯达唑等药。

案例4-1

患者，男，27岁。右上腹不适近月余就诊。自述：1个多月前开始时有右上腹不适，有时胀痛，精神不振，食欲减退，厌食、恶心，时有腹泻伴消化不好。既往健康，常与朋友一起喝酒，喜欢并常吃鱼生。查体：巩膜轻度黄染，全身皮肤无黄染。肝脏肋缘下2cm、质软、表面光滑、边缘整齐，有压痛。实验室检查：WBC 12.0×10^9/L，E 3.1×10^9/L；粪便检查找到华支睾吸虫卵；肝功能检查：ALT 210 U/L（参考值40U/L）；华支睾吸虫抗体检查：ELISA法结果阳性（1∶1280）。

问题：
1. 该案例中的患者可能患什么病？
2. 请列出对该病的诊断依据。
3. 可采用什么措施预防和治疗该病？

第3节 卫氏并殖吸虫

卫氏并殖吸虫［*Paragonimus westermani*（Kerbert，1878）Braun，1889］虫体雌、雄生殖器官

并列排列,属并殖吸虫(Paragonimus)。1877 年 Westerman 在印度虎肺内首次发现成虫,1879 年 Ringer 在我国台湾淡水一葡萄牙人尸体肺内检获成虫。成虫寄生于动物和人的肺部,简称肺吸虫。所引起病变也称并殖吸虫病(paragonimiasis),或称肺吸虫病,肺吸虫病也是我国重要食源性寄生虫病之一。

一、形态

(一) 成虫

虫体椭圆形或略呈梭形,腹面扁平,背侧略隆起,似半片黄豆,肥厚 3.5～5.0mm,活体呈红褐色并透明。固定虫体长 7.5～12mm,宽 4～6mm,长宽之比约为 1∶2。口、腹吸盘大小略同,腹吸盘位于体中横线之前。卵巢与子宫并列于腹吸盘之后,成熟的虫体子宫内充满虫卵,卵巢分 5～6 叶,形如指状。睾丸分支,左右并列约在虫体后端 1/3 处。卵黄腺为许多密集的卵黄滤泡所组成,分布于虫体两侧。肠管分支形成 3～4 个弯曲;排泄囊前端到达肠分支处,后端开口于虫体后端腹面排泄孔(图 4-5)。除口吸盘、腹吸盘、生殖孔、排泄孔及其附近的体壁外,全身满布体棘。

(二) 虫卵

虫卵外形椭圆不对称。卵盖明显并较宽,但也有缺盖者。卵壳厚薄不匀,底部最厚,常略倾斜。大小为(80～118)μm×(48～60)μm,卵内含一卵细胞,周围有 10 多个卵黄细胞,新鲜虫卵为金黄色(图 4-6)。

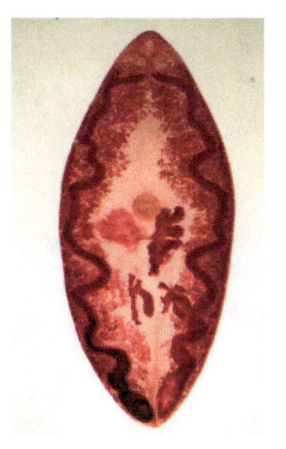

●● 图 4-5　卫氏并殖吸虫成虫 ●●

●● 图 4-6　卫氏并殖吸虫卵 ●●

二、生活史

成虫寄生于保虫宿主猫科、犬科肉食哺乳动物,如猫、犬、虎、豹、狼、果子狸或终宿主人的肺部。野猪、针毛鼠及褐家鼠等可成为本虫的转续宿主。虫卵随终宿主痰或保虫宿主、终宿主粪便排出。虫卵入水后,在适宜温度(25～30℃)条件下经 3 周左右发育成熟并孵出毛蚴。毛蚴在水中则可侵入川卷螺体内,移至淋巴间隙形成胞蚴,胞蚴经母雷蚴、子雷蚴无性增殖阶段发育成有小球形尾的短尾尾蚴,从毛蚴侵入螺体后,约经 3 个月发育成成熟尾蚴。成熟的尾蚴从螺体逸出,侵入溪蟹或蝲蛄,或随螺体一起被吞食而进入第二中间宿主体内,在蟹和蝲蛄肌肉、内脏或腮部发育成囊蚴(图 4-7)。人、保虫宿主因吃了含有囊蚴的

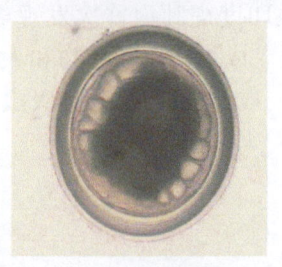

图 4-7　卫氏并殖吸虫囊蚴

生或半生淡水蟹、蝲蛄而感染。也可经误饮带有囊蚴的生水的途径感染。

囊蚴入小肠,在小肠内消化液作用下,幼虫脱囊而出称为童虫。童虫穿过肠壁进入腹膜腔,在各器官组织之间游窜。窜扰 1～3 周后,多数童虫穿过膈肌经胸腔侵入肺。在肺组织中定居寄生,最后形成虫囊。囊中一般含有一对虫体,有时也可见 1 或 3 条虫在一虫囊内。有些童虫则可侵入其他器官引起损害。自囊蚴进入终宿主到成熟产卵,需 2～3 个月,成虫寿命为 5～6 年(图 4-8),曾有记载卫氏并殖吸虫在人体内可活 20 年或更久。

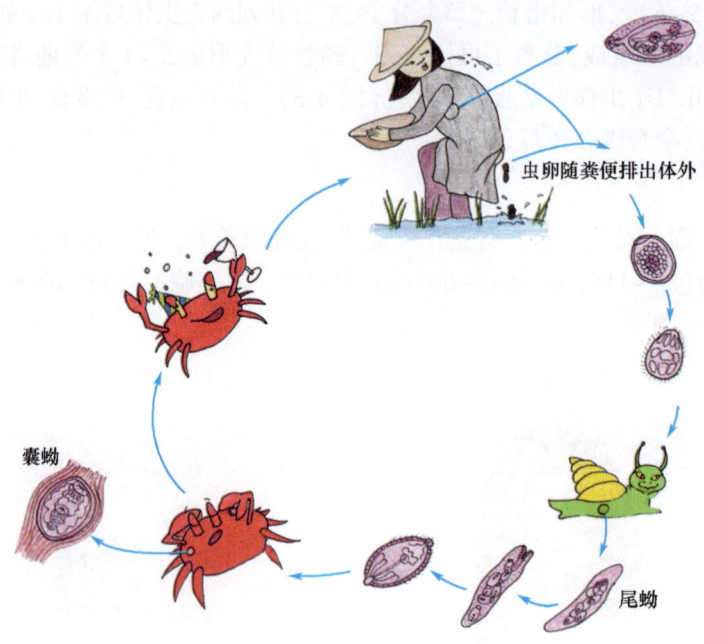

图 4-8　卫氏并殖吸虫生活史

三、致病

卫氏并殖吸虫的致病,主要是童虫或成虫在人体组织与器官内移行、寄居造成的机械性损伤,以及其代谢物等引起的免疫病理反应。根据病变过程可分为急性期及慢性期。

(一)急性期

急性期主要由囊蚴内虫体在小肠中脱囊逸出后,童虫移行、游窜引起。症状出现于吃进囊蚴后数天至 1 个月,重感染者在第 2 天即出现症状。囊蚴脱囊后,童虫穿过肠壁引起肠壁出血。在腹腔、腹壁反复游窜,特别是大多数童虫从肝表面移行或从肝组织穿过,引起肝脏局部的出血、坏死。童虫也可移行到脑、眼和肌肉等组织,呈滞育状态。此期全身症状轻者仅表现为食欲缺乏、乏力、消瘦、低热等非特异性症状。重者发病急,毒性症状明显,如高热、腹痛、腹泻等。常规检查:白细胞数增多,可高达 $(20～30)\times10^9/L$,嗜酸粒细胞明显增多,一般为 20%～40%,高者可达 80% 以上。

(二) 慢性期

慢性期主要由于童虫侵入肺组织寄生,其致病过程与病理改变大致可分为三期。

1. 脓肿期　此期主要因虫体移行引起组织破坏。肉眼可见病变处呈窟穴状或隧道状病灶,内有血液,有时可见虫体。随之,出现炎性渗出反应,内含中性粒细胞及嗜酸粒细胞等。继而,病灶四周产生肉芽组织而形成薄膜状脓肿壁,并逐渐形成脓肿。X线显示边缘模糊、界限不清的浸润阴影。伴有胸腔积液时,肋膈角变钝。

2. 囊肿期　此期由于渗出性炎症,大量细胞浸润、聚集,最后细胞死亡、崩解液化,脓肿内容物逐渐变成果酱样黏稠性液体。镜下可见坏死组织、夏科-雷登结晶和大量虫卵。囊壁因肉芽组织增生而肥厚,肉眼观呈周界清楚的结节状虫囊,由于虫体有游走习性,虫体可离开原囊肿,在其周围又破坏组织,形成新的囊肿,数个囊肿相连呈紫色葡萄状。X线显示边界清楚的结节状阴影,有时见液平面。如虫体离开虫囊移到它处形成新的虫囊,这些虫囊可互相沟通。X线可显示多房性囊样阴影。

3. 纤维瘢痕期　虫体死亡或转移至它处,囊肿内容物通过支气管排出或吸收,肉芽组织填充,纤维化,最后病灶形成瘢痕。X线显示硬结性或条索状阴影。

以上三期病变常可同时见于同一器官内。成虫通常寄生于肺,但其童虫有时可寄生于皮下、肝、脑、脊髓、眼眶等组织和器官,引起多种组织和器官损伤。

另在急、慢性期,虫体代谢产物、虫体或虫卵死亡后的异性蛋白也可致人体产生过敏反应,引起免疫病理损害。

四、实验诊断

(一) 病原学检查

1. 成虫寄生检查　取痰液或粪便找虫卵。痰液可用生理盐水直接涂片法检查,粪便则采用沉淀集卵法检查,检获并殖吸虫虫卵可确诊。

2. 幼虫寄生检查　手术摘除皮下包块或感染部位结节,切开可能检获童虫也可诊断。

(二) 免疫学诊断

皮内试验(ID),阳性符合率可高达95%以上,常用于普查,但常有假阳性和假阴性;酶联免疫吸附试验(ELISA),敏感性高,阳性率可达90%~100%,也可作为确诊试验。

五、流行与防治

(一) 分布

卫氏并殖吸虫分布于日本、朝鲜、菲律宾、马来西亚、印度、泰国等国,非洲、南美洲也有报道。流行病学调查结果与病例报告表明我国东北、华北、华中、华南和华西的25个省、市、自治区也存在卫氏并殖吸虫。

(二) 流行因素

1. 传染源　患者及带虫者,自然疫源地的犬、猫科动物,如犬、猫、虎、豹、狼、狐、大灵猫、貉、果子狸等是重要传染源。

2. 中间宿主　第一中间宿主川卷螺,第二中间宿主溪蟹或蝲蛄的存在,并共同生活于同一溪沟水中。

3. 不良的饮食卫生习惯　生吃或半生吃溪蟹、蝲蛄,如腌、醉、烤、煮等方式生或半生食溪蟹蝲蛄，食蝲蛄豆腐及蝲蛄酱，此外，食具污染了活囊蚴等。其他感染方式：生饮被囊蚴污染水可导致感染；生或半生吃带有滞育虫体的转续宿主，如鼠、野猪肉也可引起感染。

（三）防治原则

进行饮食卫生宣传教育，不吃生或半生溪蟹和蝲蛄，不饮用生水；治疗药物可选用吡喹酮或硫氯酚等。

案例 4-2

患者，男，32岁。自诉：3个多月前在居住地山溪中捕食过数只生溪蟹，1个多月前开始感不适，时有咳嗽、咳痰，时伴有痰中带血。有时感觉发热，盗汗。近期加剧，并咳出果酱样腥臭痰。查体：T 38.5℃，P 85次/分，R 27次/分，HP 117/75mmHg。听诊两肺呼吸音减弱。可闻及局限性湿性啰音，叩诊呈浊音改变。胸部X线检查：两肺中下部边缘可见模糊絮状浸润型阴影。实验室检查：WBC $13.3×10^9$/L，E $3.9×10^9$/L；痰液找到肺吸虫卵；肺吸虫抗体检查ELISA法结果阳性（1∶1280）。

问题：
1. 该案例中的患者可能患什么病？
2. 请列出对该病的诊断依据。
3. 可采用什么措施预防和治疗该病？

第 4 节　斯氏狸殖吸虫

斯氏狸殖吸虫[*Pagumogonimus skrjabini*(Chen,1959)Chen,1963]属并殖科、狸殖属寄生虫，1959年首次由我国学者陈心陶报道，主要引起皮下型并殖吸虫病。

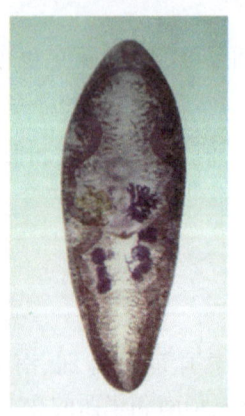

图 4-9　斯氏狸殖吸虫成虫

一、形态

成虫长形，前宽后窄，最宽处在虫体前1/3或更前腹吸盘稍下水平，两端较尖，近似菱形，宽长比例为1∶2.4～1∶3.2。大小为(3.5～6.0)mm×(11.0～18.5)mm。腹吸盘位于体前约1/3处，略大于口吸盘。卵巢位于腹吸盘的后侧方，其大小及分支数与虫龄成正比关系。睾丸2个，左右并列，呈长形，其长度占体长的1/7～1/4，可分多叶，位于体中、后1/3间部（图4-9）。虫卵与卫氏并殖吸虫卵相似无明显区别。

二、生活史

生活史过程与卫氏并殖吸虫相似。第一中间宿主主要为泥泞拟钉螺、微小拟钉螺等。第二中间宿主有锯齿华溪蟹、雅安华溪蟹等。保虫宿主有果子狸、猫、犬、豹等。人可能是本虫的非正常宿主。蛙、鸟、鸭、鼠和雏鸡等动物等可作为转续宿主。人主要通过食入带有囊蚴（图4-10）的溪蟹而感染，也可能因误食转续宿主的未煮熟肉类而感染。

三、致病

斯氏狸殖吸虫是引起以兽为主的人兽共患中主要致病虫种。侵入人体内的虫体大多数停留在童虫状态,虫体可在机体到处游窜,造成局部或全身性病变,称幼虫移行症。其主要表现为游走性皮下包块或结节,常见于胸背部、腹部,亦可见于头颈、四肢、腹股沟、阴囊等处。包块边界不清,摘除切开包块可见隧道样虫穴,有时可查见童虫,镜检可见嗜酸粒细胞肉芽肿、

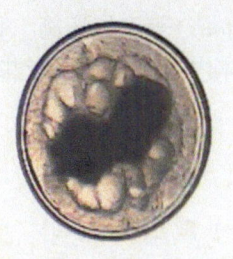

•• 图4-10 斯氏狸殖吸虫囊蚴 ••

坏死渗出物及夏科-雷登结晶等。虫体如侵犯胸肺,可致胸闷、胸痛、咳嗽、咳痰,肺部 X 线显示可见边缘模糊的浸润阴影或房性囊状阴影,并常伴有肋膈角变钝等征象。如侵犯肝,则出现肝痛、肝大、转氨酶升高等表现。全身症状有低热、乏力、食欲下降等。血常规检查嗜酸粒细胞明显增加。因本病表现多样,临床上易误诊,应特别注意与肺结核、肺炎、肝炎等鉴别诊断。

> **知识链接**
>
> **幼虫移行症**
>
> 某些寄生于动物体蠕虫的幼虫,因误入非正常宿主人体,这些幼虫不能在人体内发育成熟,在皮肤及各器官中移行,引起皮肤或相应组织器官的损害,称幼虫移行症,也称蠕蚴移行症。幼虫在皮肤组织游窜移行,而引起皮肤瘙痒、局部红色丘疹、线状红斑性皮肤损害,称之为皮肤幼虫移行症。常见虫种有巴西钩口线虫和犬钩口线虫。幼虫在体内游窜移行,侵犯胃肠、肝、肺、眼、中枢神经系统等组织,并出现相应组织的损害症状,称为内脏幼虫移行症。常见虫种有犬弓首线虫、猫弓首线虫、曼氏迭宫绦虫、斯氏狸殖吸虫、广州管圆线虫、棘颚口线虫等。

四、实验诊断

皮下包块活体组织病原检查,免疫学诊断检测斯氏狸殖吸虫抗体是本病的主要诊断方法。

五、流行与防治

斯氏狸殖吸虫是中国独有虫种,国外还没有报道。国内分布由青海起向东至山东止以南地区,已有 15 个省、市、自治区发现本虫。流行因素及防治原则与卫氏并殖吸虫病相同。

第5节 日本血吸虫

日本血吸虫(*Schistosoma japonicum* Katsurada,1904)属裂体属寄生虫。成虫主要寄生于人或多种哺乳脊椎动物的门静脉系统肠系膜下血管,简称血吸虫。血吸虫寄生人体引起的疾病称血吸虫病,对人体危害极大。在我国,血吸虫病是流行分布范围极广,受危害人数极多的一种寄生虫病,属我国五大寄生虫病之一。寄生人体的血吸虫还有曼氏血吸虫(*S. mansoni*)、埃及血吸虫(*S. haematobium*)、间插血吸虫(*S. intercalatum*)和湄公血吸虫

（*S. mekongi*）。此外，人体尚见有牛血吸虫（*S. bovis*）、梅氏血吸虫（*S. mattheei*）和梭形血吸虫（*S. spindalis*）等寄生病例。我国流行的仅为日本血吸虫。1972年湖南长沙马王堆出土的西汉女尸体内检获日本血吸虫卵，证明早在2100余年前，我国长江流域已有日本血吸虫病流行。

一、形态

（一）成虫

血吸虫成虫雌雄异体。虫体呈圆柱状，外观似线虫。口、腹吸盘位于虫体前端。肠在腹吸盘后分为两支，延伸至虫体中部后又汇合成单一肠管，以盲端终。雄虫乳白色，长12~20mm，前端有口吸盘和腹吸盘，腹吸盘以下虫体向两侧延展，并略向腹面卷曲，形成抱雌沟。雄虫生殖系统有7个椭圆形睾丸，位于腹吸盘后方背侧呈串珠状排列，另有储精囊、生殖孔等。雌虫前细后粗，形似线虫，体长20~25mm，腹吸盘大于口吸盘，由于肠管充满消化或半消化的血液，故雌虫呈黑褐色，常居留于雄虫的抱雌沟内，与雄虫呈合抱状（图4-11）。雌虫生殖系统有卵巢、卵黄腺、卵模、梅氏腺、子宫等。子宫开口于腹吸盘的下方，内含虫卵50~300个（图4-11）。雌、雄虫消化系统有口、食管、肠管。肠管在腹吸盘前背侧分为两支，向后延伸到虫体后端1/3处汇合成盲管。成虫摄食血液，肠管内充满被消化的血红蛋白，呈黑色。肠内容物可经口排放到宿主的血液循环内。

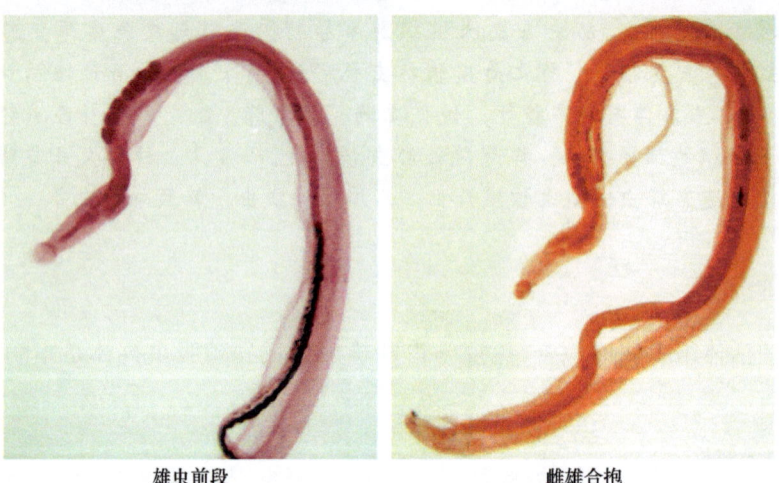

雄虫前段　　　　　雌雄合抱

图4-11　日本血吸虫成虫

（二）虫卵

虫卵椭圆形，淡黄色，大小平均89μm×67μm，卵壳厚薄均匀，无卵盖，卵壳亚侧位有一小逗点状或小钩状棘突，粪便中见到虫卵表面常附有宿主肠内残留物，成熟虫卵内含有一毛蚴，毛蚴与卵壳之间常有油滴状的头腺分泌物，是可溶性虫卵抗原（soluble egg antigen，SEA）的主要成分（图4-12）。

（三）毛蚴

在水中游动时呈长椭圆形，静止时或固定后呈短椭圆形、梨形，两侧对称，大小约为99μm×35μm，周身有纤毛，是其活动器官。前端呈嘴状突起，或称顶突；体内前部中央有1

个顶腺;2个侧腺或称头腺位于顶腺稍后的两侧,可分泌 SEA,它们均开口于顶突。

(四)尾蚴

血吸虫尾蚴属叉尾型尾蚴,由体部及尾部组成,体部有1个头腺和5对穿刺腺,尾部又分尾干和尾叉。体长100~150μm,尾干长140~160μm,尾叉长50~70μm(图4-13)。

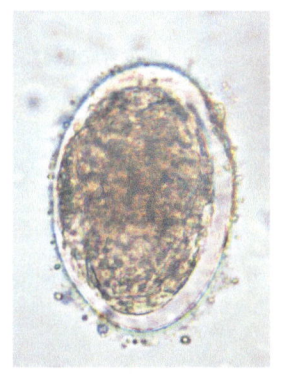

●● 图 4-12 日本血吸虫卵 ●●

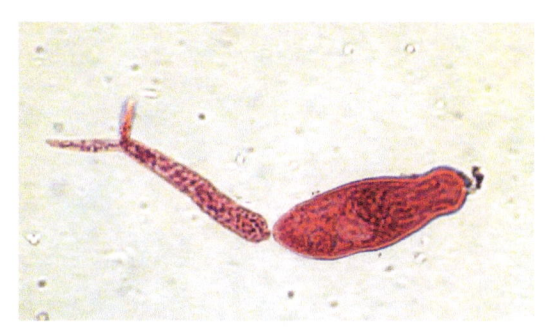

●● 图 4-13 日本血吸虫尾蚴 ●●

二、生活史

血吸虫生活史包括卵、毛蚴、母胞蚴、子胞蚴、尾蚴、童虫及成虫等阶段。成虫寄生于人及多种哺乳动物的门静脉-肠系膜静脉系统。雌虫在静脉末梢内产卵,虫卵随门静脉血循环主要分布于肝及结肠肠壁组织,约经11天虫卵发育为内含毛蚴的成熟虫卵,毛蚴分泌物 SEA 透过卵壳,可直接溶解破坏血管壁,SEA 还可引起免疫病理损伤,使周围组织发生溃疡坏死,同时由于肠蠕动、腹内压增加,致使坏死肠壁组织向肠腔溃破,虫卵便随溃破组织落入肠腔,随粪便排出体外。虫卵随粪便入水,在适宜温度(25~30℃)下,经2~32小时卵内毛蚴孵出。毛蚴在水中遇中间宿主钉螺,侵入螺体经母胞蚴、子胞蚴无性增殖阶段发育成许多尾蚴。尾蚴成熟后从钉螺体逸出,尾蚴通常分布活动于水的表层。一般情况下,尾蚴在水中可存活1~3天,而冬季水温低时可存活7天。人或动物与含有尾蚴的水接触后,尾蚴经皮肤或黏膜侵入人或动物体内而感染。尾蚴体部侵入皮肤后,脱去尾部留于皮肤或黏膜表面,体部侵入皮肤或黏膜后称为童虫。童虫穿入小静脉或淋巴管,随血流或淋巴循环经右心、肺动脉,穿过肺泡小血管入肺静脉,到左心,可随主动脉血循环到全身。大部分童虫再进入小静脉,随血循环入肝内门静脉系统分支,童虫在此暂时停留并继续发育。到生殖器官初步分化时,遇到异性童虫即开始雌雄合抱,并继续移行到门静脉-肠系膜下静脉部位寄居,逐渐发育成熟交配产卵(图4-14)。尾蚴侵入机体发育至成虫到产卵需3~4周时间,成虫寿命4.5年左右,长者可达40年。

三、致病

(一)尾蚴及童虫所致损害

尾蚴侵入皮肤后引起局部皮肤表面丘疹和瘙痒,称尾蚴性皮炎。此皮炎仅发生于有与尾蚴接触史的人。其发生机制属血吸虫抗原引起的速发型和迟发型变态反应的皮肤免疫病理损害。主要表现为局部出现毛细血管扩张充血,皮肤丘疹,伴有出血、水肿,周围有中性粒细胞和单核细胞浸润。另童虫在宿主体内移行时,所经过的器官(特别是肺)出现血管

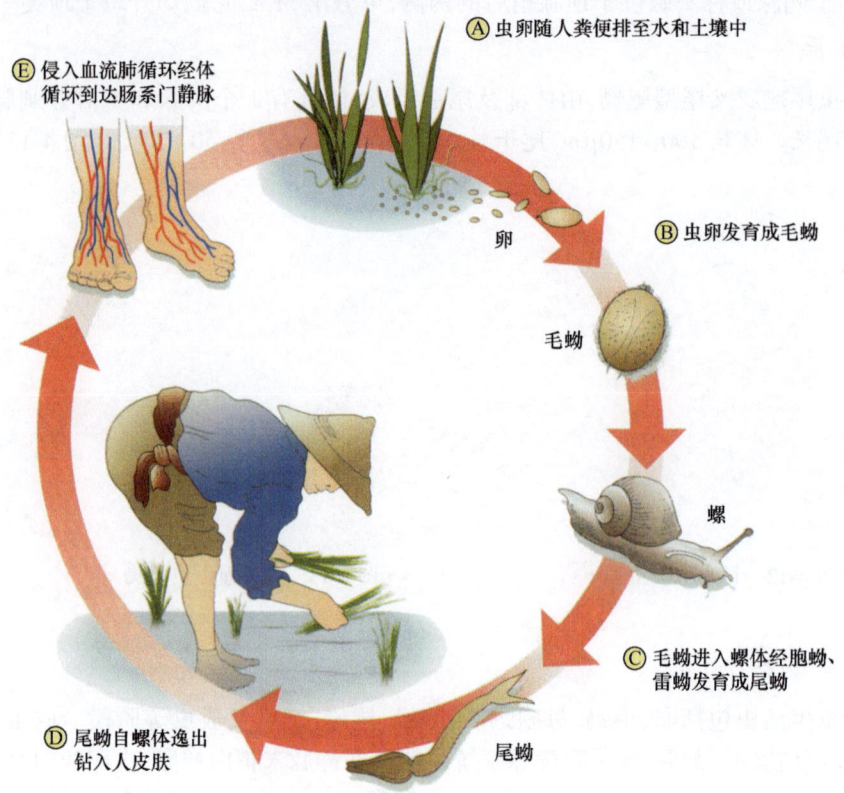

•• 图 4-14　日本血吸虫生活史 ••

炎、毛细血管栓塞、破裂，产生局部细胞浸润和点状出血。当大量童虫在人体移行时，患者可出现发热、咳嗽、痰中带血、嗜酸粒细胞增多，这可能是局部炎症及虫体代谢产物引起的变态反应。

（二）成虫所致损害

成虫一般无明显致病作用，少数可引起轻微的机械性损害，如静脉内膜炎等。

（三）虫卵所致损害

血吸虫生活史中，虫卵是主要致病阶段。沉积在宿主的肝及结肠肠壁等组织血管内虫卵，所引起的肉芽肿和纤维化病理改变是血吸虫病的主要病变。其主要致病机制及过程为：成熟虫卵内毛蚴分泌的酶、蛋白质及糖等SEA，可直接溶解破坏周围组织；同时，SEA物质诱发Ⅳ型超敏反应，通过免疫病理损害引起肉芽肿病理改变。SEA透过卵壳微孔缓慢释放，致敏T细胞，当再次遇到相同抗原后，致敏的T细胞中的细胞毒T淋巴细胞（CTL）和炎症性T淋巴细胞产生的各种淋巴因子，诱发Ⅳ型超敏反应。随着病程发展，卵内毛蚴死亡，其毒素作用逐渐消失，坏死物质被吸收，虫卵破裂或钙化，其周围绕以类上皮细胞、淋巴细胞、异物巨细胞，最后类上皮细胞变为成纤维细胞，并产生胶原纤维，肉芽肿逐渐发生纤维化，形成瘢痕组织，导致干线型肝硬化及肠壁纤维化等一系列病变，这是晚期血吸虫病特征性病变。由于窦前静脉的广泛阻塞，导致门静脉高压，侧支循环形成。出现肝脾大、腹壁、食管及胃底静脉曲张，并发上消化道出血与腹水等病变表现，称为肝脾性血吸虫病，也即晚期血吸虫病。晚期血吸虫病产生的机制，主要因门静脉血流受阻，导致门静脉高压所致的全身性病理生理改变。

（四）临床表现

血吸虫病临床表现因患者的感染度、机体对血吸虫抗原的免疫应答反应、机体的营养状况，以及治疗与否等因素不同而异。其表现可分为急性期、慢性期和晚期三阶段。

1. 急性期 尾蚴侵入皮肤后，部分患者局部可出现丘疹或皮肤炎症，属尾蚴性皮炎。童虫在移行过程中经体、肺循环引起肺等组织损害，虫卵内毛蚴分泌 SEA 引起损害，患者出现咳嗽、咳痰或痰中带血等呼吸道症状，以及以发热为主的急性变态反应性炎症的症状，在接触疫水后 1~2 个月，除发热外，伴有腹痛、腹泻、肝脾大及嗜酸粒细胞增多，粪便检查血吸虫卵或毛蚴孵化结果阳性，此期称急性血吸虫病。

2. 慢性期 急性期病变如未治愈或反复重复感染者，病情逐步转向慢性期。在流行区，90% 的血吸虫患者为慢性血吸虫病。此时，多数患者无明显症状和不适，也可能不定期处于亚临床状态，表现为慢性腹泻、粪中带有黏液及脓血、肝脾大、贫血和消瘦等。一般在感染后 5 年左右，部分重感染患者开始发生晚期病变。

3. 晚期 根据主要临床表现不同，晚期血吸虫病可分为巨脾、腹水及侏儒三型。有时 1 个患者可兼有两种或两种以上类型的表现。临床上常见是以肝脾大、腹水、门静脉高压，以及因侧支循环形成所致的食管下端及胃底静脉曲张为主的综合征。晚期患者可因食管下端及胃底静脉扩张破裂而并发上消化道出血、肝性昏迷等严重症状而致死。儿童和青少年如感染严重，使垂体前叶功能减退，以及其他因素可影响生长发育和生殖而致侏儒症。因肝纤维化病变在晚期常是不可逆的，并且对治疗反应甚差，从而导致临床上难治的晚期血吸虫病。

四、免疫

（一）抗原

血吸虫进入终宿主或保虫宿主体内经历三个发育阶段，即童虫、成虫和虫卵。各阶段虫体的排泄分泌物及病原体崩解产物对宿主均有免疫原性，都是抗原物质，尤其是 SEA。三个阶段既具特异性抗原，也有共同抗原。体外实验证明，由血吸虫抗原诱发的抗体依赖细胞介导的细胞毒（ADCC）效应对虫体表膜有损伤作用，因而表膜抗原在保护性免疫中具有重要意义。SEA 是诱导免疫病理反应的主要抗原，引起虫卵周围的肉芽肿反应，也是引起宿主体液免疫反应的主要抗原。

（二）免疫效应

血吸虫抗原诱导机体产生的免疫效应类型为伴随免疫。即宿主初次感染血吸虫后，可产生一定的免疫力，这种免疫力表现为对再次感染的童虫有杀伤作用，而对宿主体内原有的成虫并无影响，成虫仍能长期成活和产卵。但若清除了体内原有成虫，则宿主对再感染的童虫杀伤作用亦逐渐消失，这种活动性感染与免疫并存的免疫现象称为伴随免疫。

五、实验诊断

（一）病原学检查

1. 粪便找虫卵 沉淀集卵法、尼龙绢筛集卵法、直接涂片法检查虫卵；粪便定量透明法做血吸虫虫卵计数，常用的计数方法为加藤厚涂片法（Kato thick smear），可测定人群感染情况，并可考核防治效果。

> **知识链接**
>
> **尾蚴性皮炎**
>
> 尾蚴性皮炎（cercarial dermatitis）是禽、畜类血吸虫尾蚴侵入人体皮肤所引起的炎症和超敏反应性皮肤病。这些尾蚴侵入人体皮肤后，不能在人体内继续发育为成虫。我国常见虫种为毛毕属和东毕属血吸虫。主要表现：皮肤接触尾蚴后5分钟至1小时即有刺痒感，并出现点状红斑，数小时内即出现丘疹、红晕、风团，多见于四肢。皮疹一般在1周后消退自愈，在疫区常有重复感染发作。尾蚴性皮炎属于自限性疾病，如无继发感染，几天即可自愈。该病主要流行于水稻种植地区，故俗称稻田皮炎。

2. 结、直肠黏膜组织找虫卵 慢性及晚期血吸虫患者肠壁组织增厚，虫卵排出受阻，故粪便中不易查获虫卵，可用结、直肠镜检方法，采取结、直肠黏膜活体组织，检查虫卵。

3. 粪便毛蚴孵化法找毛蚴 毛蚴孵化法常为急性血吸虫病首选病原学诊断方法。临床常用沉淀集卵法、尼龙绢筛集卵法与粪便毛蚴孵化法结合，进行血吸虫病诊断与治疗疗效考核。

（二）免疫学诊断

皮内试验（ID），一般皮内试验与粪检虫卵阳性的符合率为90%左右，此法简便、快速，通常用于现场筛选可疑病例；酶联免疫吸附试验（ELISA），此试验具有较高的敏感性和特异性，并且可反应抗体水平，阳性检出率在95%~100%，假阳性率为2.6%，可作为慢性血吸虫病的确诊依据。患者在吡喹酮治疗后半年至1年有50%~70%转为阴性。

▶▶ 六、流行与防治

（一）分布

日本血吸虫病分布于亚洲的中国、日本、菲律宾、印度尼西亚等国。据新中国成立初期统计，我国的血吸虫病分布在江苏、浙江、上海、安徽、江西、湖南、湖北、四川、云南、广西、广东、福建等12个省（市、自治区）的433个县市、区4078个乡镇，共有钉螺面积$1.48\times10^{10} m^2$，累计感染者达1160万例，受威胁人口在1亿以上，危害十分严重。新中国成立60多年来，党和政府非常关心疫区人民的身体健康，极为重视血吸虫与血吸虫病的防治工作，从中央到地方政府，有各级专门的防治血吸虫与血吸虫病组织机构，并早在我国第一个五年发展计划纲要中就将血吸虫列为需要消灭的五大寄生虫之一。每年投入大量的人力与物力，持续不断地组织大规模的防治和研究工作，取得举世瞩目的成就。截止2007年，上海、浙江、福建、广东、广西5省（市、自治区）已达到血吸虫病传播阻断标准，四川省以县为单位全部达到了血吸虫病传播控制标准。目前疫情尚未控制的县（市、区）有90个，其中江苏省12个，安徽省19个，江西省1个，湖北省23个，湖南省22个，云南省3个。疫区绝大多数分布在水位难以控制的江、湖洲滩地区和地理环境复杂的山区。总的来说，全国的血吸虫病疫情已得到有效控制，但部分地区呈现出血吸虫病疫情扩散蔓延，表现为老疫区血吸虫病患者增加、钉螺扩散明显、新钉螺区出现、感染性钉螺分布范围扩大，尤其是鄱阳湖、洞庭湖等广大湖泊周边地区。部分已达血吸虫病传播控制和传播阻断的地区出现疫情回升，各地输入性血吸虫病病例增加，我国的血吸虫病防治工作还任重道远。

(二) 流行因素

1. 传染源 日本血吸虫病是人兽共患寄生虫病,其终宿主除人以外,有多种家畜和野生动物。在我国,自然感染日本血吸虫的家畜有牛、犬、猪等9种;野生动物有褐家鼠、野兔、野猪等31种。由于储蓄宿主种类繁多、分布广泛,使得防治工作难度加大,在流行病学上患者和病牛是重要的传染源。

2. 传播途径 在传播途径的各个环节中,含有血吸虫虫卵的粪便污染水源、中间宿主钉螺的存在及人群与疫水接触,是三个重要的环节。

3. 易感人群 人类对日本血吸虫普遍易感,与性别、年龄和种族无重要关系。在多数流行区,常以11~20岁人群为感染率高峰年龄段,以后下降,可能与疫水接触机会相关。

> **知识链接**
>
> **钉 螺**
>
> 钉螺[*Oncomelania hupensis* Gredler,1881]是有一个右旋贝壳的腹足类贝类软体动物。个体小而似螺丝钉,简称钉螺。最早由Fuchsd在我国湖北武昌采集到,后经Gredler命名。根据表面有无纵肋分为肋壳与光壳两种。我国的肋壳与光壳钉螺都是日本血吸虫的中间宿主。按地理分布与孳生环境特点,我国钉螺可以分为"水网型"、"湖沼型"和"山区型"三个类型。钉螺是日本血吸虫的唯一中间宿主,因此,消灭钉螺是防治日本血吸虫病的重要措施之一。有效的方法有:①物理灭螺法,如水旱轮作、翻耕土埋、水泥硬化等;②药物灭螺法,常用的灭螺药物主要有氯硝柳胺、五氯酚钠和溴乙酰胺。

(三) 流行区类型

我国血吸虫病流行区,按地理环境、钉螺分布及流行病学特点可分为三种类型,即平原水网型、山区丘陵型和湖沼型。

(四) 防治措施

1. 消除传染源 查治患者、病畜。目前常用首选药为吡喹酮。

2. 消灭中间宿主 钉螺是血吸虫的中间宿主,因此消灭钉螺是消灭血吸虫的重要环节。可采用物理、化学、生物灭螺法。

> **案例 4-3**
>
> 患者,男,36岁。自诉:2个多月前曾参与家中夏收、夏种农活。近期出现畏寒、发热、疲乏和右上腹不适,时有腹痛、腹胀伴有腹泻,有时有脓血样便。之前曾有过"感冒、咳嗽"表现。查体:T 37.7℃,P 81次/分,R 24次/分,HP 110/78mmHg。听诊两肺呼吸音略减弱。肝区压痛明显、下缘位季肋下2.5cm。实验室检查:血液 WBC $12.5×10^9$/L,E $3.8×10^9$/L。肝功能:ALT 600单位。粪便毛蚴孵化法找到血吸虫毛蚴。皮内抗原试验 结果强阳性。ELISA:结果阳性(1∶1280)。
>
> 问题:
> 1. 该案例中的患者可能患什么病?
> 2. 请列出对该病的诊断依据。
> 3. 可采用什么措施预防和治疗该病?

3. 加强水源与粪便管理 填埋旧河沟、水渠、水塘,保护好饮水源,饮用水消毒。人、畜粪便进行无害化处理。

4. 避免与疫水接触 避免饮用生水,日常生活与从事生产劳动时做好个人防护。

第6节 布氏姜片吸虫

布氏姜片吸虫[*Fasciolopsis buski*(Lankester,1857)Odhner,1902)]俗称姜片虫,是一种寄生在人、猪小肠内的大型吸虫,所致病称姜片吸虫病。早在1600多年前,我国的东晋时期已有本虫的记载。1960年,在广州出土的两具明代干尸体内发现姜片吸虫虫卵,临床上第一例确诊的姜片吸虫病病例发现地也是广州。

一、形态

(一)成虫

虫体长椭圆形,前窄后宽,新鲜虫体为肉红色,质地柔软,肥厚而不透明,背腹扁平,死亡后经甲醛固定,颜色变为灰白色,质地变硬,形似姜片。长为20~75mm,宽为8~20mm,厚为0.5~3mm,是人体寄生吸虫中最大的一种。口吸盘位于虫体前端,腹吸盘紧挨口吸盘之后,比口吸盘大4~5倍,呈漏斗状,肉眼可见。咽和食管短,两肠支呈波浪状弯曲达虫体后端,末为盲端。两个高度分支如珊瑚状睾丸,前后排列,位于虫体后半部,储精囊、射精管、前列腺及阴茎包在阴茎袋中,开口于生殖腔内。一个分支的卵巢,子宫内充满虫卵,在新鲜或成熟虫体,肉眼即可见到淡黄色的子宫区,子宫末端也开口于生殖腔内(图4-15)。

(二)虫卵

椭圆橄榄形,前端(有卵盖一端)较后端稍尖,金黄或淡黄色,卵壳薄而均匀,卵的前端有一小而不明显的卵盖,卵内靠卵盖下方有一个卵细胞,直径约为23.9μm,卵内其他空间充满卵黄细胞,有20~40个,大小为(130~140)μm×(80~85)μm,是寄生人体的蠕虫中最大虫卵(图4-16)。

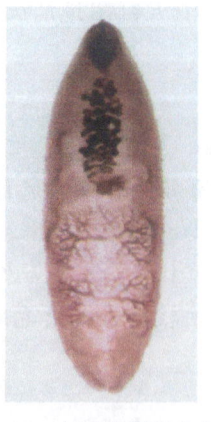
图4-15 布氏姜片吸虫成虫

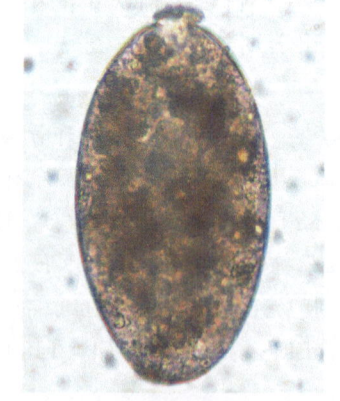
图4-16 布氏姜片吸虫虫卵

二、生活史

成虫主要寄生于终宿主人或保虫宿主猪的小肠,也可寄生于野猪体内。人感染通常肠内仅有几条至十几条成虫寄生，严重感染时可更多，并可出现在胃或结肠，虫卵随粪便排出体外。

虫卵随终宿主或保虫宿主粪便入水后，在适宜的温度(26~32℃)下，经 5~7 周时间发育并孵出毛蚴。毛蚴如侵入中间宿主扁卷螺体内，经胞蚴、母雷蚴、子雷蚴等无性生殖阶段发育，形成大量的尾蚴。成熟的尾蚴自螺体逸出，附着在水红菱、荸荠和茭白等水生植物表面，脱去尾部并分泌成囊物质后形成囊蚴。囊蚴为姜片虫的感染阶段。

终宿主或保虫宿主如生吃带有囊蚴的媒介水生植物，经口感染，在小肠内消化液作用下，囊蚴内幼虫脱囊而出，移行到小肠下段寄生，以肠腔内半消化食物为食，亦可吸吮血液。经 1~3 个月发育为成虫并产卵。成虫每天可产卵 15 000~25 000 个，成虫一般寿命为 2 年左右（图 4-17）。

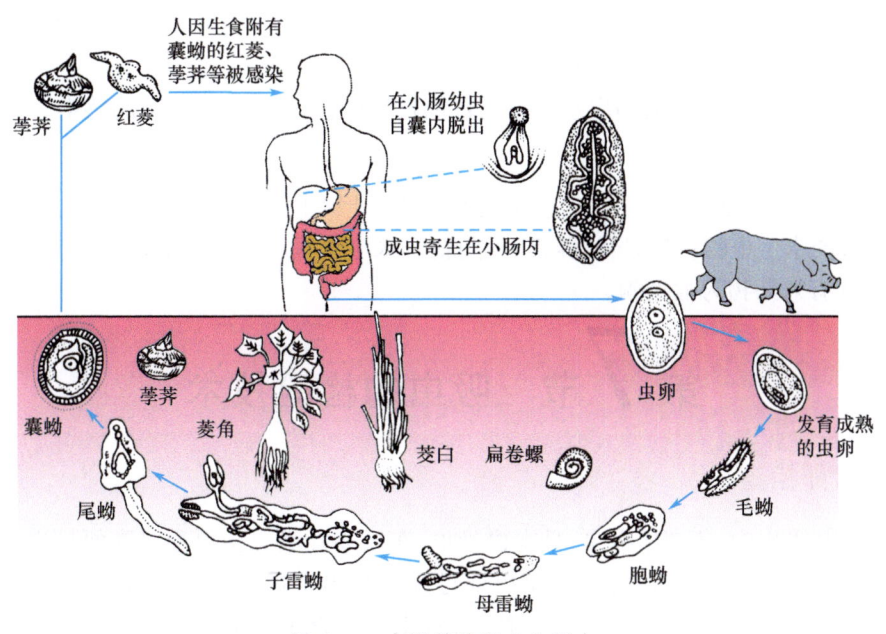

●● 图 4-17 布氏姜片吸虫生活史 ●●

三、致病

姜片吸虫成虫腹吸盘肌肉发达，吸附力强，被吸附的肠壁组织可因机械性损伤，引起局部组织点状出血、水肿、炎症或脓肿病理改变。炎症部位可见中性粒细胞、淋巴细胞，间或有嗜酸粒细胞的浸润。有时，被吸附的肠黏膜进一步发生坏死、脱落，形成溃疡。虫体吸附在局部不仅摄取养料，还因大量虫体覆盖肠黏膜而影响消化、吸收功能。临床表现为腹痛、腹泻、消化功能紊乱等。严重者可出现营养不良、贫血。大量感染时虫体可聚集成团，堵塞肠腔，引起肠梗阻。儿童反复感染，可导致发育障碍。

四、实验诊断

病原学检查粪便找虫卵，是姜片吸虫病的主要诊断方法。常用方法为粪便直接涂片法，一般采用一次粪检 3 张涂片法，大多可查到姜片虫卵。对虫卵较少者则可选用粪便沉淀集卵法找虫卵，后者检出率较高。有报道介绍，当粪便沉淀集卵法阳性率为 100% 时，粪检 3

张涂片法的阳性率可达 91.3%。对感染早期或大面积普查可采用免疫学检查,常用免疫学检查方法为 ID、ELISA。

五、流行与防治

(一)分布

姜片吸虫病主要流行于东南亚地区。在我国,除东北和西北地区外,其余 18 个省、市、自治区均有流行,人群感染率为 0.169%。其多分布于广种水生植物的湖泊水网地区。

(二)流行因素

1. 传染源粪便污染,姜片吸虫病为人畜共患寄生虫病,患者、带虫者和保虫宿主猪都是重要的传染源。用新鲜人粪或猪粪施肥,虫卵污染水。

2. 扁卷螺与传播媒介水生植物如水红菱、荸荠、茭白等,广泛分布于池塘、沟渠及水田。

3. 人生食菱角、荸荠等水生植物的不卫生饮食习惯。

4. 以附有姜片吸虫囊蚴的生水生植物青饲料喂猪,引起保虫宿主猪的感染。

(三)防治原则

加强粪便管理,实施人、动物粪便无害化处理;开展卫生宣教活动,不生吃未经洗净的或沸水烫过的水生植物;提倡科学养猪,不用新鲜水生青饲料喂猪;积极查治传染源(患者、病畜),首选有效药物为吡喹酮。

第7节 吸虫的检验技术

一、虫卵检查

寄生人体吸虫中,华支睾吸虫、日本血吸虫、布氏姜片吸虫主要通过粪便排出虫卵。卫氏并殖吸虫主要通过痰液排出虫卵,也可通过粪便排出少量虫卵。根据各种吸虫产卵量、产卵部位,虫卵形态大小与相对密度等特点,吸虫卵检查主要采用以下方法。另在线虫卵检查的部分方法中,也可找到吸虫卵。

(一)粪便检查

1. 自然沉淀法 也称自然沉淀集卵法。常用于蠕虫卵的检查,特别是各种吸虫卵检查。由于粪便样本量多,可提高感染虫体的检出率。另对于密度较大的原虫包囊也可用此法。

(1)基本原理:当粪便中的虫卵或原虫包囊游离于水中时,虫卵和包囊的相对密度大于水,经一定时间均可沉于水底,使虫卵或原虫包囊可集中,并经过数次水洗后,虫卵或原虫包囊在镜下视野较清晰,易于辨认和检出。

(2)操作方法:取粪便 20~30g(鸡蛋大小)放入烧杯内,加 1/3 杯清水,用搅棒将粪便拌成混悬液,使虫卵或原虫包囊充分游离出来,将混悬液经 60 目铜筛过滤于 500ml 沉淀杯中,用清水冲散粪渣并弃去粗渣,再加清水至 500ml 处,静置 20~30 分钟,缓缓倒去上清液,重新加满清水后,再次沉淀,如此重复 2~3 次,最后倾去上清液,吸取沉渣,涂于若干张清洁载玻片镜检。若检查原虫包囊,则每隔 6 小时换水 1 次,使包囊充分沉于水底,用碘液染色同时加盖玻片(图 4-18)。

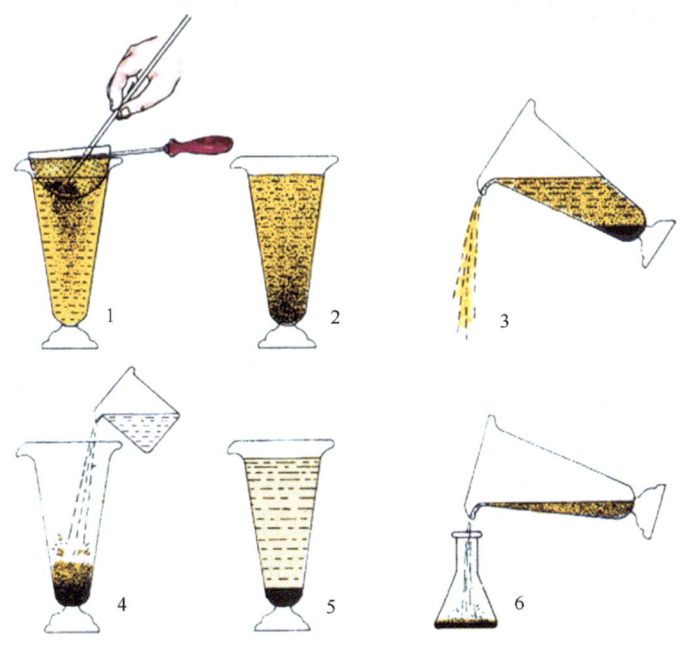

●● 图 4-18 自然沉淀法 ●●

1. 搅洗粪便；2. 自然沉沉；3. 弃去上清液；4. 重新加水；5. 自然沉淀；
6. 留取粪便沉渣

2. 离心沉淀法 适用于对粪便、尿液、十二指肠液、痰液及脑脊液等样本中吸虫卵和原虫包囊等检查。

（1）基本原理：利用重力离心的作用，使虫卵或原虫包囊快速浓集并沉积于离心管底。此法与自然沉淀法相似，因费时较少，适用于临床检验工作时使用。

（2）操作方法：取粪便 3~5g（约黄豆粒大小），加 10 倍量清水，将样本粪便搅拌成浆，使虫卵或原虫包囊充分游离出来，经 60 目网筛过滤去渣，将滤液移入 10ml 离心管内。以 1500~2000r/min 的速度离心 2~3 分钟，弃去上清液，再加清水与沉渣混匀，如此反复离心沉淀 3~4 次，直至上清液澄清为止，弃上清液取沉渣涂片镜检。

3. 醛醚沉淀法 此法浓集效果好，适用于对蠕虫卵和原虫包囊的形态观察和鉴定，但对布氏嗜碘阿米巴包囊及微小膜壳绦虫卵的检查效果则较差。

（1）基本原理：由于粪便物质可吸附于密度较小的乙醚而上浮，而相对密度较大的虫卵和原虫包囊则不受乙醚的影响，同粪便中密度较重的物质一起沉于管底，从而可去除更多杂质，提高浓集效果。沉淀液中的甲醛对样本中的虫卵和包囊尚可起固定、保存作用。

（2）操作方法：取粪便 1~2g 于小容器内，加水 10~20ml 调匀，将粪便混悬液经 2 层纱布（或 100 目金属筛网）过滤于 15ml 离心管中，2000r/min 离心 2 分钟，倒去上层粪液，保留沉渣，加水 10ml 混匀，离心 2 分钟；倒去上清液，加 10% 甲醛 10ml，静置 5 分钟后加乙醚 3ml，塞紧管口并充分摇匀，取下管口塞，离心 2 分钟，即可见管内自下而上分为 4 层。取管底沉渣涂片镜检。若检查原虫包囊，用碘液染色同时加盖玻片。

4. 汞碘醛离心沉淀法 此法适于原虫滋养体、包囊，蠕虫卵和幼虫的检查。若准确称取粪便量，此法尚可用作虫卵或包囊计数。

（1）基本原理：此法较醛醚沉淀检查法中增加了硫柳汞酊和卢戈碘液，起到既可浓集样本中的虫卵、幼虫或原虫，又可固定、保存之，且增加了染色作用，有利于发现并鉴别虫卵、幼虫与原虫滋养体、包囊。

（2）操作方法：取粪便 1g，加汞碘醛液 10ml（汞醛液 9.4ml，卢戈碘液 0.6ml），充分调匀，用 2 层脱脂纱布过滤，再加入乙醚 4ml，摇 2 分钟，2000r/min 离心 1~2 分钟，即分成乙醚、粪渣、汞碘醛及沉淀物 4 层。吸弃上面 3 层，取沉渣涂片镜检。

（二）尼龙绢筛集卵法

1. 基本原理　粪便通过孔径略大于和略小于日本血吸虫卵的 2 个尼龙筛洗涤过滤后，使粪便中的大小粪渣分别保留于大孔径袋内或经小孔的网眼流走，除去了粪便中较大粪渣，从而能较快、较好地收集粪便中存在的血吸虫卵。此法为目前诊断慢性血吸虫病的主要方法。

2. 操作方法　取粪便 30g（鸡蛋大小），置于搪瓷杯内，加少量水将粪便充分搅匀，经 40~60 目网筛过滤，倒入 2 个重叠的尼龙筛（120 目在上，260 目在下）内，在自来水下边摇边冲洗，移去 120 目尼龙筛，继续冲洗去除小杂物，然后用吸管从筛内底部吸取粪渣涂片 3 张镜检。或将筛底粪渣直接冲入三角烧瓶中，作毛蚴孵化观察。

为便于镜下观察，可将留有粪渣的 260 目尼龙筛浸泡在 20% NaOH 溶液中消化 10 分钟后，再用自来水冲洗出细粪渣，再涂片镜检。

（三）结肠、直肠黏膜检查法

日本血吸虫寄生于肠系膜下静脉，虫卵主要通过溃疡坏死肠壁组织突入肠腔。对于慢性或晚期血吸虫病诊断时，可用直、结肠镜检法采取直、结肠黏膜组织，查找日本血吸虫卵。此法也可用于查找溶组织内阿米巴滋养体。

1. 日本血吸虫卵检查　通过直、结肠镜钳，从可疑病变处取米粒大小的黏膜一块，用生理盐水冲洗后，置于两块载玻片间，轻轻压平，镜检虫卵。肠黏膜内虫卵死活及变性程度的鉴别，可作为粪便检查和体检的辅助诊断。如有活卵或近期变性卵，表明受检者体内有成虫寄生；若为远期变性卵或死卵，则提示受检者曾经有过血吸虫感染，但现在可能已经无成虫寄生。活卵、变性卵和死卵的鉴别要点是：活卵椭圆形，淡黄色，卵壳薄而边缘整齐，内含毛蚴或卵黄细胞及胚细胞；死卵呈黑灰色，卵壳增厚，边缘不清，卵内毛蚴成团块状，卵黄细胞和胚细胞分解成大量的碎片或颗粒；虫卵死亡后形态变化不明显的称为近期变性卵，形态变化明显的称为远期变性卵。

2. 溶组织内阿米巴滋养体检查　用乙状结肠镜自溃疡边缘或深层刮取溃疡组织，置于载玻片上，加少量生理盐水，盖上盖玻片，轻轻压平，立即镜检。或摘取 1 小块病变黏膜，固定、切片、染色镜检。

（四）痰液检查

1. 标本的采集及注意事项

（1）痰液采集：嘱患者早晨起床后，用力咳出气管深处痰液，置于干燥洁净的容器中加盖尽早送检。

（2）注意事项：①标本采集前应刷牙或漱口，以新鲜晨痰为好，不应混有唾液及鼻咽分泌物。②盛痰液的容器须干燥洁净，无其他污染物。③标本宜保温并及时送检。④详细记录标本的来源、颜色、性状、日期及其他相关信息。⑤检查完毕后的标本及容器消毒后妥善处理。⑥部分病原生物具有传染性,检验过程中要认真戴好口罩,穿好工作服,做好自身防护,以免院内感染。

2. 检查方法

(1) 直接涂片法:适用于溶组织内阿米巴滋养体和卫氏并殖吸虫卵的检查。在载玻片上加1~2滴生理盐水,挑取少许痰液,尽量取带脓血的部分,涂成薄膜,加盖玻片镜检。检查溶组织内阿米巴滋养体时,若环境温度较低则标本应注意保温,最好立即检查。检查卫氏并殖吸虫卵时,镜下未查见虫卵但见有夏科-雷登结晶和嗜酸粒细胞,仍提示有卫氏并殖吸虫感染的可能,多次涂片检查均为阴性者可改用消化沉淀法。

(2) 消化沉淀法:又称浓集法。收集患者24小时痰液,置于烧杯中,加入等量10% NaOH溶液,用玻棒搅匀。置37℃温箱中,2~3小时后痰液消化为稀液状。分装入离心管内,1500r/min离心5~10分钟,弃去上清液,吸取沉渣涂片镜检。该法适用于卫氏并殖吸虫卵、粪类圆线虫幼虫、细粒棘球蚴原头蚴、蛔虫幼虫、钩虫幼虫及粉螨的检查。

(五) 十二指肠引流液检查法

十二指肠引流液主要适用于检查蓝氏贾第鞭毛虫滋养体、华支睾吸虫卵、肝片形吸虫卵,有时可发现布氏姜片虫卵、蛔虫卵、粪类圆线虫幼虫等。急性阿米巴肝脓肿患者偶在胆汁中发现滋养体。此法往往在临床症状可疑,而多次粪检阴性时采用。

1. 十二指肠引流液检查法

(1) 标本采集:用十二指肠导管细心地插入十二指肠,抽取十二指肠液,按抽取标本的先后顺序依次分装甲、乙、丙、丁四管,在容器上必须标明。采集标本后,立即送检,收到标本应尽快检查完毕,以免有形成分被破坏。甲管胆汁从胆总管排出,呈金黄色。乙管胆汁从胆囊排出,呈深褐色。丙管胆汁从肝胆管排出,呈柠檬黄色。丁管液体来自十二指肠,为灰白色或淡黄色。其中对肝胆系统寄生虫病有诊断意义的是来自胆囊的胆液。

(2) 检查方法:将各部分十二指肠引流液分别滴于载玻片上,加盖玻片后直接镜检。为提高检出率,可离心浓集后再镜检,即将引流液加适量生理盐水稀释后,以2000r/min离心5~10分钟,取沉渣涂片镜检,如引流液过于黏稠,可加10% NaOH溶液消化后再离心,但不适用于原虫滋养体的检查。

2. 肠检胶囊法

(1) 标本采集:受检者禁食后吞入一粒装有尼龙线(成人线长140cm,儿童线长90cm)的胶囊,尼龙线的游离端留于口外。胶囊在胃内溶解后,尼龙线便释出、松开伸展,3~4小时可到达十二指肠及空肠,原虫滋养体可黏附于尼龙线上,然后缓缓将尼龙线拉出。

(2) 检查方法:刮取尼龙线上附着物于清洁载玻片上,用生理盐水涂片镜检。该法主要适用于蓝氏贾第鞭毛虫滋养体的检查。

▶ 二、幼虫检查

(一) 毛蚴孵化法

毛蚴孵化法是急性血吸虫病诊断、血吸虫感染人群中的普查、血吸虫流行病学调查研究中常用且首选的病原学诊断方法。其常与自然沉淀法或尼龙绢筛集卵法联用,尤其适用于感染度较轻,直接涂片法不易检出虫卵的感染者。此外也是对血吸虫病治疗进行疗效考核的重要依据。

1. 基本原理 血吸虫卵内毛蚴在适宜的温度(25~30℃)、适宜的pH(7.4~7.8)及一定的光线下,虫卵内毛蚴在清水中经过4~8小时后即可孵出;孵出的毛蚴虫体呈无色半透明状,在水面下1~4cm的区域做直线运动,在黑色背景下易于观察,也可用吸管吸出,置于载玻片,显微镜下观察。

2. 操作方法 将自然沉淀法或尼龙绢筛集卵法收集的粪便沉渣倒入三角烧瓶内,加调好pH的清水至瓶口处,放在25~30℃的温箱孵化,经4~6小时后用肉眼或放大镜观察结果,如见水面下有白色点状物作直线来往游动,即是毛蚴。必要时也可用吸管将毛蚴吸出,置于载玻片上,用低倍镜观察。如无毛蚴,每隔4~6小时(24小时内)观察一次(图4-19)。

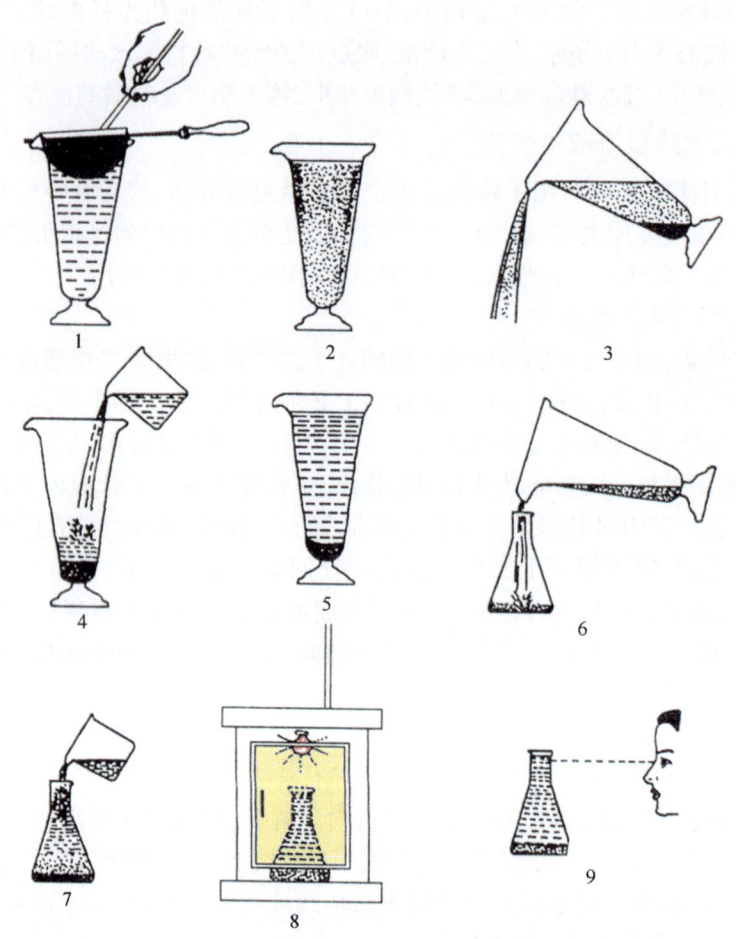

●● 图4-19 毛蚴孵化法 ●●
1. 挑洗粪便;2. 自然沉淀;3. 弃去上清液;4. 重新加水;5. 自然沉淀;6. 留取粪便沉渣;
7. 重新加水;8. 孵化;9. 观察毛蚴

(二) 皮肤、肌肉组织检查法

1. 基本原理 多种蠕虫的成虫或幼虫可在人体皮肤、肌肉组织寄生,并可在寄生部位形成包块、结节样病理改变。因此,可以采用切取皮肤和肌肉的活组织包块、结节检查方法,查找蠕虫的成虫或幼虫,进行病原学检查诊断。主要寄生于人体皮肤、肌肉组织的

第4章 吸虫纲

虫种有旋毛形线虫囊包蚴、猪带绦虫囊尾蚴、曼氏迭宫绦虫裂头蚴、卫氏并殖吸虫童虫、斯氏狸殖吸虫童虫、疥螨、蠕形螨、蝇蛆、利什曼原虫无鞭毛体和溶组织内阿米巴滋养体等。

2. 检查方法 手术切除法用于猪囊尾蚴、裂头蚴、卫氏并殖吸虫等的检查。在无菌条件下手术切除或切开包块，摘取虫体，可肉眼观察或制片后镜检鉴定虫种。对于利什曼原虫无鞭毛体和溶组织内阿米巴滋养体引起的皮肤结节，则在无菌条件下手术切开包块，取肿块内的液体涂片染色镜检。

学习小结

寄生于人体的吸虫均属复殖目。成虫除血吸虫外，均为雌雄同体。生活史中均需在淡水螺体经历无性世代发育，在终宿主人或保虫宿主脊椎动物体内完成有性世代发育。经虫卵、毛蚴、胞蚴、雷蚴(或不经历)、尾蚴、囊蚴，发育为成虫的过程。大多数吸虫感染阶段为囊蚴，血吸虫感染阶段则为尾蚴。吸虫均属于生物源性蠕虫。大多数吸虫主要致病阶段均为幼虫或成虫，血吸虫致病阶段则为虫卵。吸虫的病原诊断主要采用沉淀集卵法。急性血吸虫病诊断首选毛蚴孵化法。粪便管理、灭钉螺是消灭吸虫的重要措施。治疗吸虫首选药物为吡喹酮。所有人体寄生吸虫引起疾病，都属人兽(畜)共患病。

目标检测

一、名词解释

1. 幼虫移行症
2. 尾蚴性皮炎

二、选择题

1. 下列哪项不是吸虫的发育阶段
   A. 毛蚴　　　　B. 胞蚴
   C. 雷蚴　　　　D. 尾蚴
   E. 囊尾蚴

2. 急性血吸虫病首选的病原学诊断方法是
   A. 自然沉淀法找虫卵
   B. 饱和盐水浮聚法找虫卵
   C. 直接涂片法找虫卵
   D. 毛蚴孵化法找毛蚴
   E. 结肠、直肠黏膜检查法找虫卵

3. 不属于吸虫形态结构特征的是
   A. 有口吸盘和腹吸盘
   B. 多为雌雄同体
   C. 虫体两侧对称
   D. 无消化道
   E. 无体腔

4. 寄生于人体的吸虫生活史过程中幼虫可
   A. 不繁殖　　　B. 进行配子生殖
   C. 进行接合生殖　D. 进行裂体增殖
   E. 进行孢子生殖

5. 以下寄生虫中尾蚴为感染阶段的是
   A. 血吸虫　　　B. 姜片吸虫
   C. 绦虫　　　　D. 肺吸虫
   E. 肝吸虫

6. 人体寄生虫中最小的蠕虫虫卵是
   A. 血吸虫卵　　B. 姜片吸虫卵
   C. 绦虫卵　　　D. 肺吸虫卵
   E. 肝吸虫卵

7. 卵壳厚薄不均的虫卵是
   A. 血吸虫卵　　B. 姜片吸虫卵
   C. 绦虫卵　　　D. 肺吸虫卵
   E. 肝吸虫卵

8. 寄生于人体的吸虫生活史过程中的中间宿主必须有
   A. 食肉类哺乳动物　B. 食草类哺乳动物
   C. 淡水螺　　　　　D. 水生植物
   E. 淡水鱼、虾

9. 卵盖不明显，卵内含1个卵细胞，周围有20~40个卵黄细胞的虫卵是
   A. 血吸虫卵　　B. 姜片吸虫卵
   C. 绦虫卵　　　D. 肺吸虫卵
   E. 肝吸虫卵

10. 对于慢性或晚期血吸虫病诊断时，首选病原学诊断方法是
   A. 自然沉淀法找虫卵
   B. 饱和盐水浮聚法找虫卵
   C. 直接涂片法找虫卵
   D. 毛蚴孵化法找毛蚴
   E. 结肠、直肠黏膜检查法找虫卵

三、问答题

1. 描述华支睾吸虫、卫氏并殖吸虫、日本血吸虫、姜片吸虫虫卵的形态结构特点。
2. 叙述华支睾吸虫与日本裂体吸虫的生活史过程。
3. 列出华支睾吸虫、日本裂体吸虫和卫氏并殖吸虫的流行因素与防治原则。

（陆予云　邝浩成）

第5章 绦虫纲

学习目标

1. 掌握 链状带绦虫、肥胖带绦虫、细粒棘球绦虫、微小膜壳绦虫和曼氏迭宫绦虫虫卵的形态、生活史和实验诊断方法。
2. 熟悉 链状带绦虫、肥胖带绦虫、细粒棘球绦虫、微小膜壳绦虫和曼氏迭宫绦虫的流行因素与防治原则。
3. 了解 链状带绦虫、肥胖带绦虫、细粒棘球绦虫、微小膜壳绦虫和曼氏迭宫绦虫成虫的形态和致病性。

第1节 概述

绦虫(cestode)或称为带虫(tapeworm),属于扁形动物门的绦虫纲(Class Cestoda),是人体最常见的寄生虫之一。寄生人体的绦虫有30余种,分属于多节绦虫亚纲的圆叶目(Cyclophyllidea)和假叶目(Pseudophyllidea)。绦虫成虫绝大多数寄生在脊椎动物的消化道中,幼虫则寄生于组织中。

▶▶ 一、形态

成虫呈白色或乳白色,扁长如腰带,分节,体长因虫种不同可从数毫米至数米不等。虫体分头节(scolex)、颈部(neck)和链体(strobilus)。头节位于虫体前端,细小呈球形,上有固着器官,如吸盘、顶突和小钩。紧接着头节是颈部,短而纤细、不分节,具有生发作用;颈部以后是分节的链体,是由颈部不断芽生出新的节片相连形成的。链体是虫体最显著部分,由3~4个节片(proglottid)至数千个节片组成,越往后越宽大。链体上靠近颈部的节片较细小,其内的生殖器官尚未发育成熟,称为未成熟节片或幼节;链体中部节片较大,其内的生殖器官已发育成熟,称为成熟节片或成节;链体后部的节片最大,节片中除了储满虫卵的子宫外,其他生殖器官均已退化,称为妊娠节片或孕节。末端的孕节可从链体上脱落,新的节片又不断从颈部长出来,这样绦虫始终保持一定的长度(图5-1)。

虫体内部由实质组织充满,缺体腔和消化道。排泄系统由若干焰细胞与4根纵行的排泄管组成。排泄管贯穿链体,每侧2根,虫体最后一个节片的排泄与外界相通。生殖系统为雌雄同体,链体的每个节片内均有雌雄生殖器官各一套。雄性生殖系统有几个到几百个睾丸。雌性生殖系统有一个卵巢,大多分成左右两叶,位于节片腹面的中后部。子宫呈管状

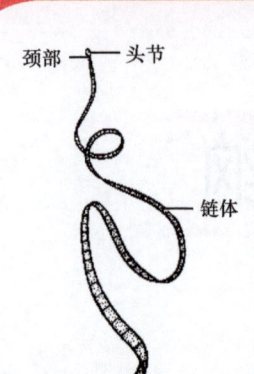

•• 图 5-1 绦虫成虫

或囊状,管状的子宫盘曲于节片中部,有开口于腹面的子宫孔;囊状的子宫无子宫孔,随着其内虫卵的增多和发育而膨大,可向两侧分支几乎占满整个节片。

二、生活史

绦虫的成虫寄生于脊椎动物的消化道中,虫卵自子宫孔排出或随孕节脱落而排出。以后的发育在假叶目和圆叶目有很大的不同。

假叶目绦虫生活史中需要 2 个中间宿主。虫卵排出后必须进入水中才能继续发育,孵出的幼虫具有 3 对小钩,称为钩球蚴(coracidium)。第一中间宿主是剑水蚤,钩球蚴在其体内发育成原尾蚴(procercoid),原尾蚴进入第二中间宿主鱼或其他脊椎动物如蛙体内后,继续发育为裂头蚴(plerocercoid)。裂头蚴已具成虫外形,白色,带状,但不分节,伸缩活动能力很强,裂头蚴必须进入终宿主肠道后才能发育为成虫。

圆叶目绦虫生活史只需 1 个中间宿主,个别种类甚至可以无需中间宿主。虫卵在子宫中即已发育,内含一个六钩蚴(hexacanth)。圆叶目绦虫无子宫孔,脱落的孕节随粪便排出或主动排出体外,由于孕节被挤压或自身活动破裂,虫卵散出。若虫卵被中间宿主吞食,其中的六钩蚴孵出,然后钻入宿主肠壁,随血流到达组织内,发育成各种幼虫,如囊尾蚴(cysticercus)、棘球蚴(hydatid cyst)、泡球蚴(alveolar hydatid)、似囊尾蚴(cysticercoid)。幼虫被终宿主吞食后,在肠道内受胆汁的刺激才能脱囊或翻出头节,逐渐发育为成虫。成虫在终宿主体内存活的时间随种类而不同,有的仅能活几天到几周,有的可长达几十年。

第 2 节 链状带绦虫

链状带绦虫(*Taenia solium* Linnaenus,1758)又称猪带绦虫、猪肉绦虫或有钩绦虫,属圆叶目绦虫。成虫寄生于人体小肠,引起猪带绦虫病,幼虫囊尾蚴寄生于人体皮下、肌肉或内脏或猪的组织内,引起囊尾蚴病,又称囊虫病。

在我国古代医籍中猪带绦虫与牛带绦虫一起被称为"寸白虫"或"白虫"。早在公元 217 年,《金匮要略》中即有关于白虫的记载,公元 610 年巢元方在《诸病源候论》中将该虫体形态描述为"长一寸而色白、形小扁",并指出是因"炙食肉类而传染"。

一、形态

(一) 成虫

成虫乳白色、扁平带状,长 2~4m,前端较细,向后渐扁阔,整个虫体薄而透明。头节近似球形,细小似小米粒,直径 0.6~1mm,有 4 个吸盘,顶端具有能伸缩的顶突,顶突上有小钩,排列成内外两圈。颈节纤细,长 5~10mm,直径约为头节的一半,具有生发作用。链体由 700~1000 个节片组成。幼节外形短而宽,生殖系统不成熟,结构不明显;成节较大,近方形,每个节片内均有成熟的雌雄生殖器官各一套。雄性生殖器官睾丸呈圆球形,滤泡状,

150~200个,分布于节片两侧。雌性生殖系统卵巢位于节片后 1/3 的中央,分为左右两大叶和中央一小叶。孕节最大,为长方形,可见充满虫卵的子宫向两侧发出分支,每侧 7~13 支,各分支不整齐,末端再分支而呈树枝状,每一孕节中含虫卵(3~5)万个(图 5-2)。

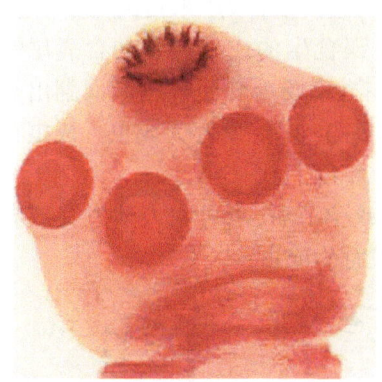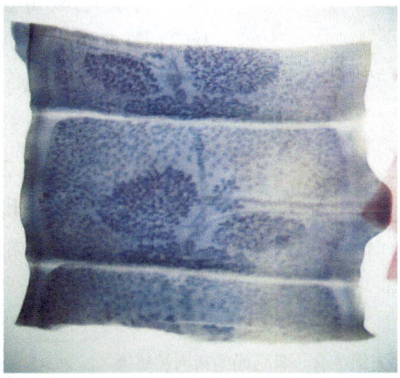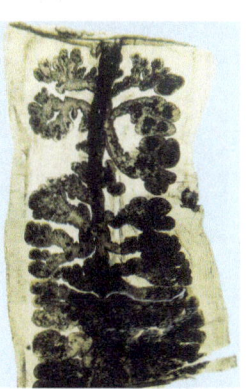

●● 图 5-2　链状带绦虫成虫头节、成节、孕节 ●●

(二) 虫卵

虫卵呈球形或近似球形,直径 50~60μm,卵壳薄且脆弱,易脱落,脱落后大小为 31~43μm。光镜下脱掉卵壳的虫卵,外面是较厚的胚膜,呈棕黄色,具有放射状的条纹。胚膜内是球形的六钩蚴,有 3 对小钩(图 5-3)。

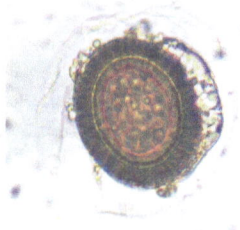

●● 图 5-3　带绦虫卵 ●●

(三) 幼虫

幼虫又称猪囊尾蚴(cysticercus cellulosae)或猪囊虫(bladder worm),卵圆形,白色半透明的囊状体,约黄豆大小(8~10)mm×5mm,囊内充满透明的囊液。囊壁上有一向内翻卷收缩的头节,形成米粒大小的白点,其形态结构和成虫头节相同(图 5-4)。

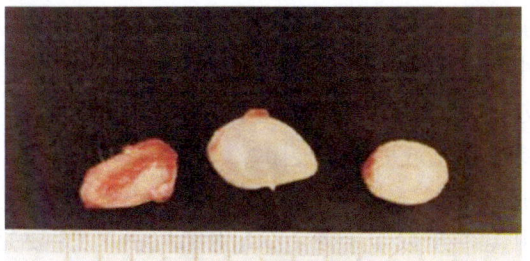

●● 图 5-4　链状带绦虫囊尾蚴 ●●

▶▶ 二、生活史

人是猪带绦虫唯一的终宿主,同时也可作为其中间宿主;猪和野猪是主要的中间宿主。成虫寄生于人的小肠上段,以吸盘和小钩附着于肠壁。虫体末端的孕节常 5~6 节相连脱落,随粪便排出,因受挤压孕节破裂,虫卵散出。当孕节或虫卵被猪和野猪吞食后,虫卵在其小肠内经消化液作用,24~72 小时后六钩蚴逸出,钻入小肠壁,再经血循环或淋巴系统到达宿主运动较多的肌肉组织,10 周左右发育为囊尾蚴。囊尾蚴在猪体内可存活 3~5 年,个别可达 15~17 年。

有囊尾蚴寄生的猪肉俗称为"米猪肉"或"豆猪肉"(图 5-5)。当人误食生的或未煮熟的含囊尾蚴的猪肉后,囊尾蚴在人小肠内受胆汁刺激而翻出头节,附着于肠壁,经 2~3 个月,发育为成虫。成虫在人体内寿命可达 25 年以上(图 5-6)。

当人误食虫卵或孕节后,也可在人体发育成囊尾蚴,但不能继续发育为成虫。

图 5-5 米猪肉

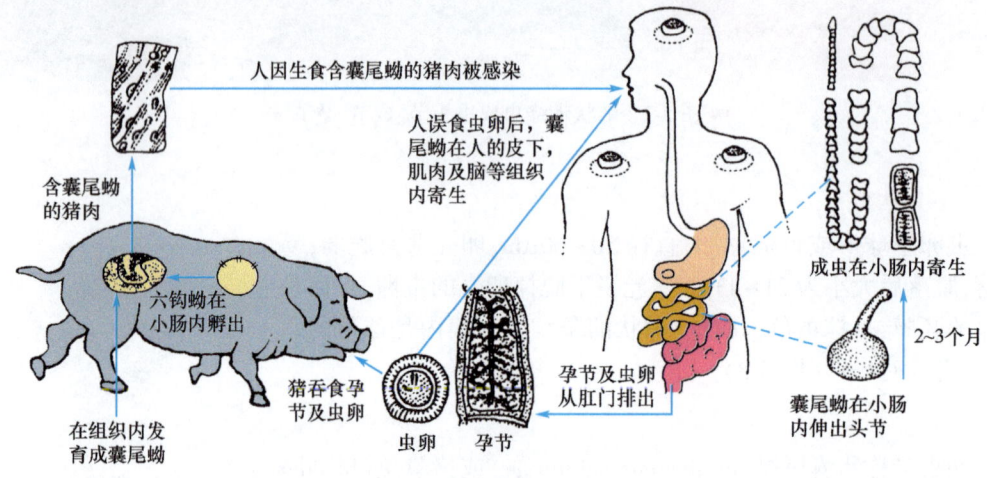

图 5-6 链状带绦虫生活史

三、致病

寄生在人体小肠的成虫一般仅为 1 条,有的可多达 10 余条,国内报道感染最多的一例为 19 条。猪带绦虫成虫致病的临床症状一般较轻,粪便中发现节片是最常见的患者求医原因。少数患者有上腹或全腹隐痛、消化不良、腹泻、体重减轻等症状。偶有因头节固着于肠壁而致局部损伤,少数穿破肠壁或引起肠梗阻。

猪囊尾蚴对人体的危害较大,其危害程度因猪囊尾蚴寄生的部位和数量不同而异。人体寄生的猪囊尾蚴可由 1 个至数千个不等;寄生部位很广,主要是皮下组织、肌肉、脑和眼等。

人囊尾蚴病按虫体寄生常见部位可分为:

1. 皮下及肌肉囊尾蚴病 本型最为常见。囊尾蚴位于皮下、黏膜下或肌肉中,形成结节。数目可由 1 个至数千个,以躯干和头部较多,四肢较少。结节在皮下呈圆形或椭圆形,大小为 0.5~1.5cm,手可触及,与皮下组织无粘连,无压痛,可移动,硬度近似软骨。轻时无症状,重时可出现肌肉酸痛无力、发胀、麻木或呈假性肌肥大症等。

2. 脑囊尾蚴病 本病对人体危害最为严重。因虫体在脑内的寄生部位、数量和发育程度不同,以及不同宿主对寄生虫的反应不同,脑囊尾蚴病的临床症状极为复杂。最常见的主要症状是癫痫发作、颅内压增高和神经精神症状,其中以癫痫发作最多见。脑血流障碍表现为记忆力减退、视力下降及精神症状等,另外也可出现头痛、头晕、呕吐、神志不清、失语、肢麻、局部抽搐、听力障碍、精神障碍、痴呆、偏瘫及失明等。现国内将脑囊尾蚴病分为6个临床型:①癫痫型;②脑实质型;③蛛网膜下腔型;④脑室型;⑤混合型;⑥亚临床型。不同型患者的临床表现和严重性不同,治疗原则与预后也不一样。另外,脑囊尾蚴病在脑炎的发病上可起诱导作用,并可使脑炎病变加重而致死亡。

3. 眼囊尾蚴病 囊尾蚴可寄生在眼的任何部位,以眼球深部玻璃体及视网膜下最为常见,通常累及单眼。症状轻者表现为视力障碍,常可见眼内虫体蠕动,囊尾蚴在眼内存活的时间为1~2年,此时一般患者尚能忍受;而囊尾蚴一旦死亡,虫体的分解物可产生强烈刺激,造成眼内组织变化,导致玻璃体混浊、视网膜脱离、视神经萎缩,并发白内障,继发青光眼等,最终可致眼球萎缩而失明。

▶ 四、实验诊断

(一) 病原学检查

1. 猪带绦虫病的诊断 询问有无吃生猪肉和排节片史有重要的诊断意义。可用粪便直接涂片法或集卵法检查虫卵,查获虫卵报告带绦虫感染,用肛门拭子法可提高检虫率。粪便中查获孕节即可确诊。对可疑的患者应连续数天进行粪便检查,必要时还可试验性驱虫。收集患者的全部粪便,用水淘洗检查头节和孕节可以确定虫种和明确疗效。

2. 囊尾蚴病的诊断 检查方法视寄生部位不同而异。皮下或浅表部位的囊尾蚴结节可采用手术摘除活检后诊断。眼部的囊尾蚴可用眼底镜检查来诊断;对于脑和深部组织的囊尾蚴可用X线、B超、CT和MRI等现代影像设备来检查,结合其他临床症状如癫痫、颅内压增高和精神症状等作出判断。

(二) 免疫学诊断

免疫学试验具有辅助诊断价值,尤其是对无明显临床体征的脑囊尾蚴病患者的诊断具有重要意义。常用的免疫学方法有间接血凝试验(IHA)、间接酶联免疫吸附试验(ELISA)和斑点酶联免疫吸附试验(Dot-ELISA)。其他还有酶标记抗原对流免疫电泳(ELACIE)和单克隆抗体检测患者循环抗原、酶联免疫转印试验(EITB)、生物素亲合素系统酶联免疫吸附试验(DIG-ELISA)等。

▶ 五、流行与防治

(一) 分布

猪带绦虫在全世界分布很广,但感染率不高,主要流行于欧洲、拉丁美洲、非洲及亚洲的一些国家。在我国分布也很广泛,散发病例见于全国31个省、市自治区,流行地区主要在东北的黑龙江、吉林,华北的河北,华东的山东,华中的河南等省,以及南方的云南和广西。一般农村患者多于城市,在有的地方呈局限性流行。

(二) 流行因素

流行因素主要有以下三方面:

1. 食肉的习惯或方法不当 人感染猪带绦虫病是因为误食囊尾蚴引起,而囊尾蚴病的原因则是食入了该虫虫卵。人体感染囊尾蚴病的方式有三种：①自体内感染，即患者体内已经有成虫感染，当遇到反胃、呕吐时，肠道的逆蠕动可将孕节反推入胃中引起自身感染；②自体外感染，患者误食自己排出的虫卵而引起再感染；③异体感染，误食他人排出的虫卵引起。据报告有16%~25%的猪带绦虫病患者伴有囊尾蚴病，而囊尾蚴病患者中约55.6%伴有猪带绦虫寄生。可见前两种感染方式更为重要。

感染者中以青壮年和男性为主。在1978例囊尾蚴病患者中，青壮年占83.8%，男性占75.29%，女性占24.71%。猪囊尾蚴病的流行多与猪带绦虫病分布一致，调查发现凡是猪带绦虫病发病率高的地方，猪体的囊尾蚴和人体囊尾蚴感染率亦高，三者呈平行消长趋势。

在流行严重的地区，当地居民常有喜食生的或未煮熟猪肉的习惯，这对本病的传播起着决定性的作用。例如，云南省少数民族地区的"生皮"、"剁生"、"噢嚅"，均系用生猪肉制作。另外，西南各地群众喜爱的"生片火锅"，云南的"过桥米线"，福建的"沙茶面"等，都是将生肉片在热汤中稍烫后，蘸佐料或拌米粉或面条食用。其他地区的散在病例则往往是偶然吃到含有活囊尾蚴的猪肉包子或饺子，或食用未经蒸煮的带囊尾蚴的熏肉或腌肉，或食烤肉串而感染。

2. 居民卫生习惯不良 生、熟砧板不分而致人感染。蔬菜冲洗不净，饭前便后不洗手等，直接食入虫卵而感染囊尾蚴病。

3. 猪饲养方法、粪便的处理和厕所不符合卫生要求 我国有些地区猪散养，或是厕所建造简陋，猪能自由出入；有些地区居民不习惯使用厕所，随地大便或将人厕与畜圈相连（连茅圈），使猪能直接吃到人粪便中的孕节或虫卵而感染。

（三）防治原则

除了加强卫生教育外，要抓好"驱、管、检"的综合防治措施。

1. 开展普查普治 及时为患者进行驱虫治疗。由于本虫寄生在肠道常可导致囊尾蚴病，故须尽早并彻底驱虫治疗。

槟榔-南瓜子有良好的驱虫效果，其疗效高，不良反应小。槟榔主要作用于头节和幼节，南瓜子则作用于成节和孕节。驱虫时药量要足够，时间要长。多数患者在5~6小时内即可排出完整的虫体。如未找到头节，应加强随访，若3~4个月内未再发现节片和虫卵则可视为治愈。此外，阿的平、吡喹酮、甲苯咪唑、阿苯达唑等都有很好驱虫效果。

治疗囊尾蚴病常用的疗法是手术摘除法，不能手术摘除的囊尾蚴仍以药物治疗为主。吡喹酮、阿苯达唑和甲苯咪唑可使囊尾蚴变性和死亡，特别是前者具有疗效高、药量小、给药方便等优点，但也有不同程度的头痛、呕吐、发热、头晕、皮疹等毒副作用。

2. 加强厕所与猪圈的管理 管好厕所，牲猪实行圈养，控制人畜互相感染。

3. 加强肉类检疫 搞好城乡肉品的卫生检查，尤其要加强农贸市场上个体屠宰的肉类检验。猪肉在-12~-13℃环境中，经12小时，其中囊尾蚴可全部被杀死。

4. 改变不良的饮食习惯 加强健康教育，大力宣传本病的危害性，改变不良的饮食习惯，不吃生/半生的猪肉，是预防本病的关键。实验证明，猪囊尾蚴在-5℃可存活5天，20℃可存活动26天，50℃可存活15分钟。

案例 5-1

患者，男，46 岁。因肌肉酸痛 1 个月，头痛、头晕、恶心、呕吐而入院。查体：体温 36℃，血压 24/14kPa。眼底双侧视盘轻度水肿，无出血。实验室检查：脑脊液压力 2.16，蛋白（+）。颅脑 CT：额叶呈 2cm×3cm 大小低密度灶，第四脑室轻度扩大。拟诊为脑梗死。入院经降颅内压治疗后，症状加重。详细询问病史及查体，发现患者经常吃"烤猪肉串"，胸前区皮下有多个活动结节，行手术摘除。免疫学诊断囊虫抗体阳性。

问题：
1. 该案例中的患者可能患什么病？
2. 请列出对该病的诊断依据。
3. 可采用什么措施预防和治疗该病？

第 3 节　肥胖带绦虫

肥胖带绦虫（*Taenia saginata* Goeze，1782）又称牛带绦虫、牛肉绦虫或无钩绦虫。成虫寄生于人体小肠内，引起牛带绦虫病；幼虫寄生于牛的皮下、肌肉、眼、脑等处引起牛囊尾蚴病。在我国古代医籍中其也被称作白虫或寸白虫。它与猪带绦虫同属于带科、带属。两者的形态和发育过程相似。

▶ 一、形态

（一）成虫

成虫外形与猪带绦虫相似（图 5-7）。乳白色、分节，长 4~8m，体节大而肥厚，整个虫体由 1000~2000 节组成。头节略呈方形，直径 1.5~2.0mm，有 4 个吸盘，无顶突和小钩。成节内睾丸有 300~400 个，分布于节片两侧，卵巢分左右两叶（图 5-8）。孕节子宫分支每侧 15~30 支，分支整齐，每一孕节中含虫卵（8~10）万个（图 5-9）。猪带绦虫和牛带绦虫的外形很相似，应注意区别（表 5-1）。

猪带绦虫成虫

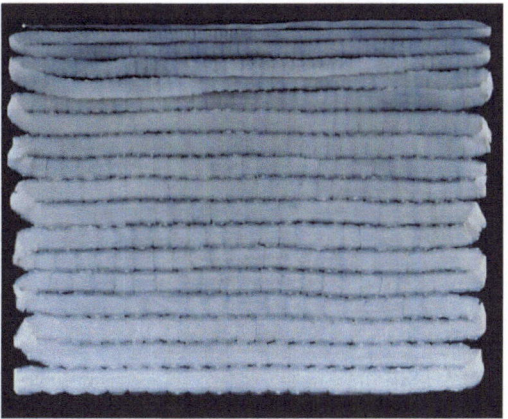

牛带绦虫成虫

●● 图 5-7　绦虫成虫 ●●

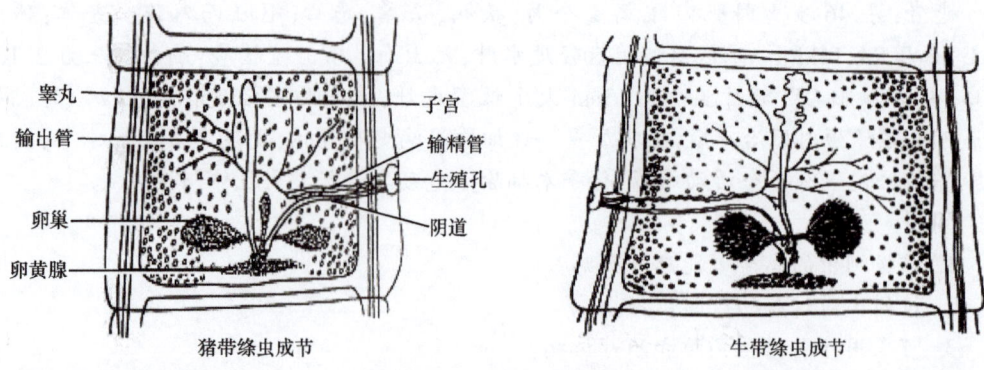

● ● 图 5-8 绦虫成节 ● ●

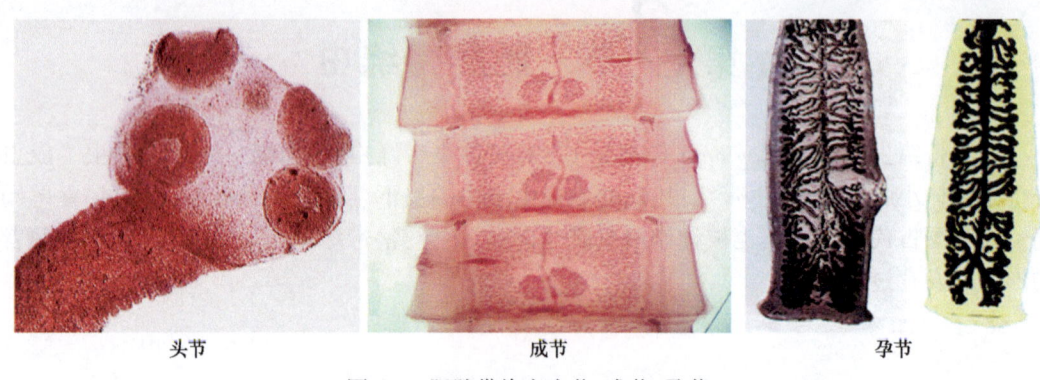

● ● 图 5-9 肥胖带绦虫头节、成节、孕节 ● ●

表 5-1 猪带绦虫与牛带绦虫形态的区别

区别点	猪带绦虫	牛带绦虫
体长	2~4m	2~8m
节片	700~1000 节、较薄、略透明	1000~2000 节、较厚、不透明
头节	球形,直径约 1mm,具有顶突和 2 圈小钩,小钩 25~50 个	略呈方形,直径 1.5~2.0mm,无顶突及小钩
成节	卵巢分为 3 叶,即左右两叶和中央小叶	卵巢只分 2 叶,子宫前端常可见短小的分支
孕节	子宫分支不整齐,每侧为 7~13 支	子宫分支较整齐,每侧 15~30 支,支端多有分叉
囊尾蚴	头节具顶突和小钩,可寄生人体引起囊尾蚴病	头节无顶突及小钩,不寄生于人体

(二)虫卵

两种带绦虫的虫卵在形态上难以区别,称之为带绦虫卵。

▶ 二、生活史

人是牛带绦虫唯一的终宿主。成虫寄生在人的小肠上段,以吸盘固着于肠壁,末端孕节常单个节片脱离链体,从链体脱落下的孕节仍具有显著的活动力,随宿主粪便排出,有的可自动地从肛门逸出。通常每天排出 6~12 节,最多达 40 节。孕节中的虫卵,40% 需到外界发育 2 周才成熟,另有 10% 为未受精卵。孕节从肛门逸出时,虫卵挤出黏附于肛周皮肤上。孕节沿地面蠕动时虫卵排出,或由于孕节的破裂,虫卵排出。当中间宿主牛吞食到虫卵或孕节后,虫卵内的六钩蚴即在其小肠内孵出,然后钻入肠壁,随血循环到周身各处,尤其是到运动较多的股、肩、心、舌和颈部等肌肉内,经60~70天发育为牛囊尾蚴(cysticercus bovis)。

人若吃到生的或未煮熟的含有囊尾蚴的牛肉,经肠消化液的作用,囊尾蚴的头节可翻出并吸附于肠壁,经8~10周发育为成虫。成虫寿命可达20~30年(图5-10)。

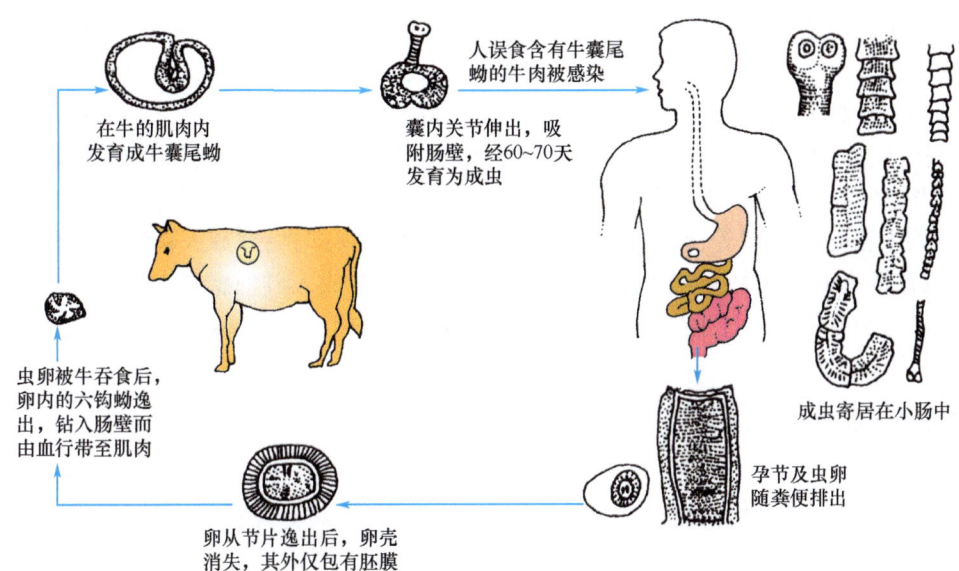

●● 图 5-10 肥胖带绦虫生活史 ●●

三、致病

寄生人体的牛带绦虫多为1条,严重患者可达10余条,最多的一例竟达31条。患者一般无明显症状,仅时有腹部不适、饥饿痛、消化不良、腹泻或体重减轻等症状。由于牛带绦虫孕节活动力较强,患者可发现自己排出节片,多数患者因孕节自动从肛门逸出,出现肛门瘙痒症状。偶然还可引致阑尾炎、肠腔阻塞等并发症和节片在其他部位的异位寄生。

调查发现,人体几乎没有牛囊尾蚴寄生,至今全世界较可靠的人体感染记录仅有几例,显示人对牛带绦虫的六钩蚴具有天然免疫力。

四、实验诊断

询问病史对发现牛带绦虫病十分重要,这是因为牛带绦虫孕节活动力强,并常自动逸出肛门,更易引起患者注意。患者常自带排出的孕节前来就诊。检查子宫分支数目可作为确诊依据,以此与猪带绦虫相鉴别。

通过粪检可查到虫卵甚至孕节,但采用肛门拭子法查到虫卵的机会更多。

五、流行与防治

(一)分布

牛带绦虫呈世界性分布,以牧区或以牛肉为主要肉食的民族地区多见,一般地区仅有散在的感染。我国 20 多个省都有散在分布的牛带绦虫患者，但在少数民族聚集地区，如新疆、内蒙古、西藏、云南、宁夏、四川的藏族地区、广西的苗族地区、贵州的苗族、侗族地区，以及台湾的雅美族和泰雅族地区有地方性的流行。感染率高的可达到 70% 以上，患者多为青壮年，男性多于女性。

（二）流行因素

造成牛带绦虫病地方性流行的主要因素是患者和带虫者粪便污染牧草和水源，以及居民食用牛肉的方法不当。在流行地区，农牧民常在牧场及野外排便，致使人粪便污染牧场、水源和地面。牛带绦虫卵在外界可存活 8 周或更久，牛常因吃到被虫卵或孕节污染的牧草而受感染。广西和贵州的苗族、侗族群众习惯人畜共居一楼，人住楼上，楼下即是牛圈，人粪便直接从楼上排入牛圈内，使牛感染机会增多。这些地方牛的囊尾蚴感染率可高达 40%。当地少数民族又有吃生或半生牛肉的习惯。例如，苗族、侗族人喜吃"红肉"、"腌肉"，傣族人喜吃"剎生"等，都是将生牛肉切碎后稍加佐料即食；藏族人喜将牛肉稍风干即生食，或在篝火上烤食大块牛肉。这些食肉习惯都容易造成人群的感染。非流行地区偶尔因牛肉未煮熟或使用切过生牛肉的刀、砧板切凉菜时沾染了牛囊尾蚴而引起感染。

（三）防治原则

防治原则同猪带绦虫病。

案例 5-2

患者，男，30 岁，日前因腹泻、腹痛来医院就诊。询问病史，经常去吃西餐，喜欢三分熟的牛排，近 2 周来出现腹泻、腹痛症状，吃治胃疼的药无济于事。粪便检查：涂片时发现了绦虫卵。

问题：
1. 该案例中的患者可能患什么病？
2. 请列出对该病的诊断依据。
3. 可采用什么措施预防和治疗该病？

第 4 节　细粒棘球绦虫

细粒棘球绦虫（*Echinococcus granulosus* Batach, 1785）又称包生绦虫，属带科、棘球属。成虫寄生于犬科食肉动物的小肠内，幼虫即棘球蚴（hydatid cyst），简称包虫，寄生于人和多种食草类家畜及其他动物内脏组织中，引起棘球蚴病（echinococcosis）或包虫病（hydatid disease, hydatidosis）。棘球蚴病是一种严重危害人类健康和畜牧业生产的人兽共患病，现已成为全球性重要的公共卫生和经济问题。

▶ 一、形态

（一）成虫

成虫是绦虫中最小的虫种之一，体长 2~7mm，平均 3.6mm。除头节和颈部外，整个链体只有幼节、成节和孕节各一节，偶或多一节，各节片均为狭长形。头节呈梨形，具有顶突和4个吸盘。顶突伸缩力很强,其上有两圈大小相间的小钩,呈放射状排列。成节的结构与带绦虫相似。睾丸45~65个。孕节最大,子宫有不规则的分支和侧囊,含虫卵200~800个(图5-11)。

(二) 虫卵

虫卵与猪、牛带绦虫卵基本相同,在光镜下难以区别。

(三) 幼虫

幼虫即棘球蚴,为球形囊状体,直径数毫米至数十厘米,与寄生部位、时间及宿主的种类有关。棘球蚴为单房性囊,由囊壁和囊内含物(生发囊、原头蚴、囊液等)组成。有的还有子囊和孙囊。囊壁外有宿主的纤维组织包绕。

囊壁分两层,外层为角皮层,厚约1mm,乳白色、半透明,似粉皮状,较松脆,易破裂。光镜下无细胞结构而呈多层纹理状。内层为生发层,亦称胚层,厚约20μm,具有细胞核,生发层紧贴在角皮层内,电镜下可见从生发层上有无数微毛延伸至角皮层内。囊腔内充满囊液,亦称棘球蚴液(hydatid fluid)。囊液无色透明或微带黄色,相对密度为1.01~1.02,pH为6.7~7.8,内含多种蛋白、肌醇、卵磷脂、尿素及少量糖、无机盐和酶,对人体有抗原性。生发层向囊内长出许多原头蚴(protoscolex)(图5-11),原头蚴又称原头节,椭圆形或圆形,大小为(170×122)μm,为向内翻卷收缩的头节,其顶突和吸盘内陷,内包数十个小钩。原头蚴与成虫头节的区别在于其体积小和缺顶突腺。

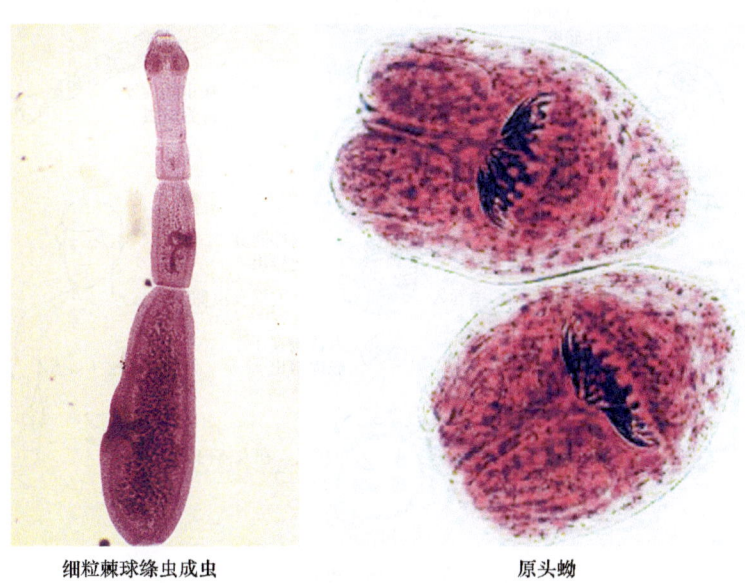

●● 图5-11 细粒棘球绦虫成虫、原头蚴 ●●

生发囊也称为育囊,是具有一层生发层的小囊,直径约1mm,由生发层的有核细胞发育而来。在小囊壁上生成数量不等的原头蚴,原头蚴可向生发囊内生长,也可向囊外生长为外生性原头蚴。

子囊可由母囊(棘状蚴囊)的生发层直接长出,也可由原头蚴或生发囊发育而成。子囊结构与母囊相似,其囊壁具有角皮层和生发层,囊内也可生长原头蚴、生发囊及与子囊结构相似的小囊,称为孙囊。有的母囊无原头蚴、生发囊等,称为不育囊。

从囊壁脱落的原头蚴、生发囊和子囊，悬浮在囊液中，称为囊砂或棘球蚴砂（hydatid sand）。

二、生活史

细粒棘球绦虫的终宿主是犬、狼和豺等食肉动物；中间宿主是羊、牛、骆驼、猪等多种食草动物和人。

成虫寄生在终宿主小肠，以顶突上的小钩和吸盘固着在肠绒毛基部隐窝内，孕节或虫卵随宿主粪便排出，孕节和虫卵可污染牧场、畜舍、蔬菜、土壤及水源等。当中间宿主吞食了虫卵和孕节后，六钩蚴在其肠内孵出，然后钻入肠壁，经血循环至肝、肺等器官，经3～5个月发育成直径为1～3cm的棘球蚴。随棘球蚴囊的大小和发育程度不同，囊内原头蚴可由数千至数万，甚至数百万个。棘球蚴被犬、狼等终宿主吞食后，囊内的每个原头蚴都可发育为一条成虫。从感染至发育成熟排出虫卵和孕节约需8周时间。大多数成虫寿命为5～6个月。

人可作为细粒棘球绦虫的中间宿主。当人误食虫卵后，六钩蚴即经肠壁随血循环侵入组织，引起急性炎症反应，若幼虫未被杀死，则逐渐形成一个纤维性外囊，在内缓慢地发育成棘球蚴，故棘球蚴与宿主间有纤维被膜分隔。一般感染半年后囊的直径达0.5～1.0cm，以后每年增长1～5cm，最大可长到数十厘米。棘球蚴在人体内可存活40年甚至更久。但如遇继发其他感染或外伤时，可发生变性衰亡，囊液浑浊而终被吸收和钙化（图5-12）。

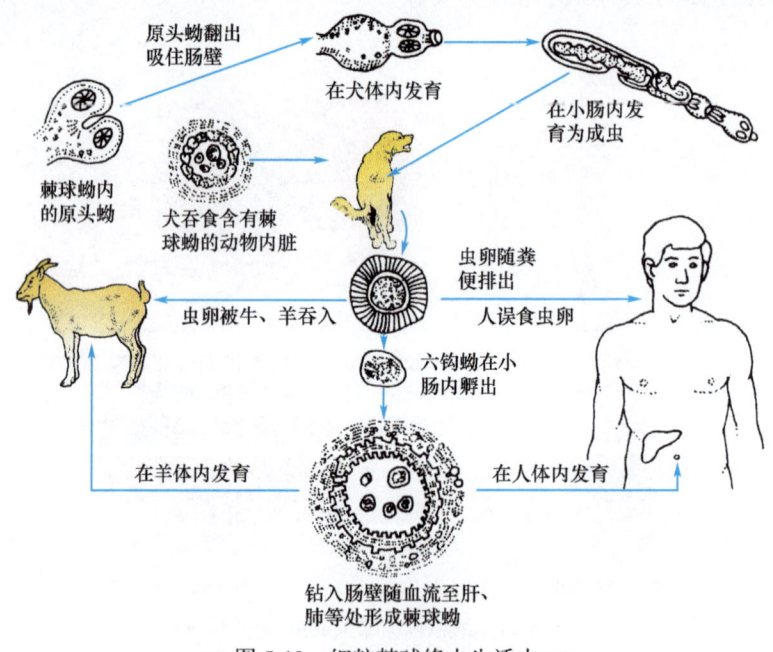

图5-12　细粒棘球绦虫生活史

三、致病

棘球蚴病又称包虫病，棘球蚴对人体的危害以机械损害为主，严重程度取决于棘球蚴的体积、数量、寄生时间和部位。因棘球蚴生长缓慢，一般在感染后5～20年才出现症状。原发的棘球蚴感染多为单个，继发感染常为多发，约占患者的20%以上，可同时累及几个器官。棘球蚴常见的寄生部位是肝（占69.9%）、肺（19.3%）和腹腔（3%），也可向其他器官转移（5.3%），如脑（0.4%）、脾（0.4%）、盆腔（0.3%）、肾（0.3%）、胸腔（0.2%）、骨（0.2%）、肌肉（0.1%）、胆囊（0.1%）、子宫（0.1%）及皮肤、眼、卵巢、膀胱、乳房、甲状腺等（0.4%）。在肺和脾内棘球蚴生长较快。在骨组织内则生长极慢。巨大的棘球蚴囊多见于腹腔，它可以占满整个腹腔，推压膈肌，甚至使一侧肺叶萎缩。

由于棘球蚴的不断生长，压迫周围组织、器官，引起组织细胞萎缩、坏死，因此，临床表现极其复杂，常见症状有：

1. 局部压迫和刺激症状 受累部位有轻微疼痛和坠胀感。如寄生肝脏，可有肝区疼痛；寄生肺部，可出现呼吸急促、胸痛等呼吸道刺激症状；寄生脑部，则引起颅内压升高的一系列症状。若包块压迫门静脉可致腹水，压迫胆管可致阻塞性黄疸、胆囊炎等。

2. 过敏症状 常有荨麻疹、血管神经性水肿和过敏性休克等。

3. 全身中毒症状 患者可出现食欲减退、体重减轻、消瘦、发育障碍和恶病质现象。

棘球蚴一旦因外伤或手术导致囊壁破裂，可造成继发性感染。如进入胆道，引起急性炎症，出现胆绞痛、寒战、高热、黄疸等；进入腹腔可致急性弥漫性腹膜炎；进入支气管，可咳出小的生发囊、子囊和角皮碎片。囊液大量溢出可产生过敏反应，如进入血循环可引起严重的过敏性休克，甚至死亡。

四、实验诊断

对疑似患者应详细询问病史，是否来自疫区或有无到过疫区，以及与犬、羊等动物和皮毛接触史。

（一）病原学检查

确诊依据应以病原学结果为依据，即手术取出棘球蚴，或从痰、胸腔积液、腹水或尿等检获棘球蚴碎片或原头蚴等。

（二）免疫学诊断

免疫学试验是重要的辅助诊断方法。常用的有皮内试验和血清学检查法，如ELISA、对流免疫电泳（CIEP）、IHA、免疫印迹技术（WB）和斑点酶联免疫吸附试验（Dot-ELISA）。

（三）影像学检查

影像学检查是临床诊断关键手段，尤其是超声诊断的使用极为普遍。应用X线、B超、CT、MRI及放射性核素扫描等方法对棘球蚴病的诊断和定位具有重要价值，特别是B超、CT、MRI可早期诊断出无症状的带虫者，也能准确地检查出各种病理形态影像。

五、流行与防治

（一）分布

细粒棘球绦虫有较广泛的宿主适应性，分布于世界各大洲牧区，主要以犬和偶蹄类家畜之间循环为特点，在我国主要是在绵羊/犬之间循环，牦牛/犬循环仅见于青藏高原和甘肃省的高山草甸和山麓地带。

我国是世界上棘球蚴病流行最严重的国家之一，主要流行区在我国西部和北部广大农牧地区，即新疆、青海、甘肃、宁夏、西藏、内蒙古和四川7省区，其次是陕西、山西和河北部分地区。另外，在黑龙江、吉林、辽宁、河南、山东、安徽、湖北、贵州和云南等省有散发病例。

棘球蚴病分布于 25 个省、市、自治区,目前全国受棘球蚴病威胁的人口约 5000 万,患病人数为(50~60)万,每年手术病例约 2000 例。

(二)流行因素

流行因素主要有以下两点:

1. 虫卵对环境的污染 牧区犬感染通常较重,犬粪中虫卵量大,随动物的活动及尘土、风、水等播散,导致虫卵严重污染环境。虫卵对外界有很强的抵抗力,能耐受-56℃低温,在干燥的环境中能生存 11~12 天,室温水中能活 7~16 天;对化学药品也有很强的抵抗力,一般化学消毒剂不能杀死虫卵。

2. 人、畜的感染方式 牧区儿童喜欢与家犬亲近,很易受到感染,成人感染可因从事剪羊毛、挤奶、加工皮毛等引起。此外,通过食入被虫卵污染的水、蔬菜或其他食物也可受染。病死的家畜或其内脏多用以喂狗或抛在野外,犬、狼随意吞食;病犬、狼等粪便极易污染牧场、水源,造成了本病在动物间的传播流行。

在非流行地区,人因偶尔接触受感染的犬,或接触到来自流行区的动物皮毛而受感染。随着我国经济迅速发展,流行区的畜产品大量流向内地。因此,非流行区也存在着潜在的流行危险。

(三)防治原则

在流行区应采取综合性预防措施,主要包括以下几方面。

1. 加强卫生宣传教育,养成良好个人卫生和饮食习惯,宣传、普及棘球蚴病知识,提高全民的防病意识。

2. 加强卫生法规建设和卫生检疫,强化群众的卫生行为规范。加强对屠宰场和个体屠宰户的检疫,及时处理病畜内脏,防止被犬、狼吞食。

3. 定期为家犬、牧犬驱虫,以减少传染源。

卫生部在 1992 年颁布了全国包虫病防治规划,经过在流行区多年的实施,已取得明显效果,许多地方的家犬和绵羊的感染率都已迅速下降。

棘球蚴病的治疗,首选外科手术,术中应注意将虫囊取尽并避免囊液外溢造成过敏性休克或继发性腹腔感染。对早期的小棘球蚴,可使用药物治疗,目前以阿苯达唑疗效最佳,亦可使用吡喹酮、甲苯咪唑等。

第 5 节 微小膜壳绦虫

微小膜壳绦虫(*Hymenolepis nana* Siebold, 1852)又称短膜壳绦虫。该虫主要寄生于鼠类,亦可寄生于人体小肠内,引起微小膜壳绦虫病(hymenolepiasis nana)。

一、形态

(一)成虫

成虫为小型绦虫,体长 5~80mm,平均 20mm,宽 0.5~1mm。头节呈球形,直径 0.13~0.4mm,具有 4 个吸盘和 1 个顶突。顶突上有 20~30 个小钩,呈单环排列。颈部较长而纤细。链体由 100~200 个节片组成,最多时可达 2250 个节片。链体节片均宽大于长并由前向后逐渐增大,各节片生殖孔都位于虫体同侧。成节有3个较大的圆球形睾丸,横列在节片中部。卵巢呈分叶状,位于节片中央。卵黄腺呈椭圆形,在卵巢后方。子宫呈袋状,充满虫卵。

(二) 虫卵

虫卵圆形或近圆形,大小为(48~60)μm×(36~48)μm,无色透明。卵壳薄,内有较厚的胚膜,胚膜两端略凸起并各发出4~8根丝状物,弯曲延伸在卵壳和胚膜之间,胚膜内含有一个六钩蚴(图5-13)。

二、生活史

微小膜壳绦虫的发育,既可以不经过中间宿主、也可以经过中间宿主完成。

1. 直接感染和发育 成虫寄生在鼠类或人的小肠,脱落的孕节或虫卵随宿主粪便排出体外,若被另一宿主吞食,则虫卵在其小肠内孵出六钩蚴,然后钻入肠绒毛,约经4天发育为似囊尾蚴(cysticercoid),6天后似囊尾蚴又破肠绒毛回到肠腔,以头节吸盘固着在肠壁上,逐渐发育为成虫。从虫卵被吞食到发育至成虫产卵共需时2~4周,成虫寿命仅数周。

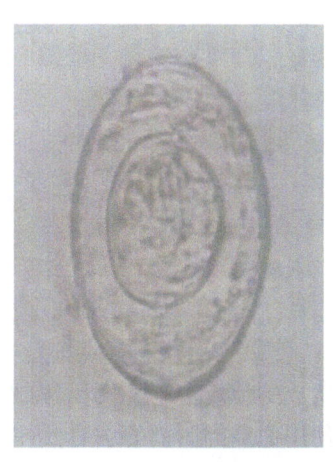

●● 图5-13 微小膜壳绦虫虫卵 ●●

若虫卵在宿主肠道内停留时间较长,亦可孵出六钩蚴,然后钻入肠绒毛发育成似囊尾蚴,再回到肠腔发育为成虫,即在同一宿主肠道内完成其整个生活史,称自体感染(autoinfection),并且可在该宿主肠道内不断繁殖,造成自体内重复感染。国内曾有一患者连续3次驱虫共排出完整成虫37 982条。

2. 经中间宿主发育 印鼠客蚤、犬蚤、猫蚤和致痒蚤等多种蚤类及其幼虫、面粉甲虫和拟谷盗等可作为微小膜壳绦虫的中间宿主。虫卵可在昆虫血腔内发育为似囊尾蚴,鼠和人若食入此种昆虫,即可获得感染。

成虫除寄生于鼠和人体外,还可感染其他啮齿动物如旱獭、松鼠等。另外,曾有报告在犬粪便中发现过微小膜壳绦虫卵(图5-14)。

三、致病

该虫的致病作用主要是由于成虫头节上的小钩和体表微毛对宿主肠壁的机械损伤,以及虫体的毒性分泌物所致。在虫体附着部位,肠黏膜发生充血、水肿甚至坏死,有的可形成溃疡,伴有淋巴细胞和中性粒细胞浸润。人体感染数量少时,一般无明显症状;感染严重者特别是儿童,可出现胃肠和神经症状,如恶心、呕吐、食欲缺乏、腹痛腹泻,以及头痛、头晕、烦躁和失眠,甚至惊厥等。少数患者还可出现皮肤瘙痒和荨麻疹等过敏症状。但也有个别患者感染很重却无任何临床症状。

实验证明,鼠类感染微小膜壳绦虫后,能对再感染产生一定程度的免疫力。人体感染这种绦虫后,可出现嗜酸粒细胞增多,血黏度增加,同时也产生特异性的IgM和IgG等,这些免疫球蛋白能对抗六钩蚴。同时,体内致敏的T细胞对虫体的生长有显著的抑制作用。故宿主的免疫状态对该虫的感染和发育过程影响很大。近年来发现,由于使用类固醇激素治

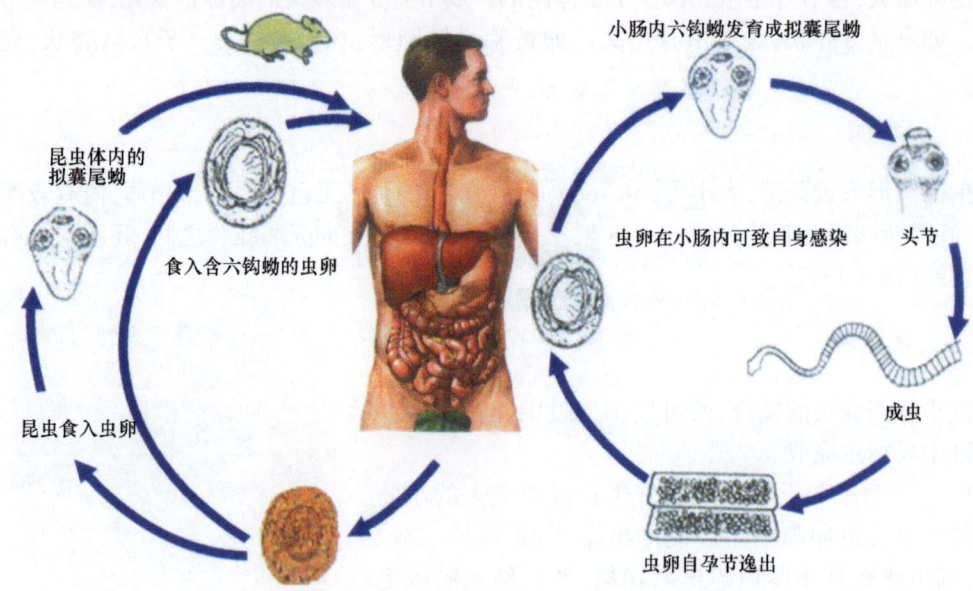

●● 图 5-14　微小膜壳绦虫生活史 ●●

疗造成的免疫抑制,可引起内脏中似囊尾蚴的异常增生和播散,大多数重度感染者都曾有过使用免疫抑制剂的病史,所以,在临床进行免疫抑制治疗前应先驱虫。

▶▶ 四、实验诊断

从患者粪便中查到虫卵或孕节为确诊的依据。采用水洗沉淀法或浮聚浓集法均可提高检出率。

▶▶ 五、流行与防治

微小膜壳绦虫呈世界性分布,在温带和热带地区较多见。国内分布也很广泛,10岁以下儿童感染率较高。

由于微小膜壳绦虫生活史可以不需中间宿主,由虫卵直接感染人体,故该虫的流行主要与个人卫生习惯有关。虫卵自孕节散出后便具有感染性,在粪、尿中存活时间较长,但虫卵对外界的干燥抵抗力较弱,在外环境中不久即丧失感染性。所以,虫卵主要通过直接接触经手-途径口进入人体,特别在儿童聚集的场所更易互相传播。偶然误食带有似囊尾蚴的昆虫也是感染的原因之一。

鼠体的微小膜壳绦虫与人体的微小膜壳绦虫虽在形态上极为相似,但两者是不同的亚种或不同的生理系,不易相互传染。但也有人将人体的微小膜壳绦虫转变成对小鼠易感的虫种,即人误吞食鼠粪中的虫卵也能造成感染。因此,鼠类在本病的流行上起着保虫宿主的作用。

加强健康教育、养成良好的个人卫生习惯;注意环境卫生、消灭鼠类、蚤类;彻底治疗患者,以防止传播和自身感染;增加营养,提高机体免疫力是预防本病的重要措施。

驱虫治疗可用吡喹酮 15~25mg 顿服,治愈率达 90% 以上;亦可使用阿苯达唑等。

第6节 曼氏迭宫绦虫

曼氏迭宫绦虫(*Spirometra mansoni* Joyeux et Houdemer, 1928)又称孟氏裂头绦虫。成虫主要寄生在猫科动物,偶可寄生于人体,引起曼氏迭宫绦虫病。中绦期裂头蚴也可在人体寄生,引起曼氏裂头蚴病(sparganosis mansoni)。

一、形态

(一) 成虫

成虫长60~100cm,宽0.5~0.6cm。头节细小,长1~1.5mm,宽0.4~0.8mm。呈指状,其背、腹面各有一条纵行的吸槽。颈部细长,链体有节片约1000个,节片一般宽度均大于长度,但远端的节片长宽几近相等。成节和孕节的结构相似,均具有发育成熟的雌雄性生殖器官各一套。肉眼即可见到每个节片中部凸起的子宫(图5-15)。

睾丸呈小圆球形,有320~540个,散布在整个节片的深层实质组织中。卵巢分两叶,位于节片后部,自卵巢中央发出短的输卵管,其末端膨大为卵膜后连接子宫,卵模外有梅氏腺包绕。子宫位于节片中部,作3~4个或多至7~8个螺旋状盘曲,紧密重叠,基部宽而顶端窄小,略呈发髻状,孕节子宫中充满虫卵。

(二) 虫卵

虫卵呈椭圆形,浅灰褐色,长52~76μm,宽31~44μm,两端稍尖,卵壳较薄,一端有卵盖,内有一个卵细胞和若干个卵黄细胞(图5-15)。

(三) 裂头蚴

裂头蚴呈长带形,白色,大小约300mm×0.7mm,头端膨大,中央有一明显凹陷,与成虫头节相似(图5-15);虫体不分节但有不规则横皱褶,末端多呈钝圆形,活动时伸缩能力很强。

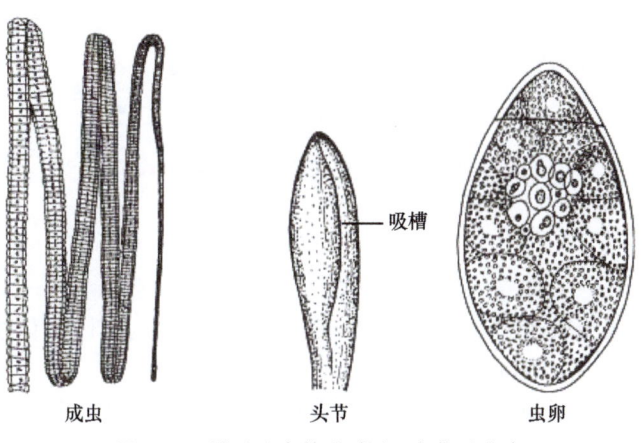

•• 图5-15 曼氏迭宫绦虫成虫、头节及虫卵 ••

二、生活史

曼氏迭宫绦虫的生活史中需要3~4个宿主。终宿主主要是猫和犬,此外还有虎、豹、狐和豹猫等食肉动物。第一中间宿主是剑水蚤,第二中间宿主主要是蛙。蛇、鸟类和猪等可作其转续宿主。人可成为它的第二中间宿主、转续宿主或终宿主。

成虫寄生于终宿主的小肠内,虫卵自虫体子宫孔中产出,随宿主粪便排出体外,在水中适宜的温度下,经过2~5周发育,孵出钩球蚴,钩球蚴直径为80~90μm,椭圆形或近圆形,周身有纤毛,在水中作无定向螺旋式游动。当其主动碰击到剑水蚤时即被后者吞食,随后脱去纤毛,穿过肠壁入血腔,经3~11天的发育,长成原尾蚴。一个剑水蚤血腔里的原尾蚴数可达20~25个。原尾蚴呈长椭圆形,大小为260μm×(44~100)μm,前端略凹,后端有小尾球,其内仍含6个小钩。含有原尾蚴的剑水蚤被蝌蚪吞食后,失去小尾球,随着蝌蚪逐渐发育成蛙,原尾蚴也发育成为裂头蚴。裂头蚴具有很强的收缩和移动能力,常迁移至蛙的肌肉、皮下等部位,特别是在大腿或小腿的肌肉中较多。当受染的蛙被蛇、鸟类或猪等宿主吞食后,裂头蚴不能在其肠中发育为成虫,而是穿过肠壁,移居到腹腔、肌肉或皮下等处继续生存,蛇、鸟、兽即成为其转续宿主。当猫、犬等终宿主吞食了含有裂头蚴的第二中间宿主蛙或转续宿主后,裂头蚴逐渐在其肠内发育为成虫。一般在感染约3周后,终宿主粪便中开始出现虫卵。成虫在猫体内可活3年半,裂头蚴在人体可存活12年,最长达35年(图5-16)。

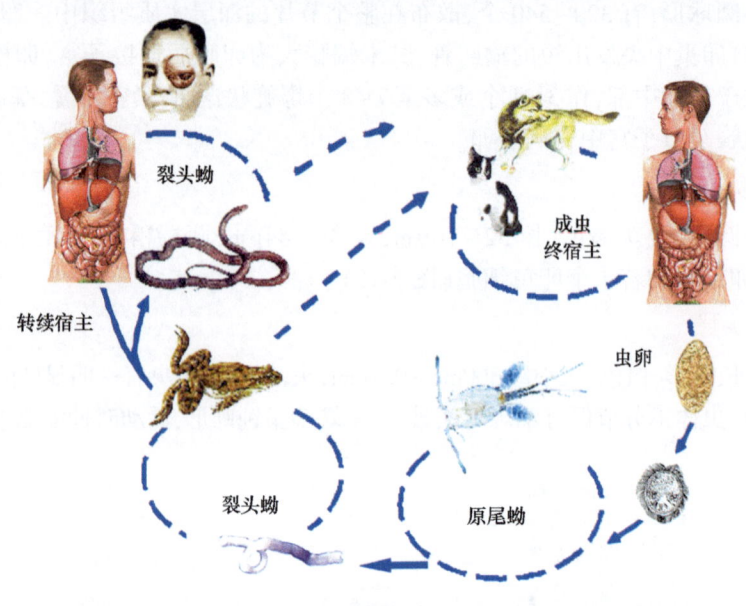

●● 图5-16 曼氏迭宫绦虫生活史 ●●

三、致病

曼氏迭宫绦虫成虫较少寄生人体,对人的致病力也不大,可因虫体机械和化学刺激引起中、上腹不适,微疼,恶心呕吐等轻微症状。

裂头蚴寄生人体引起曼氏裂头蚴病,危害远较成虫大,其严重程度因裂头蚴移行和寄居部位不同而异。常见寄生于人体的部位依次是:眼部、四肢躯体皮下、口腔颌面部和内脏。根据临床表现和寄生部位,大致可归纳为以下5型。

1. 眼裂头蚴病 最常见,占45.6%。多累及单侧眼睑或眼球,表现为眼睑红肿、结膜充血、畏光、流泪、微疼、奇痒或有虫爬感等;有时患者伴有恶心、呕吐及发热等症状。若裂头蚴侵入眼球内,可发生眼球凸出,眼球运动障碍,严重者出现角膜溃疡,甚至并发白内障而失明。

2. 皮下裂头蚴病 占患者数的 31%,常累及躯干表浅部,如胸壁、乳房、腹壁、外生殖器及四肢皮下,表现为游走性皮下结节,局部可有瘙痒,有虫爬感等,若有炎症时可出现间歇性或持续性疼痛或触痛,或有荨麻疹。

3. 口腔颌面部裂头蚴病 占 20.1%,常在口腔黏膜或颊部皮下出现硬结、红肿、发痒或有虫爬感,并多有小白虫(裂头蚴)逸出史。

4. 脑裂头蚴病 占 2.3%,临床表现似脑瘤,常有阵发性头痛,严重时昏迷或伴喷射状呕吐、视物模糊、间歇性口角抽搐、肢体麻木、抽搐,甚至瘫痪等,极易误诊。

5. 内脏裂头蚴病 仅占 1%,临床表现因裂头蚴移行位置而定,有的可经消化道侵入腹膜,引起炎症反应,有的可经呼吸道咳出,还有见于脊髓、椎管、尿道和膀胱等处,引起较严重后果。

另外,国内外文献均报道了数例人体"增殖型"裂头蚴病,认为可能是由于曼氏裂头蚴患者免疫功能受抑或并发病毒感染后,裂头蚴分化不全所引起广泛侵入各组织芽生增殖。

四、实验诊断

曼氏迭宫绦虫成虫感染可以用粪检虫卵以确诊。曼氏裂头蚴病则主要根据从局部检出虫体作出诊断,询问病史有一定参考价值。采用 CT 等放射影像技术可提高脑裂头蚴病确诊率,亦可用裂头蚴抗原进行各种免疫学检测,辅助诊断疾病。

五、流行与防治

曼氏迭宫绦虫分布很广,但成虫在人体感染并不多见。在我国,成虫感染病例报道近 20 例,分布在上海、广东、台湾、四川和福建等省市。

曼氏裂头蚴病多见于东亚和东南亚各国,欧洲、美洲、非洲和大洋洲也有报道。在我国已有数千例报告,来自 21 个省、市、自治区,广东、吉林、福建、四川、广西、湖南、浙江等地多发,以南方居多,10~30 岁感染率最高,男女比例为 2∶1,各民族均有。

人体感染裂头蚴的途径有裂头蚴或原尾蚴经皮肤或黏膜侵入,或误食裂头蚴或原尾蚴。常见的感染方式有:局部敷贴生蛙肉是主要的感染方式;吞食生的或未煮熟的蛙、蛇、鸡或猪肉感染;误食感染的剑水蚤,饮用生水,或游泳时误吞湖塘水,使受感染的剑水蚤进入人体。报道也有原尾蚴直接经皮侵入,或经眼结膜侵入人体。

预防和治疗主要是加强健康教育。不用蛙肉敷贴,不食生的或未煮熟的肉类,不饮生水。成虫感染可用吡喹酮、阿苯达唑等药驱除。裂头蚴主要靠手术摘除,术中注意将虫体尤其是头部取尽,方能根治,也可用 40% 乙醇普鲁卡因 2~4ml 局部注射杀虫。增殖裂头蚴病治疗困难,多采用保守疗法。

第 7 节 绦虫的检验技术

一、虫卵检查

寄生人体绦虫中,链状带绦虫、肥胖带绦虫、微小膜壳绦虫和曼氏迭宫绦虫虫卵与节片可通过粪便排出,肥胖带绦虫孕节还可自动逸出肛门而使虫卵黏附于肛周皮肤周围。细粒棘球绦虫主要是通过手术取出棘球蚴,或从痰、胸腔积液、腹水或尿等检获棘球蚴碎片或原头蚴等,采用 X 线、B 超、CT、MRI 及放射性核素扫描等方法对棘球蚴病诊断和定位。

(一) 粪便检查(详见线虫、吸虫检验技术)

1. 直接涂片法。
2. 浮聚法。
3. 沉淀法。

(二) 肛门周围虫卵检查法(详见线虫检验技术)

1. 透明胶纸法。
2. 棉拭子法。

二、幼虫检查

(一) 囊尾蚴检查法

1. 基本原理 囊尾蚴可在人体皮下及肌肉、脑、眼等部位寄生,并可在寄生部位形成包块、结节。因此,可以采用皮肤和肌肉的包块、结节进行活组织检查,查找囊尾蚴,进行病原学检查诊断。

2. 检查方法 手术切除取皮下结节或包块,摘取虫体做活体组织检查,可肉眼观察或制片后镜检鉴定虫种。

(二) 裂头蚴检查法

1. 基本原理 曼氏迭宫绦虫裂头蚴可在人体皮下、肌肉组织形成包块,可手术摘除包块做活体组织检查裂头蚴,进行病原学检查诊断。询问病史有一定参考价值,必要时还可以进行动物感染实验。

2. 检查方法 在无菌条件下手术切除或切开包块,摘取虫体,可肉眼观察或制片后镜检进行鉴定虫种。综合采用 CT 等放射影像技术可提高脑裂头蚴病确诊率,亦可用裂头蚴抗原进行各种免疫辅助诊断。

三、成虫检查

(一) 带绦虫成虫淘洗检查法

收集感染者服药后一次性粪便,用清水反复清洗,去粪渣,寻找带绦虫虫体或节片,通过对头节、孕节区别,鉴别所感染的虫种。

(二) 带绦虫孕节片检查法

1. 压片法 检查绦虫孕节时,将洗净后的节片置于两张载玻片之间,轻轻挤压,玻片两端用线扎紧,然后对光观察孕节子宫分支数目,鉴定虫种。

2. 注射法 若子宫分支不清楚,可用皮试注射器抽取墨汁或卡红液,从孕节后端正中生殖孔的位置插入子宫,缓缓注入染液,用手指轻压节片使染液分布于侧支中。拔出针尖后,洗去节片表面的染液,再做压片,观察并计数子宫分支情况,确定虫种。

第5章 绦虫纲

> **学习小结**
>
> 　　寄生于人体的绦虫属于绦虫纲的圆叶目和假叶目。成虫白色或乳白色,扁长如腰带,分节,体长不等。虫体分头节、颈部和链体。生殖系统为雌雄同体,子宫有分支。
>
> 　　链状带绦虫成虫长2~4m,链体由700~1000个节片组成。终宿主是人,中间宿主是猪、人。人因误食囊尾蚴或虫卵而感染。成虫寄生于人小肠内,引起猪带绦虫病,幼虫囊尾蚴寄生人或猪的组织内,引起猪囊尾蚴病。肥胖带绦虫成虫长4~8m,终宿主是人,中间宿主是牛。人因误食含囊尾蚴的牛肉而感染。注意与链状带绦虫鉴别。
>
> 　　细粒棘球绦虫成虫长2~7mm,寄生于犬科食肉动物的小肠内,幼虫即棘球蚴,寄生于人和多种食草类家畜及其他动物内脏组织中,引起棘球蚴病。
>
> 　　微小膜壳绦虫成虫主要寄生于鼠类,亦可寄生于人体小肠内,引起微小膜壳绦虫病。
>
> 　　曼氏迭宫绦虫成虫主要寄生在猫科动物,偶可寄生于人体,引起曼氏迭宫绦虫病。幼虫裂头蚴常寄生于人体,引起曼氏裂头蚴病,危害较大。

 目标检测

一、名词解释
1. 孕节
2. 囊尾蚴
3. 棘球蚴

二、选择题
1. 可在人体内引起自体感染的绦虫是
   A. 猪带绦虫　　　　B. 牛带绦虫
   C. 微小膜壳绦虫　　D. 细粒棘球绦虫
   E. 曼氏迭宫绦虫
2. 猪带绦虫病确诊的依据是
   A. 粪便内查到带绦虫卵　B. 粪便中发现孕节
   C. 皮下触及囊虫结节
   D. 患者血清中查见绦虫抗体
   E. 肛门拭子法查见虫卵
3. 人体猪带绦虫病的感染途径和感染阶段为
   A. 经口食入猪囊尾蚴
   B. 经皮肤感染猪囊虫
   C. 经口食入猪带绦虫虫卵
   D. 经胎盘感染六钩蚴
   E. 经口食入牛带绦虫卵
4. 预防猪带绦虫感染最关键的是
   A. 粪便管理　　　　B. 治疗病猪
   C. 肉类检验　　　　D. 治疗患者
   E. 不吃生的或未煮熟的猪肉
5. 猪带绦虫对人危害最大的阶段为
   A. 成虫　　　　　　B. 虫卵
   C. 囊尾蚴　　　　　D. 似囊尾蚴
   E. 六钩蚴
6. 牛带绦虫头节形态特点是
   A. 吸盘4个,小钩2圈　B. 吸盘4个,小钩1圈
   C. 吸盘4个,无小钩　　D. 吸盘2个,小钩2圈
   E. 吸盘2个,小钩1圈
7. 牛带绦虫对人体的感染阶段是
   A. 虫卵　　　　　　B. 似囊尾蚴
   C. 钩球蚴　　　　　D. 囊尾蚴
   E. 棘球蚴
8. 棘球蚴病的确诊依据下列哪项检查
   A. CT准确地检测出各种病理影像
   B. 血清学检查强阳性
   C. 询问病史,了解患者来自流行区与否
   D. X线或B超
   E. 手术取出棘球蚴或检获棘球蚴碎片
9. 曼氏迭宫绦虫对人体的主要致病阶段是
   A. 裂头蚴　　　　　B. 棘球蚴
   C. 原尾蚴　　　　　D. 囊尾蚴
   E. 虫卵
10. 感染裂头蚴病的主要方式是
    A. 吞食生的或未煮熟的蛙肉
    B. 局部贴敷生蛙肉
    C. 饮生水
    D. 食生的蛇胆或未煮熟的猪肉
    E. 误食感染的剑水蚤

三、问答题
1. 请列出猪带绦虫和牛带绦虫的鉴别要点?
2. 猪带绦虫所致的疾病有哪些?
3. 人是怎样感染棘球蚴病的? 棘球蚴病有哪些危害?

(刘　萍)

第6章 叶足纲

学习目标

1. 掌握　溶组织内阿米巴滋养体、包囊的形态特征，生活史、致病性及实验诊断。
2. 熟悉　溶组织内阿米巴的流行与防治原则。
3. 了解　其他阿米巴（肠内阿米巴、哈氏内阿米巴、福氏耐格里阿米巴、卡氏棘阿米巴）的致病性及流行与防治。

叶足虫属于肉足鞭毛门的叶足纲（Class Lobosea），其形态特征为具有宽大呈叶状伪足的运动细胞器。生活史一般分为活动的滋养体期和不活动的包囊期，营无性繁殖。主要的致病虫种为溶组织内阿米巴，有少数营自由生活的阿米巴偶然可以侵入人体，引起严重的疾病。

第1节　溶组织内阿米巴

溶组织内阿米巴（*Entamoeba histolytica* Schaudinn, 1903），也称痢疾阿米巴。其主要寄生人体的结肠，在一定条件下侵入肠壁组织形成溃疡，引起阿米巴痢疾，并可随血流转移至肝、肺、脑等器官组织，引起肠外阿米巴病。

一、形态

（一）滋养体

其滋养体可按大小、致病性与寄生部位的不同分为大滋养体和小滋养体（图6-1）。

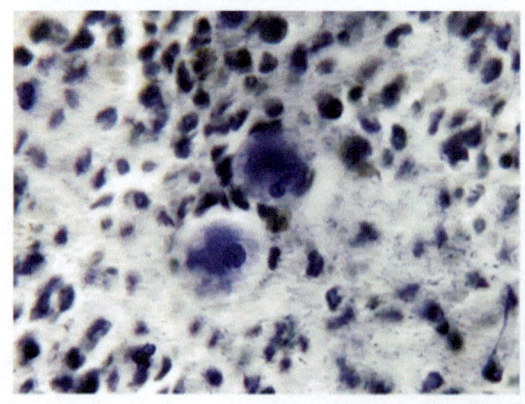 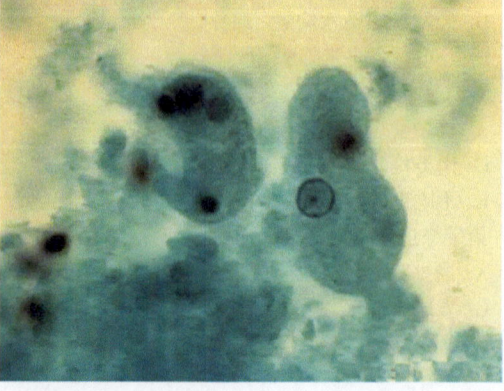

图6-1　溶组织内阿米巴滋养体（铁苏木素染色）

1. 大滋养体 寄生于人体结肠黏膜壁及肠外多种器官组织中,又称组织型滋养体。常出现于患者的脓血便和脓肿组织中,是致病阶段。虫体大小为 20~60μm,运动活泼,内外质分界清楚,外质无色透明,常向外伸出舌状或指状伪足,内质呈颗粒状,含有细胞核、食物泡及吞噬的红细胞。有无被吞噬的红细胞是鉴别溶组织内阿米巴大滋养体、小滋养体及其他肠道阿米巴滋养体的重要依据之一。

2. 小滋养体 生活于结肠腔内,无致病力,又称共栖型或肠腔型滋养体,见于患者的稀、软便中。虫体大小为 10~30μm,虫体运动不活泼,内外质分界不清,在未染色的活体标本中,内质中含有吞噬的细菌。

滋养体的核形为泡状核,经铁苏木素染色后,清晰可见。核蓝黑色圆形,核仁小而居中,核膜薄,核膜内侧缘的染色质颗粒大小均匀,排列整齐。

(二) 包囊

包囊由小滋养体形成。虫体呈圆球形,直径为 5~20μm,外有光滑囊壁,根据结构不同分为成熟包囊和未成熟包囊(图 6-2)。

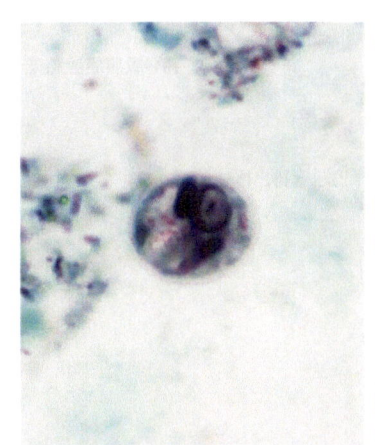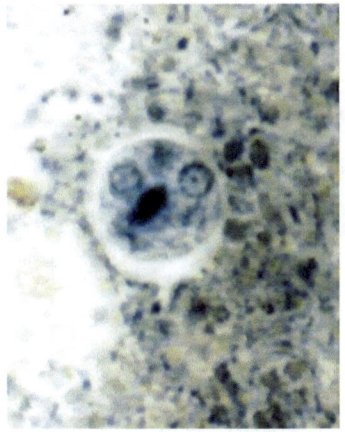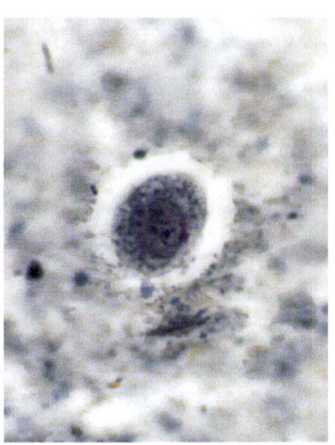

图 6-2 溶组织内阿米巴包囊(铁苏木素染色)

成熟包囊即四核包囊,囊内仅有 4 个细胞核,核的结构与滋养体的相同,此期是原虫的感染阶段。未成熟包囊有单核和双核包囊。胞质内有储存的营养物质拟染色体和糖原团。经铁苏木素染色后,拟染色体呈棒状,糖原团被溶解,呈空泡状;碘液染色后拟染色体不着色,而糖原团为棕黄色。

二、生活史

根据感染溶组织内阿米巴后宿主是否有临床症状的出现,生活史分为两种不同的形式(图 6-3)。

(一) 带虫者体内生活史形式

成熟包囊随污染的食物或水进入人体,行至小肠,经消化液的作用,虫体逸出并分裂为小滋养体。小滋养体生活于结肠腔内,以细菌、肠黏膜和半消化的食物为营养,不断进行二分裂繁殖,形成大量小滋养体,当小滋养体行至横结肠后,由于肠腔内营养和水分减少,虫体停止活动,团缩并分泌囊壁,形成包囊,随粪便排出体外,未成熟包囊排出后可继续发育为成熟包囊。此时的宿主是非常重要的传染源。

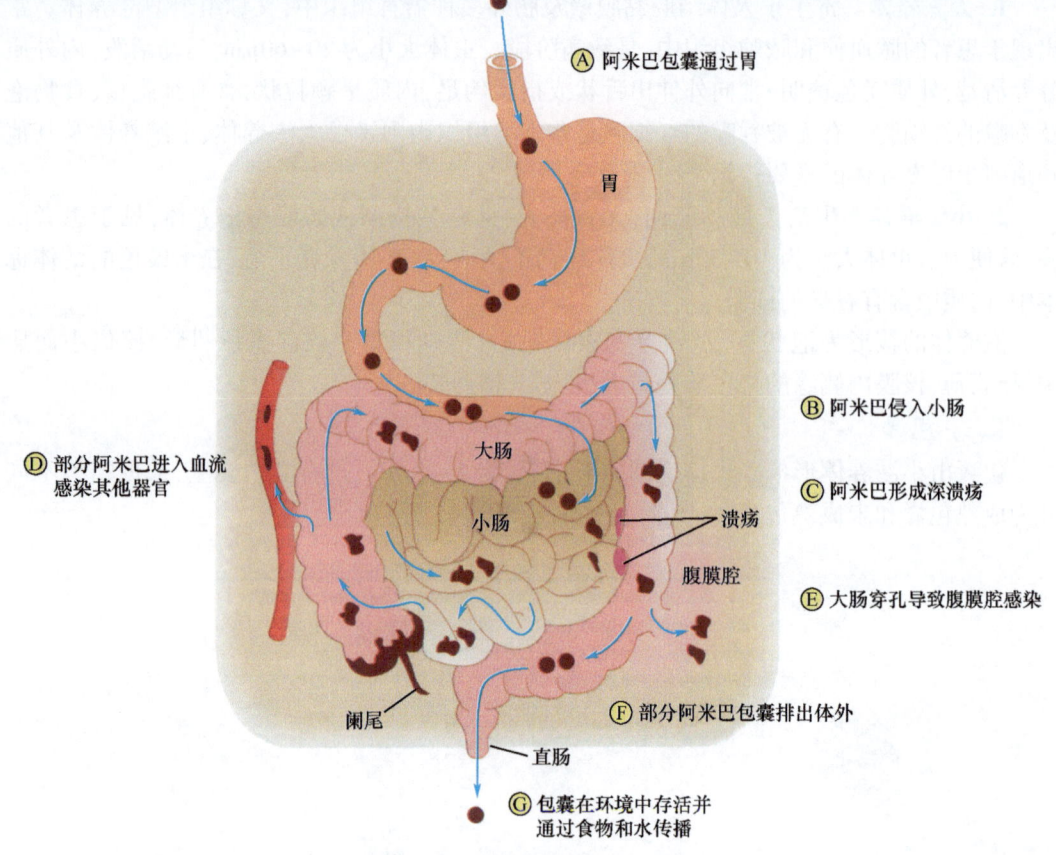

•• 图 6-3　溶组织内阿米巴生活史 ••

（二）患者体内生活史形式

当宿主全身或肠道的抵抗力下降时，肠壁受损或肠功能紊乱时，肠腔内的小滋养体可借助伪足运动及其酶和毒素的作用侵入肠壁组织，吞噬红细胞和组织细胞转变为大滋养体，大滋养体进行二分裂繁殖，破坏、溶解肠壁组织，引起液化性坏死，病变部位以回盲部多见。当坏死组织、血液、滋养体落入肠腔，随粪便排出体外，宿主出现阿米巴痢疾的症状。大滋养体有时也可从肠壁进入肠黏膜下的血管至肝、肺、脑等器官组织内寄生，导致不同部位的脓肿，引起肠外阿米巴病，当宿主抵抗力增强时落入肠腔内的大滋养体可转变为小滋养体，但不能直接形成包囊。

▶ 三、致病

人体感染溶组织内阿米巴后，有的表现为带虫状态，有的则出现明显的临床症状。感染者是否发病，取决于虫种的毒力、数量、肠道菌群的协调作用及宿主的免疫功能。

（一）致病机制

溶组织内阿米巴的致病，主要通过对宿主的黏附、溶细胞和蛋白水解酶的作用，以及宿主抗体 IgG、IgA 和 C3 的降解，抑制补体 C8 和 C9 的集合等而发挥作用。

肠壁组织的早期病变一般限于浅表的肠黏膜，坏死区较小。随着病程的进展，大滋养体不断繁殖，侵入肠壁黏膜层、黏膜下层及肌层，繁殖扩散，使组织溶解坏死，形成口小底大的烧瓶状溃疡；肠外阿米巴病早期为多发性坏死小病灶，后逐渐融合成大的脓肿。

(二)临床表现

临床上将阿米巴病分为肠阿米巴病和肠外阿米巴病两种类型。

1. 肠阿米巴病 占患者的多数,包括急性直肠结肠炎、阿米巴肿及阿米巴性阑尾炎等。典型的急性直肠结肠炎患者表现为腹痛伴里急后重,急性腹泻,坏死的肠黏膜、血液和滋养体落入肠腔,粪便可呈果酱样黏液脓血便,有特别腥臭味,又称为阿米巴性痢疾,反复发作可转为慢性患者,阿米巴性痢疾的临床症状与细菌性痢疾相似,注意进行鉴别。

2. 肠外阿米巴病 阿米巴性肝脓肿最常见,表现为弛张热、肝大、肝区疼等;肺脓肿常继发于肝脓肿,也可经血液循环引起,表现为发热、胸痛、咳嗽、咳巧克力酱样脓痰或血性脓痰;脑脓肿患者可出现头疼、呕吐、眩晕、精神异常等神经系统的症状,死亡率高,另外直肠的病灶可播散到会阴等部位,导致阿米巴性皮肤溃疡。

▶ 四、实验诊断

(一)病原学检查

常用粪便检查或活组织检查,查到滋养体和包囊即可确诊。根据病情、粪便的性状,采用不同的方法,要特别注意与其他阿米巴鉴别。

1. 滋养体检查 从急性痢疾患者新鲜粪便中挑取少许脓血便或从慢性痢疾患者的稀便中检查活动的滋养体。用生理盐水直接涂片法,加盖片后镜检,观察滋养体的阿米巴运动和细胞团及夏科-雷登结晶情况。肠外阿米巴病可取穿刺液、痰液、脑脊液、病灶刮拭物等涂片检查;必要时可用乙状结肠镜或直肠镜取活组织或刮拭物涂片,检出率极高。滋养体在外界极易死亡,因此,取材的容器要清洁,无化学药品及尿液污染,要注意保温(保持在25~30℃以上的温度),取材后立即送检。

镜下的滋养体应与宿主肠组织细胞鉴别,其鉴别要点是:①溶组织内阿米巴滋养体大于宿主肠细胞;②胞核与胞质大小比例小于宿主肠细胞;③滋养体为泡状核,核仁居中,核周染色质粒清晰;④滋养体胞质中可含红细胞和组织碎片。

2. 包囊检查 慢性患者和带虫者的成形粪便中可查到包囊,常用碘液直接涂片染色法,包囊的排出有间歇性,多次检查可提高检出率。也可用33%硫酸锌漂浮法浓集包囊,提高检出率。鉴定虫种可用铁苏木素染色,使滋养体及包囊结构清晰可见,并可与其他阿米巴鉴别。

(二)免疫学检查

临床上怀疑为阿米巴病患者,但又查不到病原体时,可采用免疫学诊断检测抗阿米巴的特异抗体,常用的方法有间接荧光素标记抗体试验(IFA)和间接血凝试验(IHA),尤以酶联免疫吸附试验(ELISA)应用较多。由于抗体在患者痊愈后仍可持续较长时间,因此仅能用于阿米巴病的辅助诊断和感染状况的流行病学调查。

(三)核酸诊断

近年来开展的DNA探针技术和多聚酶链反应(PCR)技术是诊断溶组织内阿米巴感染更有效、敏感和特异的方法,且能用于虫种的鉴别。

另外,X线、超声波、CT、MRI等影像学检查对肠外阿米巴病的诊断具有重要价值。

▶ 五、流行与防治

溶组织内阿米巴呈世界性流行,热带及亚热带地区更为普遍。据统计全球感染者逾5亿,每年发病人数 4000 多万例,其中死亡病例不少于 40 000 例。我国人群感染率为 0.7%~2.2%。由于近年来群众生活水平不断提高,急性阿米巴痢疾及阿米巴脓肿已较少见,多数为带虫者。带虫者及慢性阿米巴痢疾患者为主要传染源,每人每天可排包囊超过 100 万~3.5 亿个。包囊对外界环境抵抗力强,在粪便中可存活 2 周以上,水中可存活 9~30 天,在 4℃时可存活 84 天,但在干燥或高温环境中很快死亡。人的感染是因为摄食了四核包囊所污染的饮水、蔬菜、瓜果等。水源污染可引起暴发流行,蝇、蟑螂等昆虫的机械性携带,通过粪-口途径造成传播。

综合性的防治措施可以有效地切断溶组织内阿米巴的感染。防治措施包括加强卫生宣传教育,注意保护饮食、饮水和个人卫生;加强粪便管理和水源防护;消灭蝇、蟑螂等传播媒介;治疗患者和带虫者。治疗药物首选甲硝唑(灭滴灵),大蒜素也有一定的疗效。

案例 6-1

患者,女,38 岁,农民。腹疼、腹泻 8 天。当地卫生院以"细菌性痢疾"给予庆大霉素治疗无效。近 3 天腹泻次数减少,但腹疼加剧,伴轻度的里急后重,大便呈果酱色。体检:T38.2℃,皮肤弹性略差,腹壁软,左下腹有轻度压痛。尿常规检查无异常。粪便检查:暗红色,有腥臭味及黏液。生理盐水直接涂片可见大量红细胞、少量的白细胞和溶组织内阿米巴大滋养体,确诊为急性阿米巴痢疾,给予甲硝唑口服治疗,2 周后症状消失,粪检滋养体阳性。

问题:
1. 患者初诊时为什么会被误诊为细菌性痢疾?
2. 如何在镜下鉴别溶组织内阿米巴的大滋养体与吞噬细胞?
3. 描述溶组织内阿米巴滋养体和包囊的形态特征。

第 2 节 其他阿米巴

一、寄生人体的非致病性阿米巴

寄生人体肠道的阿米巴除溶组织内阿米巴外,常见的主要种类有结肠内阿米巴、哈氏内阿米巴、微小内蜒阿米巴、齿龈内阿米巴,其均为腔道共栖原虫,一般不侵入机体组织,无致病作用。其常与致病的溶组织内阿米巴同时存在。

结肠内阿米巴(*Entamoeba coli* Grassi,1879)是人体肠道最常见的共栖原虫,不致病,滋养体直径为 20~50μm,胞质呈颗粒状,内外质不分明,外质少,内质含大量细菌、酵母菌及淀粉粒等食物泡,但无红细胞,细胞核单个呈圆形,核膜内缘有大小不一、排列不齐的染色质粒,核仁稍大,经常偏位。包囊球形,直径为 10~30μm 或更大,内有 1~8 个细胞核,成熟包囊有 8 个核。未成熟包囊内常有较大的糖原泡,两端尖细不齐、草束状的拟染色体。在我国结肠内阿米巴与溶组织内阿米巴平行分布,感染率高于后者,发现结肠内阿米巴时有必要继续寻找溶组织内阿米巴。

哈氏内阿米巴(*Entamoeba hartmani* Von Prowazek,1912)形态与溶组织内阿米巴极其相似,而体积较小,滋养体直径为 3~12μm,包囊为 4~10μm,滋养体与包囊的细胞结构和胞核特征,除大小外酷似非侵袭型的溶组织内阿米巴,糖原泡不明显,拟染色体细小,亦称棒状小体,成熟包囊也有 4 个核。哈氏内阿米巴不致病,传播及分布与溶组织内阿米巴相似,常并存感染,仅感染率较低,病原检查时识别该虫的单纯感染具有缩小防治范围的实际意义。

流行病学调查中,测量包囊大小,以 10μm 为界线,可与溶组织内阿米巴包囊相区别,大小在界线交叉范围者鉴别十分困难,有时需借助血清学辅诊。

二、致病性自生生活阿米巴

自生生活阿米巴种类繁多,广泛分布于水源和土壤内,现已证明双鞭毛阿米巴科中的耐格里属(Naegleria Spp.)和棘阿米巴科中棘阿米巴属(Acanthamoeba Spp.)的某些种可侵入人体致病,两者均可引起病程不一的阿米巴脑膜脑炎,属全球性分布,可不依赖宿主而生存,病症十分凶险,死亡率极高,已引起广泛注意。

(一) 形态与生活史

两类阿米巴均有滋养体和包囊期,胞核都为泡状核型,核仁大,居中。耐格里属阿米巴,多孳生于淡水中,活动的滋养体呈长阿米巴形,大小为 7~20μm,常向一端伸出宽大奔放的伪足,另一端较细小为伪足区,在不良环境中可形成有 2 根鞭毛的滋养体,此型不分裂也不直接形成包囊;包囊圆形,直径 9μm,单核,囊壁光滑有孔,包囊多在外环境形成,组织内不成囊。滋养体在 35℃以下加速增殖,含氯 10ppm 不能杀死虫体,而 0.7%盐水可致死。能致病的主要是福氏耐格里阿米巴(*N. fowleri*),感染方式主要是在接触污染水源或在游泳池游泳时,虫体侵入鼻腔增殖,后穿过鼻黏膜和筛状板,经嗅神经上行入脑部寄生。

棘阿米巴多见于污染的土壤和水源中,滋养体为长椭圆形,直径为 10~40μm,活动迟缓,体表有多个棘状突起,称棘状尾足(acanthopodia),无鞭毛型;包囊类圆形,双层囊壁,外壁常皱缩,内层光滑呈多边形。现已分离到多个致病种,其中以卡氏棘阿米巴(*A. castellanii*)为多见。棘阿米巴入侵途径尚不完全清楚,已知可从皮肤伤口、穿透性角膜外伤、损伤的眼结膜或经呼吸道、生殖道等进入人体。多数寄生与脑、眼、皮肤等部位。

(二) 致病

福氏耐格里阿米巴可引起原发性阿米巴脑膜脑炎(primary amoebic meningo encephalitis,PAME),表现为急性型。该病首先由 Fowler 和 Cater(1965)报道,受染者大多为健康的青年人,潜伏期 5~8 天,发病突然,病情严重,发热、头疼、恶心呕吐,1~2 天后出现昏迷症状,多数于未确诊前在发病第 5~6 天就死于呼吸及心力衰竭。

卡氏棘阿米巴感染后可引起角膜炎,称棘阿米巴角膜炎(acanthamoeba keratitis),以及皮肤、呼吸道、脑部等病变。美国疾病控制中心(CDC)曾报道棘阿米巴角膜炎已有多例。随着隐形眼镜普遍使用,其发病率逐渐增多,国内近年也有此类病例发生。此病临床表现为患者眼部有异物感、视物模糊,流泪、畏光,并常有严重疼痛,有的病例导致失明。卡氏棘阿米巴可经血流入颅,引起棘阿米巴性脑膜炎(amoebic meningo encephalitis AME)。本病多见于老年体弱及免疫功能低下者。严重者可引起致死性脑膜脑炎。

(三) 诊断

病史结合病原学检查可作早期诊断,一般以脑脊液或病灶(皮肤、角膜)涂片染色或接种到琼脂培养基(45℃,3~5 天)观察阿米巴。尸体解剖可作脑病理切片确诊。

(四) 防治原则

目前尚无理想的药物,两性霉素 B 对福氏耐格里阿米巴病有效,国外已有治疗成功的病例;磺胺嘧啶、庆大霉素对棘阿米巴病有效,但病死率仍然极高。对于棘阿米巴角膜炎,施行角膜移植虽可治愈大部分病例,但术后常有复发,故术前应给予抗阿米巴药物治疗。

寄生虫检验技术

应避免在不流动的或温热的水中游泳,加强水源(包括游泳池水)的管理。

与溶组织内阿米巴在形态上相似的非致病阿米巴的种类很多,为了鉴别,现仅将结肠内阿米巴、哈氏内阿米巴列表比较(表6-1、图6-4)。

表6-1 人体常见阿米巴鉴别表

鉴别点		溶组织内阿米巴	结肠内阿米巴	哈氏内阿米巴
生理盐水涂片查滋养体	大小	12~60μm	20~50μm	3~12μm
	伪足及活动力	伪足指状,透明、有定向,伸展活跃	伪足短而宽,伸展迟缓,无定向	运动迟缓,有定向
	胞核	1个,不易见	1个,可见	1个,不易见
	胞质	内外质分明	内外质不分明	内外质分明
	吞噬物	红细胞、白细胞、细菌	细胞、碎屑物	细菌
铁苏木素染色查滋养体	胞核	小,位居中央	大,偏于一侧	小,常居于中央
	核仁	小,居中	大,偏于一侧	小,居中或偏位
	核周颗粒	排列整齐、均匀	粗大,分布不匀	细小,分布不匀
碘液涂片查包囊	直径	10~20μm	10~30μm	4~10μm
	形态	圆形	圆形	类圆形
	胞核	1~4个,偶见8个	1~8个,偶见16个	1~4个
	糖原泡	棕黄色,见于未成熟包囊	棕黄色,见于未成熟包囊	棕黄色,见于未成熟包囊
苏木素染色查包囊	胞核	小,位居中央	大,偏于一侧	小,常居于中央
	拟染色体	见于未成熟包囊,内含1至数个,棒状,两端钝圆	见于未成熟包囊,碎片状或稻束状,边缘不整	见于未成熟包囊,4~6个,短棒状
寄生部位		结肠、肝、肺、脑等组织	结肠	结肠
致病情况		阿米巴痢疾、肝、肺、脑、皮肤等脓肿	不致病	一般不致病,大量寄生时可有消化道症状

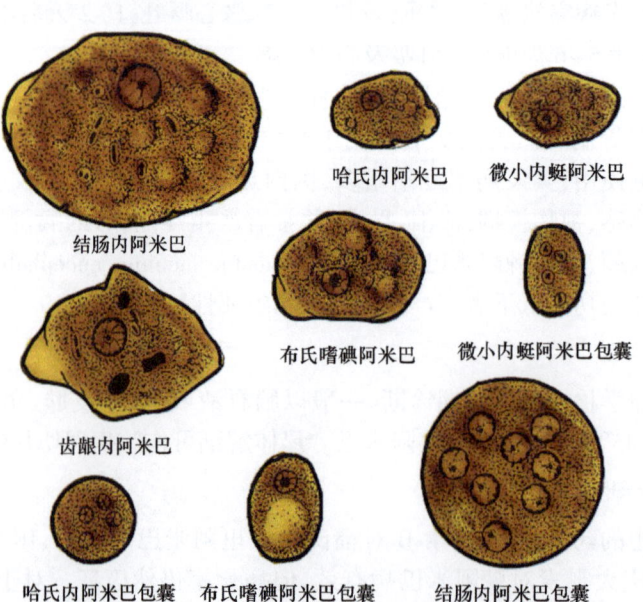

图6-4 肠道内非致病阿米巴原虫滋养体与包囊

第6章 叶足纲

> **知识链接**
>
> **棘阿米巴角膜炎**
>
> 棘阿米巴角膜炎是一种严重的感染性眼病，角膜接触了被卡氏棘阿米巴污染的水源或接触了遭污染的镜片、镜片护理液，都可以受到感染。特别是在角膜有创伤的情况下，接触到水中乃至空气中的卡氏棘阿米巴原虫，容易导致其入侵、滋生，进而引起角膜炎症，长期反复而导致失明。在美国疾病预防与控制中心曾报告的100例阿米巴角膜炎病例中，有83例是使用隐形眼镜的健康者。这说明使用隐形眼镜容易受到阿米巴原虫的感染。最近，英国的眼科医师再次证实，隐形眼镜具有增加致盲性阿米巴原虫眼部感染的潜在危险性，强调戴着隐形眼镜冲洗或以湿手触摸隐形眼镜片，容易引起棘阿米巴角膜炎。

第3节 叶足虫的检验技术

一、粪便检查

粪便检查是临床诊断及流行病学调查消化道与部分消化道外的寄生虫感染的重要病原学检查方法。在此仅介绍最为常用的检验技术。

1. 生理盐水直接涂片法 原虫滋养体的检查。

（1）基本原理：用生理盐水稀释粪便，在等渗环境下寄生虫可以保持原有的形态与活力，并能使与粪便黏附在一起的寄生虫分散于涂片中，充分显现其形态结构。

（2）试剂与器材：显微镜、载玻片、盖玻片、竹签、粪便、生理盐水、5%甲酚皂溶液。

（3）操作步骤：在一张洁净的载玻片中央滴加生理盐水1~2滴，用竹签挑取粪便不同部位及黏液脓血少许，在生理盐水中调抹均匀，剔除粗大颗粒和纤维，镜检。先在低倍镜下观察，如发现异常成分，加盖玻片，高倍镜下进行鉴定。

（4）注意事项：① 粪便中若发现有意义的成分如红细胞、白细胞和夏科-雷登结晶等应记录；②要具备生物安全意识，将检查完的玻片投入5%甲酚皂溶液消毒缸内，粪便盒及竹签放入污染桶内，避免污染环境。

检查原虫滋养体还应该注意：①粪膜要薄而均匀；②盛放标本的器皿要干净；③寒冷季节应注意保温，以保持滋养体的运动活力，在15分钟内检查完毕；④尽量于治疗前送检标本。

2. 碘液染色直接涂片法 检查原虫的包囊。

（1）基本原理：原虫的包囊经碘液染色，包囊为黄色或棕黄色，糖原团为棕红色，囊壁、核仁和拟染色体均不着色。

（2）试剂与器材：显微镜、载玻片、盖玻片、竹签、粪便、碘液、生理盐水、5%甲酚皂溶液。

（3）操作步骤：在载玻片上加1滴碘液，挑取米粒大小的粪便在碘液中涂匀，然后加盖玻片镜检。

若需同时检查滋养体则可以将载玻片等分为两部分，在左、右两侧分别做生理盐水直接涂片和碘液染色直接涂片。

（4）注意事项：①滴加碘液不宜太多、太浓，否则会使粪便凝集成团块，包囊折光性降低，不利于观察；②观察成熟包囊时，由于拟染色体与糖原团消失，而且细胞核多而小，结构不够清晰，观察时要特别注意。

3. 铁苏木素染色直接涂片法 检查阿米巴的滋养体和包囊。

（1）基本原理：经过铁苏木素染色后的标本结构清晰，镜下所见原虫的胞质呈灰褐色，胞核、包囊内的拟染色体及阿米巴大滋养体吞噬的红细胞均染成黑色，糖原泡则被溶解成空泡状，此染色标本可长期保存，是肠道原虫的最佳检查方法。

（2）试剂与器材：①试剂：苏木精溶液、碘酒精、2%铁明矾溶液、二甲苯、中性树胶、50%乙醇、70%乙醇、80%乙醇、95%乙醇、5%甲酚皂溶液。②器材：显微镜、载玻片、盖玻片、竹签。

（3）操作步骤：用竹签挑取少许粪便，按一个方向在洁净的载玻片上涂成薄膜，立即放入60℃的肖氏固定液2分钟，依次将标本放入碘酒、70%及50%的乙醇中各2分钟，用自来水和蒸馏水各洗1次。再置于40℃ 2%的铁明矾溶液2分钟，流水冲洗2分钟，放入40℃ 0.5%苏木精溶液中染色5~10分钟，流水冲洗2分钟，放入常温2%的铁明矾溶液中褪色2分钟左右。流水冲洗15~30分钟，至标本显示蓝色，再用蒸馏水洗1次。在50%、70%、80%、95%的乙醇中逐一脱水各2分钟，在二甲苯中透明3~5分钟后，用中性树胶封片。

二、结肠、直肠黏膜检查法

（详见吸虫检验技术）

三、脑脊液穿刺检查法

脑脊液中可查见溶组织内阿米巴大滋养体、致病性自生生活阿米巴（耐格里属阿米巴或棘阿米巴属阿米巴）。但在脑脊液中数量甚少，故病原检查阴性不能排除感染。

1. 基本原理 寄生于脑组织中的原虫，可以进入脑室系统或蛛网膜下腔，因此穿刺脑脊液检查可以检获寄生虫。

2. 试剂与器材 载玻片、盖玻片、滴管、穿刺液、瑞氏或吉氏染液、显微镜、5%甲酚皂溶液、离心管、离心机。

3. 操作步骤 抽取脑脊液2~3ml，置于试管中，待自然沉淀，取沉渣直接涂片镜检或涂片染色后镜检。

4. 注意事项

（1）检查阿米巴大滋养体时不需要离心沉淀，以免影响其运动活力。

（2）致病性自生生活阿米巴尽量进行染色检查。

学习小结

叶足虫以伪足为运动细胞器，多数有滋养体和包囊两个阶段，常寄生于宿主的消化道内，无性二分裂增殖。致病性叶足虫以痢疾阿米巴多见，痢疾阿米巴的感染阶段为四核包囊，经口感染，滋养体分大、小滋养体。小滋养体不致病，大滋养体多寄生于人体回盲部和乙状结肠黏膜内，以及肝、肺、脑等肠外组织，引起阿米巴痢疾和肝、肺脓肿等肠外阿米巴病。在人体内寄生的其他阿米巴多不致病或仅在重度感染时出现轻微的症状，如寄生在肠腔内的哈氏内阿米巴、结肠内阿米巴。近年发现土壤和水体中的自生生活阿米巴，如耐格里阿米巴、棘阿米巴可侵入人体，引起脑、眼等部位感染，而致严重后果。

第6章 叶足纲

目标检测

一、名词解释
1. 痢疾阿米巴
2. 棘阿米巴角膜炎

二、选择题
1. 溶组织内阿米巴的感染阶段为
   A. 滋养体　　　　B. 四核包囊
   C. 一核包囊　　　D. 二核包囊
   E. 以上都不是

2. 临床上最常见的阿米巴病是
   A. 阿米巴痢疾　　B. 阿米巴肝脓肿
   C. 阿米巴肺脓肿　D. 阿米巴肠脓肿
   E. 肠外阿米巴病

3. 在正常情况下,溶组织内阿米巴寄居在肠腔内,以_____为食
   A. 红细胞　　　　B. 白细胞
   C. 组织细胞　　　D. 半消化食物
   E. 细菌

4. 阿米巴痢疾主要通过哪种途径传播
   A. 空气、飞沫传播　B. 水或食物传播
   C. 接触传播　　　　D. 血液和血制品传播
   E. 中间宿主传播

5. 粪检阿米巴包囊的常用方法是
   A. 粪便生理盐水直接涂片法
   B. 碘液染色法
   C. 离心沉淀法
   D. 肠黏膜活组织检查法
   E. 饱和盐水浮聚法

6. 阿米巴痢疾所致的肠壁组织典型病理变化是
   A. 不典型增生
   B. 阿米巴肉芽肿
   C. 烧瓶样溃疡
   D. 非特异性炎症反应
   E. 脓肿

7. 对阿米巴滋养体描述正确的是
   A. 溶组织内阿米巴原虫细胞核大,常偏于一侧
   B. 结肠内阿米巴原虫的细胞核小,常位于中央
   C. 溶组织内阿米巴原虫的核仁小,居核中央
   D. 结肠内阿米巴原虫的核仁大居中
   E. 溶组织内阿米巴原虫核周染粒粗大,分布不均

8. 新鲜人粪污染了饮水,可能感染
   A. 弓形虫　　　　B. 钩虫
   C. 蛔虫　　　　　D. 鞭虫
   E. 溶组织内阿米巴

9. 人体内侵袭性阿米巴是指
   A. 溶组织内阿米巴　B. 结肠内阿米巴
   C. 哈氏内阿米巴　　D. 齿龈内阿米巴
   E. 微小内蜒阿米巴

10. 在流行病学上,阿米巴原虫主要的传染源是
    A. 阿米巴痢疾患者　B. 阿米巴肺脓肿患者
    C. 阿米巴肝脓肿患者　D. 无症状带虫者
    E. 长期腹泻患者

三、问答题
1. 描述溶组织内阿米巴包囊、滋养体的形态结构特点。
2. 简述溶组织内阿米巴生活史、致病条件及所致疾病。
3. 简述致病性自生活阿米巴主要有几种,致病方式及防治原则。

(李　华)

第7章 动鞭毛纲

> **学习目标**
> 1. 掌握 阴道毛滴虫、蓝氏贾第鞭毛虫、杜氏利什曼原虫的形态结构、生活史特点、致病性和实验诊断方法。
> 2. 熟悉 阴道毛滴虫、蓝氏贾第鞭毛虫、杜氏利什曼原虫的流行与防治原则。
> 3. 了解 阴道毛滴虫、蓝氏贾第鞭毛虫、杜氏利什曼原虫的感染免疫。人毛滴虫、口腔毛滴虫的形态结构,与阴道毛滴虫比较。

鞭毛虫隶属于肉足鞭毛门(Phylum Sarcomastigophora)的动鞭纲(Class Zoomastigophorea),以鞭毛作为运动细胞器,有一根或多根鞭毛。鞭毛虫种类繁多,分布广泛,生活方式多种多样。营寄生生活的鞭毛虫主要寄生于宿主的消化道、泌尿道、血液及组织内。寄生人体的鞭毛虫常见的有十余种,其中杜氏利什曼原虫、蓝氏贾第鞭毛虫及阴道毛滴虫对人体危害较大。

第1节 阴道毛滴虫

阴道毛滴虫(*Trichomonas vaginalis*)由 Donne(1836)首先发现。本虫主要寄居于女性阴道和泌尿道,引起滴虫性阴道炎和泌尿道炎症。本虫也可感染男性泌尿生殖系统,造成相应部位的炎症病变。

▶▶ 一、形态

阴道毛滴虫的发育仅有滋养体期。活体时呈无色透明状,有折光性,体态多变,活动力强。固定染色后则呈椭圆形或梨形,体长可达 30μm,宽为 10~15μm。虫体前端有 4 根前鞭毛,后端有 1 根后鞭毛。体外侧前 1/2 处有一波动膜,其外缘与向后延伸的后鞭毛相连。虫体借助鞭毛的摆动前进,以波动膜的波动作旋转式运动。1 个椭圆形的泡状细胞核位于虫体前 1/3 处,核上缘有 5 颗排列成环状的基体,5 根鞭毛即由此发出。1 根纤细透明的轴柱由前向后纵贯虫体并于后端伸出体外。胞质内有深染的颗粒状物质,为本虫特有的氢化酶体(hydrogenosome)(图 7-1)。

▶▶ 二、生活史

阴道毛滴虫生活史简单。滋养体主要寄居在女性阴道,尤以阴道后穹隆多见,偶可侵

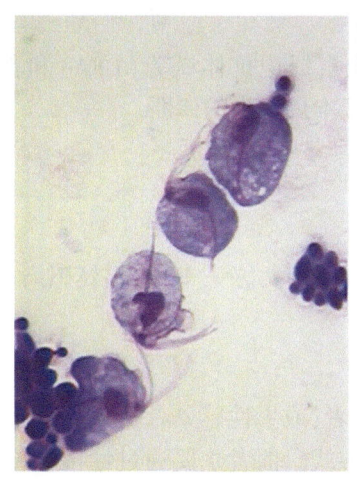 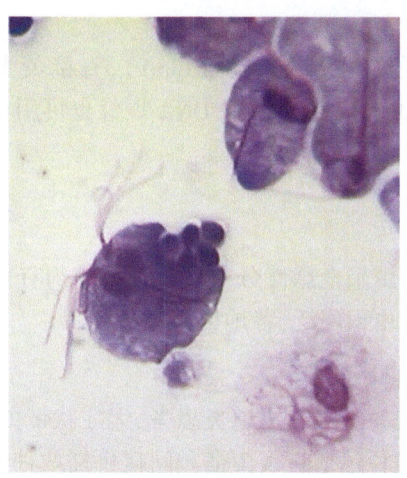

●● 图 7-1　阴道毛滴虫滋养体(瑞氏染色) ●●

入女性尿道;男性感染部位多见于尿道或前列腺,也可侵及睾丸、附睾或包皮下组织。虫体以二分裂法繁殖。滋养体既是本虫的繁殖阶段,又是感染阶段。通过直接或间接接触方式在人群中传播。

三、致病

阴道毛滴虫的致病力与虫体本身毒力及宿主的生理状态有关。健康女性阴道内环境因乳酸杆菌的作用而呈酸性(pH 3.8~4.4),借此可抑制虫体和(或)细菌生长繁殖,此即阴道的自净作用。滴虫寄生时,虫体消耗了阴道内的糖原,妨碍了乳酸杆菌酵解作用,降低了乳酸浓度,使得阴道内 pH 由原来的酸性转为中性或碱性,从而破坏了阴道自净作用,使得滴虫得以大量繁殖并促进继发性细菌感染,造成阴道黏膜发生炎性病变。

大多数女性感染者并无临床表现或症状不明显。有临床症状者常见白带增多、外阴瘙痒或烧灼感;阴道内镜检查可见分泌物增多,呈灰黄色,泡状,有异味,或呈乳白色的液状分泌物。合并细菌感染时,白带呈脓液状或粉红色黏液状。多数病例感染可累及尿道,患者出现尿频、尿急、尿痛等症状;少数病例可见膀胱炎。有学者认为宫颈肿瘤的发生与本虫感染有关。感染本虫的产妇,在阴道分娩过程中可将滴虫传染给婴儿。婴儿的感染主要见于呼吸道和眼结膜。

男性感染者常呈无临床表现的带虫状态,可导致配偶连续重复感染。在其尿道分泌物或精液内可查得虫体。当感染累及前列腺、储精囊,或高位输尿管时,症状往往比较严重,可出现尿痛、夜尿、前列腺肿大和附睾炎等症状。有学者认为阴道毛滴虫可吞噬精子或影响精子活力,而导致男性不孕症。

四、实验诊断

(一) 病原学检查

取阴道后穹隆分泌物、尿液沉淀物或前列腺液,用生理盐水涂片法或涂片染色法(瑞氏或吉氏染色)镜检,若查得本虫滋养体即可确诊。也可采用培养法,将上述标本用肝浸液培养基或 Diamond's 培养基在 37℃下培养 48 小时镜检。

(二)免疫学诊断

可用酶联免疫吸附试验(ELISA)、直接荧光素标记抗体试验(DFA)和乳胶凝集试验(LA)测定本虫的抗原。此外,DNA探针也可用于本虫感染的诊断。

五、流行与防治

(一)分布

阴道毛滴虫呈全球性分布。美国每年约有百万妇女感染本虫,娼妓感染率尤高。本虫在我国的流行也很广泛,各地区感染率不等。

(二)流行因素

1. 传染源为滴虫性阴道炎患者、无症状带虫者,或男性感染者。
2. 传播途径包括直接传播和间接传播两种方式。前者主要通过性接触传播,为主要的传播方式;后者主要通过使用公共浴池、浴具、公用泳衣裤、马桶等传播。
3. 阴道毛滴虫抵抗能力较强,在外界环境中可保持较长时间的活力,半干燥环境可存活14~20小时,-10℃至少存活7小时,潮湿的毛巾、衣裤中存活23小时,40℃(相当于浴池水温)水中存活102小时,2~3℃水中存活65小时,普通肥皂水中存活45~150分钟。

(三)防治原则

1. 及时诊治患者和无症状带虫者,对夫妻或性伴侣,双方应同时进行治疗。
2. 临床上常用的口服药物为甲硝唑(灭滴灵,metronidazole)。局部治疗可用滴维净或1:5000高锰酸钾溶液冲洗阴道。
3. 加强卫生宣传教育,注意个人卫生与经期卫生,不使用公用泳衣裤和浴具,在公共浴室,提倡使用淋浴,慎用公共马桶。

> **案例 7-1**
>
> 患者,女,26岁,已婚,内蒙古某地牧民。主诉:近几周外阴瘙痒,腰酸,白带增多、味臭、泡沫状,同时伴有尿频、尿急等症状,月经后加重。妇科检查:外阴部红肿,宫糜Ⅲ度。取阴道分泌物生理盐水涂片可见大量梨形或圆形虫体,前端可见4根鞭毛,轴柱从后端伸出,运动时向一侧偏转。
>
> 问题:
> 1. 根据上述病史应诊断为哪种寄生虫病?
> 2. 哪些情况有助于本病诊断?
> 3. 如何治疗患者?
> 4. 防治此种寄生虫病的有效措施是什么?

第2节 蓝氏贾第鞭毛虫

蓝氏贾第鞭毛虫(*Giardia lamblia* Stile,1915,亦称 *G. intestinalis* 或 *G. duodenalis*)简称贾第虫。1681年荷兰学者van Leeuwenhoek首先在自己腹泻的粪便内发现该虫。贾第虫是一种呈全球分布的寄生性肠道原虫,主要寄生于人和某些哺乳动物的小肠,引起以腹泻为主要症状的蓝氏贾第鞭毛虫病(giardiasis),简称贾第虫病。本病曾在国际旅游者中流行,故有"旅游者腹泻"之称。如今,贾第虫病已被列为全世界危害人类健康的十种主要寄生虫病之一。

一、形态

蓝氏贾第鞭毛虫有滋养体和包囊两个发育阶段。

(一) 滋养体

滋养体呈半个纵切倒置的梨形,长为 9~21μm,宽 5~15μm,厚 2~4μm。两侧对称,腹面扁平,背部隆起,前端宽钝,后端尖细。一对细胞核位于虫体前端 1/2 的吸盘部位。有鞭毛 4 对,分别是前鞭毛、后侧鞭毛、腹侧鞭毛和尾鞭毛,均由位于两核间靠前端的基体(basal body)发出。前鞭毛由基体向前伸出体外,其余 3 对发出后在两核间沿轴柱分别向虫体两侧、腹侧和尾部伸出体外。鲜活的虫体借助鞭毛摆动作活泼的翻滚运动。1 对平行的轴柱沿中线由前向后连接尾鞭毛,将虫体分为均等的两半。1 对呈爪锤状的中体(median body)与轴柱 1/2 处相交(图 7-2)。

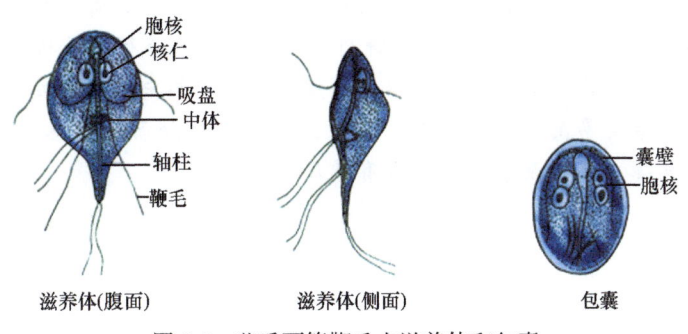

图 7-2　蓝氏贾第鞭毛虫滋养体和包囊

(二) 包囊

椭圆形,大小(8~14)μm×(7~10)μm,囊壁较厚,与虫体间有明显的间隙。未成熟包囊内含 2 个细胞核,成熟的含 4 个细胞核。胞质内可见中体和鞭毛的早期结构(图 7-2)。

二、生活史

蓝氏贾第鞭毛虫滋养体为营养繁殖阶段,包囊为传播阶段。人或动物摄入被包囊污染的饮水或食物而被感染。包囊在十二指肠脱囊形成 2 个滋养体,后者主要寄生于十二指肠或上段小肠,借助吸盘吸附于小肠绒毛表面,以二分裂方式进行繁殖。在外界环境不利时,滋养体分泌囊壁形成包囊并随粪便排出体外。包囊在水中和凉爽环境中可存活数天至 1 个月之久。

三、致病

人体感染蓝氏贾第鞭毛虫后,部分感染者成为无症状带囊者(成人约 13%,儿童约 17%),另一部分则出现临床症状,甚至出现严重的吸收不良综合征。大量蓝氏贾第鞭毛虫覆盖肠壁,用吸盘吸附小肠黏膜,对肠黏膜表面造成机械性损伤;原虫的分泌物和代谢产物对肠黏膜微绒毛发生化学损伤,破坏了肠黏膜的吸收功能;虫体寄生数量多时,与宿主竞争基础营养。潜伏期一般平均为1~2周,最长者45天。临床表现为恶心、厌食、上腹及全身不适,或伴低热,可出现突发性恶臭水泻、胃肠胀气、呃逆和上中腹部痉挛性疼痛。粪内偶见黏液,极少带血。部分患者急性期持续数天即可自行消退,转为无症状带囊者。部分未得到及时治疗的急性期患者可转为亚急性或慢性期。幼儿患者病程可持续数月,出现吸收不良、脂肪泻、衰弱和体重减轻,甚至身体发育障碍。

> **知识链接**
>
> **旅游者腹泻**
>
> 　　一般认为旅游者腹泻(diarrhea in travelers,DT)为感染性腹泻的一种特殊类型,系指在旅游前排便正常,旅行期间或旅行后每天排不成形便超过3次者(包括3次),或旅游中出现每天多次排不成形便,且伴有发热、腹痛或呕吐等症状的一组以肠蠕动频率增加为特征的综合征。 目前认为肠道细菌(肠产毒型大肠埃希菌、志贺菌、沙门菌、副溶血弧菌等)、肠道病毒(轮状病毒、诺瓦克样病毒等)、肠道寄生虫(蓝氏贾第鞭毛虫、溶组织内阿米巴、微小隐孢子虫等)是旅游者腹泻最主要的病因。 据报道该病的发病率为30%~50%,每年大概有1000万人发生旅游者腹泻。青壮年、免疫功能缺陷者、服用免疫抑制剂者、胃酸分泌减少者及糖尿病患者的发病率较高。 近年来,旅游事业的发展,特别是跨国间旅游盛行,是造成贾第虫病流行的重要因素,旅游者饮用异国他乡之水,造成水源性贾第虫病的暴发流行;免疫功能缺陷的艾滋病患者更易感染贾第虫病,同性恋者因性接触而相互感染。 因此,贾第虫病在人群中传播、流行及造成的危害有增加的趋势。

四、实验诊断

(一)病原学检查

1. 粪便检查 根据临床表现而选用不同方法。急性期取新鲜粪便做生理盐水涂片镜检查滋养体;亚急性期或慢性期患者成形粪便用碘液(2%)直接涂片、硫酸锌浮聚或醛-醚浓集等方法查包囊。由于包囊排出具有间断性,隔日查1次,连续查3次,可大大提高检出率。

2. 小肠液检查 用十二指肠引流或肠检胶囊法采集标本。后法的具体做法是:禁食后,嘱患者吞下一个装有尼龙线的胶囊。3~4小时后,缓缓拉出尼龙线,取线上的黏附物镜检,查得滋养体即可确诊。

3. 小肠活体组织检查 借助内镜在小肠Treitz韧带附近摘取黏膜组织。标本可先做压片初检,或固定后,用Giemsa染色。虫体着紫色,肠上皮细胞呈粉红色,依此可将两者鉴别开来。

(二)免疫学诊断

免疫学诊断方法有较高的敏感性和特异性。酶联免疫吸附试验(ELISA)阳性率可达75%~81%。间接荧光素标记抗体试验(IFA)阳性率较ELISA的高,可达81%~97%。对流免疫电泳(CIE)法的阳性率可达90%左右。

(三)分子生物学方法

用生物素标记的贾第虫滋养体全基因组DNA或用放射性物质标记的DNA片段制成的DNA探针,对本虫感染均具有较高的敏感性和特异性。PCR方法也在实验研究之中。这些方法均尚未广泛用于临床。

五、流行与防治

（一）分布

贾第虫病呈全球性分布,据 WHO 估计全世界感染率为 1%~20%。本虫在工业发达国家,如美国、加拿大、澳大利亚等国均有流行。近年,贾第虫合并 HIV 感染,及其在同性恋者中流行的报道不断增多。在我国呈全国性分布。乡村人群中的感染率高于城市。1988~1991 年间,蒋则孝等（1997）对全国 30 个省(区、市)中 726 个县 1 477 742 人的贾第虫感染调查结果表明,总感染率为 2.52%,一般为 2%~10%。

（二）流行因素

1. 传染源为随粪便排出包囊的人和动物(如牛、羊、猪、兔、猫、狗、河狸等)。感染者一次粪便排出的包囊数可达 4 亿,一昼夜可排 9 亿。包囊对外界抵抗力强,人及动物高度敏感。人吞食 10 个具有活力的包囊即可获得感染。
2. 氯气不能杀死自来水中的包囊,水源传播是感染本虫的重要途径。人-人传播、粪-口传播是主要传播方式。
3. 任何年龄的人群对本虫均有易感性,儿童、年老体弱者和免疫功能缺陷者尤其易感。

（三）防治原则

1. 加强人和动物宿主粪便管理,防止水源污染。
2. 注意饮食卫生和个人卫生。
3. 积极治疗患者和无症状带囊者。常用治疗药物有甲硝唑(灭滴灵)、呋喃唑酮(痢特灵)、替硝唑(tinidazole)、巴龙霉素(paromomycin)多用于治疗有临床症状的贾第虫患者,尤其是感染本虫的怀孕妇女。

第3节　杜氏利什曼原虫

杜氏利什曼原虫(*Leishmania. donovani*)又称黑热病原虫,其生活史有前鞭毛体(promastigote)及无鞭毛体(amastigote)两个时期,前者寄生于节肢动物(白蛉)的消化道内,后者寄生于脊椎动物的单核/巨噬细胞内,通过白蛉传播,引起利什曼病(leishmaniasis,又称黑热病)。

一、形态

（一）无鞭毛体

无鞭毛体(amastigote)通常称利杜体(Leishman-Donovan body,LD body),寄生于人和其他哺乳动物的吞噬细胞内(图 7-3)。卵圆形,大小为(2.9~5.7)μm×(1.8~4.0)μm。瑞氏染液染色后,细胞质呈淡蓝或淡红色,内有一个大而明显的圆形核,呈红色或淡紫色。动基体(kinetoplast)位于核旁,着色较深,细小、杆状。在更高倍数放大时,可见虫体前端从颗粒状的基体(basal body)发出一根丝体(rhizoplast)。基体及根丝体在普通显微镜下难以区分。

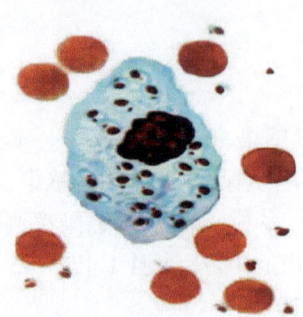
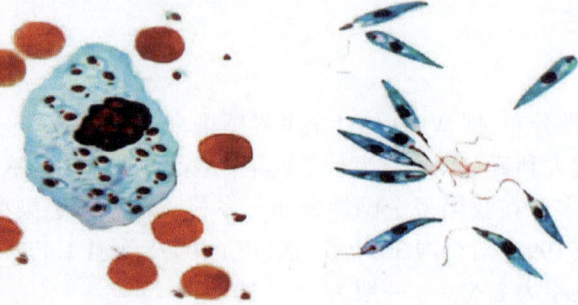

巨噬细胞内外的无鞭毛体　　　　培养基中或白蛉体内的前鞭毛体

●● 图 7-3　杜氏利什曼原虫无鞭毛体和前鞭毛体 ●●

（二）前鞭毛体

前鞭毛体（promastigote）寄生于白蛉消化道。大小为（14.3~20）μm×（1.5~1.8）μm，呈梭形或长梭形，核位于虫体中部，动基体位于虫体前端，向前发出一根鞭毛并伸出体外。活的前鞭毛体运动活泼，鞭毛不停地摆动，常以虫体前端聚集成团，排列成菊花状（图 7-3）。

二、生活史

杜氏利什曼原虫生活史需要两个宿主即白蛉和人或哺乳动物。

（一）白蛉体内的发育

雌性白蛉叮刺患者或受感染的动物宿主时，血液或皮肤内含无鞭毛体的巨噬细胞被吸入白蛉胃内，无鞭毛体经 24 小时发育为早期前鞭毛体（虫体呈卵圆，鞭毛开始伸出体外），48 小时后发育为前鞭毛体。第 3~4 天出现大量成熟前鞭毛体，其活动力明显加强，并以二分裂法繁殖。在数量剧增的同时，虫体逐渐向白蛉前胃、食管和咽部移动。1 周后具感染力的前鞭毛体大量聚集在口腔及喙。当白蛉叮刺健康人时，前鞭毛体随白蛉唾液进入人体。

（二）在人体内发育

感染有前鞭毛体的雌性白蛉叮刺人体吸血时，前鞭毛体随白蛉分泌的唾液进入人体皮下组织。一部分前鞭毛体可被白细胞吞噬消灭；一部分则进入巨噬细胞。原虫进入巨噬细胞后，逐渐变圆，失去其鞭毛的体外部分，向无鞭毛体期转化，此时巨噬细胞内形成含虫空泡。无鞭毛体在巨噬细胞内不但可以存活，且能进行分裂繁殖，最终可致巨噬细胞破裂，游离的无鞭毛体又进入其他巨噬细胞，重复上述增殖过程（图 7-4）。

三、致病

（一）内脏利什曼病

人体感染杜氏利什曼原虫后，经过 4~7 个月或最长 10~11 个月的潜伏期，即可出现全身性症状和体征。患者的主要症状和体征为长期不规则发热，伴脾、肝、淋巴结肿大（其中脾大最为常见，约占 95%），消瘦、贫血，白细胞及血小板减少，血清丙种球蛋白明显增高，白/球蛋白比例倒置，出现蛋白尿和血尿，易并发各种感染性疾病。

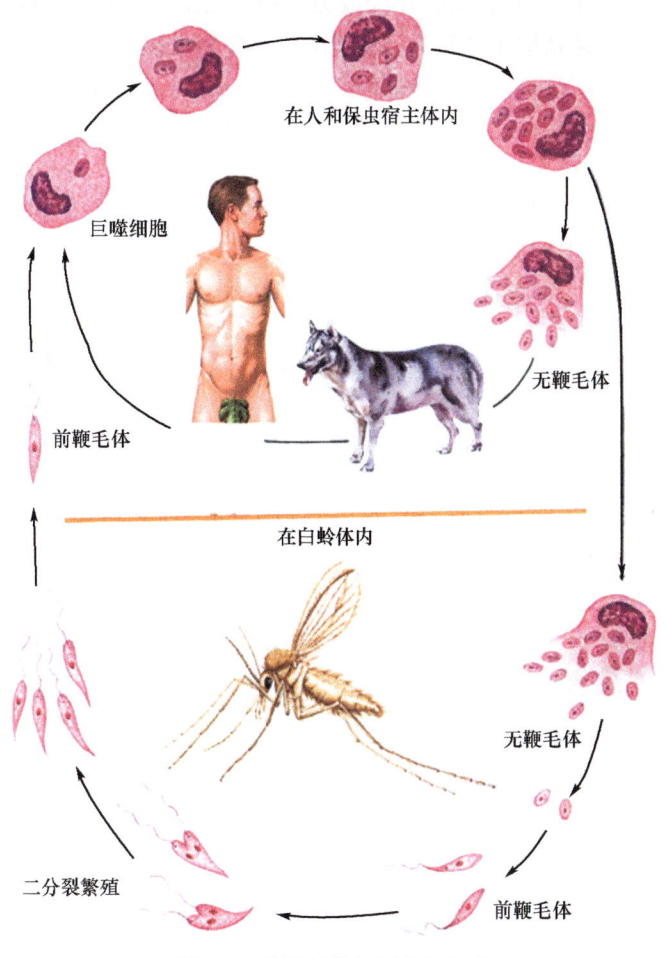

●● 图 7-4 杜氏利什曼原虫生活史 ●●

（二）皮肤型黑热病

部分黑热病患者在用锑剂治疗过程中或在治愈后数年甚至十余年后可发生皮肤黑热病，患者在面部、颈部、四肢或躯干等部位出现许多含有杜氏利什曼原虫的皮肤结节，结节呈大小不等的肉芽肿，或呈暗色丘疹状，常见于面部及颈部，有的酷似瘤型麻风。

（三）淋巴结型黑热病

无黑热病病史，病变局限于淋巴结的内脏利什曼病又称淋巴结型黑热病。临床表现主要是全身多处淋巴结肿大，肿大的淋巴结以腹股沟和股部最多见，其次是颈部、腋下和上滑车，再次是耳后、锁骨上和腋窝处，一般如花生米和蚕豆大小，局部无明显压痛或红肿。摘取淋巴结作连续切片常可查见利什曼原虫。患者的一般情况大多良好，少数可有低热和乏力，肝、脾很少触及，嗜酸粒细胞常增多。本病多数患者可以自愈。

▶▶ 四、实验诊断

（一）病原学检查

检出病原体即可确诊。应注意与播散型组织胞质菌病鉴别。

1. 穿刺涂片检查 以骨髓穿刺涂片法最为常用,检出率为80%~90%。淋巴结穿刺检出率在46%~87%。脾穿刺检出率较高,达90.6%~99.3%,但不安全,一般少用或不用。

2. 培养法 用无菌方法将上述穿刺物接种于Schneider氏培养基,置22~25℃温箱内,约3天在培养物中若查见运动活泼的前鞭毛体,即为阳性。此法较涂片更为敏感,但需较长时间。

3. 动物接种法 把穿刺物接种于易感动物(如金地鼠,BALB/c小鼠等),1~2个月后取肝、脾组织作印片或涂片,瑞氏染液染色镜检。

4. 皮肤活组织检查 在皮肤结节处用消毒针头刺破皮肤,取少许组织液,或用手术刀刮取少许组织作涂片,染色后镜检。

(二)免疫学诊断

1. 检测血清循环抗原 单克隆抗体-抗原斑点试验(McAb-AST),用于诊断黑热病,阳性率达97.03%,假阳性0.2%。

2. 检测血清抗体 酶联免疫吸附试验(ELISA)、间接血凝试验(IHA)、对流免疫电泳(CIE)、间接荧光试验(IF)、直接凝集试验(DA)等均可采用。

3. 皮内试验 该法简便易行,必须在患者获得痊愈后,才呈现阳性反应,且维持时间很长,甚至终生保持阳性,故不能作为现症患者诊断工具,但用于确定疫区与非疫区,判断流行程度,以及考核防治效果,具有一定的价值。

(三)分子生物学方法

1. 聚合酶链反应(polymerase chain reaction,PCR) 检测黑热病效果好,敏感性、特异性均高,阳性率为95.5%。

2. k-DNA探针杂交法 该法敏感、特异,取材方便,可用于利什曼病的现场流行病学调查及防治。

3. Dip-stick法 该法将免疫印迹、薄层层析和分子克隆技术相结合,将利什曼原虫重组抗原rk39制备成Dip-stick试纸条,用于美洲黑热病的诊断,阳性率为100%。操作易行,2~5分钟内即可得到结果,便于推广。

五、流行与防治

(一)分布

杜氏利什曼原虫呈世界性分布,在亚洲主要流行于印度、中国、孟加拉国和尼泊尔。东非、北非、欧洲及地中海沿岸地区和国家,前苏联的中亚地区,中、南美洲的部分国家也有此病流行。近年来,黑热病在我国主要发生在新疆、内蒙古、甘肃、四川、陕西、山西等6个省、自治区。

(二)流行因素

根据传染来源不同,黑热病在流行病学上可大致分为三种不同的类型,即人源型、犬源型和自然疫源型,分别以印度、地中海盆地和中亚荒漠内的黑热病为典型代表。这三种不同类型的黑热病在国内都能见到。

1. 人源型 主要在人群中分布,黑热病患者以青少年为主,婴儿少,患者为主要传染源。传播媒介为家栖型中华白蛉和新疆长管白蛉。近年未发现新病例。

2. 犬源型 又称为山丘型,多见于山丘地区,人的感染主要来自病犬。患者散在,绝大多数患者为儿童,婴儿的感染率较高,成人很少得病。传播媒介为近野栖型中华白蛉。这类地区为我国目前黑热病主要流行区。

3. 自然疫源型 又称为荒漠型,多分布于新疆和内蒙古的某些荒漠地区。患者主要见于婴幼儿,2岁以下患者占90%以上。进入这类地区的成人常患淋巴结型黑热病,病例散发。传播媒介为野栖蛉种,主要是吴氏白蛉,其次为亚历山大白蛉。动物宿主迄今尚未发现。

(三) 防治原则

1. 治疗患者 用五价锑剂葡萄糖酸锑钠,治愈率为95%以上。对于少数经锑剂反复治疗无效的患者,可用戊脘脒(喷他脒,pentamidine)或二脒替(司替巴脒,stilbamidine)等芳香双脒剂治疗。

2. 杀灭病犬 在我国山丘疫区,犬为主要传染源,故对病犬应做到早发现、早捕杀。定期查犬、捕杀病犬是防治工作中重要的一环。

3. 消灭传播媒介白蛉 灭蛉是防制黑热病的根本措施。必须根据白蛉的生态习性,因地制宜地采取适当的对策。用溴氰菊酯滞留喷洒,对家栖或近家栖的长管白蛉杀灭效果较好。

第4节 其他人体寄生鞭毛虫

一、人毛滴虫

人毛滴虫(*Trichomonas hominis* Daraine,1860)仅有滋养体阶段,形似阴道毛滴虫。大小为 $7.7\mu m \times 5.5\mu m$,具有4根前鞭毛和1根后鞭毛,后鞭毛与波动膜外缘相连,游离于尾端。波动膜的内侧借助一弯曲、薄杆状的肋与虫体相连。肋与波动膜等长,染色后的肋是重要的诊断依据。活的虫体可做急速而无方向的运动。波动膜在运动中起旋转作用,而前鞭毛起推进作用。单个细胞核位于虫体前端,靠近前鞭毛的起始处。核内染色质分布不均匀。1根纤细的轴柱由前向后贯穿整个虫体。胞质内含食物泡和细菌(图7-5)。

人毛滴虫生活史仅有滋养体期,感染阶段、致病阶段均为滋养体。虫体寄生于人体盲肠和结肠,以二分裂法繁殖,经粪-口途径传播,误食被滋养体污染的饮水和食物均可感染,虫体在外界抵抗能力强。目前尚无证据表明人毛滴虫对人体有致病作用。有报道认为本虫可导致腹泻,但有人认为腹泻系与本虫感染相伴,并非本虫所致。粪便检查是常用的诊断方法,用 Bocek 和 Drobhlav 二氏培养基可分离培养虫体。人毛滴虫呈世界性分布,各地感染率不等,估计全国感染人数为(25~49)万。常用治疗药物为甲硝唑(灭滴灵)和中药雷丸。

二、口腔毛滴虫

口腔毛滴虫(*Trichomonas tenax* Muller,1773)寄生于人体口腔,定居于齿龈脓溢袋和扁桃体隐窝内,常与齿槽化脓同时存在。生活史仅有滋养体期,外形与阴道毛滴虫相似,呈梨状,平均体长为 $6\sim10\mu m$,有4根前鞭毛和1根无游离端的后

图7-5 人毛滴虫滋养体

鞭毛,波动膜略长于阴道毛滴虫。有 1 个卵圆形或椭圆形的细胞核,位于体前中央部,核内染色质粒丰富、深染。有 1 根纤细的轴柱,自前向后伸出体外(图 7-10)。虫体在口腔内以食物残渣、上皮细胞和细菌为食,以二分裂法进行繁殖。

　　本虫是否致病目前尚无定论。有学者认为口腔毛滴虫为口腔共栖性原虫,但另有学者认为与牙周炎、牙龈炎、龋齿等口腔疾患发病有关。也曾有吸入后引起支气管炎和肺炎的临床病例报道。取齿龈刮拭物,做生理盐水直接涂片或培养即可确诊。镜下可见有鞭毛和波动膜摆动,做活跃运动的滋养体。培养可用 Noguchi 和 Ohira 二氏的腹水培养基。

　　我国 10 个省(市、区)的 6684 人中,感染人数为 1163 人,平均感染率为 17.4%,本虫在外界有较强抵抗力,室温下可活 3～6 天。接吻是本虫的直接传播方式;也可通过飞沫、食物、餐具间接传播。本虫一旦感染即难以消除,故保持口腔卫生是预防本虫感染最有效的方法。

学习小结

　　鞭毛虫以鞭毛作为运动细胞器,对人体危害较大的有杜氏利什曼原虫、蓝氏贾第鞭毛虫及阴道毛滴虫。

　　阴道毛滴虫生活史中只有滋养体期,虫体有 4 根前鞭毛和 1 根后鞭毛。滋养体既是感染阶段又是致病阶段,感染方式是直接或间接接触,寄生人体阴道、尿道及前列腺内,引起滴虫性阴道炎、尿道炎、前列腺炎。分泌物生理盐水直接涂片法是临床常规检查方法。

　　蓝氏贾第鞭毛虫有滋养体和包囊两个阶段;滋养体呈梨形,有 2 个核、4 对鞭毛;包囊呈椭圆形,未成熟包囊有 2 个核,成熟包囊有 4 个核。感染阶段是四核包囊,经口感染,滋养体主要寄生于人体十二指肠内,引起"旅游者腹泻"。急性期取新鲜粪便做生理盐水涂片镜检查滋养体;亚急性期或慢性期患者取成形粪便用碘液染色法等查包囊。

　　杜氏利什曼原虫的前鞭毛体寄生在白蛉体内,无鞭毛体寄生在人和哺乳动物巨噬细胞内。感染阶段是前鞭毛体,致病阶段是无鞭毛体,经白蛉叮咬传播,引起发热、贫血、出血为主的黑热病。

目标检测

一、名词解释

1. 旅游者腹泻
2. 阴道自净作用

二、选择题

1. 阴道毛滴虫的运动细胞器是
   - A. 伪足
   - B. 鞭毛
   - C. 纤毛
   - D. 轴柱
   - E. 基染色杆
2. 阴道毛滴虫的感染阶段是
   - A. 四核包囊
   - B. 无鞭毛体
   - C. 滋养体
   - D. 前鞭毛体
   - E. 以上均不对
3. 阴道毛滴虫寄生部位最常见于
   - A. 女性消化道
   - B. 女性阴道后穹隆
   - C. 男性生殖道
   - D. 女性泌尿道
   - E. 男性尿道
4. 阴道毛滴虫感染引起阴道炎,最主要的相关因素是
   - A. 滴虫的机械性刺激
   - B. 滴虫分泌物刺激
   - C. 破坏了阴道的自净作用
   - D. 滴虫游离鞭毛的活动
   - E. 细菌的协同作用
5. 检查阴道毛滴虫常用方法
   - A. 血液涂片法
   - B. 粪便检查法
   - C. 阴道内镜检查
   - D. 阴道分泌物生理盐水涂片镜检
   - E. 尿液检查法
6. 阴道毛滴虫得以流行甚广的生物学基础是由于下列哪个虫期具有很强的抵抗力
   - A. 包囊
   - B. 滋养体

C. 成熟包囊　　　　　D. 卵囊

E. 滋养体+包囊

7. 治疗滴虫性阴道炎的首选药物是

A. 阿苯哒唑　　　　　B. 甲硝唑

C. 甲苯咪唑　　　　　D. 吡喹酮

E. 乙胺嘧啶

8. 蓝氏贾第鞭毛虫滋养体的细胞核数目是

A. 1个　　　　　　　B. 2个

C. 3个　　　　　　　D. 4个

E. 5个

9. 蓝氏贾第鞭毛虫主要寄生于人体的

A. 乙状结肠和直肠　　B. 小肠和胆囊

C. 空肠和回肠　　　　D. 肝脏

E. 以上均不对

10. 以下哪种原虫完成生活史只需要一种宿主

A. 蓝氏贾第鞭毛虫　　B. 杜氏利什曼原虫

C. 刚地弓形虫　　　　D. 疟原虫

E. 上述所有原虫

11. 检查蓝氏贾第鞭毛虫急性感染者首选方法

A. 碘液染色法检查成形粪便中的包囊

B. 饱和盐水漂浮法查滋养体

C. 自然沉淀法查包囊

D. 活组织检查

E. 生理盐水直接涂片检查稀便中的滋养体

12. 杜氏利什曼原虫生活史有何发育阶段

A. 滋养体和包囊　　　B. 子孢子和裂殖体

C. 速殖子和休眠子　　D. 包囊和卵囊

E. 前鞭毛体和无鞭毛体

13. 在杜氏利什曼原虫的生活史中

A. 前鞭毛体寄生在人的有核细胞内

B. 前鞭毛体寄生在人的单核/巨噬细胞内

C. 无鞭毛体寄生在人的有核细胞内

D. 无鞭毛体寄生在人的单核/巨噬细胞内

E. 无鞭毛体寄生在人的红细胞内

14. 杜氏利什曼原虫的感染阶段是

A. 无鞭毛体　　　　　B. 四核包囊

C. 卵囊　　　　　　　D. 前鞭毛体

E. 滋养体

15. 黑热病患者死亡的原因是

A. 免疫复合物引起的变态反应

B. 脾功能亢进

C. 骨髓造血功能的下降

D. 由于白细胞减少，机体抵抗力降低，易并发各种感染性疾病

E. 免疫溶血引起的红细胞减少

16. 临床上常用于诊断黑热病的方法

A. ELISA　　　　　　B. 皮内试验

C. 取静脉血　　　　　D. 取末梢血

E. 骨髓穿刺法

17. 经白蛉叮咬吸血，人可能感染哪种寄生原虫

A. 杜氏利什曼原虫　　B. 人毛滴虫

C. 溶组织内阿米巴　　D. 蓝氏贾第鞭毛虫

E. 阴道毛滴虫

三、问答题

1. 简述蓝氏贾第鞭毛虫对人体危害及病原学诊断方法。

2. 为什么妊娠及月经期的妇女易患阴道滴虫病？其临床表现有哪些？应如何检查？

（叶　薇）

第8章 孢子纲

> **学习目标**
> 1. 掌握 疟原虫、刚地弓形虫、隐孢子虫的形态、生活史和实验诊断方法。
> 2. 熟悉 疟原虫、刚地弓形虫、隐孢子虫的流行因素与防治原则。
> 3. 了解 疟原虫、刚地弓形虫、隐孢子虫的致病性;其他人体寄生孢子虫。

孢子纲(Sporozoa)为原生动物门的一纲。其无明显的运动细胞器,均营寄生生活,生活史较复杂,多有两种宿主,生殖方式呈世代交替现象,包括无性裂体生殖、孢子生殖和有性配子生殖,两种生殖方式可以在同一宿主体内完成,也可分别在两个不同宿主体内完成。寄生于人体的孢子虫主要有疟原虫(*Plasmodium*)、刚地弓形虫(*Toxoplasma gondii*)、隐孢子虫(*Cryptosporidium*)、肉孢子虫(*Sarcocystis*)、等孢球虫(*Isospora*)等。

第1节 疟原虫

疟原虫是疟疾(malarial)的病原体,寄生于人体的疟原虫有四种,即间日疟原虫(*Plasmodium vivax*)、恶性疟原虫(*Plasmodium falciparum*)、三日疟原虫(*Plasmodium malariae*)和卵形疟原虫(*Plasmodium ovale*),分别引起间日疟、恶性疟、三日疟和卵形疟。在我国间日疟原虫最常见,恶性疟原虫次之,三日疟原虫少见、卵形疟原虫罕见。疟疾为新中国成立初期提出的重点防治的五大寄生虫病之一。

一、形态

疟原虫的基本结构包括细胞膜、细胞质和细胞核,四种疟原虫在红细胞内的发育均分为环状体、大滋养体、裂殖体、配子体四个阶段,环状体以后各期出现消化分解血红蛋白的最终产物——疟色素(malarial pigment)。血膜中的疟原虫经吉氏或瑞氏染液染色后,其细胞核染成红色或紫红色,细胞质染成蓝色,疟色素呈棕黄色、棕褐色或黑褐色。除疟原虫本身的形态特征外,被寄生的红细胞也会发生变化,可用于疟原虫种类的鉴别。现以间日疟原虫为例,将薄血膜中红细胞内的各种形态描述如下。

1. 环状体(ring form) 又称早期滋养体,是疟原虫进入红细胞的最早阶段。虫体细胞质较少,中间有一空泡,细胞质被挤向周边呈环状,细胞核较小,位于一侧,形似指环(图8-1)。被寄生的红细胞没有明显变化。

2. 大滋养体(trophozoite) 又称晚期滋养体或阿米巴样体。虫体变大,细胞质增多,有时伸出伪足,形状不规则,有1~3个空泡,1个增大的细胞核,细胞核形状与位置不固定。细胞质中出现丝状疟色素。从此期起,被疟原虫寄生的红细胞体积胀大,颜色变浅,并出现细小、染成红色的薛氏小点(图8-2)。

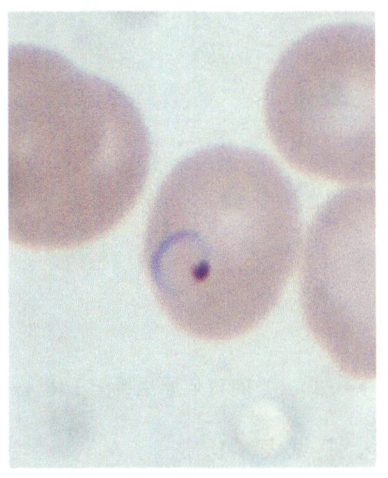 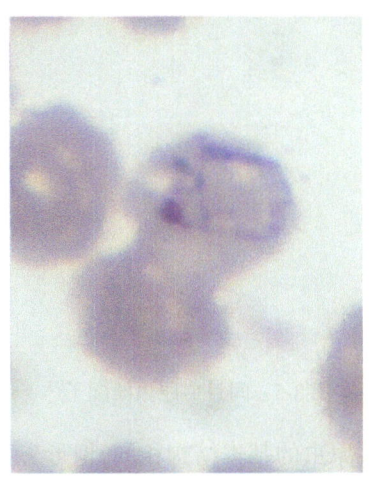

•• 图 8-1　间日疟原虫环状体 ••　　•• 图 8-2　间日疟原虫滋养体 ••

3. 裂殖体(schizont)　　大滋养体继续发育,虫体增大,变圆,空泡变小直至消失,细胞核分裂成2个以上,但细胞质未分裂,疟色素分散,称为未成熟裂殖体(图8-3)。核继续分裂成12~24个时,细胞质也分裂成相应的小块,包绕每一个核,形成12~24个裂殖子(merozoite),疟色素集中成团,常位于疟原虫的一边,虫体常充满胀大的红细胞,称为成熟裂殖体(图8-4)。

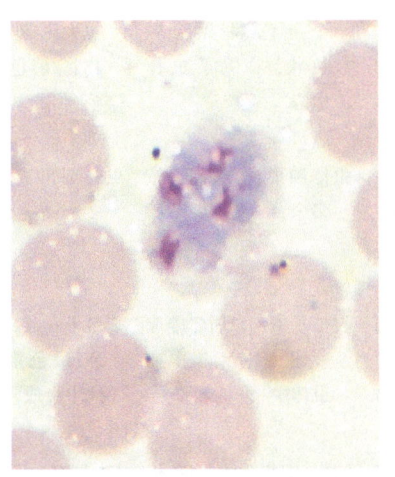 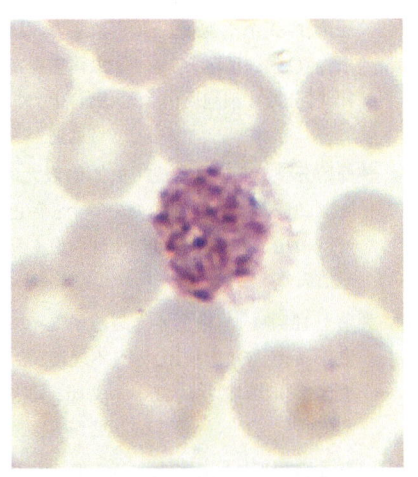

•• 图 8-3　间日疟原虫未成熟裂殖体 ••　　•• 图 8-4　间日疟原虫成熟裂殖体 ••

4. 配子体(gametocyte)　　有雌、雄之分,呈圆形或椭圆形,细胞质无空泡,细胞核1个,疟色素均匀分布于虫体内。雌配子体较大,细胞质致密,染成深蓝色,细胞核小致密,偏向一侧,染成深红色(图8-5)。雄配子体较小,细胞质疏松,染成浅蓝色,细胞核大疏松多位于中央,染成淡红色(图8-6)。

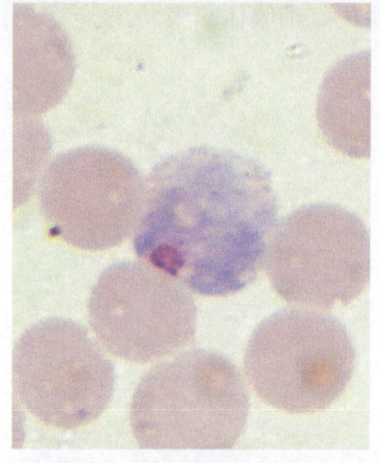
●● 图 8-5　间日疟原虫雌配子体 ●●

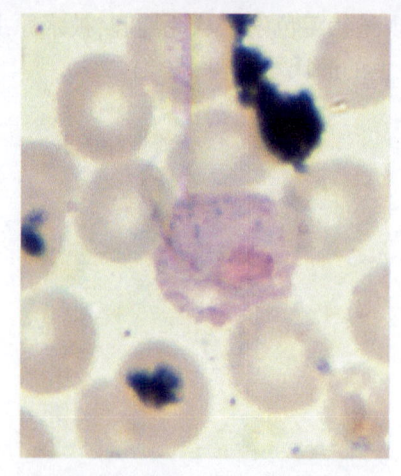
●● 图 8-6　间日疟原虫雄配子体 ●●

四种疟原虫的基本结构相同，但形态又有所区别，见表 8-1。

表 8-1　薄血膜中四种疟原虫的形态比较

	间日疟原虫	恶性疟原虫	三日疟原虫	卵形疟原虫
环状体	细胞质环较粗，淡蓝色，约为红细胞直径的 1/3；核多为 1 个，红色；红细胞内通常只寄生 1 个原虫	环纤细，约为红细胞直径的 1/5；核 1~2 个；红细胞内常有 2 个以上原虫	环较粗，深蓝色，约为红细胞直径的 1/3；红色核 1 个；红细胞很少含有 2 个原虫	与三日疟原虫相似
大滋养体	胞质有伪足伸出，形状不规则，1~3 个空泡；核 1 个；疟色素棕黄色，细小杆状，分散在细胞质内	细胞质深蓝色，圆形；疟色素黑褐色，块状。虫体集中在内脏毛细血管中，外周血液不易见到	虫体圆形或带状；核 1 个；疟色素棕黑色，颗粒状，常位于虫体边缘	虫体圆形，较三日疟原虫大，空泡不明显；核 1 个；疟色素与间日疟原虫相似，但较细小
未成熟裂殖体	核开始分裂；细胞质渐成圆形，但未分裂，疟色素开始集中，空泡变小直至消失	虫体仍似大滋养体，核多个；疟色素集中；外周血不易见到	虫体圆形或宽带状；核多个；疟色素集中	虫体圆形或卵圆形，核多个；疟色素较少
成熟裂殖体	裂殖子 12~24 个，排列不整齐；疟色素集中成团；虫体常充满胀大的红细胞	裂殖子 8~36 个，排列不规则；疟色素集中成团；外周血不易见到	裂殖子 6~12 个，排成一环；疟色素集中在虫体中央	裂殖子 6~12 个，排成一环；疟色素集中在虫体中央或一侧
雌配子体	圆形或椭圆形，占满胀大的红细胞，细胞质致密，蓝色；细胞核小致密，深红色，偏位；疟色素分散	新月形，两端较尖，细胞质蓝色；细胞核致密，较小，深红色，居中；疟色素黑褐色，在核周较多	圆形，细胞质深蓝色；核小，结实，偏位，疟色素多而分散	与三日疟原虫相似，但稍大；疟色素与间日疟原虫相似
雄配子体	圆形，略大于正常红细胞，细胞质浅蓝色；细胞核疏松，淡红色，多位于虫体中央；疟色素分散	腊肠形，两端钝圆，细胞质蓝而略带红色；核疏松，淡红色，居中；疟色素黄棕色，多位于核周	圆形，略小于正常红细胞，细胞质淡蓝色，核疏松，淡红色，位于中央；疟色素分散	似三日疟原虫，但稍大，疟色素似间日疟原虫

二、生活史

四种疟原虫生活史基本相同，以人为中间宿主，按蚊为终宿主。在人体内进行裂体生殖并形成有性配子体，在按蚊体内完成配子生殖和孢子生殖。现以间日疟原虫生活史（图8-7）为例叙述如下。

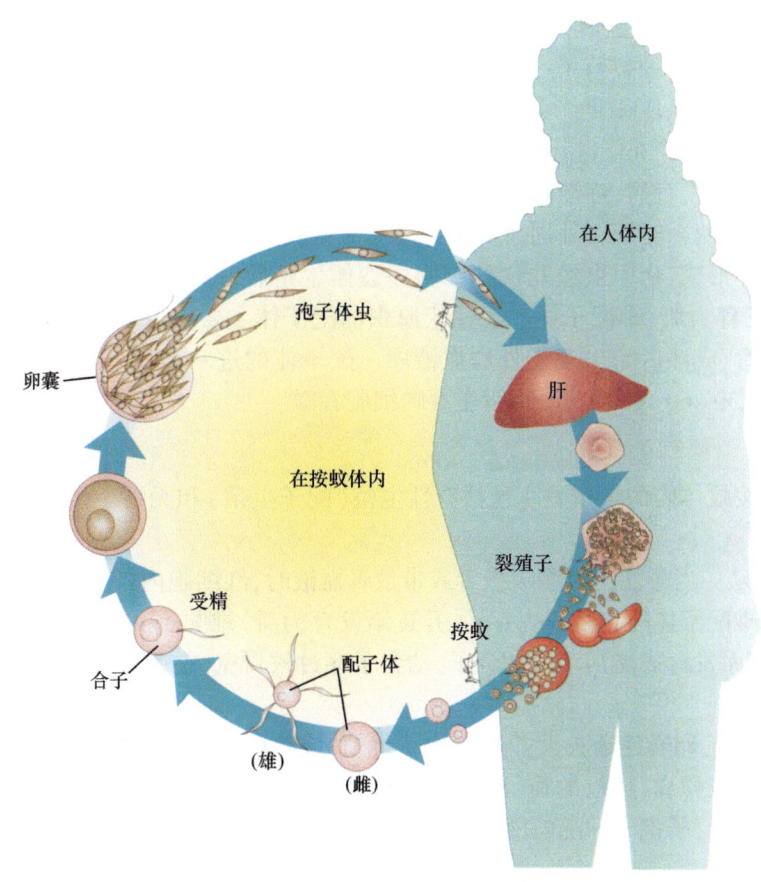

图 8-7　间日疟原虫生活史

（一）在人体内的发育

在人体内的发育包括在红细胞外期（exoerythrocytic stage）（肝细胞内）和红细胞内期（erythrocytic stage）（红细胞内）的发育。

1. 红细胞外期　简称红外期。当唾液腺中带有成熟疟原虫子孢子（sporozoite）的雌性按蚊刺吸人血时，子孢子随其唾液进入人体血液循环，约经30分钟后随血流侵入肝细胞，摄取肝细胞内营养并裂体生殖，形成含有大量裂殖子的红外期裂殖体。成熟的红外期裂殖体含裂殖子约12 000个。裂殖子胀破肝细胞后释出，一部分被吞噬细胞吞噬，其余则侵入红细胞，开始红细胞内期的发育。

子孢子为疟原虫的感染阶段，目前认为疟原虫的子孢子遗传学上有两种类型，即速发型子孢子（tachysporozoites, TS）和迟发型子孢子（bradysporozoites, BS）。速发型子孢子侵入肝细胞后，很快发育并完成红外期裂体生殖。间日疟原虫、恶性疟原虫、三日疟原虫、卵形疟原虫速发型子孢子完成红外期发育的时间分别为6~8天、5~7天、11~12天和9天。而迟发型子孢子在肝细胞内经过一段或长或短(数月至年余)的休眠期后,才完成红外期裂体生殖。处于休眠期的子孢子被称为休眠子。迟发型子孢子是引起疟疾复发的原因。恶性疟原虫和三日疟无迟发型子孢子。

2. 红细胞内期 简称红内期,包括红细胞内期裂体生殖和配子体形成两个时期。

(1) 红细胞内期裂体生殖:侵入红细胞的裂殖子首先形成环状体,以血红蛋白为养料,生长发育,依次发育为大滋养体、未成熟裂殖体、成熟裂殖体。成熟裂殖体胀破红细胞,裂殖子释放入血,血液中的裂殖子一部分被吞噬细胞吞噬,其余侵入其他正常红细胞,重复红内期裂体生殖过程,循环往复。完成一代红细胞内期裂体生殖,间日疟原虫和卵形疟原虫需48小时,恶性疟原虫需36~48小时,三日疟原虫需72小时。恶性疟原虫的环状体在外周血液中经十几小时的发育后,逐渐隐匿于微血管、血窦或其他血流缓慢处,继续发育成晚期滋养体及裂殖体,这两个时期在外周血液中一般不易见到。

(2) 配子体形成:疟原虫经几代红细胞内裂体生殖后,部分裂殖子侵入红细胞不再裂体生殖,而是发育为雌、雄配子体。恶性疟原虫的配子体主要在肝、脾、骨髓等器官的微血管或血窦里发育,成熟后始出现于外周血液中。配子体的进一步发育需在蚊胃中进行,否则,在人体内经30~60天即变性,被宿主吞噬细胞吞噬。

(二)在按蚊体内的发育

疟原虫在按蚊体内的生殖发育包括有性生殖(配子生殖)和无性生殖(孢子生殖)两个阶段。

1. 配子生殖 当雌性按蚊刺吸患者或带虫者血液时,红细胞内各期疟原虫随血液进入蚊胃,只有雌、雄配子体能在蚊胃内存活,并逐渐发育为雌、雄配子。雌、雄配子受精形成圆球形的合子,继而发育成能活动的动合子,动合子穿过蚊胃壁,在弹性纤维膜下形成圆球形的卵囊。

2. 孢子生殖 卵囊逐渐长大并进行孢子生殖,成熟卵囊内含1000~10 000个子孢子。子孢子成熟后胀破卵囊,随蚊的血、淋巴液分布于各组织,部分到达蚊唾液腺,当含子孢子的按蚊叮吸人血时,子孢子即随唾液进入人体。

▶▶ 三、致病

疟原虫的致病与侵入的虫种、虫株、数量和人体免疫状态有关。其主要致病阶段是红细胞内裂体生殖期,红细胞外期对肝细胞虽有损害,但因没有持续的红细胞外期,故红细胞外期对肝细胞的损害作用可以被代偿。

1. 潜伏期(incubation period) 指从疟原虫侵入人体到出现疟疾发作的间隔时间,包括红外期裂体生殖的时间,加上红内期裂体生殖数代达到发作数量所需的时间。一般间日疟短潜伏期株为11~25天,长潜伏期株为6~12个月甚至更长;恶性疟潜伏期为7~27天;三日疟为18~35天;卵形疟为11~16天。输血感染诱发的疟疾,潜伏期常较短。

2. 疟疾发作(malaria paroxysm) 疟疾的典型发作表现为周期性的寒战、高热和出汗退热三个连续阶段。发作是由红细胞内期的裂体生殖所致,引起发作的血中疟原虫数量的最低值称为发热阈值(threshold),间日疟原虫发热阈值为10~500个/μl血,恶性疟原虫发热阈值为500~1300个/μl血,三日疟原虫发热阈值为140个/μl血。红细胞内期成熟裂殖体胀破红细胞后,大量的裂殖子、疟原虫代谢产物及红细胞碎片等进入血流,其中一部分被巨噬细胞和中性粒细胞吞噬，刺激这些细胞产生内源性热原质，它和疟原虫的代谢产物共同作用于宿主下丘脑的体温调节中枢，引起发热。随着血内刺激物被吞噬和降解，机体通过大量出汗，体温逐渐恢复正常，机体进入发作间歇阶段。疟疾发作的周期与疟原虫红细胞内裂体生殖的周期一致。典型的间日疟和卵形疟隔日发作1次；三日疟为隔2天发作1次；恶性疟隔36~48小时发作1次。对于初发患者、儿童、不同种疟原虫混合感染，或有不同批次的同种疟原虫重复感染及曾服过抗疟药者，发作间隔则无规律。

3. 疟疾再燃（recrudescence）与复发（relapse） 疟疾发作停止后，经过数周或数月，在无重新感染的情况下，体内残存的少量红细胞内疟原虫重新大量繁殖，再次引起疟疾发作，称为疟疾再燃。引起再燃的原因与宿主免疫力下降和疟原虫抗原变异有关。疟疾初发后，红细胞内的疟原虫已被彻底消灭，在无重新感染的情况下，经过半年或更长时间又出现疟疾发作，称疟疾复发。复发的原因可能是肝细胞内迟发型子孢子结束休眠状态，经裂体生殖而引起疟疾发作。恶性疟和三日疟无迟发型子孢子，故只有再燃而无复发。

4. 脾大 疟疾初发患者多在发作3~4天后，脾开始肿大，长期不愈或反复感染者，脾高度纤维化，包膜增厚，质地坚硬，脾大可达脐下。主要原因是脾充血和单核/巨噬细胞增生。

5. 贫血（anemia） 疟疾发作数次后可出现贫血，以恶性疟为甚，孕妇和儿童最常见。引起贫血的原因主要有：①疟原虫在红细胞内裂体生殖，直接破坏红细胞。②脾功能亢进，不仅吞噬有疟原虫寄生的红细胞，还大量吞噬正常红细胞。③免疫病理损伤，疟原虫寄生于红细胞时，使红细胞隐蔽的抗原暴露，刺激机体产生自身抗体，导致红细胞破坏；此外宿主对疟原虫抗原产生特异抗体，形成抗原抗体复合物附着在正常红细胞上并与补体结合，促使红细胞被吞噬或溶解。④骨髓造血功能受到抑制，红细胞生成障碍。

6. 疟性肾病 致病机制属于Ⅲ型超敏反应。患者主要表现为全身性水肿、腹水、蛋白尿和高血压，最后可发生肾衰竭。多见于三日疟患者长期未愈者，以非洲儿童患者居多。

7. 凶险型疟疾 来势凶猛，病情险恶，死亡率高，多见于恶性疟，偶见于间日疟。临床表现复杂，分为脑型、超高热型、胃肠型、厥冷型，以脑型最常见、最危险。脑型患者表现为剧烈头痛、呕吐、昏睡或昏迷、谵妄、抽搐等。超高热型以起病急、体温高达41℃以上并持续不退为特点，患者烦躁不安、呼吸急促，谵妄或昏迷而死亡。胃肠型患者出现腹痛、腹泻、恶心、呕吐和上消化道出血等，腹泻为水样便或带有血液、黏液和脓液。厥冷型患者虚脱无力，体温降低，血压下降致循环衰竭。

此外还可出现黑尿热、先天性疟疾、婴幼儿疟疾、输血性疟疾等类型疟疾。

四、实验诊断

（一）病原学检查

取患者外周血检查到疟原虫是疟疾确诊的依据。

1. 厚、薄血膜染色镜检法 是目前最常用的方法。采血时间因种而异，恶性疟在发作开始时采血，间日疟、三日疟在发作后数小时至10余小时采血检出率高。通常从受检者耳垂、指端，婴儿足后跟采血，制作厚、薄血膜，用瑞氏或吉氏染色液染色后镜检疟原虫。薄血膜中红细胞未被破坏，疟原虫形态结构清晰，易于识别和鉴别虫种，但取血量少，涂的血膜面积大，疟原虫分散，原虫密度低时易漏检；厚血膜中疟原虫较集中，检出率高，但制片过程中红细胞溶解，疟原虫皱缩变形，虫种鉴别较困难。由于厚、薄血膜各有优缺点，通常采用厚、薄血膜联合检查,即在一张玻片上同时制作厚、薄血膜。如果在厚血膜上查到原虫而鉴别有困难时,可再检查薄血膜。

2. 溶血离心沉淀法 又称浓集湿血片染色法。白皂素破坏了正常的红细胞,离心使疟原虫浓集,提高了检出率。因不需特殊仪器设备,操作简便、快速,适用于基层医院使用。

3. 血沉棕黄层定量分析法(QBC) 此法原理是感染疟原虫的红细胞比正常红细胞轻,而比白细胞略重,离心分层后,疟原虫集中分布于正常红细胞层的上方、白细胞层的下方,加入吖啶橙试剂后,用荧光显微镜观察结果。此法敏感性比普通镜检法高7倍,简便快速,但易出现假阳性,费用高,还需荧光显微镜及特制的QBC管等,尚未被广泛使用。

(二)免疫学诊断

1. 循环抗体检测 常用的方法有间接荧光素标记抗体试验(IFA)、间接血凝试验(IHA)和酶联免疫吸附试验(ELISA)等,主要用于疟疾的流行病学调查、防治效果评估及输血对象的筛选。

2. 循环抗原检测 常用的方法有放射免疫试验(RIA)、抑制法酶联免疫吸附试验、夹心法酶联免疫吸附试验和快速免疫色谱测试卡(ICT)等,循环抗原的检测能更好地说明受检对象是否有现症感染。

(三)分子生物学技术

聚合酶链反应(polymerase chain reaction,PCR)和核酸探针已用于疟疾的诊断,分子生物学检测技术的最突出的优点是对低原虫血症检出率较高。用核酸探针检测恶性疟原虫,其敏感性可达感染红细胞内0.0001%的原虫密度,用套式PCR技术扩增间日疟原虫,其敏感性达0.1个原虫/μl血。分子生物学检测技术为疟原虫的诊断开辟了广阔的途径,但由于其操作烦琐、对实验条件要求高,限制了其临床应用。

▶ 五、流行与防治

(一)分布

疟疾是严重危害人类健康的疾病之一,也是全球广泛关注的重要公共卫生问题。据世界卫生组织(WHO)2011年统计,目前全球仍有99个国家流行疟疾,约33亿人受威胁,每年约有2亿例病例,死亡人数近70万,其中80%的病例发生在非洲。

我国过去疟疾流行十分猖獗,20世纪50年代初期,疟疾年发病人数超过3000万,居各种传染病之首,被国家列为重点消灭的五大寄生虫病之一,经过50多年的努力,大面积的暴发流行得到控制,基本消灭疟疾的范围在逐渐扩大。但近几年来全国疟疾疫情有所回升,南方人口流动频繁地区和边境地区的疫情比较严重,输入性疟疾患者比例逐年增高,因此疟疾仍是我国重点防治的寄生虫病之一。2010年我国制定并启动了国家消除疟疾行动计划,计划于2020年实现全国消除疟疾目标。

(二)流行因素

1. 传染源 外周血中有配子体的患者和带虫者是疟疾的传染源。间日疟原虫的配子体常在原虫血症2~3天后出现,恶性疟原虫配子体在原虫血症后7~11天才出现,血中带红细胞内期疟原虫的献血者也可通过供血传播疟疾。

2. 传播途径 通过雌按蚊叮咬为主要传播途径,此外还可通过胎盘、输血传播。我国主要的传疟按蚊是中华按蚊、嗜人按蚊、微小按蚊和大劣按蚊。

3. 易感人群 除了遗传因素、高疟区婴儿可从母体获得一定的抵抗力外,其他人群对疟原虫普遍易感。反复多次的疟疾感染可使机体产生一定的保护性免疫力,因此疟区成人发病率低于儿童,而外来的无免疫力的人群中常可引起疟疾暴发。

疟疾的流行除需具备上述三个基本环节外,传播强度还受自然因素和社会因素的影响。自然因素中温度和雨量最为重要。社会因素如政治、经济、文化、卫生水平及人类的社会活动等直接或间接地影响疟疾的传播与流行。

(三) 防治原则

我国的疟疾防治策略是执行因地制宜、分类指导、突出重点的方针,采取治疗、灭蚊、防护三结合的综合性防治措施,加强对流动人口疟疾管理和检测。

1. 预防 包括个体预防和群体预防,预防措施有蚊媒防制和预防服药。蚊媒防制包括灭蚊和使用蚊帐及驱蚊剂。预防服药是保护易感人群的重要措施之一。常用的预防性抗疟药有氯喹(chloroquine),对抗氯喹的恶性疟,可用哌喹(piperaquine)或哌喹加乙胺嘧啶(pyrimethamine)或乙胺嘧啶加伯氨喹啉(primaquine)。

接种疟疾疫苗是预防疟疾最理想的方法,疟疾疫苗包括子孢子疫苗、红外期疫苗、红内期疫苗和有性期疫苗,利用基因重组技术制备多虫期多抗原复合疫苗是疫苗研究的重要方向,目前已有一批疟疾疫苗进入临床前期试验阶段。

2. 治疗 包括对现症患者的治疗(杀灭红细胞内期疟原虫)和疟疾发作休止期的治疗(杀灭红细胞外期休眠子)。杀灭红细胞内期疟原虫的药物包括氯喹、咯萘啶(pyronaridine)、青蒿素(artemisinin)等;杀灭红细胞外期疟原虫及红细胞内期配子体的药物包括伯氨喹和乙胺嘧啶等。

3. 疫情检测 检测内容包括蚊媒情况、疫情报告、发病率、死亡率、个案调查、人口及环境调查等。疫情检测对考核疟疾防治效果,完善防治策略和巩固防治成果均有重要意义。

> **案例 8-1**
>
> 患者,男,54 岁,因间断发热 5 天入院。患者于入院前 5 天、3 天、1 天各发热 1 次,每次发热,均伴寒战、头痛、面色苍白,寒战持续 10 分钟至 2 小时,接着体温迅速上升,最高达 40.5℃,持续约 3 小时后,全身大汗淋漓,大汗后体温降至正常。3 天前发现患者腹部增大,患者 3 个月前曾到非洲阿尔及利亚(疟疾高发区)考察,被蚊虫叮咬。入院血常规检查:WBC $6.21×10^9$/L,N 33%,L 54%,Hb72g/L,RBC $2.79×10^{12}$/L,PLT $162×10^9$/L;外周血涂片:红细胞内找到疟原虫;B 超:肝脾大,实质回声均匀。
>
> 讨论:
> 1. 该患者可能患什么病?列出诊断依据。
> 2. 说出疟疾的传播途径。
> 3. 试分析患者出现肝脾大、血常规异常的可能机制。

第 2 节 刚地弓形虫

刚地弓形虫简称弓形虫,寄生于人和多种动物的有核细胞内,引起人兽共患的弓形虫病(toxoplasmosis),弓形虫是重要的机会致病原虫(opportunistic protozoan)。

一、形态

弓形虫生活史中有滋养体、包囊、裂殖体、配子体和卵囊5种形态,对人体致病及与传播有关的发育期为滋养体、包囊和卵囊(亦称囊合子)。

1. 滋养体 游离的滋养体(图8-8)呈弓形或新月形,一端钝圆,一端尖细,寄生细胞内的滋养体呈纺锤形或椭圆形。大小平均为(4~7)μm×(2~4)μm,经瑞氏或吉氏染色后胞质呈蓝色,胞核位于中央,呈紫红色。滋养体分为速殖子和缓殖子,在弓形虫病急性期,快速增殖的滋养体称为速殖子(图8-9),游离于细胞外或寄生于细胞内。速殖子在感染的细胞内增殖后,数个或数十个速殖子被宿主细胞的细胞膜包裹,形成假包囊。在弓形虫病慢性期,滋养体在包囊内缓慢增殖或相对静止称为缓殖子(bradyzoite)。

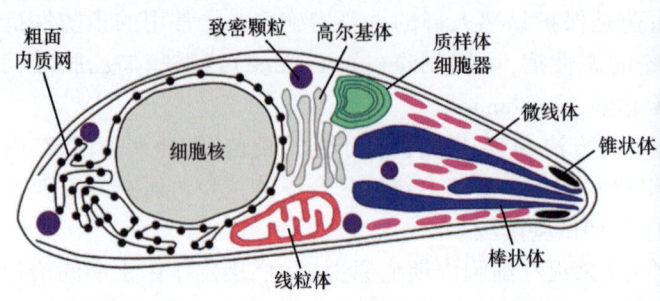
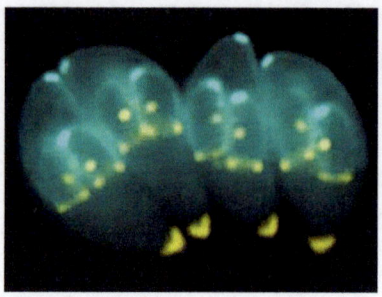

●● 图8-8 刚地弓形虫滋养体 ●●

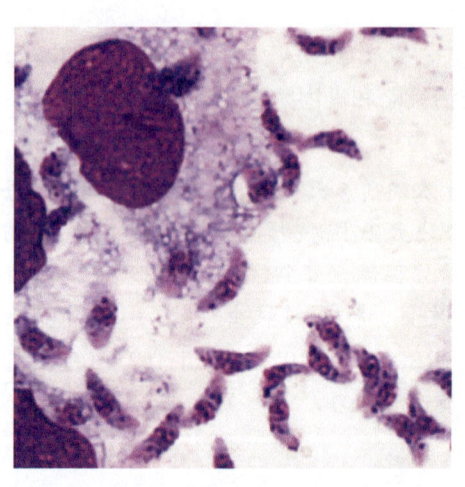

●● 图8-9 刚地弓形虫速殖子 ●●

2. 包囊 呈圆形或椭圆形,直径为5~100μm,有囊壁,囊内含数个至数百个增殖缓慢的缓殖子,在一定条件下包囊破裂,释出的缓殖子重新进入新的细胞形成包囊,或形成假包囊进行快速增殖。

3. 裂殖体 寄生于猫科动物小肠绒毛上皮细胞内。成熟的裂殖体为长椭圆形,内含4~29个裂殖子,以10~15个居多,呈扇形排列,裂殖子形如新月状,前尖后钝,比滋养体小。

4. 配子体 由裂殖子侵入肠上皮细胞发育而成,有雌、雄之分。雌配子体呈圆形,成熟后发育为雌配子,直径为15~20μm,吉氏染色核染成深红色,核小而致密,胞质深蓝色;雄配子体圆球形,成熟后形成12~32个雄配子,直径10μm,核质疏松染成红色。雌雄配子受精发育为合子,而后发育成卵囊。

5. 卵囊 又称囊合子,为感染阶段。刚从猫粪排出的卵囊为圆形或椭圆形,大小为10~12μm,具两层光滑透明的囊壁,成熟卵囊含2个孢子囊,每个孢子囊由4个新月形子孢子组成。

二、生活史

弓形虫生活史过程复杂,包括有性生殖和无性生殖。有性生殖只见于猫科动物的小肠上皮细胞内,无性生殖在人及多种动物的有核细胞内,包括猫科动物的肠上皮细胞及肠上皮细胞外的其他有核细胞。猫科动物为终宿主兼中间宿主,人、哺乳动物、鸟类等均为中间宿主。

1. 终宿主体内的发育 猫等猫科动物吞食了猫粪便内的卵囊或动物肉类中的包囊或假包囊后,子孢子、缓殖子或速殖子在小肠腔逸出,侵入肠上皮细胞裂体生殖,经 3~7 天,形成裂殖体,成熟后释出裂殖子,侵入新的肠上皮细胞形成第二、三代裂殖体,经数代增殖后,部分裂殖子发育为雌、雄配子体,继而发育为雌、雄配子,雌、雄配子受精成为合子,而后发育成卵囊,随猫科动物粪便排出体外,在适宜温、湿度环境中经 2~4 天即发育为具感染性的成熟卵囊。

2. 中间宿主体内的发育 当人和其他动物吞食了猫粪便内的卵囊或动物肉类中的包囊或假包囊后,子孢子、缓殖子或速殖子逸出侵入肠壁,经血液或淋巴液进入单核/吞噬细胞系统寄生,并扩散至脑、淋巴结、肝、心、肺、肌肉等全身组织器官,在细胞内增殖,形成假包囊,细胞破裂后,释出的速殖子重新侵入新的组织细胞,重复增殖。随着免疫力的产生,速殖子在细胞内繁殖速度减慢,转变为缓殖子,形成包囊。包囊在宿主体内可存活数月、数年,甚至终身。当机体免疫功能低下或长期应用免疫抑制剂时,组织内的包囊可破裂,释出缓殖子,进入血流或其他新的组织细胞发育繁殖为速殖子。包囊是中间宿主之间、中间宿主与终宿主之间互相传播的主要形式(图 8-10)。

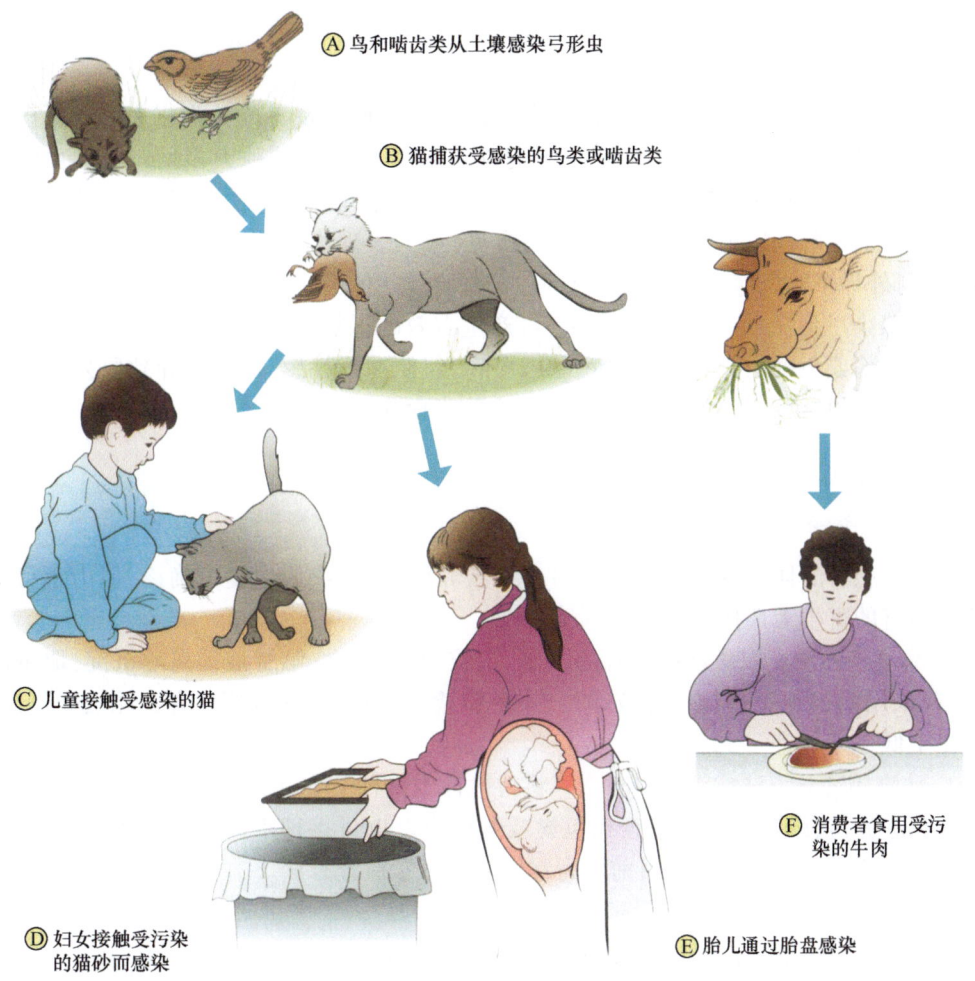

图 8-10 刚地弓形虫生活史

三、致病

弓形虫的致病作用与宿主的免疫状态及虫体毒力有关。弓形虫感染后在宿主组织细胞内以速殖子或缓殖子形式存在。速殖子以其对宿主细胞的侵袭力和在有核细胞内快速增殖破坏宿主细胞，虫体逸出后又重新侵入新的细胞，刺激淋巴细胞、巨噬细胞的浸润，致组织的急性炎症和坏死，引起急性感染。缓殖子是慢性感染的主要形式，包囊因缓殖子增殖致体积增大，压迫器官，使器官功能障碍。包囊增大到一定程度，可因多种因素而破裂。游离的虫体刺激机体产生迟发型超敏反应，并形成肉芽肿病变，后期的纤维钙化灶多见于脑、眼部等。弓形虫病包括先天性弓形虫病和获得性弓形虫病两种类型。

（一）先天性弓形病

先天性弓形虫病由孕妇经胎盘传给胎儿。怀孕3个月内感染可致脑积水、小脑畸形、智力障碍等，甚至流产、早产或死胎。孕中晚期感染弓形虫，出生婴儿多数表现为慢性感染，有的出生后数月甚至数年才出现脑积水、大脑钙化灶、视网膜脉络膜炎、精神运动障碍等先天性弓形虫病典型症候。此外，可伴有发热、皮疹、黄疸、肝脾大、呕吐、腹泻、贫血、心肌炎、癫痫等。融合性肺炎是常见的死亡原因。

（二）获得性弓形虫病

获得性弓形虫病可因虫体寄生部位和机体反应性而呈现不同的临床表现。淋巴结肿大是获得性弓形虫病最常见的体征，尤其是颌下和颈后淋巴结肿大多见。弓形虫常累及脑、眼部。弓形虫脑病患者常出现中枢神经系统异常表现，如脑炎、脑膜脑炎、癫痫和精神异常等。弓形虫眼病以视网膜脉络膜炎为多见，成人表现为视力突然下降，婴幼儿可见手抓眼症，对外界事物反应迟钝，也有出现斜视、虹膜睫状体炎、葡萄膜炎等。

宿主感染弓形虫后，在正常情况下，可产生有效的保护性免疫，多数无明显症状，当宿主有免疫缺陷或免疫功能低下时引起弓形虫病，即使在隐性感染，也可导致复发或致死的播散性感染；近几年有艾滋病患者因患弓形虫脑炎而死亡的报道。

四、实验诊断

（一）病原学检查

在可疑患者的体液或病变组织中检查到滋养体、包囊或假包囊可确诊，但由于弓形虫对组织器官的寄生无选择性，病原检查较困难。

1. 涂片染色法 取急性期患者的腹水、胸腔积液、羊水、脑脊液等离心沉淀，取沉淀物涂片，或采用活组织穿刺物切片或印片，染色镜检滋养体、包囊或假包囊。此法操作简便，但检出率低。

2. 动物接种分离法或细胞培养法 将待检标本接种于小鼠腹腔，小鼠发病后取腹腔渗出液查找滋养体，或取鼠脑组织查找包囊或假包囊。也可接种于离体培养的有核细胞内，查找滋养体或假包囊。此法是目前较为常用的病原学检查方法。

（二）免疫学诊断

鉴于弓形虫病原学检查的不足，免疫学诊断已成为当今广泛应用的辅助诊断手段。方

法种类较多,主要有:

1. 染色试验(DT) 为经典的特异血清学方法,采用活滋养体在补体的参与下与样本内特异性抗体作用,使虫体表膜破坏,不为着色剂美蓝所染。镜检见虫体不被蓝染者为阳性,虫体多数被蓝染者为阴性。本法因需活虫体现已少用。

2. 间接血凝试验(IHA) 此法特异、灵敏、操作简易,适用于流行病学调查及筛查性抗体检测,应用广泛。

3. 间接免疫荧光抗体试验(IFA) 以完整虫体为抗原,采用荧光标记的二抗检测特异性抗体。此法可测同型及亚型抗体,其中测 IgM 有早期诊断价值。

4. 酶联免疫吸附试验(ELISA) 用于检测宿主的特异性抗体或循环抗原,广泛用于弓形虫病的辅助诊断。

5. 免疫酶染色试验(immunoenzyme staining test,IEST) 效果与 IFA 相似。对涂片染色可疑者可配合使用此法,提高检出率。

近年来将 PCR 及 DNA 探针技术应用于检测弓形虫感染,更具有灵敏、特异、早期诊断的意义。

▶ 五、流行与防治

(一) 分布

该病为动物源性疾病,呈世界性分布,人群感染相当普遍,多数属隐性感染。据血清学调查,国外人群抗体阳性率为 25%~50%,少数国家可达 80%以上。我国人群抗体阳性率为 0.329%~11.793%,平均 5.3%。本病对人兽危害大,尤其是婴儿的先天性弓形虫病可造成严重的损害,近年来得到重视。

(二) 流行环节

1. 传染源 传染源广泛,如猫、多种家畜、家禽及野生动物,其中猫及猫科动物是重要传染源。

2. 传播途径 人类主要因食入被猫粪中卵囊污染的水和食物,或者生食、半生食被感染动物的肉、蛋、奶制品而感染,还可经胎盘、破损的皮肤黏膜、输血、器官移植等途径感染。

3. 易感人群 人对弓形虫普遍易感。胎儿及婴幼儿的易感性比成人高,免疫功能低下人群比正常人易感。

(三) 防治原则

防止弓形虫病流行重在预防:

1. 应加强对家畜、家禽和可疑动物的监测和隔离。
2. 严格肉类检疫,注意饮食卫生,不吃生或半生的动物类食品,不养猫等动物。
3. 定期对孕妇做弓形虫常规检查,以防止先天性弓形虫病的发生,如有发现,必须及时治疗或终止妊娠。
4. 对急性期患者应及时用乙胺嘧啶、磺胺类药物、乙酰螺旋霉素等治疗。治疗孕妇感染的首选药物是乙酰螺旋霉素。

案例 8-2

患者，女，25 岁，因发作性短暂意识障碍 4 个月入院。患者在 4 个月前突然出现短暂的意识障碍，表现为两眼瞪视、站立不动、呼之不应，每次持续 10~20 秒，继之昏睡数分钟，发作后对发作过程均不能回忆，1 天内发作 10 余次，有时有幻听，有时发作后突然跌倒，全身强直性肌痉挛，头后仰，双上肢内收前旋，双下肢强直，口唇发绀，面色潮红、流涎，持续 3~4 分钟自行缓解，经过数十分钟深睡后清醒。按"原发性癫痫"治疗，效果不佳。既往无头部外伤史，有养猫嗜好。体检：神志清，反应可，肝脾肋下未触及，四肢肌力、肌张力、感觉均正常，神经系统检查无异常。头颅 CT 示：左侧额颞叶局部萎缩，内见软化、钙化灶。血液弓形虫 IgM 抗体效价为 1∶512。

讨论：
1. 该患者可能患什么病？
2. 该患者可能的感染方式是什么？
3. 先天性弓形虫病是怎样感染的？为什么在许多国家弓形虫检查被作为孕前检查的常规项目？

第3节 隐孢子虫

隐孢子虫为体积微小的球虫类寄生虫，广泛存在牛、羊、马等多种哺乳动物及人体小肠上皮细胞内，引起以腹泻为主要临床表现的人畜共患性隐孢子虫病，隐孢子虫是重要的机会致病性寄生虫，寄生于人体的虫种主要为微小隐孢子虫。

▶ 一、形态

隐孢子虫生活中有滋养体、裂殖体、配子体、合子、卵囊 5 个阶段，成熟卵囊为感染阶段。卵囊呈圆形或椭圆形，直径为 4~6μm，成熟卵囊内含 4 个裸露的月牙形子孢子和残留体。残留体由颗粒状物和一空泡组成。吉氏染色后，胞质呈蓝色，可见数个致密的红色颗粒；在改良抗酸染色标本中，卵囊为玫瑰红色，囊内子孢子排列不规则，形态多样，残留体为黑（棕）色颗粒状（图 8-11）。

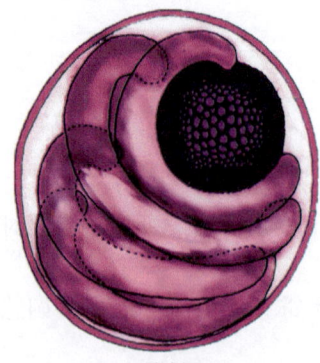

模式图

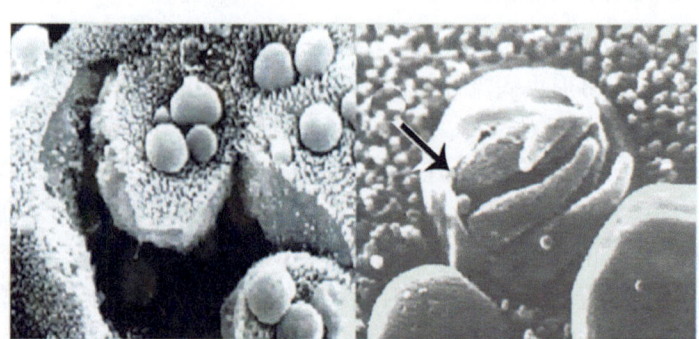

扫描电镜显示卵囊内的子孢子

图 8-11 隐孢子虫卵囊

二、生活史

隐孢子虫生活史简单,不需转换宿主,其无性生殖和有性生殖阶段均在同一宿主体内进行。

人及易感动物误食成熟卵囊后,在消化液的作用下,囊内子孢子逸出,侵入小肠上皮细胞内,先发育为滋养体,再经裂体生殖产生裂殖子。裂殖子在上皮细胞内不断重复裂体生殖过程,造成上皮细胞的破坏。经过多次裂体生殖后,部分裂殖子侵入上皮细胞内,可逐渐发育为雌、雄配子体,进一步发育为雌、雄配子,雌雄配子结合形成合子,进入孢子生殖阶段,最终发育为卵囊。卵囊有薄壁和厚壁两种类型,薄壁卵囊约占20%,其子孢子逸出后直接侵入宿主肠上皮细胞,继续无性繁殖,形成宿主自身体内重复感染;厚壁卵囊约占80%,在宿主细胞内或肠腔内孢子化(形成子孢子)。孢子化的卵囊随宿主粪便排出体外,即具感染性。完成生活史需5~11天。

三、致病

隐孢子虫主要寄生于宿主小肠上皮细胞内,使肠上皮细胞受损。寄生数量多时,可导致肠绒毛萎缩、变短、变粗,或融合、移位和脱落,破坏了肠道消化和吸收功能,导致患者严重持久的腹泻。临床症状的严重程度与病程长短主要取决于宿主的免疫功能状况。免疫功能正常者,起病急,腹泻为主要症状,大便呈水样或糊状,一般无脓血,日排便2~20余次,常伴有痉挛性腹痛、腹胀、恶心、呕吐、食欲减退或厌食、口渴和发热等。病程多为自限性,持续7~14天,但症状消失数周后粪便中仍可带有卵囊。少数患者迁延1~2个月或转为慢性反复发作。恶性肿瘤、HIV感染等免疫功能低下者,引起持续性霍乱样水泻,每天腹泻数次至数十次,伴剧烈腹痛、水、电解质紊乱和酸中毒。患者常并发呼吸道和胆道等肠外器官隐孢子虫病而加重病情。隐孢子虫为机会致病性原虫,其感染常为艾滋病患者死亡的原因之一。

四、实验诊断

(一)病原学检查

粪便(水样或糊状便)直接涂片染色或自然沉淀后涂片染色,检出卵囊即可确诊。染色方法有:

1. 金胺-酚染色法 本法简便、敏感,适用于批量标本的过筛检查,阳性或可疑样本再用改良抗酸染色法检查。镜检时应注意虫体与酵母菌及非特异的荧光颗粒的鉴别。

2. 改良抗酸染色法 经改良抗酸染色后,虫体形态结构清晰,易与酵母菌及非特异颗粒区别,准确性高。但粪便标本中多存在红色抗酸颗粒,形同卵囊,难以鉴别。

3. 金胺-酚-改良抗酸染色法 是目前检查隐孢子虫卵囊的最佳方法。先用金胺-酚染色,再用改良抗酸染色复染,用光学显微镜检查,卵囊形态同抗酸染色所示,但非特异性颗粒呈蓝黑色,颜色不同于卵囊,该法提高了检出率和准确性。

(二)免疫学诊断

本法适用于对轻度感染者的诊断和流行病学调查。

1. 粪便标本的免疫学诊断 用单克隆抗体检测粪便标本中的卵囊,常用的方法有IFA、ELISA等,特异性高、敏感性好。

2. 血清标本的免疫学诊断 常采用 IFA、ELISA 和酶联免疫印迹试验(ELIB)等方法检测血清中的抗体,特异性、敏感性均较高。

五、流行与防治

(一) 分布

隐孢子虫病呈世界性分布,迄今已有 90 多个国家至少 300 个地区有报道。我国江苏、安徽、内蒙古、福建等 19 个省(市、自治区)均有隐孢子虫病的报道。本病多发生于温暖潮湿季节,也多发于经济落后、卫生状况差的地区,畜牧地区。

(二) 流行环节

1. 传染源 隐孢子虫患者、带虫者是重要的传染源,牛、羊、犬、猫等 40 多种哺乳动物均可作为该虫的保虫宿主,为重要的动物源性传染源。

2. 传播途径 摄入被粪便中隐孢子虫卵囊污染的食物、水是主要方式;同性恋者口交、肛交行为也是隐孢子虫感染的重要途径;另外痰液中有卵囊者可通过飞沫传播。

3. 易感人群 婴幼儿、艾滋病患者、接受免疫抑制剂治疗的患者,以及免疫功能低下者为易感人群。在欧美,11%~21% 的艾滋病患者腹泻便中发现该虫卵囊,而在非洲等发展中国家可达 12%~48%。

(三) 防治原则

防止患者、病畜及带虫者的粪便污染食物和饮水;加强粪便管理和个人卫生;保护免疫功能缺陷或低下的人,增强其免疫力,避免与患者、病畜接触;凡接触患者、病畜者,应及时洗手消毒;患者或病畜的排泄物可用 10% 甲醛、5% 氨水及时处理杀死卵囊。隐孢子虫病目前尚无特效治疗药物,螺旋霉素、巴龙霉素、大蒜素有一定的治疗效果。

第 4 节 其他人体寄生孢子虫

一、肉孢子虫

肉孢子虫属真球虫目、肉孢子虫科。肉孢子虫主要寄生于猪、牛等的小肠黏膜固有层和肌肉,也可侵入人体,引起人兽共患的肉孢子虫病。以人为终宿主的肉孢子虫有两种,即猪人肉孢子虫(中间宿主为猪)和人肉孢子虫(中间宿主为牛)。上述两种肉孢子虫均寄生于人的小肠,故又统称人肠肉孢子虫。此外,尚有多种肉孢子虫以人为中间宿主,在人的肌肉组织内形成肉孢子虫囊的称为人肌肉肉孢子虫。

(一) 形态

1. 卵囊 成熟卵囊为长椭圆形,内含 2 个孢子囊,卵囊壁薄而脆弱常在肠内自行破裂,破裂后孢子囊逸出并存在于终宿主粪便中。孢子囊呈椭圆形或卵圆形,壁双层而透明,内含 4 个子孢子。猪人肉孢子虫孢子囊大小为 (11.6~13.9)μm×(10.1~10.8)μm;人肉孢子虫孢子囊大小为 (13.1~17.0)μm×(7.7~10.8)μm。

2. 肉孢子囊 寄生于中间宿主肌肉,呈圆柱形或纺锤形,长径为 1~5cm,横径为 0.01~1cm,囊壁内有许多间隔把囊内缓殖子分隔成簇。缓殖子大小为 (12~16)μm×(4~9)μm,形似香蕉(图 8-12)。

（二）生活史

肉孢子虫的生活史需两种宿主，终宿主是食肉类动物或人，中间宿主是猪、牛等食草动物。中间宿主吞食终宿主粪便内的卵囊或孢子囊后，孢子囊中子孢子在小肠内释出，穿过肠壁进入血液，在血管内皮细胞内裂体生殖形成许多裂殖子，裂殖子再进入肌肉组织中发育为肉孢子囊。当终宿主误食含肉孢子囊的动物肉后，缓殖子从孢子囊内逸出并侵入小肠固有层，直接发

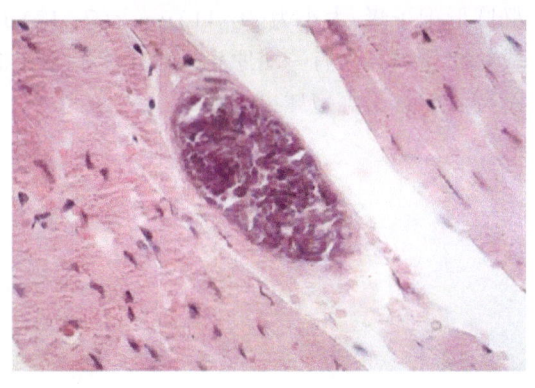

●● 图 8-12　肉孢子囊 ●●

育为雌、雄配子后受精，发育为卵囊，在小肠固有层成熟后进入肠腔，随粪便排出体外。人偶可作为中间宿主，在肌肉内形成肉孢子囊。

（三）致病

人因生食或误食含有肉孢子囊的肉类而感染，囊内的缓殖子侵入肠壁细胞而引起人肠肉孢子虫病，患者常出现食欲缺乏、腹痛、腹泻、恶心、呕吐等消化道症状。感染严重者可引起贫血、坏死性肠炎等。免疫功能正常的人群多无明显症状，而免疫功能低下的人群可出现严重感染。

人肌肉肉孢子虫病的临床表现与肉孢子囊寄生部位有关，多无明显症状，但若肉孢子囊寄生于重要部位则可引起明显症状，如寄生于喉头肌可引起支气管痉挛和声音嘶哑，寄生于心肌致心肌炎。此外，肉孢子囊还能破坏所侵犯的肌细胞，并造成临近细胞的压迫性萎缩，一旦囊壁破裂，释放出的肉孢子毒素作用于神经系统、心、肾上腺、肝和小肠等组织器官，严重时引起死亡。

（四）实验诊断

在粪便中查找到卵囊或孢子囊即可确诊，常用粪便直接涂片、蔗糖浮聚法或硫酸锌浮聚法浓集后涂片。人肌肉肉孢子虫病采用活组织或切片检查。

（五）流行与防治

本病在世界各地均有流行，我国云南地区猪的肉孢子虫自然感染率高达68%，与当地居民喜生食、半生食猪肉有关，普查发现云南人感染率为9.1%~62.5%。

预防感染以不生食或半生食动物肉类，加强肉类卫生检疫，科学养猪、牛等动物，防止动物食入人的粪便为主；治疗上尚无特效药物，可试用磺胺嘧啶、甲氧苄氨嘧啶和磺胺甲基异噁唑等治疗。

二、等孢球虫

等孢球虫是广泛存在于哺乳类、鸟类和爬行类动物肠道内的寄生性原虫。感染人体的等孢球虫有贝氏等孢球虫和纳塔尔等孢球虫。

（一）形态

贝氏等孢球虫的生活史中有卵囊、滋养体、裂殖体及配子体4种形态。在宿主的粪便中只可见到卵囊，呈长椭圆形或纺锤形，大小为(20~33)μm×(10~19)μm。成熟卵囊含有2

个椭圆形孢子囊,大小为(9~11)μm×(7~12)μm,内含 4 个腊肠形的子孢子和 1 个残留体;未成熟卵囊内只含有一团原生质或 1 个圆形细胞(图 8-13)。纳塔尔等孢球虫卵囊稍大,其形态特点与贝氏等孢球虫相似。

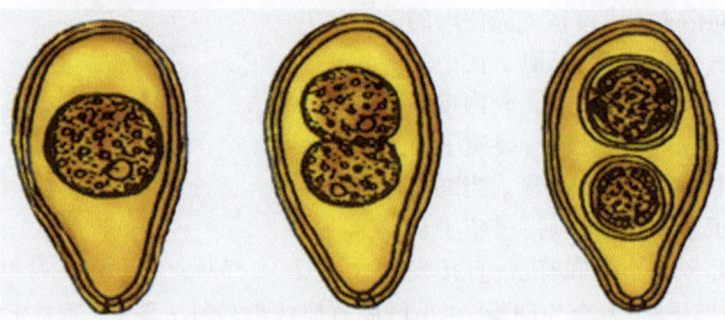

● ● 图 8-13　贝氏等孢球虫卵囊 ● ●

(二) 生活史

宿主食入或饮入含成熟卵囊污染的食物或水而感染,卵囊中的子孢子在小肠上段逸出,侵入肠上皮细胞发育为滋养体,经裂体生殖,裂殖子逸出并侵入附近的肠上皮细胞继续进行裂体生殖或形成雌、雄配子体,进一步形成雌、雄配子,结合形成合子发育为卵囊,卵囊落入肠腔随粪便排出,在体外经 48 小时后发育为成熟卵囊。

(三) 致病

等孢球虫感染后常无明显临床表现,也可出现慢性腹泻、腹痛、倦怠、厌食等症状,有时可引起发热、持续性或脂肪性腹泻、体重减轻等严重的临床症状,甚至可引起死亡。

(四) 实验诊断

在粪便中查找到卵囊即可确诊,由于卵囊较小,无色透明,粪便直接涂片或浓集后涂片检查容易漏检。用抗酸染色法可使卵囊壁轮廓清晰、囊内孢子囊染为红色,必要时可用十二指肠活组织检查诊断。

(五) 流行与防治

等孢球虫病主要流行于中南美洲、非洲及东南亚。美国艾滋病人群中,该病的发病率为 15%;我国也有 10 多例报告。预防本病要加强粪便管理,注意饮食卫生,常用治疗药物为乙胺嘧啶、磺胺嘧啶,磺胺甲基异噁唑对免疫抑制患者的慢性感染有疗效。

第 5 节　孢子虫的检验技术

由于不同的孢子虫在人体内的寄生部位及离体途径不同,病原学检查采集的标本及检查方法亦不同。

一、粪便检查

金胺-酚-改良抗酸染色法是检查隐孢子虫卵囊的最佳方法。检查时取新鲜粪便(水样或糊状)或经 10% 甲醛溶液固定保存(4℃、1 个月内)的粪便,直接涂片或自然沉淀后取管底沉淀于载玻片上涂成粪膜,自然干燥后先用金胺-酚染色,再用改良抗酸染色法复染,以提高检出率和准确性。如仅用金胺-酚染色法或改良抗酸染色法效果均不如复染法。

(一) 金胺-酚染色法

1. 染液配制　第一液(1g/L 金胺-酚染色液):金胺 0.1g,酚 0.5g,蒸馏水 100ml;第二液(3%盐酸乙醇):盐酸 3ml,95%乙醇 100ml;第三液(5g/L 高锰酸钾液):高锰酸钾 0.5g,蒸馏水 100ml。

2. 染色　用甲醇固定自然干燥后的粪膜 2~3 分钟;滴加第一液于晾干的涂片上,10~15 分钟后水洗;滴加第二液,1 分钟后水洗;滴加第三液,1 分钟后水洗,晾干后置荧光显微镜下观察。

3. 结果观察　低倍镜下可见卵囊为一圆形小亮点,周边光滑,乳白色或略带绿色荧光,数量多时可遍布视野。高倍镜下多数卵囊周围深染,中央淡染,呈环状,壁薄,有时卵囊全部被深染。但有些标本可出现非特异的荧光颗粒,应注意鉴别。

(二) 改良抗酸染色法

1. 染液配制　第一液(苯酚复红染色液):苯酚 8ml,碱性复红 4g,95%乙醇 20ml,蒸馏水 100ml;第二液(10%硫酸溶液):蒸馏水 90ml,纯硫酸 10ml,边搅拌边将硫酸徐徐倒入水中;第三液(2g/L 孔雀绿溶液):取 20g/L 孔雀绿原液 1ml,与蒸馏水 9ml 混匀。

2. 染色　滴加第一液于晾干的粪膜上,1.5~10 分钟后水洗;滴加第二液,1~10 分钟后水洗;滴加第三液,1 分钟后水洗,晾干后置显微镜下观察。

3. 结果观察　镜下可见卵囊呈圆形或椭圆形,呈玫瑰红色,囊内可见 4 个排列不规则的月牙形子孢子及黑色颗粒状的残留体,视野背景为蓝绿色,酵母菌呈深蓝色,与卵囊容易区别,但粪便标本中多存在形同卵囊的红色抗酸颗粒,与卵囊难以区别。

注意事项:如染色(1.5 分钟)和脱色(2 分钟)时间短,卵囊内子孢子边界不明显;如染色时间长(5~10 分钟),脱色时间需相应延长,子孢子边界明显。不具备荧光显微镜的实验室,染色后,先用低、高倍显微镜过筛检查,发现小红点再用油镜观察,可提高准确性,缩短检出时间。

(三) 金胺-酚-改良抗酸染色法

先用金胺-酚染色,再用改良抗酸染色法复染,然后置光学显微镜下观察。卵囊形态同改良抗酸染色,但非特异颗粒被染成蓝黑色,两者颜色显然不同,容易区别,提高了检出率和准确性。

▶▶ 二、血液检查

采集血液标本,用厚、薄血膜染色是检查疟原虫的常用方法,因厚、薄血膜各有优缺点,实际操作时常在 1 张载玻片上同时做厚、薄血膜(图 8-14),以便比较观察。

1. 采血　从患者耳垂或指尖采血,婴儿可于足后跟采血。先用 75%酒精棉球消毒取血部位,待干后持采血针迅速刺入皮肤 1~2mm 深,挤出血滴涂片。间日疟、三日疟宜在发作后数小时至 10 余小时采血;恶性疟宜在发作开始时采血。

2. 血膜制作

(1) 薄血膜制作:取血 1 小滴(约 2μl)置于载玻片上,选取一张边缘光滑的载玻片为推片,与载玻片形成 30°~45°夹角,将推片一端置于血滴之前,待血液沿推片端缘扩散时,均匀而迅速适当地用力向前推成薄血膜。血膜自然晾干后用甲醇固定。理想的薄血膜:血细胞分布均匀,整个血膜呈舌形,无裂缝。

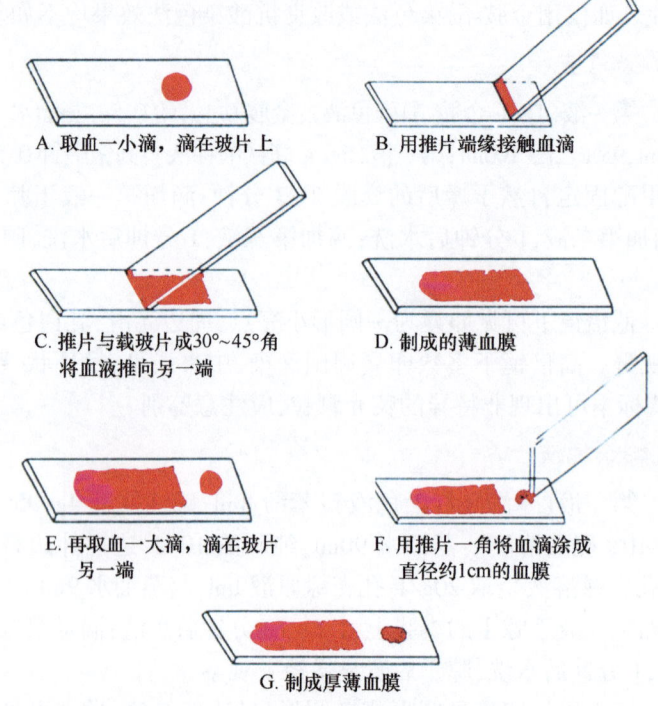

●● 图 8-14 疟原虫检查的厚薄血膜制作 ●●

注意事项:制片时血量适中,两玻片间的夹角要适当,以免血膜过厚或过薄。推片时用力均匀,一次推成,切勿中途停顿或重复推片。

(2) 厚血膜制作:取血 1 大滴(约 3μl)置于载玻片上,以推片的一角,将血滴自内向外螺旋形摊开成直径约 1cm 的厚血膜。血膜自然晾干后滴加蒸馏水溶血,待血膜呈灰白色时,将水倒去,晾干后再用甲醇固定。

注意事项:血膜厚度要适中,过厚则血膜易脱落,过薄则达不到浓集虫体的目的。

(3) 厚薄血膜同片制作:将载玻片分成六等份,将厚血膜涂在第三格的中央,薄血膜涂在第四格前缘至第六格中部,标签及编号置于第一、二格。厚、薄血膜间用蜡笔画线分开,以免溶血或固定时厚、薄血膜相互影响。

3. 染色

(1) 瑞氏染色法(Wright's stain):此法操作简便、快速,但染色的血膜较易褪色,保存时间不长,多用于临时性检验。

染色方法:瑞氏染剂含甲醇,血膜不需先固定。染色前用蜡笔划出染色范围,滴加染液覆盖厚、薄血膜,30 秒至 1 分钟后加等量蒸馏水,轻轻摇动载玻片,使蒸馏水和染液混合均匀,此时出现一层灿铜色浮膜,3~5 分钟后用水缓慢从玻片一端冲洗(注意勿先倒去染液或直对血膜冲洗),至血膜呈现紫灰色为止,晾干后镜检。

(2) 吉氏染色法(Giemsa stain):此法血膜褪色较慢,保存时间较长,染色效果良好,操作简单,适用于大批量血片标本的染色,但染色时间较长。

染色方法:染色前用蜡笔划出染色范围,用 pH 6.8~7.0 的缓冲液将吉氏染液原液稀释 15~20 倍后滴于已固定的薄、厚血膜上,室温下染色半小时,缓冲液冲洗,晾干后镜检。稀释的染液宜现配现用，否则易产生沉淀，影响染色结果。

4. 镜检 在镜检薄血膜时，有时重叠于红细胞上的血小板、染液颗粒、细菌、真菌、尘粒、白细胞碎片与疟原虫类似，应加以区别，这些类似物大多呈同一种颜色，与红细胞不在同一水平面上。镜检厚血膜时，因红细胞溶解，疟原虫皱缩变形，虫体比薄血膜中的略小；有的疟原虫细胞质着色深，细胞核模糊不清，应仔细观察。当厚、薄血膜涂在同一载玻片上时，应先检查厚血膜，鉴定虫种有困难时再仔细观察薄血膜，以节约时间，提高检出率。

▶ 三、淋巴结检查

详见鞭毛虫检验技术。

学习小结

> 孢子纲无明显的运动细胞器，均营寄生生活，生活史较复杂，生殖方式包括无性生殖和有性生殖。对人类健康危害严重的主要有疟原虫、刚地弓形虫、隐孢子虫。疟原虫引起的疟疾是新中国成立初期提出的重点消灭的五大寄生虫病之一，刚地弓形虫和隐孢子虫是机会致病性原虫，能引起人兽共患的寄生虫病。
>
> 疟原虫在红细胞内的形态包括环状体、大滋养体、裂殖体、配子体，生殖方式包括在人体内进行的裂体生殖和在按蚊体内进行的配子生殖、孢子生殖，人为中间宿主，蚊为终宿主，子孢子为感染阶段，传播媒介为雌性按蚊，感染途径主要为按蚊的叮咬，还可通过胎盘、输血传播。红细胞内的裂体生殖是引起疟疾发作的原因。厚、薄血膜涂片染色镜检是诊断疟疾最常用的方法。
>
> 弓形虫寄生于宿主有核细胞内，生活史中有滋养体、包囊、裂殖体、配子体和卵囊5种形态，中间宿主包括人和多种哺乳动物，终宿主为猫及猫科动物，感染阶段为包囊、假包囊和卵囊，以经口感染为主，还可经胎盘、破损的皮肤黏膜、输血、器官移植等途径感染。弓形虫病包括先天性弓形虫病和获得性弓形虫病，以前者危害严重。免疫学诊断为主要的辅助诊断手段。
>
> 隐孢子虫寄生于宿主小肠上皮细胞内，引起以腹泻为主的隐孢子虫病，传染源为患者、带虫者和多种感染动物，感染阶段和诊断阶段均为卵囊，经口感染。金胺-酚-改良抗酸染色法是目前隐孢子虫卵囊检查的最佳方法。

目标检测

一、名词解释

1. 疟疾的再燃
2. 疟疾的复发

二、选择题

1. 感染间日疟原虫的红细胞，在吉姆萨液染色后所呈现的形态特征中，下列描述错误的是
   A. 疟原虫细胞质染成蓝色
   B. 疟原虫细胞核染成红色或紫红色
   C. 红细胞胞质内出现疟色素
   D. 受染红细胞颜色变浅
   E. 从大滋养体期起，受染红细胞胀大并出现红色薛氏小点

2. 鉴别疟原虫雌雄配子体最主要的依据是
   A. 原虫的大小 B. 疟色素的分布
   C. 虫体染色后的颜色深浅 D. 细胞核的特点

   E. 原虫的外形

3. 间日疟原虫感染的疟疾患者外周血中能查到的形态有
   A. 环状体 B. 大滋养体
   C. 裂殖体 D. 配子体
   E. 以上都可以

4. 在按蚊体内能继续发育的疟原虫阶段是
   A. 环状体 B. 大滋养体
   C. 裂殖体 D. 配子体
   E. 卵囊

5. 检查疟原虫用
   A. 厚、薄血膜涂片染色法 B. 骨髓穿刺法
   C. 碘液染色法 D. 染色试验
   E. 十二指肠引流法

6. 下列供血者中，不能通过输血传播疟疾的是

A. 血液内有环状体的现症患者和带虫者
B. 血液内有晚期裂殖体的现症患者和带虫者
C. 血液内有早期裂殖体的现症患者和带虫者
D. 血液内有子孢子的现症患者和带虫者
E. 血液内有大滋养体的现症患者和带虫者

7. 下列都是间日疟原虫大滋养体期的主要形态特点，除外的是
   A. 形状不规则，有伪足伸出
   B. 疟色素分散于胞质中，棕黄色
   C. 1 个核
   D. 被寄生红细胞胀大，有薛氏小点
   E. 细胞核开始分裂

8. 恶性疟原虫感染者外周血中检测不到的疟原虫发育期是
   A. 环状体和配子体   B. 环状体和裂殖体
   C. 配子体和裂殖体   D. 大滋养体和裂殖体
   E. 大滋养体和环状体

9. 弓形虫病的传播途径应除外
   A. 母婴传播   B. 痰液、飞沫
   C. 输血和器官移植   D. 生食肉、乳、蛋
   E. 密切接触动物

10. 急性弓形虫病的主要致病阶段是
    A. 缓殖子   B. 速殖子
    C. 裂殖体   D. 子孢子
    E. 配子体

11. 下列人体细胞中，弓形虫不能寄生的是
    A. 巨噬细胞   B. 肝细胞
    C. 红细胞   D. 脑胶质细胞
    E. 横纹肌细胞

12. 先天性弓形虫病患者表现为
    A. 脑积水、无脑儿、小头畸形等
    B. 肝、脾、淋巴结肿大
    C. 尿急、尿频、尿痛
    D. 发热、咳嗽、胸痛，伴有咳痰、咯血
    E. 颈后和颌下淋巴结肿大

13. 能够检查到弓形虫速殖子的标本是
    A. 腹水   B. 胸腔积液
    C. 羊水   D. 脑脊液
    E. 以上都是

14. 弓形虫感染的病原学检查
    A. 粪便检查卵囊

B. 支气管肺泡灌洗液和支气管活检包囊及滋养体
C. 体液查滋养体
D. 血涂片查不同发育期虫体
E. 免疫荧光法

15. 弓形虫病的检查方法不包括
    A. 骨髓涂片染色镜检   B. DT
    C. IFA   D. ELISA
    E. 外斐氏反应

16. 隐孢子虫的感染阶段是
    A. 滋养体   B. 卵囊
    C. 裂殖体   D. 配子体
    E. 包囊

17. 隐孢子虫对人体的致病特点是
    A. 机械性损伤
    B. 化学毒性损害
    C. 掠夺宿主营养造成维生素缺乏
    D. 虫体抗原引起的过敏反应
    E. 机会性致病

18. 严重隐孢子虫病腹泻症状为
    A. 霍乱样水便
    B. 脂肪吸收不良性水样便
    C. 周期性稀便、恶臭
    D. "果酱样"血便
    E. 脓样性血便

19. 隐孢子虫病原学检查检出率最高的方法是
    A. 粪便直接涂片法   B. 饱和盐水浮聚法
    C. 金胺-酚染色法   D. 改良抗酸染色法
    E. 金胺-酚-改良抗酸染色法

20. 下列哪种为隐孢子虫的病原学检查法
    A. 粪便检查卵囊
    B. 支气管肺泡灌洗液查包囊及滋养体
    C. 体液查滋养体
    D. 血涂片查卵囊
    E. 血清学试验

三、问答题

1. 描述红细胞内疟原虫形态特征及常用的病原学检查方法。
2. 简述疟原虫检查的厚、薄血膜制作要点及注意事项。
3. 列出弓形虫病的感染方式，简述其防治原则。
4. 列出隐孢子虫病原学检查常用的染色方法。

（戴翠萍）

第9章 动基裂纲

学习目标

1. 掌握 结肠小袋纤毛虫的形态、感染阶段。
2. 熟悉 结肠小袋纤毛虫的生活史过程及流行因素。
3. 了解 纤毛虫纲一般特征。

纤毛虫属于纤毛门动基裂纲，大多数纤毛虫在生活史的各阶段体外披纤毛，以纤毛作为运动细胞器，体内有大核和小核各1个，以二分裂法增殖或进行结合生殖。多数纤毛虫营自生生活，少数为寄生生活，主要寄生于无脊椎动物和脊椎动物消化道内。与医学有关的纤毛虫主要是结肠小袋纤毛虫。

结肠小袋纤毛虫

结肠小袋纤毛虫(*Balantidium coli*)是人体最大的寄生原虫。该虫寄生于人体结肠内，可侵入肠壁组织，引起结肠小袋纤毛虫性痢疾。

(一) 形态

1. 滋养体 滋养体呈椭圆形，无色透明或淡灰略带绿色，大小(50~200)μm×(20~80)μm，体表披有纤毛，可借纤毛的摆动迅速旋转前进，虫体极易变形，前端有一凹陷的胞口，下接漏斗状胞咽，颗粒状食物借胞口纤毛运动进入虫体。胞质内含食物泡，消化后的残渣经胞肛排出体外。经铁木素染色后可见一个肾形的大核和一个圆形的小核，后者位于前者的凹陷处(图9-1)。

2. 包囊 包囊呈圆形或椭圆形，直径为40~60μm，淡黄或淡绿色，囊壁厚而透明，染色后可见大、小核和伸缩泡等结构(图9-1)。

(二) 生活史

包囊为感染期，包囊随宿主粪便排出体外污染食物、饮水，当人或猪等食入包囊后，在胃肠道脱囊逸出滋养体。滋养体在结肠内以淀粉颗粒、细菌和细胞为食，以横二分裂法繁殖。有时也可进行接合生殖，在接合生殖时，两个虫体在胞口处暂时性结合在一起，交换部分核质后分开，再各自进行二分裂法繁殖，有时滋养体还可侵犯肠壁。滋养体沿肠腔移行至结肠下段，虫体团缩变圆，并分泌囊壁形成包囊。包囊在外界不进行囊内增殖。滋养体也可随粪便排出体外，在适宜条件下也能形成包囊。

(三) 致病

滋养体寄生于结肠，虫体可借助纤毛运动及其分泌透明质酸的作用侵犯肠壁组织，造

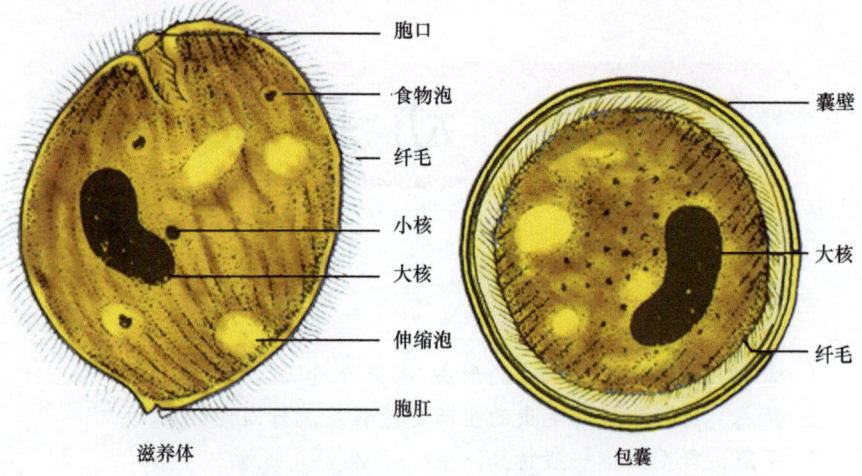

图 9-1 结肠小袋纤毛虫滋养体、包囊

成损伤并形成溃疡。重者可出现大面积结肠黏膜的破坏和脱落,病理变化似阿米巴痢疾。

人体感染结肠小袋纤毛虫后,一般无临床症状。急性期患者出现痢疾样症状,表现为腹痛、腹泻和黏液血便,并常有脱水及营养不良等,病程短,有一定的自限性;慢性患者表现为长期的周期性腹泻,粪便带黏液而无脓血,或者腹泻与便秘交替出现。

(四)实验诊断

用粪便生理盐水直接涂片法检查滋养体和包囊可确诊该病。由于患者排虫呈间歇性,故需反复送检,且粪便要新鲜,才能提高检出率。虫体鉴定有疑时,可进行铁苏木素染色。对于多次粪检阴性的可疑患者,必要时用乙状结肠镜取活组织检查,或用阿米巴培养基进行培养后镜检。

(五)流行与防治

1. 分布 结肠小袋纤毛虫呈世界性分布,以热带、亚热带地区多见。我国广东、广西、云南、福建、四川、湖北、河南等10余个省(市、自治区)有病例报道。

2. 流行因素 猪、猫是本病主要传染源。人感染主要是通过食入被包囊污染的食物或饮水引起,也可通过蝇或其他昆虫携带传播。包囊对外界环境及一些理化因素有一定抵抗力。

3. 防治原则 本病发病率不高,主要是加强卫生宣传教育,注意个人卫生与饮食卫生。避免虫体污染食物与水源,注意人、猪粪无害化处理。治疗可用甲硝唑、四环素和黄连素等。

案例 9-1

患者,62岁,女性,农民,腹泻已1个月,每天7~8次,水样,有下坠感。有与患腹泻病猪接触史。大便常规:粥样便,有少许黏液。镜检:白细胞1~2/HP,在结肠处见一纤毛虫体,呈椭圆形,无色透明,大小为(50~180)μm×(18~80)μm,表膜上布满纤毛,胞口明显,可见胞肛和一个肾形小体。

问题:

1. 该患者患何病?
2. 该寄生虫的保虫宿主是什么?
3. 本病用哪些药治疗为佳?

一、选择题

1. 人体最大的寄生原虫是
   A. 疟原虫　　B. 结肠小袋纤毛虫
   C. 溶组织内阿米巴　D. 阴道毛滴虫
   E. 刚地弓形虫
2. 结肠小袋纤毛虫的运动细胞器是
   A. 伪足　　　B. 鞭毛
   C. 波动膜　　D. 纤毛
   E. 菌毛
3. 结肠小袋纤毛虫的传染源是
   A. 牛　　　　B. 猪
   C. 天牛　　　D. 金龟子
   E. 人

二、问答题

1. 简述结肠小袋纤毛虫的形态、感染阶段、传播途径。
2. 简述结肠小袋纤毛虫的致病特点。
3. 叙述结肠小袋纤毛虫病的防治原则。

（朱福祺）

第10章 昆虫纲

学习目标

1. 掌握 蚊、蝇、蚤、虱及白蛉的成虫形态。
2. 熟悉 蚊、蝇、蚤、虱及白蛉与疾病的关系、防治原则。
3. 了解 蚊、蝇、蚤、虱及白蛉的生活史。

第1节 蚊

蚊属于双翅目、蚊科,是一类最重要的医学昆虫。蚊的分布很广,凡有人类的地方几乎都有蚊类的活动。蚊的种类很多,迄今为止全世界已记录蚊虫共3亚科,38属,3350多种和亚种。我国的蚊类目前也已发现17属350种以上,其中按蚊、库蚊、伊蚊3个属的蚊种约占半数以上。

一、形态

(一)成虫外部形态

蚊是小型昆虫,体长为1.6~12.6mm,呈灰褐色、棕褐色或黑色,分头、胸、腹3部分(图10-1)。

1. 头部 似半球形,有复眼和触角各1对,喙1支。

2. 胸部 分前胸、中胸和后胸,每胸节有足1对,中胸有翅1对,后胸有1对平衡棒,中胸、后胸各有气门1对。中胸特别发达,其背板几乎占据全胸背,由前而后依次为盾片、小盾片及后背片。

3. 腹部 分11节,第1节不易查见。第2~8节明显可见,在其背面,有的蚊种具有由淡色鳞片组成的淡色横带、纵条或斑。最末3节变为外生殖器;雌蚊腹部末端有尾须一对,雄蚊则为钳状的抱器,构造复杂,是鉴别蚊种的重要依据。

(二)口器(喙)结构

蚊喙为刺吸式口器,是传播病原体的重要构造。由上内唇(上唇咽)、舌各1个,上、下颚各1对,共同组成细长的针状结构,包藏在鞘状下唇之内。

(三)内部构造

蚊具有消化、排泄、呼吸、循环及生殖等系统。其中,与流行病学有关的主要为消化和生殖系统。

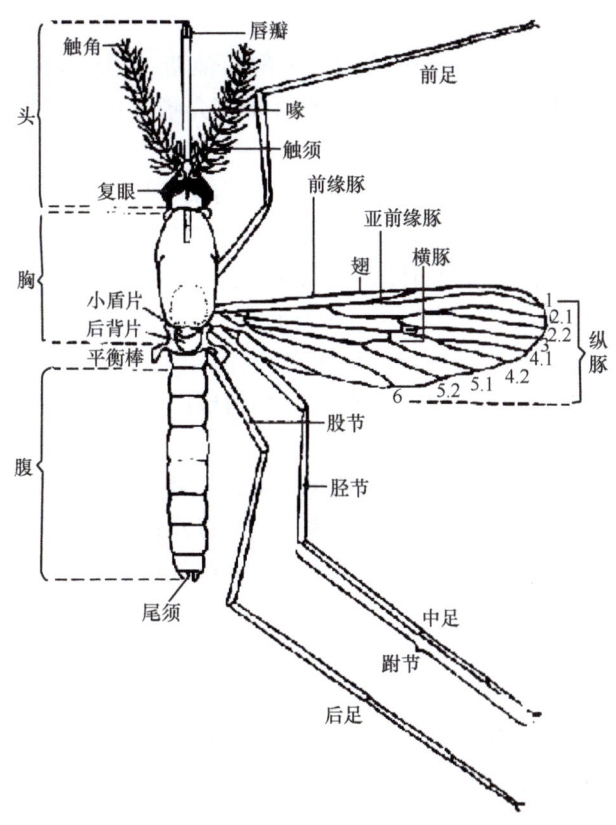

●● 图 10-1　雌库蚊模式图 ●●

1. 消化系统　包括口腔、咽、食管、胃、肠及肛门。胃是消化道的主要部分,食物的消化与吸收均在胃内进行。

2. 生殖系统　雄蚊有睾丸 1 对,自每一睾丸发出的输精管在远端膨大为储精囊,两者会合成射精管。射精管远端为阴茎,阴茎两侧有抱器。雌蚊有卵巢 1 对。两输卵管在汇成总输卵管前的膨大部称壶腹。总输卵管与阴道相连。

二、生活史与生态

（一）生活史

蚊的发育为全变态,生活史分 4 个时期,即卵、幼虫、蛹和成虫。前 3 个时期生活于水中,而成虫生活于陆地上。

1. 卵　雌蚊产卵于积水中。蚊卵小,长不到 1mm。

2. 幼虫　初孵的幼虫长约 1.5mm,幼虫共分四龄。经 3 次蜕皮,成为第四龄幼虫时,体长可较第一龄幼虫增长 8 倍。

3. 蛹　侧面观呈逗点状,胸背两侧有 1 对呼吸管。蚊蛹不食能动,常停息在水面,若遇到惊扰时即潜入水中。

4. 成蚊　羽化后不久,即行交配、吸血、产卵。自卵发育至成蚊所需时间取决于温度、食物及环境诸因素,在适宜条件下需 9~15 天,1 年可繁殖 7~8 代。

（二）生态

1. 稻田型 包括主要孳生在稻田、沼泽、芦苇塘、池塘、沟渠、浅潭、草塘、清水坑等清洁静水中生长的蚊类,我国疟疾和马来丝虫病的重要媒介嗜人按蚊和中华按蚊,以及流行性乙型脑炎的主要媒介三带喙库蚊是这类型的代表。

2. 缓流型 主要包括孳生在清洁的小溪、灌溉沟渠、溪床、积水梯田、渗水坑等岸边草丛缓流中的蚊类。我国南方山区疟疾的主要媒介微小按蚊为本型的代表。

3. 丛林型 主要包括孳生在丛林浓荫下的山溪、蔽荫的山涧溪床、石穴、泉潭等小型清洁积水中的蚊类。我国海南省丛林及其山麓的疟疾主要媒介大劣按蚊是本型的代表。

4. 污水型 主要包括孳生在地面洼地积水、阴沟、下水道、污水坑、沙井、浅潭、清水粪缸、积肥坑、污水池,特别是污染积水中的蚊类。我国班氏丝虫病主要媒介淡色库蚊和致倦库蚊是本型的代表。

5. 容器型 包括孳生在人工容器和植物容器的蚊类。人工容器指缸、罐、坛、桶、盆、碗、瓶、盒及其他人造的可以积水的器物,轮胎积水、石穴积水也可归入这一类。植物容器指树洞、竹筒、叶腋、椰子壳等可以积水的部分。我国登革热的重要媒介埃及伊蚊和白纹伊蚊是本型的代表。

三、与疾病关系

蚊虫除直接叮刺吸血、骚扰睡眠外,更严重的是传播多种疾病。我国的蚊虫传播疾病有疟疾、丝虫病、流行性乙型脑炎和登革热四类。

1. 疟疾 以雌性按蚊作为传播媒介,不同流行区媒介按蚊蚊种各有差异。

2. 丝虫病 我国的班氏丝虫病主要以淡色库蚊和致倦库蚊为主要传播媒介。

3. 流行性乙型脑炎 主要传播媒介为三带喙库蚊。

4. 登革热 一种热带传染病,埃及伊蚊和白纹伊蚊是主要的传播媒介。

四、防制原则

（一）防蚊孳生

1. 稻田型孳生地的处理 对稻田可采用:①间歇灌溉;②铲除岸边杂草,不利于幼虫孳生;③稻田养鱼。

2. 缓流型孳生地的处理 沟渠可设水闸,定期开放,加大流量,冲刷幼虫。

3. 丛林型孳生地的处理 开伐灌木丛。例如,海南丛林地已通过开发山林,清除村庄周围灌木林,种植经济作物,取得防制大劣按蚊的良好效果。

4. 污水型孳生地处理 下水道、污水沟要疏通,比较理想地是生活污水要经过污水处理再排放到江、河、海。

5. 容器型孳生地的处理 搞好环境卫生:平洼填坑、堵塞树洞、处理竹筒、翻缸倒罐及清除废弃器皿。

（二）灭蚊幼虫

1. 药物杀幼虫 常用杀幼剂有双硫磷、倍硫磷等。

2. 生物杀幼虫 放养鱼类:一般的水沟、水池、河溪可放养柳条鱼;荷花缸、太平缸及宾馆公园内的小型水池可放养金鱼或其他观赏性鱼;对饮用水缸可放养塘角鱼、尼罗非鱼、中华斗鱼等;稻田内可放养鲤鱼、非洲鲫鱼;灌溉沟内放养草鱼等。

(三) 灭成蚊

1. 室内速杀 用喷雾器、气雾罐把杀虫剂喷洒在室内,或室外蚊虫栖息场所。通常都采用复配合剂。

2. 室内滞留喷洒灭蚊 多用于媒介按蚊的防制,是防制疟疾的主要措施之一。

3. 室外灭蚊 这一般用于某些蚊媒病,如登革热或乙型脑炎流行时,进行区域性或病家室内外及其周围喷杀媒介伊蚊。采用超低容量喷洒法灭蚊,在居民点一般用辛硫磷及马拉硫磷合剂。

第2节 蝇 蛆

蝇蛆是蝇幼虫的俗称,可寄生于人和其他脊椎动物的器官、组织中,引起蝇蛆病。蝇蛆种类繁多,蝇蛆病以眼蝇蛆病、皮肤蝇蛆病较为常见。

一、形态

蝇蛆由蝇卵孵化发育而成,呈圆柱形,前尖后钝,乳白色,分为3个龄期。刚从蝇卵孵出的为一龄幼虫,很小,长约2mm,蜕皮2次后,则为三龄幼虫。三龄幼虫为成熟幼虫,无足无眼,长达8~10mm。除头节外,体分13节,3个胸节,10个腹节。蝇蛆头节的主要部分是头咽骨,为蝇蛆的内骨骼,呈戟(箭头)状,在分类学上有重要意义。头节常缩在胸节内,仅见1对口钩。第1胸节有前气门1对,由气室和指状突构成,其形态和指状突起分支因虫种而异,故可用于分类鉴定。后气门位于第8腹节后截面中央,由气门环、气门裂和气门钮构成,其形态特征在分类中有重要价值。腹部仅第8腹节明显易见,腹部第1~7腹节有带状腹垫,类似伪足,其上有许多棘状突起和小棘。小棘形态亦因种类而异,小棘围绕体节呈环状排列,称棘环。第9、10腹节在第8腹节的腹面,第10腹节演化为一光滑的板状结构,其中间开口为肛门,故称之为肛板,肛门周围肛板上有数个瘤状突起,称为肛瘤群(图10-2)。

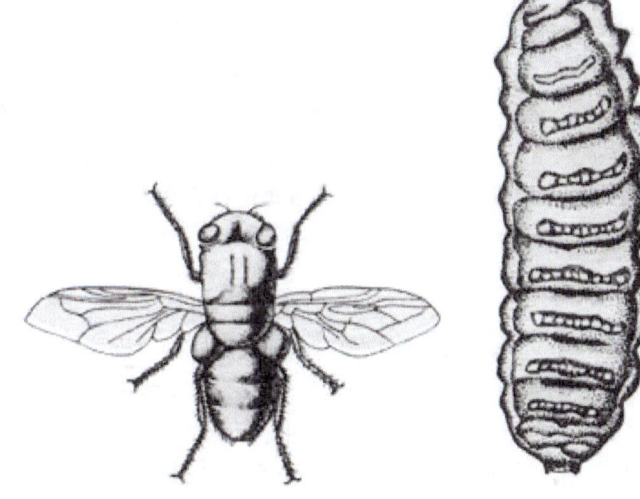

图 10-2 蝇成虫与蝇幼虫形态

二、生活史与生态

蝇为完全变态发育的昆虫，生活史包括卵、幼虫、蛹及成虫四个时期，雌、雄成蝇交配后，雌蝇在孳生地产卵，少数蝇种可直接产出幼虫。雌蝇一次产卵75～150个，一年可产7～8代，甚至十几代。在夏季，卵内幼虫1天就孵出，然后在孳生地觅食，经20小时后蜕皮为二龄幼虫，再经历24小时后蜕皮为三龄幼虫。三龄幼虫经进一步发育，停止摄食，钻入周围疏松、干燥的泥土中化蛹。不同种类的蝇幼虫发育时间长短不一，营寄生生活的蝇蛆发育时间较长，可达9～10个月，成熟幼虫于次年春季才从宿主肛门排出体外，发育为蝇蛹。蝇蛆生活方式有寄生和自由生活两种。营自由生活的蝇蛆，其孳生地分为粪便、垃圾、腐败动植物、脓血四种；营寄生生活的蝇蛆，由于蝇种不同，各选择适合的宿主。

不同的蝇蛆，寄生部位不同，感染人和动物的途径也不同，如皮蝇多寄生皮肤及皮下组织，麻蝇则多寄生于泌尿生殖道等。寄生消化道的蝇蛆种类较多，是经口误食侵入人体的，也可因蝇在宿主肛门产卵后幼虫侵入肠腔；而寄生眼部、鼻咽部、创伤处皮肤的蝇蛆则为蝇类在相应部位产卵所致，寄生泌尿生殖道的蝇蛆是由于蝇类在熟睡的宿主阴部产卵，幼虫侵入腔道寄生。

三、与疾病关系

蝇蛆寄生于人和动物的组织或腔道，引起蝇蛆病。丽蝇科和麻蝇科、皮蝇科、狂蝇科及蝇科等20科的蝇蛆可以引起蝇蛆病。临床上常以蝇蛆寄生部位来命名蝇蛆病，如蝇蛆寄生眼部的疾病称眼蝇蛆病，同样还有皮肤蝇蛆病、胃肠道蝇蛆病、泌尿生殖道蝇蛆病、口腔及耳鼻咽蝇蛆病、创伤蝇蛆病等。

根据蝇蛆寄生宿主的程度将蝇蛆病分为三种：①专性蝇蛆病，此类蝇蛆必须侵入宿主活组织中发育，才能完成生活史，这类蝇蛆对宿主有一定的选择性；②半专性蝇蛆病，此类蝇蛆多聚集在宿主的坏死组织、粪便或尸体，偶可寄生活组织；③偶发性蝇蛆病，宿主因为误食含蝇蛆的食物，在宿主消化道寄生。牛、羊、马等动物患蝇蛆病可引起动物营养不良、消瘦、死亡，造成动物肉、蛋、奶质量的下降。

> **知识链接**
>
> **蝇 蛆 病**
>
> 患者，男，45岁。休息时忽有一飞蝇撞击左眼，当即感眼部痛痒、流泪、不能睁眼。此后，左眼眼部症状越来越重，流泪、发痒、刺痛、左眼不能睁开，请人查看发现左眼球表面有小白虫快速爬行，于是慌忙来院求治。检查见左眼结膜充血，在下睑结膜、结膜囊、球结膜处有数只1mm灰白色小虫。经解剖镜检查，虫体呈梭形，头部有1对口沟，黑色。确诊为蝇蛆。取出小虫后涂以红霉素软膏，症状很快消失。

四、防制原则

蝇蛆是影响畜牧业的重要寄生虫，动物感染率高于人类。蝇蛆病在我国多发于青海、西藏、内蒙古、华北及华东的牧区。新疆、广西、四川、云南等地也有病例出现。蝇类在6～10月份活动频繁，是人和动物重要的疾病传播昆虫，因此蝇蛆病在夏秋季高发。人群普遍易感，以儿童和青少年多见。应加强卫生宣传，注意个人卫生，消除蝇类孳生地，用诱捕、拍打、毒杀等方法杀灭成蝇；合理处理人畜粪便，杀死蝇蛆。经常清洁畜舍，及时治疗蝇蛆病。

眼内或皮肤蝇蛆病可用手术取出蝇蛆,外眼蝇蛆病常用1%丁卡因滴眼麻醉后取出蝇蛆。消化道蝇蛆病可用甲苯咪唑、噻嘧啶等药物口服治疗。

第3节 蚤

蚤属于蚤目,寄生于哺乳动物和鸟类体外。全世界的蚤类已知超过2500多种和亚种,我国有650余种,其中仅少数种类与传播人兽共患病有关。

一、形态

成蚤体型小,黄褐色,体长通常为1~3mm,雌蚤较长,雄蚤稍短,虫体两侧扁平,无翅,有眼或无眼。体表各部分具有鬃、刺和栉,均向后方生长。头部略呈三角形,触角3节位于触角窝内。头部腹面具有刺吸式口器,由针状的下颚内叶1对和内唇组成食物管,外包以分节的下唇须形成喙。有的种类颊部边缘具有若干粗壮的颊栉。胸部分成3节,有些种类前胸背板后缘具有前胸栉。3对足长而发达,基节粗壮,善于跳跃,故俗称跳蚤。腹部10节。雄蚤第8、9腹节,雌蚤第7~9腹节特化为外生殖器。第8腹节上的臀板为感觉器官,略呈圆形,板上有若干杯状凹陷并且各具1根细长鬃和许多小刺。雌蚤在第7~8腹板的位置上可见几丁质较厚的受精囊。雌蚤受精囊形状与雄蚤外生殖器形状均因种而异,是分类的重要依据(图10-3)。

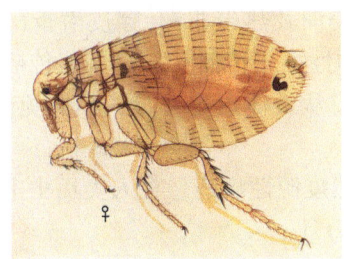
印鼠客蚤成虫(雌)

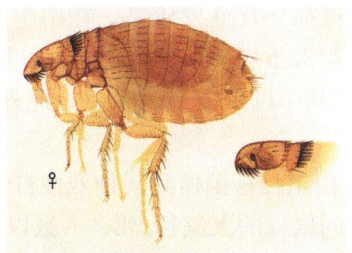
猫栉首蚤雌虫(附犬栉首蚤头部)

●● 图10-3 蚤成虫 ●●

二、生活史与生态

蚤的生活史发育为全变态,包括卵、幼虫、蛹和成虫4个时期,卵大多呈椭圆形,长0.4~1.0mm,乳白色或淡黄色。卵在适宜的温、湿度条件下,人蚤卵期为5天。幼虫微小,长圆柱形,体色灰白,有3个龄期。成熟幼虫(三龄)体长约4.5mm。幼虫甚活泼,爬行敏捷,有咀嚼式口器。在适宜条件下,人蚤的幼虫期为14~20天。成熟幼虫吐丝作茧,在茧内作第三次蜕皮,然后化蛹。发育的蛹已具成虫雏形,头、胸、腹及足均已形成,并逐渐变为淡棕色。蛹期通常为14~21天,人蚤需21~26天,寒冷环境中可长达1年。成蚤的羽化需要一定的刺激,如空气的振动、动物到来的扰动及温度的上升等,可引导它破茧而出。成蚤羽化后即可交配、吸血。雌蚤一生可产卵数百个。蚤的寿命为1~2年。

(一) 吸血习性

蚤是温血动物的体外寄生虫，雌、雄蚤都吸血。吸血习性视蚤的种类而不同，有的嗜吸哺乳类和鸟类的血，也有的嗜吸人血。蚤叮刺吸血活动频繁，通常1天需吸血数次，常吸血过量以致血食来不及消化即随粪便排出。蚤耐饥能力很强，某些蚤能耐饥达10个月以上。雌蚤的生殖活动与吸血密切相关。

(二) 孳生习性

雌蚤于吸血后，卵巢开始发育，通常在宿主皮毛上和窝巢中产卵，卵散落到宿主的窝巢及活动场所，这也就是幼虫的孳生地，如鼠洞、畜禽舍、屋角等，幼虫以成虫粪便、动物皮屑、血块等为食。

(三) 活动

蚤的宿主范围很广，主要是小型哺乳动物，尤以啮齿目(鼠)为多。由于蚤善于跳跃，蚤可在宿主体表和窝巢内外自由活动，个别种类如潜蚤(*Tunga*)可固着甚至钻入宿主皮下寄生。传播疾病的蚤类对宿主选择性不严格。蚤成虫对宿主体温的反应敏感，当宿主体温升高或体温下降时，蚤都会很快离开，去寻找新的宿主。这一习性在蚤传播疾病上具有重要的意义。

三、与疾病的关系

蚤通过吸血骚扰、寄生和传播疾病对人造成危害。蚤在其活动场所或随家畜或鼠类活动侵入人的居室，可侵袭人体吸血骚扰。不同个体对蚤吸血的反应各不相同，有人因蚤叮咬影响休息或因搔抓导致继发感染。在中南美洲及热带非洲，穿皮潜蚤(*Tunga penetrans*)可寄生于人体引起潜蚤病。蚤类主要通过生物性方式传播疾病。蚤能传播鼠疫、地方性斑疹伤寒及绦虫病，其中以鼠疫最为重要。此外，从蚤体内也曾分离出野兔热及森林脑炎的病原体。

1. 鼠疫 是由鼠疫杆菌所致一种烈性自然疫源性疾病。在人类历史上，欧洲、亚洲、非洲都曾暴发过人间鼠疫的大流行，死亡人数以万计。

鼠疫的发生和流行包括鼠疫杆菌、动物宿主和传播媒介三个环节。在自然条件下可感染鼠疫的野生啮齿目和兔形目的动物有227种和亚种之多。自然感染的蚤可达200种和亚种。人间鼠疫的传播媒介，除印鼠客蚤外，尚有致痒蚤(人蚤)、具带病菌蚤等。鼠疫杆菌在蚤前胃中菌栓的形成，对传播鼠疫的作用具有重要意义。蚤刺吸病鼠或患者的血液感染鼠疫杆菌后，后者在胃内迅速繁殖，数量逐增，并向前推移至前胃，附着于前胃内壁的棘状突起上，形成菌栓，以致将前胃堵塞。这时，蚤所吸的血液不能进入胃内，蚤因饥饿吸血更为频繁，血液回流将病原反吐进入宿主体内，这是蚤传播鼠疫的主要方式。此外，蚤粪污染宿主皮肤伤口也能感染。在鼠疫自然疫源地内，蚤类除了作为传播媒介外，也起着储蓄宿主的作用。病原体通过蚤在野栖啮齿动物中传播，构成鼠疫自然疫源地，当人或家栖鼠类进入疫源地感染了鼠疫，即可引起家鼠和人间鼠疫流行。

2. 鼠型斑疹伤寒 病原体为莫氏立克次体，本来是在鼠类中流行的一种自然疫源性疾病，借蚤传播于人。其主要媒介是印鼠客蚤。蚤叮刺染有鼠型斑疹伤寒的病鼠时，将鼠血内所含的莫氏立克次体随同血液吸入，到了蚤的胃里后，立克次体侵入胃壁的上皮细胞，在细胞内经过繁殖，一般在10~12天后大量立克次体由胃壁逸出至胃腔，然后随蚤粪排出。该病的感染是通过将含立克次体的蚤粪擦入皮肤上的破损处或擦于眼结膜所致，或由于含有立克次体的蚤粪干燥后飞扬于空气中而被吸入呼吸道而引起感染。传染性的粪便可保持感染力达9年。

3. 绦虫病 蚤可作为犬复殖孔绦虫、缩小膜壳绦虫和微小膜壳绦虫的中间宿主,犬复殖孔绦虫的成虫寄生于犬、猫等动物的肠内,而缩小膜壳绦虫和微小膜壳绦虫为鼠类的寄生虫。人体感染主要是误食了含似囊尾蚴的蚤所致。可以作为绦虫的中间宿主的蚤有犬栉首蚤、猫栉首蚤和致痒蚤等。

四、防制原则

我国的重要蚤类有印鼠客蚤、致痒蚤、具带病蚤、犬栉首蚤和猫栉首蚤等。蚤类的防制要点如下。

1. 使用化学药物喷洒灭蚤。同时注意管理犬、猫等家畜,定期用药液消灭犬、猫体上的成蚤。进入鼠疫自然疫源地时应加强个人防护,外露皮肤涂抹间二乙基甲苯甲酰胺或邻苯二甲酸二甲酯(防蚊油)可防蚤叮咬。

2. 灭鼠为灭蚤的重要措施。因多种蚤以鼠为宿主,且在鼠窝内孳生,尤其是传播鼠疫的主要蚤类。与人类关系最密切的是家栖鼠类,故灭鼠时应首先着重消灭家鼠。

3. 结合灭鼠、防鼠,堵塞鼠洞,经常清扫住屋地面,用各种杀虫剂杀灭残留的成蚤及其幼虫。经常换洗衣服被褥,防止蚤类孳生。

第4节 虱

虱是寄生人或动物体表的体外寄生虫,可致虱病,寄生于人体的虱有人虱和耻阴虱两种,人虱又分为两个亚种:人体虱与人头虱。

一、形态

1. 人虱成虫 背腹扁平,虫体分头、胸、腹三部分,胸部3节融合,身体狭长,灰白色,雌虫长约4.4mm,雄虫稍小。头部呈菱形,触角1对,眼1对,明显向外突出,位于触角后方。口器为刺吸式,位于咽下的口针囊内,吸血时伸出。足跗节仅1节,末端有爪;胫节末端内侧有一指状胫突,与爪相对构成强有力的抓握器,便于握紧宿主的毛发或衣服纤维。腹部分9节,但通常仅见7节。雄虱末端钝圆,近似"V"形,有交合刺伸出,雌虱体末呈"W"形。人体虱与人头虱差别较小,一般人体虱较大,体色较淡,灰白色,触角细长(图10-4)。

2. 耻阴虱成虫 胸部宽阔,前足及其爪均细小;中足、后足6~12爪较粗。腹部前4节融合,前3对气门斜排;第5~8腹节侧缘具锥状突起,上有刚毛。

3. 卵 虫卵长椭圆形,大小为0.8mm×0.3mm,一端有盖,俗称虮子,黏附于毛发或衣服纤维上。

二、生活史与生态

虱为不完全变态发育的节肢动物,生活史分虫卵、若虫、成虫三个时期。人体虱寄生于内衣的贴身面,以衣领、皱褶、缝晾、裤腰等处最为常见。人头虱则以寄生于发根为主;耻阴虱主要寄生于阴部及肛周的毛上,偶尔寄生于睫毛上。

人体虱成虫(雌)　　　人头虱成虫(雄)　　　耻阴虱成虫(雌)

●● 图10-4　虱成虫 ●●

雌性成虫交配后产卵,卵黏附于内衣纤维或毛发上,经7~10天孵出若虫。若虫形似成虫,但虫体较小,生殖器官尚未发育成熟。若虫经3次蜕皮后发育为成虫。成虫、若虫均吸血,对温度极为敏感。过高、过低的温度均可导致虱的死亡或离体。在温度、湿度适宜的情况下,人虱完成一代发育需要23~30天,寿命为1~2个月;耻阴虱完成一代发育需34~41天,寿命不足1个月。雄虱寿命更短,约半个月。

人虱主要通过直接、间接接触在人群中传染,耻阴虱则主要通过不洁性生活传播,耻阴虱病为性传播疾病之一。

三、与疾病关系

多数人感染虱后无症状,少数发生虱病。感染虱后2~3周,出现瘙痒,其喙器刺入人的皮肤吸取血液,引起局部机械损伤。其分泌物进入伤口,可引起超敏反应,出现丘疹、瘀斑,并产生剧痒。因此,患者有痒感、虫爬感等,遇热更甚,甚至抓破皮肤继发细菌感染,造成皮损和瘢痕。人虱还能通过吸食人和动物的血液传播流行性斑疹伤寒和虱性回归热等传染病。

四、防制原则

虱的分布呈世界性,流行广泛,寒冷地区比炎热地区更为流行。流行季节多见于冬春,夏季少见。我国农村发病率明显高于城市,头虱在儿童特别是女孩中较为流行。虱的传播、流行与人群的经济、文化水平、卫生条件和习惯均有关系。

加强卫生宣传教育,讲究个人卫生,勤洗澡、勤更衣、勤换被、勤洗头发。对虱病患者的衣物采用二氯苯醚菊酯、灭虱灵、百部酊等药物熏蒸,或用65℃以上热水消毒杀虱,也可用敌敌畏、2%硫磷粉等药物喷洒、浸泡。对于人头虱、耻阴虱可将毛发剃光或剪短,再用灭虱灵、0.2%二氯苯醚菊酯涂搽局部。20%~50%百部连续多次洗搽患处,灭虱效果好。发现阴虱患者除及时治疗外,还应追踪传染来源,特别是对其性伴侣,应予以检查治疗。对患者使用的衣物、床上用品和污染物应煮沸灭虱或用熨斗熨烫。家庭和集体有患者时应同时治疗。皮损处可外用炉甘石洗剂。继发细菌感染者可外用新生霉素软膏等。

第5节　白　蛉

白蛉在分类学上属于双翅目、白蛉亚科,是一类体小而多毛的吸血昆虫。全世界已知的白蛉有 700 多种,我国已记述的约 40 种。

一、形态

成虫(图 10-5)体小,长 1.5~4.5mm。全身密被灰黄色细毛。头部球形,有 1 对大而黑的复眼;1 对触角细长而明显;下颚须 1 对,在头下向后弯曲;刺吸式口器约与头等长,雌蛉口器发育完善,雄蛉口器发育不全。口腔内多有口甲和色板,咽内有咽甲,这些特征是白蛉分类的重要依据。其胸部多毛,背面隆起呈驼背状。1 对翅狭长而尖,翅上多长毛,停息时两翅向背面竖立,与躯体约呈 45°角。腹部背面第 2~6 节有毛。足细长,足上有毛。腹部分 10 节,前 7 节相似,背面有长毛,第 1 节的长毛均竖立,第 2~6 节的长毛在不同蛉种竖立和(或)平卧。因此将白蛉分为竖立毛、平卧毛与交杂毛三大类。腹部最后 2 节特化为外生殖器。雄蛉外生殖器与雌蛉受精囊的形态在分类上极为重要。

二、生活史与生态

白蛉的生活史是属于完全变态。它的发育过程有卵、幼虫、蛹和成虫 4 个时期。卵很小,产于地面泥土里及墙缝、洞穴内。在适宜条件下,卵经 6~12 天孵化。幼虫分为 4 龄,尾端第 9 腹节的几丁质板上有长的尾鬃。幼虫以土壤中的有机物为食,一般经 25~30 天化蛹。幼虫蜕下的皮留附于蛹尾端。蛹不取食,适宜气温下经 6~12 天羽化为成虫,成虫羽化后 1~2 天内即可交配。生活史发育所需的时间根据不同蛉种,以及环境温度、湿度及食物情况而有差异。一般说来,21~28℃条件下从卵至成虫需 6~8 周。雄蛉寿命较短,交配后不久即死亡,雌蛉可存活 20 天左右。

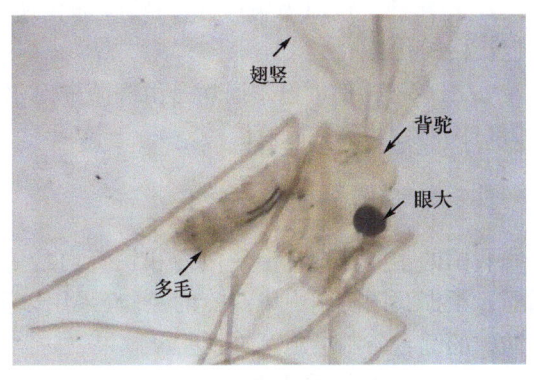

●● 图 10-5　白蛉成虫 ●●

(一) 孳生习性

白蛉发育的早期阶段均生活在土壤中,以地面下 10~12cm 处多见。适于白蛉孳生的场所有人房、畜舍、厕所、窑洞等处的墙、地裂缝等处。

(二) 取食习性

白蛉羽化后,多在吸血前雌雄成蛉进行交配,一生交配 1 次。雄蛉不吸血,以植物汁液为食。雌蛉吸血兼吸植物汁液。吸血对象因蛉种而异,通常竖立毛类蛉种嗜吸人及哺乳动物血,这有利于传播疾病,而平卧毛类蛉种嗜吸鸟类、爬行类与两栖类动物血。

(三) 活动与栖息

白蛉的活动时间多在黄昏至次日清晨。白蛉的飞行能力较弱,只能做跳跃式飞行。其活动范围一般在 30 m 以内。中华白蛉等家栖蛉种吸血后通常栖息于室内阴暗、无风处,如屋角、墙缝。吴氏白蛉等野栖蛉种吸血后飞出室外,栖息于窑洞、树洞、野生动物洞穴等处。同一蛉种也可因环境不同而栖性不同。

(四) 季节消长与越冬

每年白蛉出现 3~5 个月。在北方,中华白蛉于 5 月中旬出现,6 月中、下旬达高峰,8 月中旬消失。大多数蛉种1年繁殖一代。白蛉以四龄幼虫潜藏于2.5~10cm之内的地表浅土中越冬。

三、与疾病关系

白蛉除了叮人吸血外,还能传播多种疾病。在我国已知可传播的有黑热病。

1. 利什曼病　黑热病又称内脏利什曼病,病原是杜氏利什曼原虫。在我国广大流行区的主要媒介为中华白蛉,新疆为长管白蛉、吴氏白蛉和亚历山大白蛉,内蒙古和甘肃部分地区为吴氏白蛉。川北和陇南山区存在以中华白蛉为主要媒介的黑热病自然疫源地。"东方疖"(oriental sore)又称皮肤利什曼病,病原是热带利什曼原虫。该病流行于地中海、西南亚、中亚和拉丁美洲,主要由巴氏白蛉、司氏白蛉和中间白蛉传播。皮肤黏膜利什曼病病原是巴西利什曼原虫。该病流行于拉丁美洲,主要媒介是中间白蛉和巴拿马白蛉。

2. 白蛉热　病原为病毒,由白蛉经卵传递。该病流行于地中海地区至印度一带,主要由巴氏白蛉传播。

3. 巴尔通体病　巴尔通病是由杆菌样巴尔通体所引起的疾患。流行于拉丁美洲,主要由野口氏白蛉和疣肿白蛉传播。

四、防制原则

我国的主要种类有中华白蛉和长管白蛉等。白蛉活动范围小,飞行能力弱,且对药物敏感。根据我国防制中华白蛉的经验,采用以药物杀灭成蛉为主,结合环境治理和做好个人防护的综合防制措施可收到明显效果。防制方法如下:

1. 在白蛉高峰季节之前,使用化学杀虫剂进行室内药物滞留喷洒,或熏杀。
2. 改善人房、畜舍及禽圈卫生条件,保持清洁干燥,并清除周围环境内的垃圾,清除白蛉幼虫的孳生地。
3. 安装纱门、纱窗,使用蚊帐,涂擦驱避剂或用艾蒿烟熏。

第6节　昆虫纲节肢动物的检验技术

一、蝇蛆的检查

蝇蛆金蝇、绿蝇等蝇类幼虫寄生于皮肤的伤口,另外一些蝇类幼虫则在皮肤内形成结节或匐形疹。无菌条件下取出伤口或皮肤组织中的蝇蛆,在10% NaOH 溶液中浸泡48小时,水洗数次后镜检,辨别引起常见蝇蛆病的蝇蛆形态特征。

二、虱的检查

虱随寄生部位的不同,检出方法有一些差别。

1. 体虱　身体上不易发现虫体,但常在内衣腋下、裤腰、衣领等褶皱中发现虱卵或虱,据此可确诊。

2. 头虱　多寄生于人体的头皮、枕部、耳后等处,高发于儿童。成人的胡须等有毛部位偶尔也可寄生。最有效的检查方法是用篦子梳理头发,可检出虫体、虫卵、卵壳确诊,若未发现虫体,可几天后复查。注意区分空卵壳和发周角质套。

3. 耻阴虱 可寄生于人体阴部、躯体、手臂、腿、腋窝及胡须、眉毛等处的体毛中,仔细寻找以发现虫体和虫卵为确诊的依据。

目标检测

一、选择题

1. 危害人体健康的节肢动物主要属于
   A. 昆虫纲、唇足纲　B. 蛛形纲、昆虫纲
   C. 蛛形纲、甲壳纲　D. 甲壳纲、昆虫纲
   E. 蛛形纲、唇足纲
2. 溪蟹和蝲蛄属于
   A. 昆虫纲　　　　　B. 蛛形纲
   C. 甲壳纲　　　　　D. 唇足纲
   E. 倍足纲
3. 下列医学节肢动物均属昆虫纲,但除外
   A. 白蛉　　　　　　B. 蝇
   C. 蚤　　　　　　　D. 虱
   E. 全沟蜱
4. 口器为舐吸式的昆虫是
   A. 蝇　　　　　　　B. 蟑螂
   C. 蚊　　　　　　　D. 白蛉
   E. 蚤
5. 蚤传鼠疫
   A. 经受染昆虫粪便污染伤口
   B. 含病原的昆虫体液污染伤口
   C. 两者均可
   D. 两者均不可
6. 目前对病媒节肢动物综合防制中常用的防制方法是
   A. 环境防制　　　　B. 化学防制
   C. 生物防制　　　　D. 遗传防制
   E. 法规防制
7. 下列哪些不是节肢动物的特征
   A. 虫体左右对称而分节
   B. 体表骨骼化
   C. 均有4对足
   D. 具成对分节的附肢
   E. 循环系统开放式
8. 下列哪项不是医学节肢动物对人的直接危害
   A. 吸血骚扰　　　　B. 毒害作用
   C. 致敏作用　　　　D. 寄生
   E. 传播疾病
9. 蚊传播丝虫病的方式属于
   A. 机械携带　　　　B. 发育式
   C. 增殖式　　　　　D. 发育增殖式
   E. 经卵传递式
10. 在蚊体内既发育又增殖的是
    A. 疟原虫　　　　　B. 丝虫
    C. 杜氏利什曼原虫　D. 鼠疫杆菌
    E. 普氏立克次体

二、问答题

1. 举例说明医学节肢动物生物性传播疾病的方式。
2. 试述病媒节肢动物的判定依据。
3. 如何理解综合防制原则,具体的防制手段有哪些?
4. 医学节肢动物对人的直接危害包括哪些方面?

(员建武)

第11章 蜱形纲

学习目标

1. 掌握 蜱、恙螨、疥螨、蠕形螨及其他常见医学螨类的成虫形态、生活史。
2. 熟悉 蜱、恙螨、疥螨、蠕形螨及其他常见医学螨类与疾病关系、防治原则。
3. 了解 蜱、恙螨、疥螨、蠕形螨及其他常见医学螨类虫卵、幼虫、若虫等形态。

第1节 蜱

蜱(tick)属于蜱螨亚纲的寄螨目(Parasitiformes)、蜱总科(Ixodidea)。有的成虫在躯体背面有壳质化较强的盾板,统称为硬蜱(hard tick),属硬蜱科(Ixodidae);背面无盾板者,统称为软蜱(soft tick),属软蜱科(Argasidae)。全世界已发现约800多种,计硬蜱科约700余种,软蜱科约150种。

一、形态

成虫多呈椭圆形,淡灰色、黄色或褐色,未吸血时腹背扁平,背面稍隆起,成虫体长2~15mm;吸饱血后胀大如蓖麻子,可长达30mm。虫体分颚体和躯体两部分。

(一)硬蜱

颚体(图11-1)又称假头,位于躯体前端,从背面可见,由颚基、口下板、1对螯肢及1对须肢组成。颚基与躯体的前端相连接,为骨化区,呈六角形、矩形或方形;雌蜱的颚基背面有1对孔区,有感觉及分泌体液帮助产卵的功能。螯肢1对,从颚基背面中央伸出,为刺割器。口下板1块,位于螯肢腹面,与螯肢合拢时形成口腔。口下板腹面有倒齿,为吸血时固定于宿主皮肤内的附着器官。螯肢的两侧有须肢,由4节组成,吸血时起固定口器和支撑蜱体的作用。

躯体呈长圆形,暗褐色,表皮革质,弹性极大,两侧

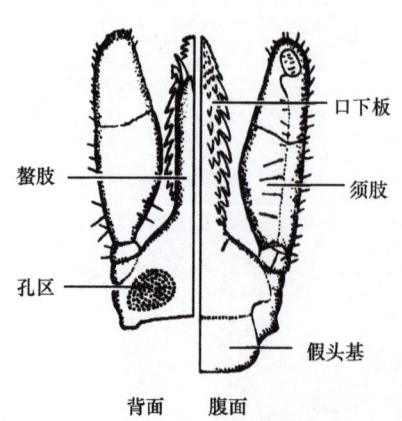

图11-1 硬蜱雌虫颚体

对称。躯体背面有盾板,雄蜱躯体背面几乎全部为盾板所覆盖,雌虫盾板仅占背面前部(图11-2)。有的蜱在躯体背面和腹面后缘有呈格子状的缘垛。腹面(图11-3)有足4对,每足6节,即基节、转节、股节、胫节、膝节和跗节。跗节末端有爪和爪垫。第1对足跗节背面有哈氏器,有嗅觉功能。生殖孔位于腹面的前半。肛门位于躯体的后部,常有肛沟。气门1对,位于第4对足基节的后外侧。

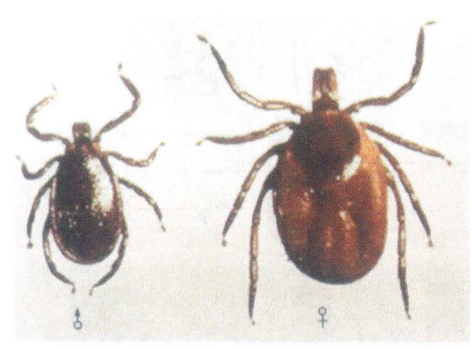 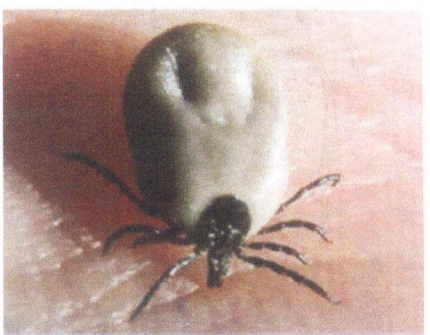

全沟硬蜱雌雄成虫　　　　　　　　　　饱血后雌虫

●● 图 11-2　硬蜱成虫 ●●

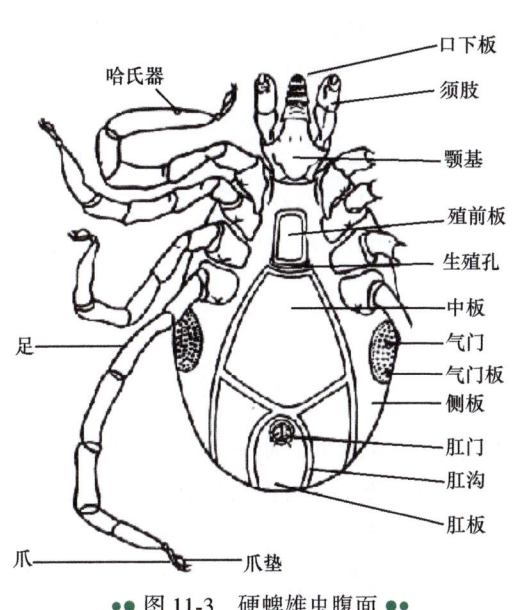

●● 图 11-3　硬蜱雄虫腹面 ●●

(二) 软蜱

颚体位于躯体腹面,从背面看不见(图11-4)。颚基背面无孔区。躯体背面无盾板,体表多呈颗粒状小疣,或有皱纹、盘状凹陷等。雌雄不易区别。

硬蜱主要种类有全沟硬蜱、草原革蜱等。软蜱主要种类有乳突钝缘蜱、波斯锐缘蜱等。

硬蜱和软蜱的形态区别见表11-1。

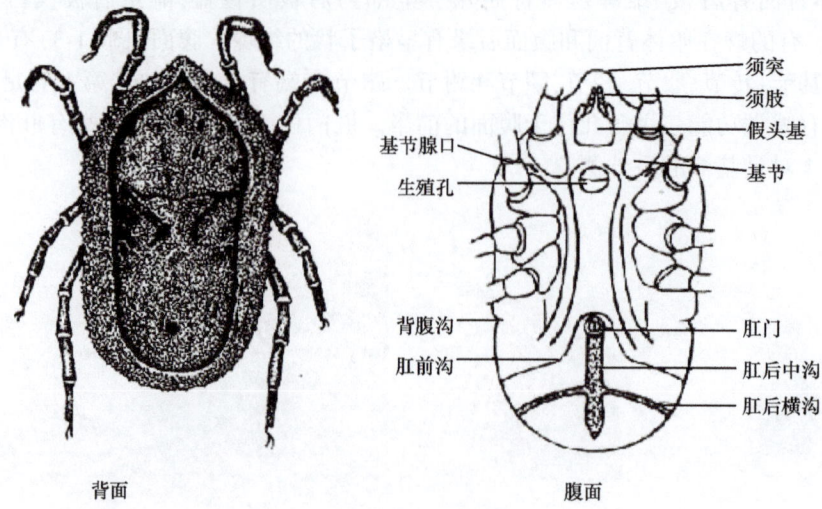

图 11-4 软蜱

表 11-1 硬蜱和软蜱的形态区别

部位	硬蜱	软蜱
鄂体	在体前端,自背面可见	在体前腹部面,自背面不可见
背板	有	无
须肢	短,不能运动	长,运动自如
气门	在第 4 对足基节后外侧	在第 3、4 对足基节之间
雌、雄区别	显著,雄蜱背板大、雌蜱小	不显著

二、生活史与生态

(一) 生活史

蜱发育过程分卵、幼虫、若虫和成虫 4 个时期。成虫吸血后交配落地,爬行至草根、畜舍等处,在表层缝隙中产卵。硬蜱一生产卵 1 次,饱血后在 4~40 天内将数百至数千个卵全部产出。软蜱一生可产卵多次,1 次产卵 50~200 个,总数可达千个。雌性硬蜱产卵后即干死,雌性软蜱产卵后不死亡。雄蜱一生可交配数次。卵呈球形或椭圆形,大小为 0.5~1mm,常堆集成团。在适宜条件下卵可在 2~4 周内孵出幼虫。幼虫形似若虫,但体小,足 3 对。幼虫寻觅宿主吸血经 1~4 周蜕皮为若虫。硬蜱仅 1 个若虫期,软蜱有若虫期 1~6 个不等。若虫足 4 对,吸宿主血后落地经 1~4 周蜕皮为成虫。硬蜱完成一代生活史需 2 个月至 3 年;软蜱需 6 个月至 2 年不等。硬蜱成虫寿命几个月至 1 年不等;软蜱寿命 5、6 年至数十年不等。

蜱的幼虫、若虫及成虫都吸血。宿主包括陆生哺乳类、鸟类、爬行类和两栖类,有些种类侵袭人体。硬蜱多在白天侵袭宿主,吸血时间较长,一般需要数天,能长久在宿主身上寄生。软蜱多在夜间侵袭宿主,吸血时间较短,一般数分钟到 1 小时,吸血后即离开宿主。蜱在生活史中有更换宿主的现象,按照其吸血、更换宿主的次数可将蜱分为 4 种类型:①一宿主蜱,从幼虫吸血到发育为成虫均在 1 个宿主体上进行,如微小牛蜱。②二宿主蜱,幼虫和若虫在同一宿主,成虫则另寻新宿主吸血,如残缘璃眼蜱。③三宿主蜱,幼虫、若虫和成虫分别寄生在 3 个宿主体上,如全沟硬蜱。90%以上的硬蜱为三宿主蜱,蜱媒疾病的重要媒介大多也是三宿主蜱。④多宿主蜱,幼虫、各龄若虫和成虫,以及雌蜱每次产卵前都需寻找宿主吸血,如软蜱。

(二) 生态

1. 季节消长　在温暖地区多数蜱种在春、夏、秋季活动,如全沟硬蜱成虫活动期在4~8月,幼虫和若虫的活动季节较长,从早春4月持续至9、10月。在炎热地区有些种类在秋、冬、春季活动,如残缘璃眼蜱。软蜱多在宿主洞巢内,故终年都可活动。

2. 越冬　蜱多数在栖息场所越冬,硬蜱多在动物的洞穴、土块,或宿主体表越冬。软蜱主要在宿主住处附近越冬。越冬虫期因种类而异。有的以幼虫越冬,如微小牛蜱;有的以若虫越冬,如残缘璃眼蜱;有的以若虫和成虫越冬,如某些软蜱;有的各虫期均可越冬,如硬蜱属中的多数种类。

三、与疾病关系

蜱是人兽共患的重要传播媒介,可传播蜱媒回归热、森林脑炎、Q热、莱姆病等疾病。蜱叮咬人后也可损伤局部组织,引起组织充血、水肿、急性炎症反应等。某些蜱唾液中含有神经毒素,释入人体严重者可致呼吸衰竭死亡。

四、防治原则

1. 环境治理　草原地带采用牧场轮换和牧场隔离方法灭蜱。结合垦荒、清除杂草、灌木丛等,进行草地改良,减少或清除蜱的孳生地;清理禽畜圈舍,捕杀啮齿动物,堵洞嵌缝等防止蜱孳生。

2. 化学杀灭　应用敌敌畏、合成菊酯等喷洒蜱类栖息及越冬场所灭蜱,牲畜可定期药浴杀蜱。

3. 个人防护　着"五紧"服进入有蜱地区,外露皮肤涂擦驱避剂,以防蜱叮附;离开蜱区时要互检,发现有蜱叮附时可用乙醇等涂在蜱体上,轻轻拔出,以免将蜱的口器拉断。

第2节　恙　螨

恙螨(chigger mite)属于真螨目、恙螨科。恙螨的若虫和成虫营自生生活,幼虫营寄生生活寄生在家畜等动物体表,吸取宿主组织液,引起恙虫病。全世界已知约有3000多种(亚种),其中有50种左右侵袭人体。我国已记录的有400多种(亚种)。

一、形态

恙螨幼虫(图11-5)多椭圆形,红、橙、淡黄或乳白色。初孵幼虫体长约0.2mm,经饱食后体长0.5~1.0mm。虫体分颚体和躯体两部分。颚体位于躯体前端,由螯肢及须肢各1对组成。螯肢的基节呈三角形。须肢呈圆锥形。颚基在腹面向前延伸,其外侧形成1对螯盔。躯体背面的前端有盾板,形状因种类不同而异。盾板上有毛5根,中部有2个圆形的感器基,呈丝状、羽毛状或球杆状的感器与此相连。足分为6或7节。足的末端有爪1对和爪间突1个。

寄生虫检验技术

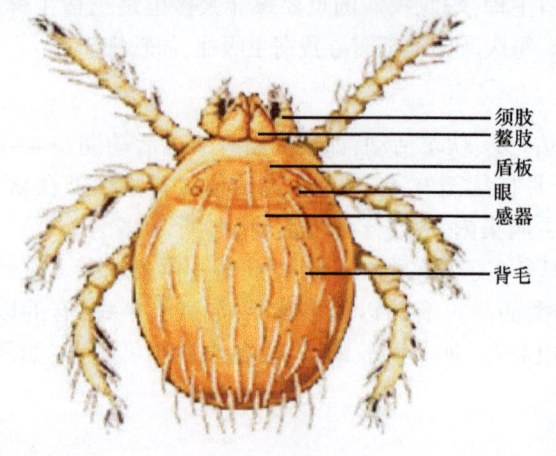

图 11-5 恙螨幼虫

二、生活史与生态

（一）生活史

恙螨整个生活史中有卵、前幼虫、幼虫、若蛹、若虫、成蛹和成虫 7 个时期。这里以地里纤恙螨为例。

地里纤恙螨卵呈球形，直径约 0.15mm。经 5~7 天卵内幼虫发育成熟，包有薄膜的前幼虫破卵壳逸出。经 8~12 天，幼虫破膜而出，寻找如哺乳类、鸟类、爬行类、两栖类及无脊椎类动物等宿主并在宿主皮薄湿润处叮刺，有些种类也可侵袭人体。经 2~3 天饱食后，幼虫掉落草地、泥土等内，3~7 天后静止不动形成若蛹，经数日发育后，若虫从蛹背逸出，经成蛹发育为与若虫形态相似的成虫。雄虫性成熟后，用细丝将产出的精细胞黏于地表，雌螨通过生殖吸盘摄取精细胞并在体内受精，经 2~3 周开始在泥土中产卵，一生产卵 100~200 个，平均寿命 288 天。

成虫和若虫主要以土壤中的小节肢动物和昆虫卵为食，幼虫则以被宿主分解的组织和淋巴为食。恙螨的活动范围很小，这与恙螨的群集特点有关。

（二）生态

1. 季节消长 恙螨幼虫发现于宿主体表有季节消长规律，大致可分三型：①夏季型，每年夏季出现一次高峰。②春秋型，有春秋两个季节高峰，大多恙螨属此型。③秋冬型，以冬季为高峰。夏季型和春秋型的恙螨多以若虫和成虫越冬，秋冬型无越冬现象。

2. 分布 恙螨分布在温暖潮湿地区，以热带雨林为最。东南亚是世界上恙螨最集中的地区。我国以东南沿海至西南边境为恙螨主要分布区。

三、与疾病关系

有些恙螨幼虫可侵袭人体，好寄生在人体的腰、腋窝、腹股沟、阴部等皮薄处。幼虫在宿主皮肤叮刺吸吮时，先以螯肢爪刺入皮肤，然后注入唾液，宿主组织受溶组织酶的作用，上皮细胞、胶原纤维及蛋白发生变性，出现凝固性坏死，在唾液周围形成一条小吸管通入幼虫口中，称为茎口，被分解的组织和淋巴液，通过茎口进入幼虫消化道。此外，在吸取人体的组织液和淋巴液的同时，也是恙虫病的重要传播媒介。

> **知识链接**
>
> **恙 虫 病**
>
> 恙虫病又名丛林斑疹伤寒，是由恙虫病立克次体引起的急性传染病，系一种自然疫源性疾病，啮齿类为主要传染源，恙螨幼虫为传播媒介。患者多有野外作业史，潜伏期 5~20 天。临床表现多样、复杂，合并症多，常可导致多脏器损害。本病起病急，有高热、毒血症、皮疹、焦痂和淋巴结肿大等特征性临床表现。严重者可因心、肺、肾衰竭而危及生命。

四、防治原则

1. **环境治理** 搞好环境卫生，堵塞鼠洞、蛇洞等，消灭鼠类等恙螨宿主。
2. **药物灭螨** 鼠洞、鼠道附近及孳生地喷洒敌敌畏、敌百虫等。
3. **个人防护** 进入有螨区要穿"五紧"服，外露皮肤可涂驱避剂(如邻苯二甲酸二甲酯)。

第3节 疥 螨

疥螨(itch mite)属真螨目、疥螨科，是一种永久性寄生螨类。其寄生于人和哺乳动物的皮肤表皮角质层内，并以角质组织和淋巴液为食，引起一种有剧烈瘙痒的顽固性接触性皮肤传染病，称之疥疮。寄生于人体的疥螨为人疥螨，俗称疥虫。

一、形态

疥螨成虫(图11-6)大小为(0.3~0.5)mm×(0.25~0.4)mm，乳白或淡黄色，体类圆形，背面隆起，腹面偏平。颚体短小位于前端。螯肢钳状，尖端有小齿，须肢分3节。背面有横形的波状横纹、成列的鳞状皮棘及成对的粗刺、刚毛和长鬃。腹面有粗短的圆锥形足4对。前2对足的末端有具长柄的爪垫即吸垫，为感觉灵敏部分；后2对足的末端，雌虫均为长刚毛，而雄虫的第4对足末端具吸垫。

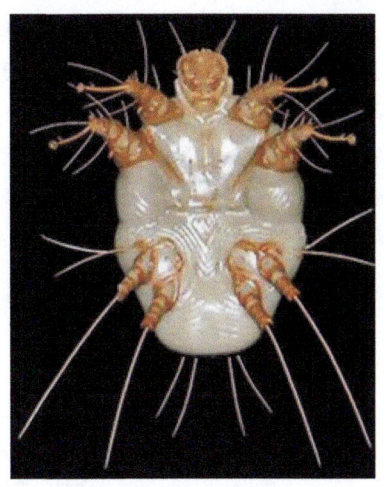

图11-6 疥螨

二、生活史

疥螨生活史分为卵、幼虫、前若虫、后若虫和成虫5个时期。发育成熟的雄性成虫和产卵孔尚未成熟而阴道孔已形成的雌性后若虫夜间在宿主皮肤表面交配后，雄虫死亡，雌性后若虫交配后20~30分钟内钻入宿主皮内，蜕皮为雌虫，并以其螯肢和前跗爪开凿隧道，2~3天后在隧道内产卵。卵呈圆形或椭圆形，呈淡黄色，壳很薄，大小为180μm×80μm。每天产卵2~4个，共可产卵40~50个，雌虫寿命5~6周。

疥螨常寄生于人体皮肤较嫩薄处，如指间、肘窝、腋窝、腹股沟、外生殖器及乳房等处；儿童全身皮肤均可侵犯。

雌螨挖掘隧道的能力最强，每天能挖0.5~5mm，隧道最长可达10~15mm。前若虫与幼虫不能挖掘隧道，生活在雌螨所挖的隧道中(图11-7)。

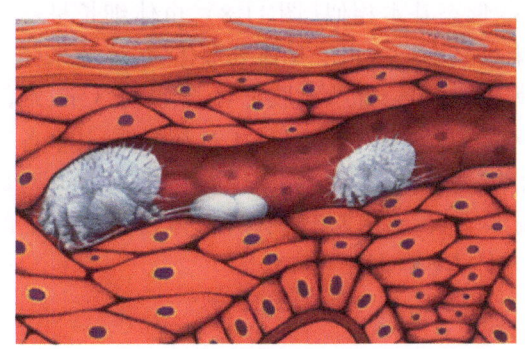

图11-7 雌螨所挖的隧道

三、与疾病关系

人疥螨引起疥疮，多为直接接触传播，也可通过使用患者刚用过的衣物等间接接触传播。雌螨挖掘隧道时对皮肤的机械性刺激及虫体的分泌物、排泄物及死亡的虫体引起的超敏反应，主要表现为呈对称性分布的分散不融合的浅红色小丘疹、小水疱及呈散在分布黄豆大小的暗红色疥疮结节。

疥疮最突出的症状是局部剧烈瘙痒，尤其夜间睡眠时，奇痒难忍。患者搔痒时抓破皮肤继发细菌感染，从而引起脓疮、毛囊炎和疖肿等。

▶ 四、防治原则

1. 预防 加强卫生宣传，注意个人卫生。避免与患者接触及使用患者的衣物。

2. 治疗 治疗疥疮的常用药物有：10%硫磺软膏，10%苯甲酸苄酯搽剂，10%优力肤霜（克罗米通乳膏）及伊维菌素等。用药前先清洗患部，在患部及周边涂用药物，每晚一次。用药1周后如无瘙痒及皮肤破损则全愈。

案例 11-1

患者，女，18岁，学生。主诉身上瘙痒难耐1个月，发现两手指间皮肤发红，有针尖大小的小点，有痒感，施涂皮康王（复方酮康唑软膏）等药物治疗3周未见好转。而且瘙痒部位扩散到手背、肘部、腋下等处，夜间尤甚。随之，同寝室同学也有几个开始出现相同症状。到医院就医查体：一般情况正常，手背等处有脱皮现象，背部有丘疹和皮损，患处皮肤发红可见发亮的小水疱，常规化验嗜酸粒细胞增多，病原学检查找到疥螨。患者及同寝室相同症状者均用10%硫磺软膏治疗1周，治愈。无复发。

问题：
1. 疥疮的典型症状是什么？
2. 疥疮的传播途经？

第 4 节 蠕 形 螨

蠕形螨（*Demodex*）俗称毛囊虫，属真螨目，蠕形螨科，是一类寄生于人和哺乳动物的毛囊和皮脂腺的永久性寄生螨。蠕形螨按寄生部位分为毛囊蠕形螨（*Demodex folliculorum*）和皮脂腺蠕形螨（*Demodex brevis*），引起毛囊炎和皮脂腺炎等。

▶ 一、形态

寄生于人体的毛囊蠕形螨和皮脂腺蠕形螨形态基本相似（图11-8），虫体细长呈蠕虫状，半透明，乳白色。成虫体长0.1~0.4mm，雄虫略小于雌虫。身体分颚体、足体和末体三部分。颚体位于虫体前端，宽短呈梯形，有一刺吸式口器，针状螯肢1对，须肢分3节，端部具须爪；足体腹面有足4对，粗短呈芽突状；4对足基节与躯体愈合成4对基节板，其余各节均很短，呈套筒状。雄虫的阴茎位于足体背面的第2对足之间，雌虫的阴道在腹面第4对足之间。末体细长，表皮具有环形皮纹；毛囊蠕形螨较长，末端较钝圆，末体占躯体长度的2/3~3/4；皮脂腺蠕形螨较粗短，末端呈锥形，末体占躯体长度的1/2。

第11章 蛛形纲

皮肤腺蠕形螨　　　　毛囊蠕形螨

◆◆ 图11-8　两种人蠕形螨 ◆◆

▶ 二、生活史

寄生于人体的两种蠕形生活史相似，分卵、幼虫、前若虫、若虫和成虫5个时期。卵无色半透明，呈蘑菇状或蝌蚪状。幼虫虫体细长，有足3对，以皮脂为食，经蜕皮后变为与其形态相似的前若虫。前若虫经发育蜕皮后变为若虫。若虫与成虫形态相似，惟生殖器官发育尚未成熟，不活动，也不进食，经2～3天发育为成虫。雌雄性成熟后在毛囊口处交配，雄螨随即死亡，雌螨即进入毛囊或皮脂腺内产卵。一代生活史需2周，雌螨寿命4个月左右。

蠕形螨主要寄生于人体的额、鼻、鼻沟、头皮、颏部、颧部和外耳道，也可寄生于颈、肩、背、胸部、乳头等处脂腺发达处，以宿主细胞和皮脂腺分泌物、皮脂、角质蛋白为食。蠕形螨对光不敏感，但对温度敏感。最适温度为37℃，在37～45℃范围内，气温越高，活动力越强。高于45℃活动力逐渐减弱，54℃为致死温度。蠕形螨成虫在5℃时可存活1周，在干燥空气中可存活1～2天。

▶ 三、与疾病关系

人感染蠕形螨主要是通过直接接触，也可通过使用患者的衣物、浴巾等间接接触感染。国内人群感染率在0.8%～81%。蠕形螨为条件致病性螨虫，致病性低，其危害程度与感染程度、虫种及感染者的免疫力等因素有关。绝大多数感染者为无明显症状的带虫者。由于蠕形螨吞食毛囊上皮细胞，上皮变性。感染严重时可引起角化不全或角化过度，真皮毛细血管增生并扩张。寄生在皮脂腺的螨还可引起皮脂腺分泌阻塞。虫体的代谢产物可引起变态反应，虫体的进出活动可携带病原微生物，引起毛囊周围细胞浸润、纤维组织增生。临床上表现为鼻尖、鼻翼两侧、颊、颏眉间等处血管扩张。患处轻度潮红，继而皮肤出现弥漫性潮红、充血，继发红斑湿疹或散在红色痤疮状丘疹、脓疱、疱疹、肉芽肿、结痂及脱屑，病灶面积从针尖大小至粟粒大小不等，皮肤有灼烧及瘙痒感；敏感者中度感染后可引起蠕形螨性酒渣鼻、睑缘炎、外耳道瘙痒、毛囊炎、痤疮、脂溢性皮炎等。

▶ 四、防治原则

加强卫生宣传，注意个人卫生，避免直接接触感染如与患者拥抱亲吻、握手等，也要注意间接接触感染如与患者共用衣物、毛巾、浴巾、脸盆、浴缸等。治疗可选用口服药物如甲硝唑及维生素 B_2，兼外用2%甲硝唑霜、10%硫磺软膏、苯甲酸苄酯乳剂，或口服甲硝唑兼外用甲硝唑冷霜。

第5节　其他常见医学螨类

一、粉螨

粉螨(flour mite)为一类小型蛛形纲动物，呈世界性分布，我国已记录的有30余种。粉螨寄生于人体的体表或体内，引起皮炎、肺螨炎、肠螨病、尿螨病等，以及超敏反应性疾病。

虫体呈长椭圆形(图11-9)，白色粉末状，成螨长 120~500μm。躯体角皮薄，半透明，背面体表有不密但较长的体毛；躯体前端背面有盾板，上具鬃毛。螯肢1对呈钳状，位于颚体前方中央。足4对，跗节末端有爪。雌螨有一发达的外覆生殖瓣的产卵孔，中央纵裂状，在躯体后缘有一交合囊，无肛吸盘及跗吸盘。雄螨有阴茎、肛吸盘及跗吸盘。粉螨卵为长椭圆形。

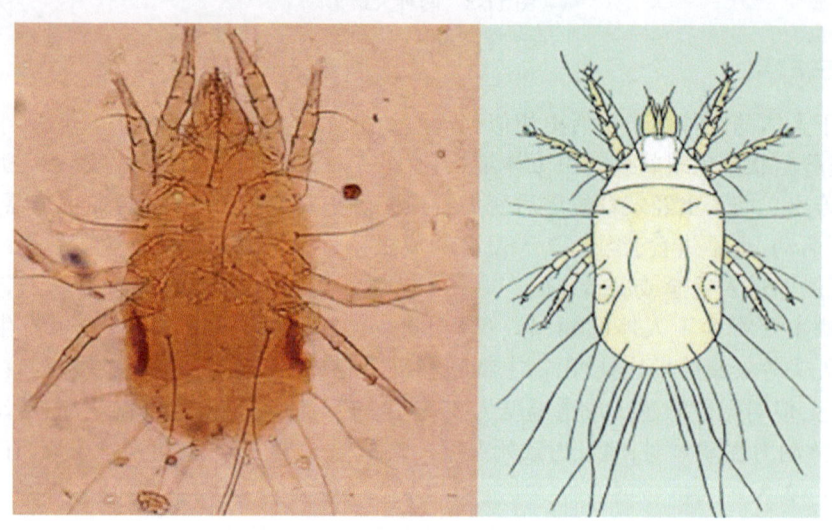

●●图11-9　腐食酪螨●●

粉螨发育经过卵、幼螨、第一若螨(前若螨)、第二若螨、第三若螨(后若螨)和成虫6个时期。但当周围环境气温、湿度适宜粉螨发育时，则无第二若螨而是由前若螨直接发育至后若螨。在适宜条件下，粉螨完成一代的发育约需1个月。雌螨寿命为100~150天，雄螨为60~80天。粉螨喜湿，不耐高温，在0℃左右停止发育，但在42℃时则立即死亡。粉螨常在春秋季节大量繁殖，孳生于床上被褥、衣物、地毯及软垫等处，也可孳生于食品仓库、纺织厂、中药厂及面粉厂等处，以动物性皮屑、肉类制品(如腊肉、咸鱼等)、植物性食品(如谷物、干果、饲料等)、真菌孢子及植物纤维为食。

粉螨较轻，常漂浮于空气中，被人吸入至肺可致肺螨病，表现为咳嗽、咳痰、胸闷、胸痛、气短、乏力及咯血；孳生于被褥、衣物等处的粉螨，可侵入人体皮肤，引起螨性皮炎，俗称谷痒症，出现红斑、小丘疱疹和脓疱；有时，也会侵入泌尿道，引起尿螨病，表现为尿道刺激症、夜尿症等；孳生于肉制品、植物性食品内等处的粉螨，可随食物入肠腔，引起肠螨病，表现为腹痛、腹泻、黏液稀便、肛门灼烧感、乏力、精神不振和消瘦等，病理特点为肠黏膜及黏膜下层有炎症、坏死和溃疡灶。

加强卫生宣传,搞好环境卫生和个人卫生,保持室内通风、干燥,被褥衣物勤洗、勤晒,食品密封贮藏及粮食暴晒,是消灭粉螨的重要措施。

> **知识链接**
>
> **粉螨与哮喘**
>
> 粉螨分泌物、排泄物及皮屑是强烈的过敏源,可引起超敏反应性疾病哮喘。粉螨性哮喘好发于春秋季节,尤其是秋季,临床特点为常在睡后和晨起时突然发作,每次发作时症状严重但持续时间短,并可突然消失。发作时表现为不能平卧、气急胸闷、呼吸缓慢而困难,严重时因缺氧而口唇、指端出现发绀。据上海对哮喘患者皮试结果,其中对粉螨浸液产生阳性反应者达85%~90%,与国外报道相似。

二、革螨

革螨(gamasid mite)属寄螨目、革螨总科,我国约有400余种。其中有重要医学意义的种类有柏氏禽刺螨、鸡皮刺螨和毒厉螨等。

革螨成虫(图11-10)呈卵圆形,黄色或褐色,具骨化的骨板。因虫种不同,大小不同,长从0.2~3.0mm不等。虫体分颚体和躯体两部分。颚体位于躯体前方,由螯基、螯肢和须肢各1对组成。颚基与躯体的前端相连接,形状因虫种不同而异。螯肢呈钳状。须肢呈长棒状,分5节。躯体背面具1~2块背板。雌螨腹面有几块骨板,由前而后分别为胸板、生殖板、腹板及肛板,有些虫种的生殖板和腹板可愈合为殖腹板。雄螨腹面的骨板常愈合为一块全腹板。雌螨生殖孔位于胸板之后,被生殖板遮盖;雄螨生殖孔位于胸板前缘。足4对,分6节,第1对足跗节背面末端有一个具感觉作用的跗感器。

革螨生活史分为卵、幼虫、第一若虫、第二若虫和成虫5个时期。卵为乳白色的椭圆形,直经为0.1~0.35mm。卵在产出24~48小时即孵出幼虫。幼虫白色,足3对,不摄食,在24小时内蜕皮为第一若虫。第一若虫呈淡黄色,足4对,在2~6天内,雌性吸血2次,雄性吸血1次后发育为第二若虫。第二若虫除无生殖孔和生殖板外,其他的结构与成虫基本相似;大多数种类革螨在该期会摄食,经1~2天蜕皮发育为成虫。完成生活史需要1~2周。

●● 图11-10 革螨成虫 ●●

革螨大多数营自生生活,少数营寄生生活。营自生生活的革螨孳生于枯枝烂叶下、草丛和禽畜粪堆里,主要以小型节肢动物为食,也可以腐败的有机物为食。营寄生生活的革螨,多数寄生于宿主体表,少数寄生于体腔内如鼻腔、呼吸道等,以宿主的血液和组织液为食。

大多数革螨整年活动,繁殖高峰在10~11月,如格氏血厉螨等;也有的繁殖高峰在夏秋季,如柏氏禽刺螨等。

加强卫生宣传,灭鼠、及时清理禽畜巢舍,用敌敌畏熏蒸灭螨效果较好。进入有螨区域前在裸露部位涂抹驱避剂如邻苯二甲酸二甲酯;也可将浸泡过驱避剂的毛巾等系于易被螨侵袭的裸露部。

三、蒲螨

蒲螨(Pyemotes)属真螨目、蒲螨科,统称蒲螨。其分布于世界各地,中国在北京、上海、山东、江苏、广西等地有发现。寄生于鳞翅目幼虫体上以汁液为食。

蒲螨雌雄异形（图11-11）。雄螨较小，不易见。幼雌螨似纺锤形，灰黄色，扁平，腹末端附近为膜状，能膨大，其余部分由几丁质表皮形成。雌螨体分节，每节有微小刚毛1对至数对不等，足4对，足Ⅰ有1爪，足Ⅱ、Ⅲ、Ⅳ有2爪和膜质爪间突，足Ⅰ、Ⅱ之间腹面有一球拍状感觉器官，雌螨足Ⅲ和足Ⅳ构造相同，各足由4~5节组成，末端有膜质前跗节及爪2个。

蒲螨为胎生螨类，各属生活史相似且特殊：卵在母体内发育为雌、雄螨，7~8天即可完成，直至成熟后自母体产出。产出的雄螨不离开母体，附着于母体膨大的末体上刺吸寄生。雌螨产出母体生殖孔时，母体外的雄螨即与其交配，行有性生殖。交配后的雌螨，主要通过风完成扩散和传播落到植食性如鳞翅目幼虫体宿主上，它们将含有神经毒素的毒液注入宿主体内，

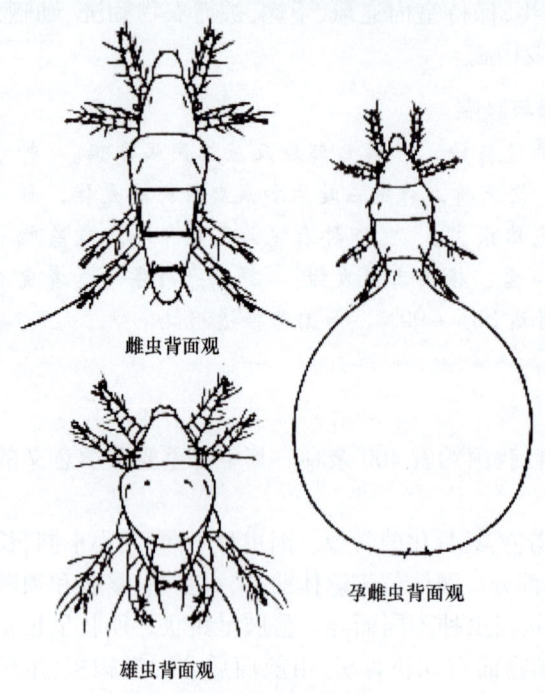

●● 图11-11　球腹蒲螨 ●●

使其麻痹瘫痪，而后以该宿主的血液淋巴为食发育为膨腹体，直到产出下一代蚴螨。

昆虫幼虫一旦被蚴螨寄生即中毒瘫痪，终至死亡。蚴螨偶尔在人体或牲畜身上吸吮体液，使人体发生红疹，奇痒，重者发热甚至恶心等。

第6节　蛛形纲节肢动物的检验技术

一、疥螨的检查

（一）针挑法

针挑法适用于皮损为隧道或水疱。首先在解剖镜下仔细观察隧道，然后于盲端处找出淡黄色虫点。疥疮用消毒针头从侧旁刺入，在其底部把虫体挑出，置于滴加液体石蜡的载物玻片上用放大镜或显微镜检查。若水疱者，这种疥疮的检测多在疱边缘处可找到虫点，按上面方法把它挑出进行检查。阳性率高达95%以上。

（二）刮片法

挑选早期丘疹，滴少许石蜡油或普通镜油于皮损上，然后用消毒后的外科刀在皮损表面稍为使劲刮数下，直至油内出现小血点为度，最后移放到油载玻片上实施镜检。

二、蠕形螨的检查

（一）挤压涂片法

先消毒受检部位皮肤，再采用消毒后的痤疮压迫器刮取，或用干净手指挤压，或用沾水笔尖后端等器材刮取，将刮出物置于载玻片上，加1滴甘油，铺开，加盖玻片镜检。

（二）透明胶纸法

睡觉前清洗脸部后，再用透明胶纸粘贴于面部的鼻、鼻沟、额、颧及颏部等处，至次晨取下明胶纸贴于载玻片上，滴加1滴石蜡油镜检。此法简便无痛苦。检出率与胶纸的黏性、粘贴的部位、面积和时间有关。

学习小结

蛛形纲躯体分头胸部及腹部或头胸腹愈合为一体，无触角，无翅，成虫有足4对。蜱螨类是小型节肢动物，外形有圆形、卵圆形或长形等。小的虫体长仅0.1mm左右，大者可达1cm以上。虫体基本结构可分为颚体（又称假头）与躯体两部分。蜱螨类生活史可分为卵、幼虫、若虫和成虫等期。幼虫有足3对，若虫与成虫则有4对。若虫与成虫形态很相似，但生殖器官未成熟。在生活史发育过程中有1~3个或更多若虫期。成熟雌虫可产卵、产幼虫，有的可产若虫，有些种类可行孤雌生殖。

目标检测

一、名词解释
1. 疥疮
2. 茎口

二、选择题
1. 人疥螨发育过程有
   A. 卵、幼虫、若虫及成虫
   B. 卵、幼虫、前若虫及成虫
   C. 卵、幼虫、后若虫及成虫
   D. 卵、幼虫、前若虫、后若虫及成虫
2. 人疥螨对人体的危害
   A. 引起毛囊炎
   B. 引起皮层隧道样病变和超敏反应
   C. 引起超敏反应
   D. 引起皮层隧道样病变
3. 实验诊断疥疮的方法
   A. 挤压涂片法
   B. 血液涂片法
   C. 透明胶纸粘贴法
   D. 以消毒针头挑破局部皮肤检查
4. 蠕形螨感染最常见的部位
   A. 面部   B. 颈部
   C. 胸部   D. 腹部
5. 蠕形螨寄生于
   A. 上皮细胞内   B. 皮肤隧道中
   C. 外周血液中   D. 毛囊或皮脂腺内
6. 蠕形螨的致病力
   A. 无致病作用   B. 致病力较弱
   C. 机会致病   D. 偶然致病
7. 蠕形螨的感染方式
   A. 卵污染食物经口感染
   B. 经媒介昆虫叮咬感染
   C. 直接接触或间接接触感染
   D. 蝇粪便污染皮肤伤口感染
8. 蠕形螨病的病原检查方法
   A. 透明胶纸粘贴法   B. 肌肉活检法
   C. 血液涂片法   D. 淋巴结穿刺法
9. 引起过敏性哮喘、过敏性鼻炎等的主要螨类
   A. 革螨   B. 尘螨
   C. 疥螨   D. 蠕形螨
10. 蜱螨属于节肢动物门的哪个纲
    A. 蛛形纲   B. 昆虫纲
    C. 甲壳纲   D. 唇足纲

三、问答题
1. 简述疥螨生活史及生态特点。
2. 简述毛囊蠕形螨与皮脂蠕形螨的形态特征及生活习性的主要不同点。
3. 简述尘螨生活史及生态特点。
4. 可经卵传递病原体的蜱螨传播的虫媒病有哪些？简要说明各虫媒病的病原体、主要传播媒介及传播方式。

（朱炳生）

第 12 章 其他检验技术

学习目标

1. **掌握** 显微镜测微尺的标定及使用方法;皮内抗原试验、环卵沉淀试验、尾蚴膜试验的原理、操作方法、结果判定、临床意义;各种标本的固定和保存。
2. **熟悉** 溶组织内阿米巴及阴道毛滴虫的人工培养方法;旋毛形线虫、疟原虫、弓形虫、利什曼原虫的动物感染与保种方法;蠕虫检验试剂、原虫检验试剂的配制。
3. **了解** 酶联免疫吸附试验、斑点金免疫层析试验的原理、方法类型及临床评价;免疫学诊断试剂、标本固定和保存试剂的配制。

第 1 节 显微镜测微尺使用方法

一、测微尺的构造

显微镜测微尺是用来测量镜下标本大小的仪器,由目镜测微尺与物镜测微尺两部分组成。目镜测微尺是测量视野中的物体长度;物镜测微尺是标准长度,用来标定目镜测微尺(图 12-1)。

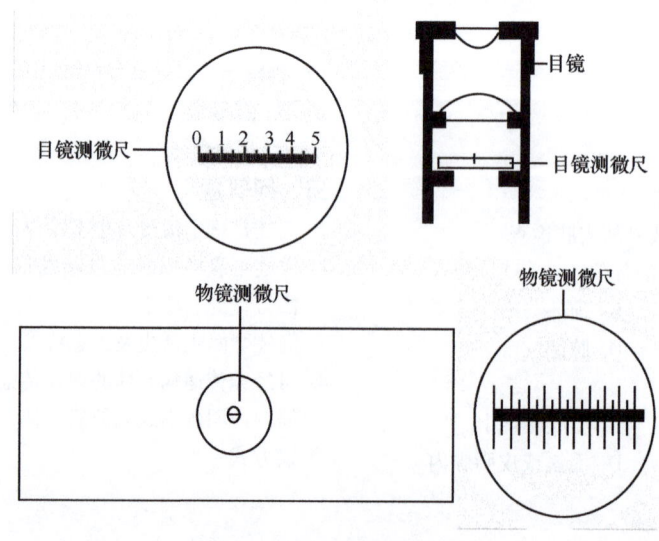

● ● 图 12-1 显微测微尺 ● ●

第12章 其他检验技术

(一) 目镜测微尺

目镜测微尺又称目尺,为一直径约2cm的圆形玻片,其中央刻有精确的刻度,通常是将5mm划分为50格,实际每格等于100μm。刻度的大小随着使用的目镜和物镜的放大倍数而改变,用前必须用物镜测微尺来标定。

(二) 物镜测微尺

物镜测微尺又称校正尺。物镜测微尺为一块特制的载玻片,其中央有一小圆圈。圆圈内刻有分度,将长1mm的直线等分为100小格,每小格等于10μm。

二、测微尺使用

(一) 确定目镜测微尺每小格的长度值

1. 取下接目镜,旋下目镜上的目透镜,将目镜测微尺放入接目镜的中隔板上,使有刻度一面朝下,再旋上目透镜,并装入镜筒内。
2. 将物镜测微尺置于显微镜的载物台上,使有刻度的一面朝上,同观察标本一样,使具有刻度的小圆圈位于视野中央。
3. 先用低倍镜观察,对准焦距,待看清物镜测微尺的刻度后,转动目镜,使目镜测微尺的刻度与物镜测微尺的刻度相平行,并使两尺的左边第一条线相重合,再向右寻找两尺的另外一条重合线。
4. 记录两条重合线间的目镜测微尺的格数和物镜测微尺的格数。然后,根据以下公式计算目镜测微尺每小格的长度值。

$$目镜测微尺每小格长度值 = \frac{物尺格数}{目尺格数} \times 0.01\text{mm}$$

(二) 测量标本

1. 目镜测微尺每小格的长度已求出,将物镜测微尺取下,放上欲测的标本,按一般观察方法找到物体,移动目镜测微尺和推进尺,以测量标本的长、宽是多少小格数,按已知目镜测微尺每小格代表的实际长度值计算标本的大小。
2. 如此测定后的目镜测微尺的尺度,仅适用于测定时所用的显微镜的目镜和物镜的放大倍数,若更换物镜、目镜的放大倍数时,必须再进行校正标定。

第2节 原虫的人工培养方法

当受检者被疑为某种寄生虫病,而直接的病原学检查为阴性时,可考虑做寄生虫的人工培养。目前在寄生虫检验中应用较多的是溶组织内阿米巴、阴道毛滴虫的人工培养。

一、溶组织内阿米巴的人工培养

(一) 培养基的制备

1. 培养基的组成

(1) 固相部分:牛肉浸膏3g,蛋白胨5g,琼脂15g,NaCl 8g,蒸馏水1000ml。将各成分水浴2~3小时完全溶解后(若有残渣,要用4层纱布过滤清除),趁热分装试管,每管5ml,加棉塞，高压灭菌后制成斜面，冷却后放入4℃冰箱备用。

（2）液相部分：NaCl 8g，KCl 0.2g，CaCl$_2$ 0.2g，MgCl$_2$ 0.01g，Na$_2$HPO$_4$ 2g，KH$_2$PO$_4$ 2g，蒸馏水1000ml。配置时KCl和CaCl$_2$各加入少许蒸馏水分别装瓶，高压灭菌冷却后再合并在一起。

（3）米粉20mg：粳米粉经高压消毒或180℃干燥灭菌。

（4）小牛血清0.5ml：56℃、30分钟灭活。

（5）青霉素、链霉素各1000U/ml。

2. 制备 接种前在每管斜面培养基中加入液相部分4.5ml，灭活小牛血清0.5ml，米粉20mg，青霉素、链霉素各1000U/ml。

（二）培养方法

取脓液、黏液稀便0.5ml或黄豆粒大小的成形粪便，直接接种于试管内与培养基混匀；或先将粪便自然沉淀后，取沉淀物0.5ml接种于试管中。将试管放置在37℃温箱中培养，分别于24小时、48小时、72小时取培养液中的混浊部分涂片检查。

二、阴道毛滴虫的人工培养

（一）培养基的制备

1. 培养基的主要成分 15%肝浸液100ml；蛋白胨2g；葡萄糖0.5g。

2. 制备 15%肝浸液的制备：取牛肝或兔肝15g，洗净，剪碎如小米粒大小，浸入100ml蒸馏水中，置冰箱过夜。次日煮沸0.5小时，用4层纱布过滤除去渣滓，补充蒸馏水至100ml，即为15%肝浸液。

将以上成分混合，加热溶解，经滤纸过滤，调节pH至5.5~6.0。每管分装5ml，8磅20分钟高压灭菌。冷却后，置37℃恒温箱中24小时，证明无菌后，储存于冰箱备用。接种前每管加灭活无菌马血清1ml，即可使用。

（二）培养方法

1. 以无菌棉签从阴道后穹隆处取分泌物，无菌操作接种入上述培养基中。
2. 初次接种和第1、2次转种时，应加青霉素（5~10）万U/2ml培养基。
3. 培养温度以35~38℃为宜，pH在5.4~6.8。

第3节 动物感染与保种方法

寄生虫的动物感染与保种，是指将其感染期接种于实验动物，使虫体在动物体内存活，以利于寄生虫与寄生虫病的研究、寄生虫病诊断及制备教学标本等。

一、旋毛形线虫

将感染旋毛虫的小白鼠(或大白鼠)杀死，剥皮，取其肌肉；也可取含有幼虫的猪肉，剪成米粒大小，取1小块肉置在载玻片上压片检查，以含有100~200个幼虫囊包量的肌肉，经口喂健康小白鼠，喂前应饥饿小鼠24小时；或将含有幼虫囊包的肌肉剪碎，置于含有消化液的三角瓶内，一般每1g肌肉加入60ml的消化液，置37~40℃温箱中，经10~18小时（此间经常摇动烧瓶或搅拌），去掉上层液，然后以水洗沉淀法或离心沉淀法收集幼虫。以生理盐水洗涤2~3次,用1ml的注射器和8号针头吸取100~200条幼虫,经腹腔注射或喂饲健康小白鼠(或大白鼠)。感染第5周后,可在鼠肌中(以膈肌、腿部肌多见)可找到幼虫囊包。幼虫在动物体内可生存3个月或半年。

二、弓形虫

经穿刺抽取患者的脑脊液0.5~1ml,注射于体重18~25g的健康小白鼠腹腔内。3周后抽取小白鼠腹腔液做涂片检查(查滋养体)。如为阴性再取肝、脾、脑组织研磨为匀浆,按1:10量加入无菌生理盐水稀释,进行第二次接种。如仍为阴性可用同法进行2~3次,再观察结果。阳性者可作接种传代,每2周一次,以保种。

接种小鼠,每只注射0.3~0.5ml的匀浆。感染后每天观察,即抽取腹腔液涂片,染色后观察。一般感染第4天可见到弓形虫滋养体。

抽取病鼠腹腔液方法:在其腹部作一切口,用镊子夹提腹部的皮肤和腹膜,用1ml注射器吸取1ml生理盐水,迅速注入腹腔,轻揉腹壁,使生理盐水和腹腔液混匀,然后再抽出腹腔液检查。

三、利什曼原虫

取患者的前述组织穿刺物,用适量生理盐水稀释后,注射于田鼠(或金黄地鼠)腹腔内,每只鼠注射0.5ml,放笼内饲养。1个月后杀死田鼠,取其肝、脾组织作涂片,染色,镜检。转种时将感染利什曼原虫的田鼠解剖,取其肝、脾置于消毒的组织研磨器或研钵中,加入少量生理盐水研磨为匀浆后,再加适量生理盐水稀释,用消毒注射器吸取稀释液注射健康田鼠腹腔内,每只鼠注入0.2~0.5ml,继续饲养。3~4周后,按前述方法进行检查。原虫在动物体内可生存数月。

第4节 免疫学诊断方法

一、皮内抗原试验

1. 实验原理 皮内抗原试验(intraderminal antigen test,ID)是寄生虫变应原刺激宿主后,机体产生特异性抗体(IgE),当将同样抗原注入皮内与抗体结合后,导致肥大细胞和嗜碱粒细胞脱颗粒,释放生物活性介质,引起注射部位局部出现红肿。此试验属于超敏反应,操作简单,反应较快,敏感性较高,有一定的特异性,是寄生虫检验应用较早也较为广泛的一种免疫检测技术。

2. 操作方法 将适宜浓度的无菌皮试抗原0.03ml,注射入消毒后的前臂屈面表皮内层形成皮丘。在邻近处或另一手臂同样注射生理盐水皮丘作为对照,15分钟后观察结果。

3. 结果判定 阳性:皮丘红肿,硬结直径大于1.5cm,红晕范围直径超过4cm,有时出现伪足或有痒感。阴性:局部无红肿,无异常全身反应。

4. 临床意义 皮内试验用于多种寄生虫病的检测,如血吸虫病、卫氏并殖吸虫病等。最常用于血吸虫病的调查,操作简单,并且可即时观察结果,适宜现场应用。大多用粗制可溶性血吸虫虫卵抗原(稀释度为1:4000)或成虫冷浸抗原(稀释度为1:8000)敏感性高,其阳性率在93%~97%,但有部分假阳性反应(2.1%~3.5%),并且对其他寄生虫病交叉反应较高。皮内试验可用作：①过筛方法，先做皮试，阳性者再作进一步检查；②临床辅助诊断；③考核预防效果，用作检查新感染的方法，特别是对儿童。

二、环卵沉淀试验

1. 实验原理 环卵沉淀试验(circumoval precipitin test, COPT)是以血吸虫整卵为抗原的特异免疫血清学试验，卵内毛蚴或胚胎分泌排泄的抗原物质经卵壳微孔渗出与检测血清内的特异抗体结合，可在虫卵周围形成特殊的复合物沉淀，在光镜下判读反应强度并计数反应卵的百分率称环沉率。

2. 操作方法 常规法用载玻片或凹玻片进行，加样本血清后，挑取适量鲜卵或干卵(100~150个，从感染动物肝分离)，覆盖24mm×24mm盖片，四周用石蜡密封，37℃保温48小时后，低倍镜观察结果，必要时需观察72小时的反应结果。

3. 结果判定 典型的阳性反应为泡状、指状、片状或细长卷曲状的折光性沉淀物，边缘整齐，与卵壳牢固粘连。阴性反应必须观察全片；阳性者观察100个成熟卵，计环沉率及反应强度比例。环沉率是指100个成熟虫卵中出现沉淀物的虫卵数。凡环沉率≥5%者可报告为阳性(在基本消灭和消灭血吸虫病地区环沉率≥3%者可判为阳性)，1%~4%者为弱阳性。环沉率在治疗上具有参考意义。

分级强度判定：

"-"折光淡，与虫卵似连非连："影状"物(外形不甚规则，低倍镜下有折光，高倍镜下为颗粒状)及出现直径小于10μm的泡状沉淀物者，皆为阴性。

"+"虫卵外周出现泡状沉淀物(>10μm)，累计面积小于虫卵面积的1/2；或呈指状的细长卷曲样沉淀物，不超过虫卵的长径。

"++"虫卵外周出现泡状沉淀物的面积大于虫卵面积的1/2；或细长卷曲样沉淀相当或超过虫卵的长径。

"+++"虫卵外周出现泡状沉淀物的面积大于虫卵本身面积；或细长卷曲样沉淀物相当或超过虫卵长径的2倍(图12-2)。

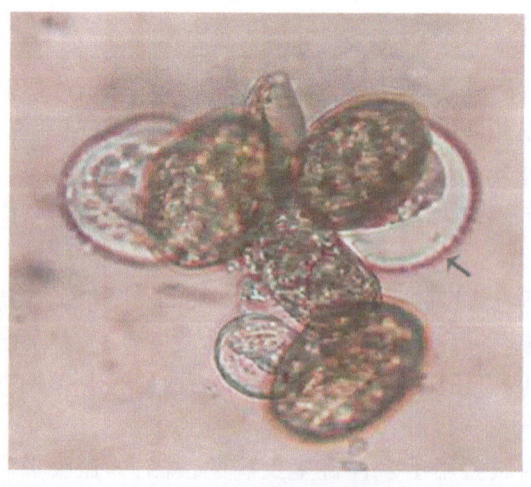

图12-2 环卵沉淀试验

4. 临床意义 COPT可作为诊断血吸虫病的血清学方法之一，以及临床治疗患者的依据;可用作考核治疗和防治效果的方法;并且用于血清流行病学调查及监测疫情的方法。

近年来对 COPT 的方法作了一些改进,如①双面胶纸条法:将双面胶纸条制成特定的式样作 COPT,可省略蜡封片法的繁琐步骤,具有操作简易,方法规范,提高工效和避免空气污染的优点。双面胶纸条法 COPT(DGS-COPT)已在现场扩大应用,今后若能将该法配套干卵,则更能提高它的应用价值。②血吸虫干卵抗原片(或膜片)环卵沉淀试验,利用环卵抗原活性物质的耐热特性,将分离的纯卵超声和热处理,定量滴加,烤干固定于载玻片或预制的聚乙烯薄膜上。此种干卵膜片,保存时间较长(4℃半年),已有市售商品。试验时只需加入血清试样,湿盒孵育,判读结果与常规法相同。干卵膜片法还具有简化操作规程,提高卵抗原的规范要求,并可长期保存等优点。

三、尾蚴膜试验

1. 实验原理 尾蚴膜试验(cercaria membrane reaction)是血吸虫尾蚴与血吸虫病患者的血清在体外共同孵育后,尾蚴抗原与特异性抗体结合,在尾蚴体表形成折光性套膜。这是诊断血吸虫病特有的一种免疫学检查方法。

2. 操作方法 取受试者 2 滴血清和 10 条左右的尾蚴在玻片上混合后,加盖玻片封以石蜡,置 25℃恒温中经 24 小时后在低倍镜下观察。

3. 结果判定

"−":尾蚴体表无反应,或口部、体表仅出现泡状、颗粒状或絮状附着物。

"+":尾蚴体表全部或局部形成一层不明显的、平滑的折光性胶状膜。

"++":尾蚴体表形成明显的稍有褶皱的胶膜或套膜,低倍镜下清晰可见。

"+++":尾蚴体表形成一层厚的、明显褶皱的胶状膜或套膜,由于尾蚴的活动,有时可见空套膜。

4. 临床意义 尾蚴膜反应是对血吸虫病的免疫诊断,具有较高的敏感性和特异性。对新感染病例本试验早期诊断价值较大,阳性率为 95% 以上。在无再感染机会的情况下,尾蚴膜反应抗体可自然下降,而造成较多的假阴性,故对基本消灭地区的陈旧感染不宜以本试验为查病方法。在感染禽类尾蚴的稻田皮炎患者,可出现交叉反应,应避免在稻田皮炎发生季节进行试验。其转阳性时间较环卵沉淀反应为迟,故应用考核疗效的参考价值不大。

四、酶联免疫吸附试验

1. 实验原理 酶联免疫吸附试验(enzyme linked immunosorbent assay, ELISA)是把抗原或抗体结合到某种固相载体表面,并保持其免疫活性,也就是形成固相抗原或抗体;将抗原或抗体与酶连接成酶标记抗原或抗体,它既保留了免疫活性,又保留了酶的活性;测定时将受检样品(含待测抗原或抗体)和酶标记抗原或抗体按一定程序与结合在固相载体上的抗原或抗体反应形成固相化抗原抗体-酶复合物;用洗涤的方法将固相载体上形成的抗原抗体-酶复合物与其他成分分离,结合在固相载体上的酶量与标本中受检物质的量成一定的比例;加入底物后,底物被固相载体上的酶催化生成有色产物,通过定性或定量检测有色产物的量即可确定样品中待测物质的含量。

2. 方法类型及反应原理 ELISA 既可用于测定抗原,又可用于测定抗体。本法有三个必要的试剂:①固相化的抗原或抗体;②酶标记的抗原或抗体;③酶反应的底物。根据其测定抗原和抗体的不同采用不同的测定方法。

(1) 检测抗原的方法

1) 双抗体夹心法:属于非竞争结合测定,是检测抗原最常见的方法,适用于检测含有至少两个抗原决定簇的多价抗原。其基本原理是先将特异性抗体与固相载体结合,形成固相抗体;加入待测标本并温育,使标本中的抗原与固相抗体充分反应,形成固相抗体抗原复合物,洗涤除去其他游离成分;然后加入酶标记抗体并温育,使固相抗体抗原复合物与酶标记抗体结合,形成固相抗体-待测抗原-酶标记抗体复合物(双抗体夹心),洗涤除去游离酶标记抗体;加底物,固相载体结合的酶可催化底物成为有色产物,根据产物的显色程度进行抗原的定性或定量检测。

经典的双抗体夹心法,均采用两步法,即待测标本与酶标记抗体分开加入反应体系,两步温育。

2) 双位点一步法:在双抗体夹心法基础上,进一步发展了双位点一步法。该法是针对抗原分子上两个不同且空间距离较远的抗原决定簇,分别制备两种单克隆抗体,在包被时使用一种单抗,酶标记时使用另一种单抗。测定时将含待测抗原标本和酶标记抗体同时加入反应体系,两种抗体分别与不同的抗原决定簇结合,只进行一次温育,在洗涤后即可加入底物进行显色测定。但当待测抗原浓度过高时,过量的抗原可分别同固相抗体和酶标记抗体结合而抑制夹心复合物的形成,出现钩状效应,显色降低,严重时可出现假阴性结果。必要时可将标本适当稀释后重新测定。

3) 竞争法:主要用于测定小分子抗原或半抗原。因大分子抗原具有两个以上的抗原决定簇,故多采用双抗体夹心法测定,而只有一个抗原决定簇的小分子抗原或半抗原,只能采用竞争法测定。该法先用特异性抗体包被载体,然后同时加入待测抗原和酶标记抗原,待测样本中的抗原与酶标记抗原竞争性地与固相载体上的特异性抗体结合,温育一定时间后洗涤,加入底物显色。

其特点是:①酶标记抗原与样品或标准品中的未标记抗原具有相同的与固相抗体结合的能力;②反应体系中,固相抗体和酶标记抗原的量是固定的,且前者的结合位点数量少于酶标记抗原和未标记抗原的分子数量总和;③免疫反应后,结合于固相载体的复合物中的酶标记抗原量(酶活性)与样品中未标记抗原的浓度呈负相关。

(2) 检测抗体的方法

1) 间接法:检测抗体最常用的方法,属于非竞争性结合试验。其原理是将抗原包被在固相载体上,加入待测样本,使样本中待测抗体与固相载体上的抗原结合形成固相抗原-待测抗体复合物,经温育洗涤后,加入酶标记抗体(酶标二抗),它是针对待测抗体的抗体,临床常用酶标记羊抗人 IgG,经温育洗涤后,在固相载体上形成固相抗原-待测抗体-酶标二抗复合物,加入底物后根据显色的深浅确定待测抗体的含量。

间接法由于采用的酶标二抗仅针对免疫球蛋白的一种类型,且通常用的是抗人 IgG,因此检测的抗体类别为 IgG,不涉及 IgA 和 IgM。此外,该法只需要更换固相抗原,就可用一种酶标二抗检测标本中多种针对不同抗原的抗体,具有更好的通用性。但此法由于受血清中高浓度非特异性 IgG 的影响,通常待测标本需经一定稀释后才能测定。

抗体的竞争法测定不同于具有单个抗原决定簇的小分子抗原竞争法,其测定的可靠性主要受竞争抗体的特异性和亲和力影响,竞争抗体与待测抗体的特异性及亲和力越接近,则测定的可靠性越高。但竞争用的抗体均为相应抗原免疫动物所得,与机体感染后产生的抗体肯定存在差异。

2) 双抗原夹心法：由于双抗原夹心法可检测某种特定抗体的所有类型 Ig，而且不受非特异性 IgG 的干扰，因此双抗原夹心法的灵敏度和特异性要高于间接法。其原理类似双抗体夹心法，操作步骤也基本相同，也可采用一步法，只不过由于机体产生抗体的量有限，一般不会出现钩状效应。

3) 竞争法：抗体的检测通常不用竞争法，但当相应抗原材料中含有难以去除的杂质、不易得到足够的纯化抗原或抗原性质不稳定时，可采用这种方法测定抗体。

4) 捕获法：又称反向间接法。主要用于血清中特定抗体 Ig 类别的测定，目前最常用于病原体急性感染诊断中的 IgM 型抗体检测。由于血清中针对某种抗原的特异性 IgM 和 IgG 同时存在，IgG 可干扰 IgM 的测定。工作原理为：首先将针对 IgM 的第二抗体包被于固相抗体形成抗体，加入待测标本后，标本中所有的 IgM（包括特异和非特异的）即可被固相抗体捕获。第二步加入特异性抗原，其与固相载体上捕获的 IgM 特异性抗体结合，再加入针对异性抗原的酶标记抗体，形成固相抗人 μ 链-IgM-抗原-酶标记抗体复合物，最后加入底物显色，即可对待测标本中抗原特异性 IgM 进行定性或定量测定。

3. 临床意义 用于多种寄生虫感染的诊断、血清流行病学检查和疗效考核，检测标本有宿主血清、脑脊液、乳汁、尿液、粪便滤液等，是一类具有高度特异性和敏感性的血清学检查方法。

酶联试验为高灵敏检测技术，结果可定量表示，可检测抗体、抗原或特异性免疫复合物，微量滴定板法消耗样本试剂少，能供全自动操作，适用批量样本检测，因此在寄生虫感染的研究和诊断领域乃至血清流行病学均被广泛应用。国内外有多种寄生虫感染的酶联药剂出售，包括有血吸虫病、弓形虫病、阿米巴病、丝虫病、蛔虫病、旋毛虫病和犬蛔虫病等，ELISA 可用作辅助诊断患者，血清流行病学调查和监测疫情的方法。

近年来已有多种改进的酶联免疫吸附试验如①快速-ELISA：改进特点为用 PVC 薄膜代替聚苯乙烯微量反应板作载体；将 1% 可溶性血吸虫卵抗原与尿素溶解性血吸虫卵抗原等量相混合预吸附于薄膜上；用抗人 IgG McAb 代替羊抗人 IgG 制备酶结合物；用底物 TMB 代替 OPD。该法主要以目视法判断结果，整个操作流程仅需 20 分钟左右。②硫酸铵沉淀抗原-ELISA：可溶性血吸虫卵抗原经饱和硫酸铵沉淀后用作 ELISA 诊断抗原；在系列实验基础上，使操作方法达到规范化；用质量控制图控制检测差异，并以标准曲线单位判断结果；缩短检测时间，节省试液用量，提高了敏感性、特异性和重现性。

▶ 五、斑点金免疫层析试验

1. 实验原理 斑点金免疫层析试验（dot immunoglod chromatographic assay, DICA）是将胶体金标记技术和蛋白质层析技术相结合的以硝酸纤维素膜为载体的快速的固相膜免疫分析技术。与斑点金免疫渗滤试验的过滤性能不同，DICA 中滴加在膜一端的标本溶液受载体膜的毛细管作用向另一端移动，犹如层析一般，在移动过程中被分析物与固定于载体膜上某一区域的抗体或抗原结合而被固相化，无关物则越过该区域而被分离，然后通过胶体金的呈色条来判读实验结果。本法除层析条装置外，不需任何仪器设备。

2. 操作方法

(1) 双抗体夹心法：如图中 G 处包被金标抗体（免疫金），T 处包被特异性抗体，C 处包被抗金标抗体（二抗），B 处为吸水纸。测试时 A 端滴加待测标本，通过层析作用，待测标本向 B 端移动,流经 G 处时金标抗体-抗原-抗体复合物中,金标抗体被固定下来,在 T 区显示红色线条,为阳性反应,多余的金标抗体移至 C 区被抗金标抗体捕获,而显示红色对照线条;仅在 C 区出现红色线条试验结果为阴性;如 C 区无红色线条出现,表示试验无效(图 12-3)。

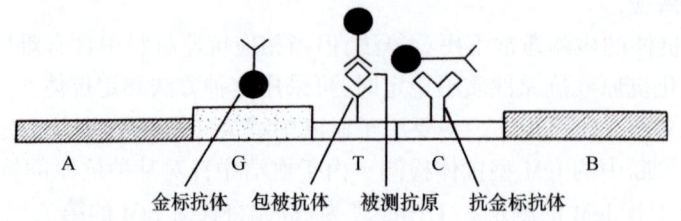

•• 图 12-3　免疫层析试验双抗体夹心法测大分子抗原原理 ••

(2) 竞争法:G 处为金标抗体,T 处包被标准抗原,C 处包被抗金标抗体(二抗),测试时待测标本加于 A 端,若被检标本中含有相应抗原,流经 G 处时结合金标抗体,当混合物移至 T 处时,因无足够游离的金标抗体与膜上标准抗原结合,T 处无棕红色线条出现,试验结果为阳性,游离金标抗体或金标抗体复合物流经 C 处,与该处的抗金标抗体结合出现棕红色对照线条(即质控带);若标本中不含待测抗原,金标抗体则与 T 处膜上的标准抗原结合,在 T 处出现棕红色的线条,试验结果为阴性(图 12-4)。

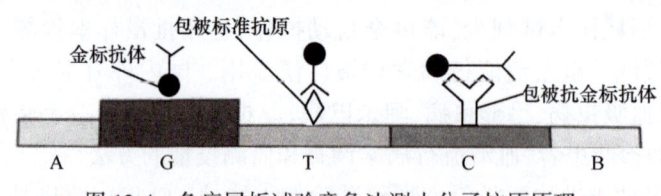

•• 图 12-4　免疫层析试验竞争法测小分子抗原原理 ••

(3) 间接法:胶体金间接免疫层析法测抗体常设计成反流式免疫层析法(图 12-5)。测试卡分成可左右折叠的两部分,右面中央纵向贴有 NC 膜条,膜上 T 处包被抗原线,E 处为能与蛋白结合的有色染料的标本加样区,F 处为吸水材料;左面中央 B 处有观察窗口,C 处固定了金标记羊抗人抗体,A 及 D 处为吸水材料。测定时先将缓冲液加在 D 处层析至 C 处使金标物复溶,然后将标本加在 E 处使其与染料一起在膜的层析作用下向 F 端移动,若标本中有待测抗体存在,则与膜上抗原结合形成抗原-抗体复合物,待有色染料延伸至膜上标

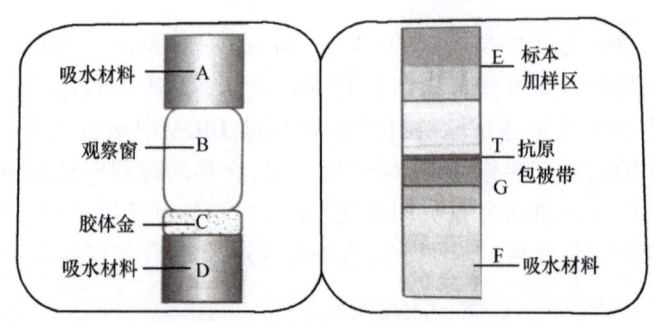

•• 图 12-5　金免疫层析试验测抗体原理 ••

记线 G 处时,在 F 处加缓冲液,合上测试卡,A 的强大吸水作用使膜上液体反向流动,标本中非特异性 IgG 及无关的物质被洗回 E 处,随后而来的金标羊抗人抗体与抗原-抗体复合物结合,G 处出现棕红色线条。无棕红色线条出现,则表明血清中无特异性抗体。该法有效地排除了非特异性抗体对测试的干扰。

3. 技术要点

(1) 试剂盒组成:主要有胶体金层析条,作用试剂全部为干试剂,它们被组合在一试剂条上,试剂条的底板为单面胶塑料片,层析条可为多孔聚乙烯、硝酸纤维素、玻璃纤维素等材料,A、B 两端粘贴吸水性强的滤纸等材料。G 为干燥固定在玻璃纤维膜等材料上的免疫金(金标抗体)。T 处黏附有已知的抗体或抗原,C 处黏附有质控品(抗免疫金抗体),T、C 点物质往往以直线的形式包被在膜上。

(2) 操作要点:以双抗体夹心法为例,将试剂条标记线一端(即 A)浸入待测标本中 2~5 秒或在标本加样处加一定量待测标本,平放于水平桌面上;5~20 分钟内观察结果。结果判断:出现一条棕红线质控条带为阴性,出现两条棕红线条为阳性;无棕红线条出现则为试剂失效。

4. 临床应用及评价

(1) 金免疫测定技术特点:本法具有操作简便、快捷,以及操作人员不需技术培训,无需特殊仪器设备,试剂稳定、便于保存等特点,因此特别符合"床旁检验"项目的要求。

(2) 金免疫测定技术灵敏度问题:金免疫测定技术灵敏度不及酶标法和酶发光免疫测定法,在临床应用中应引起高度重视。

(3) 金免疫测定技术临床应用:由于金免疫测定技术不能准确定量,故临床上只能作为定性或半定量试验,目前主要应用于正常体液中不存在的物质(如传染病抗原和抗体及毒品类药物等)和正常含量极低而在特殊情况下异常升高的物质(如人绒毛膜促性腺激素 HCG 等)的检测。

第 5 节 分子生物学诊断技术

对于寄生虫病的检测,一直以来是以形态学和免疫学方法作为主要诊断依据,但在敏感性、特异性及诊断速度等方面尤显不足。形态学检测较费时间,难以胜任现场大量标本检测的要求。免疫学方法检测抗体,虽较灵敏,但不能鉴别是既往感染还是现行感染,这对制定治疗方案及预后判断不利。而新近发展的分子生物学诊断技术即基因、核酸诊断技术,在寄生虫病的诊断中展示了高度的敏感性和特异性,同时具有早期诊断和确定现行感染等优点。本项技术主要包括 DNA 探针和聚合酶链反应(PCR)技术。

▶▶ 一、DNA 探针技术

(一) DNA 探针技术的基本原理

DNA 探针(probe)技术,又称核酸分子杂交(molecular hybridization)技术,核酸探针技术原理是碱基配对。互补的两条核酸单链通过退火形成双链,这一过程称为核酸杂交。核酸探针是指带有标志物的已知序列的核酸片段,它能和与其互补的核酸序列杂交,形成双链,所以可用于待测核酸样品中特定基因序列的检测。每一种病原体都具有独特的核酸片段，通过分离和标记这些片段就可制备出探针，用于疾病的诊断等研究。

（二）DNA 探针的来源与制备

1. 按性质划分 可将核酸探针分为基因组 DNA 探针、cDNA 探针、RNA 探针和人工合成的寡核苷酸探针等几类。

作为诊断试剂，较常使用的是基因组 DNA 探针和 cDNA 探针。其中，前者应用最为广泛，它的制备可通过酶切或聚合酶链反应（PCR）从基因组中获得特异的 DNA 后将其克隆到质粒或噬菌体载体中，随着质粒的复制或噬菌体的增殖而获得大量高纯度的 DNA 探针。将 RNA 进行反转录，所获得的产物即为 cDNA。cDNA 探针适用于 RNA 病毒的检测。cDNA 探针序列也可克隆到质粒或噬菌体中，以便大量制备。

将信息 RNA（mRNA）标记也可作为核酸分子杂交的探针。但由于来源极不方便，且 RNA 极易被环境中大量存在的核酸酶所降解，操作不便，因此应用较少。用人工合成的寡聚核苷酸片段作为核酸杂交探针应用十分广泛，可根据需要随心所欲合成相应的序列，可合成仅有几十个 bp 的探针序列，对于检测点突变和小段碱基的缺失或插入尤为适用。

2. 按标志物划分 有放射性标记探针和非放射性标记探针两大类。放射性标记探针用放射性核素作为标志物。放射性核素是最早使用，也是目前应用最广泛的探针标志物。常用的放射性核素有 ^{32}P、^{3}H、^{35}S。其中，以 ^{32}P 应用最普遍。放射性标记的优点是灵敏度高，可以检测到 Pg 级；缺点是易造成放射性污染，放射性核素半衰期短、不稳定、成本高等。因此，放射性标记的探针不能实现商品化。目前，许多实验室都致力于发展非放射性标记的探针。目前应用较多的非放射性标志物是生物素（Biotin）和地高辛（digoxigenin）。两者都是半抗原。生物素是一种小分子水溶性维生素，对亲和素有独特的亲和力，两者能形成稳定的复合物，通过连接在亲和素或抗生物素蛋白上的显色物质（如酶、荧光素等）进行检测。地高辛是一种类固醇半抗原分子，可利用其抗体进行免疫检测，原理类似于生物素的检测。地高辛标记核酸探针的检测灵敏度可与放射性核素标记的相当，而特异性优于生物素标记，其应用日趋广泛。

（三）DNA 探针的标记

1. 放射性标记法 常将放射性核素如 ^{32}P 连接到某种脱氧核糖核苷三磷酸（dNTP）上作为标志物，然后通过切口平移法标记探针。

切口平移法（nick translation）是利用大肠埃希菌 DNA 聚合酶 I（*E. coli* DNA polymerase I）的多种酶促活性将标记的 dNTP 掺入到新形成的 DNA 链中去，形成均匀标记的高比活 DNA 探针。

2. 非放射性标记法 可将生物素、地高辛连接在 dNTP 上，然后像放射性标记一样用酶促聚合法掺入到核酸链中制备标记探针，也可让生物素、地高辛等直接与核酸进行化学反应而连接上核酸链。其中，生物素的光化学标记法较为常用。其原理是利用能被可见光激活的生物素衍生物-光敏生物素（photobiotin），光敏生物素与核酸探针混合后，在强的可见光照射下，可与核酸共价相连，形成生物素标记的核酸探针。可适用于单、双链 DNA 及 RNA 的标记，探针可在 -20℃ 下保存 8～10 个月以上。

除上述标记法外，探针的制备和标记还可通过 PCR 技术直接完成。

（四）DNA 探针的杂交方法

核酸探针与目的基因之间的分子杂交是决定基因诊断特异性和选择性的关键步骤。

双链 DNA 分子在加热至 95℃以上，或在碱作用下，分子内氢键破坏，变成两个单链分子，这一过程称为变性。如果骤冷至 0℃，两链来不及结合，仍保持单链。如果缓慢冷却，则两条单链又可重新结合成双链，称为退火。但若用标记后的互补单链 DNA（即核酸探针）在一定温度下与单链 DNA 发生重新结合（即复性），以探测和分析目的基因，称为 DNA 的分子杂交。

随着基因工程技术的发展，新的核酸分子杂交技术不断出现和完善，核酸分子杂交可按作用环境大致分为固相杂交和液相杂交两种类型。固相杂交是将参加反应的一条核酸链先固定在固体支持物上，一条反应核酸链游离在溶液中，固体支持物有硝酸纤维素滤膜、尼龙膜、乳胶颗粒、磁珠和微孔板等。液相杂交所参加反应的两条核酸链都游离在溶液中。

在固相杂交中，未杂交的游离片段可容易地漂洗除去，膜上留下的杂交物具有容易检测和能防止靶 DNA 自我复性等优点，所以比较常用。常用的固相杂交类型有：菌落原位杂交、斑点杂交、狭缝杂交、Southern 印迹杂交、组织原位杂交和夹心杂交等。

液相杂交是一种研究最早且操作简便的杂交类型，由于液相杂交后过量的未杂交探针在溶液中除去较为困难和误差较高，所以不如固相杂交那样普遍。下面对固相杂交进行介绍。

1. 固相膜核酸分子杂交方法

（1）DNA 的变性解链是杂交成功的关键：Southern 印迹杂交时 DNA 在凝胶中变性，变性方法是将凝胶浸在数倍体积的 1.5mol/L NaCl 和 0.5mol/L NaOH 中 1 小时，然后用数倍体积的 1mol/L Tris-HCl（pH 8.0）和 1.5mol/L NaCl 溶液中和 1 小时。DNA 受酸、碱、热等处理均能发生变性，但强酸会使核酸降解。碱变性可避免 DNA 的降解、热变性要在低 DNA 浓度（100μg/ml）和低盐浓度（0.1 SSC 15mmol/L NaOH，1.5mmol/L 枸橼酸三钠，pH 7.0）下进行。用 SSC 稀释 DNA 溶液为 50μg/ml，加 10mol/L NaOH 使最终浓度为 0.1mol/L（pH 约 12.8），室温变性 10 分钟，很快置冰盐水中，用 10mol/L HCl 或 5mol/L NaH$_2$PO$_4$ 调 pH 到 7~8（亦可用碱变性后，调至中性，再加热至 100℃后，调至中性，或只加热 100℃ 10 分钟）。DNA 变性可用 OD260 增加（30%~40%）来检测，变性 DNA 醇沉淀呈雪样，完全失去纤维状沉淀。变性后加入等量冷的 12×SSC，冰溶保存。

（2）变性 DNA 在硝酸纤维素膜上的固定：硝酸纤维素滤膜（孔径 0.45μm）先在蒸馏水中充分浸泡，再用 6SSC 浸泡 0.5~2 小时，晾干，DNA 样品转移或加至硝酸纤维素膜上后，先室温干燥 4 小时，然后再在 80℃真空干燥 2 小时。

（3）预杂交：湿润的滤膜放入可加热封口的塑料袋中，每平方厘米膜加 0.2ml 预热至 60℃的预杂交液（6×SSC，0.5% SDS，5×Denhardt 液，100μg/ml 鲑鱼精 DNA）。鲑鱼精 DNA 需经过剪切和 DNA 酶消化处理，然后乙醇沉淀纯化，调浓度至 10μg/ml，用前放 100℃水溶液中煮沸变性 10 分钟，冰水骤冷。尽可能将袋中气泡赶尽，用封口器将袋口封住。将杂交袋浸入 68℃水浴中保温 3~12 小时，当预杂交液温度升至 68℃时，在滤膜表面常会形成水气泡，轻轻晃动袋中液体即可除去这些小气泡，这一点对于保证滤膜表面充分浸润预杂交液很重要。

（4）杂交：从水浴中取出塑料袋，用剪刀剪开一角，尽可能挤净预杂交液，用吸管或大枪头将杂交液加入袋中，用恰好足量的液体保持滤膜湿润（50μl/cm^2）。溶液的组成是 6×SSC，0.01mol/L EDTA，变性的标记核酸探针，5×Denhardt 液，0.5% SDS，100mg/ml 变性的鲑鱼精 DNA。尽可能赶尽气泡后，将塑料袋严密封口。杂交反应在 68℃水浴中进行，所需时间视探针和检测靶 DNA 的性质及探针的比活性等情况而定,一般为 4~20 小时。

(5) 洗膜:取出塑料袋,用剪刀剪开,小心取出滤膜,立即浸入盛有 2×SSC 和 0.5% SDS 溶液的盘中,室温下漂洗 5 分钟,再将滤膜移入 2×SSC 和 0.1% SDS 中,室温下洗涤 15 分钟(轻轻摇动),然后将滤膜移入 0.1%×SSC 和 0.5% SDS 溶液中,68℃轻轻摇动保温 2 小时,更换缓冲液后继续保温 30 分钟。

洗脱的温度一般应控制在 T_m 值 12℃以下, $[T_m = 69.3+0.41\times(G+C)\%]$,双链 DNA 的 T_m 值随错配碱基对数每增加 1%而递减 1℃。

(6) 结果显示:放射性测定方法,固相膜的放射性杂交结果显示有两种方式,一种是放射自显影法,另一种是液闪计数法。放射自显影法比较简单,只需将杂交膜与 X 线片在暗盒中曝光数小时至数天,再显影,定影即可。对于杂交信号较强的固相膜,用一块增敏屏可显著增强曝光强度。此外,为了减弱 ^{32}P 的放射,曝光通常在-20℃或-80℃下进行。液闪计数法主要用于斑点和狭缝杂交及为了比较两个杂交信号的强弱等情形,方法是将完成杂交的膜在漂洗结束后剪成小块(每份样品 1 块),80℃真空干燥后装闪烁瓶,加入 2~5ml 闪烁液,剪 2~3 块无样品作为本底对照,在液体闪烁计数器上自动计数,液体计数测定放射性强度也可以在放射自显影之后进行。

2. 固相核酸分子杂交类型

(1) 菌落原位杂交(colony in situ hybridization):是将细菌从一主平板转移到硝酸纤维素滤膜上,然后将滤膜上的菌落裂菌以释放出 DNA,将 DNA 烘干固定于膜上与 ^{32}P 标记的探针杂交,放射自显影检测菌落杂交信号,并与主平板上的菌落对位。

(2) 斑点杂交(Dot blot):是将被检标本点到膜上,烘烤固定。这种方法耗时短,可做半定量分析。1 张膜上可同时检测多个样品,它们有许多孔,样品加到孔中,在负压下就会流到膜上呈斑点状或狭缝状。反复冲洗进样孔,取出膜烤干或紫外线照射以固定标本,这时的膜就可以进行杂交。

(3) Southern 印迹杂交(Southern blot):是研究 DNA 图谱的基本技术,在遗传病诊断、DNA 图谱分析及 PCR 产物分析等方面有重要价值。Southern 印迹杂交的基本方法是将 DNA 标本用限制性内切酶消化后,经琼脂糖凝胶电泳分离各酶解片段,然后经碱变性、Tris 缓冲液中和和高盐下通过毛吸作用将 DNA 从凝胶中转移至硝酸纤维素膜上,烘干固定后即可用于杂交。凝胶中 DNA 片段的相对位置在 DNA 片段转移到滤膜的过程中继续保持着,附着在滤膜上的 DNA 与 ^{32}P 标记的探针杂交,利用放射自显影术确立探针互补的每一条 DNA 带的位置,从而可以确定在众多消化产物中含某一特定序列的 DNA 片段的位置和大小。

(4) Northern 印迹杂交(Northern blot):这是一种将 RNA 从琼脂糖凝胶中转印到硝酸纤维素膜上的方法。

(5) 组织原位杂交(tissue in situ hybridization):简称原位杂交,指组织或细胞的原位杂交,它与菌落原位杂交不同,菌落原位杂交需裂解细菌释出 DNA,然后进行杂交,而原位杂交是经适当处理后,使细胞通透性增加,让探针进入细胞内与 DNA 或 RNA 杂交,因此原位杂交可以确定探针互补序列在细胞内的空间位置,这一点具有重要的生物学和病理学意义。

(6) 固相夹心杂交:Dunn 等最早介绍了夹心杂交类型,Ranki 等又做了进一步的改进,夹心杂交法比直接滤膜杂交法有两个主要的优点:①样品不需固定,对粗制样品能做出可靠的检测；②用夹心杂交法比直接滤膜杂交法特异性强，因为只有两个杂交物都杂交才能产生可检测的信号。

(五) 杂交信号的检测

非放射性标记核酸探针的检测：经分子杂交存留在膜上的生物素标记核酸探针，需要用酶反应来显示和检测，其方法与一般酶标法相同。即可以用亲和素与酶的复合物来检测或将酶生物素化，用亲和素架桥来检测。检测用的工具酶主要有辣根过氧化物酶和碱性磷酸酶。

半抗原（如地高辛）标记的探针，在杂交后用单克隆抗体、酶标法显示，或用单抗铕标记作时间分辨荧光检测。

(六) DNA 探针技术的应用

在寄生虫病诊断中，探针是病原体的特异核酸序列，可用来检测出病原体是否存在，其关键环节在于获得特异的核酸探针。近 10 年来应用特异的核酸探针鉴定寄生虫和诊断寄生虫病的研究报道较多，现有资料表明，DNA 探针检测，其特异性和敏感性高；并且 DNA 探针是直接检测寄生虫的基因，故比血清学方法可靠；又因探针 DNA 较稳定，在合适条件下可较长期保存；在试验条件不变时试验结果的重演性较好。在寄生虫病的诊断、现场调查、寄生虫种的鉴定及分类等方面的研究中均已使用了 DNA 探针技术，内容包括原虫、吸虫、线虫、绦虫、昆虫的鉴定和致病的诊断。另外，核酸探针已成功地用于许多传播媒介体内寄生虫的鉴定。但是一般尚在实验阶段，可望能用作高效和准确的寄生虫病血清学方法，用以制备经济和理想的诊断抗原。

二、PCR 技术

(一) PCR 技术的基本原理

聚合酶链式反应（polymerase chain reaction，PCR）是指在引物指导下由酶催化的对特定模板（克隆或基因组 DNA）的扩增反应，是模拟体内 DNA 复制过程，在体外特异性扩增 DNA 片段的一种技术。PCR 基本原理是以单链 DNA 为模板，4 种 dNTP 为底物，在模板 3′末端有引物存在的情况下，用酶进行互补链的延伸，多次反复的循环能使微量的模板 DNA 得到极大程度的扩增。在微量离心管中，加入与待扩增的 DNA 片段两端已知序列分别互补的两个引物、适量的缓冲液、微量的 DNA 模板、四种 dNTP 溶液、耐热 Taq DNA 聚合酶、Mg^{2+} 等。反应时先将上述溶液加热，使模板 DNA 在高温下变性，双链解开为单链状态；然后降低溶液温度，使合成引物在低温下与其靶序列配对，形成部分双链，称为退火；再将温度升至合适温度，在 Taq DNA 聚合酶的催化下，以 dNTP 为原料，引物沿 5′→3′方向延伸，形成新的 DNA 片段，该片段又可作为下一轮反应的模板，如此重复改变温度，由高温变性、低温复性和适温延伸组成一个周期，反复循环，使目的基因得以迅速扩增。

(二) PCR 反应的典型操作

PCR 循环过程由三部分构成：模板变性、引物退火、热稳定 DNA 聚合酶在适当温度下催化 DNA 链延伸合成。

1. 模板 DNA 的变性 模板 DNA 加热到 90~95℃时，双螺旋结构的氢键断裂，双链解开成为单链，称为 DNA 的变性，以便它与引物结合，为下轮反应作准备。解链温度与 DNA 中 G-C 含量有关，G-C 间由 3 个氢键连接，而 A-T 间只有 2 个氢键相连，所以 G-C 含量较高的模板，其解链温度相对要高些。故 PCR 中 DNA 变性需要的温度和时间与模板 DNA 的二级结构的复杂性、G-C 含量高低等均有关。对于高 G-C 含量的模板 DNA 在实验中需添加一定量二甲基亚砜（DMSO），并且在 PCR 循环中起始阶段热解链温度可以采用 97℃，时间适当延长，即所谓的热启动。

2. 模板 DNA 与引物的退火　　将反应混合物温度降低至 37~65℃时，寡核苷酸引物与单链模板杂交，形成 DNA 模板-引物复合物。退火所需要的温度和时间取决于引物与靶序列的同源性程度及寡核苷酸的碱基组成。一般要求引物的浓度大大高于模板 DNA 的浓度，并由于引物的长度显著短于模板的长度，因此在退火时，引物与模板中的互补序列的配对速度比模板之间重新配对成双链的速度要快得多，退火时间一般为 1~2 分钟。

3. 引物的延伸　　DNA 模板-引物复合物在 Taq DNA 聚合酶的作用下，以 dNTP 为反应原料，靶序列为模板，按碱基配对与半保留复制原理，合成一条与模板 DNA 链互补的新链。重复循环变性—退火—延伸三过程，就可获得更多的"半保留复制链"，而且这种新链又可成为下次循环的模板。延伸所需要的时间取决于模板 DNA 的长度。在 72℃条件下，Taq DNA 聚合酶催化的合成速度为 40~60 个碱基/秒。经过一轮"变性—退火—延伸"循环，模板拷贝数增加了一倍。在以后的循环中，新合成的 DNA 都可以起模板作用，因此每一轮循环以后，DNA 拷贝数就增加一倍。每完成一个循环需 2~4 分钟，一次 PCR 经过 30~40 次循环，为 2~3 小时。扩增初期，扩增的量呈直线上升，但是当引物、模板、聚合酶达到一定比值时，酶的催化反应趋于饱和，便出现所谓的"平台效应"，即靶 DNA 产物的浓度不再增加。

PCR 的三个反应步骤反复进行，使 DNA 扩增量呈指数上升。反应最终的 DNA 扩增量可用 $Y=(1+X)n$ 计算。Y 代表 DNA 片段扩增后的拷贝数，X 表示平(Y)均每次的扩增效率，n 代表循环次数。平均扩增效率的理论值为 100%，但在实际反应中平均效率达不到理论值。反应初期，靶序列 DNA 片段的增加呈指数形式，随着 PCR 产物的逐渐积累，被扩增的 DNA 片段不再呈指数增加，而进入线性增长期或静止期，即出现"停滞效应"，这种效应称平台期数。由于 PCR 扩增效率及 DNA 聚合酶 PCR 的种类和活性及非特异性产物的竞争等因素，大多数情况下，平台期的到来是不可避免的。

PCR 扩增产物可分为长产物片段和短产物片段两部分。短产物片段的长度严格地限定在两个引物链 5'端之间，是需要扩增的特定片段。短产物片段和长产物片段是由于引物所结合的模板不一样而形成的，以一个原始模板为例，在第一个反应周期中，以两条互补的 DNA 为模板，引物是从 3'端开始延伸，其 5'端是固定的，3'端则没有固定的止点，长短不一，这就是"长产物片段"。进入第二周期后，引物除与原始模板结合外，还要同新合成的链（即"长产物片段"）结合。引物在与新链结合时，由于新链模板的 5'端序列是固定的，这就等于这次延伸的片段 3'端被固定了止点，保证了新片段的起点和止点都限定于引物扩增序列以内、形成长短一致的"短产物片段"。不难看出"短产物片段"是按指数倍数增加，而"长产物片段"则以算术倍数增加，几乎可以忽略不计，这使得 PCR 的反应产物不需要再纯化，就能保证足够纯 DNA 片段供分析与检测用。

（三）PCR 技术的特点

1. 强特异性　　PCR 反应的特异性决定因素为：①引物与模板 DNA 特异性的结合；②碱基配对原则；③Taq DNA 聚合酶合成反应的忠实性；④靶基因的特异性与保守性。

其中引物与模板的正确结合是关键，引物与模板的结合及引物链的延伸是遵循碱基配对原则的。聚合酶合成反应的忠实性及 Taq DNA 聚合酶耐高温性，使反应中模板与引物的结合(复性)可以在较高的温度下进行,结合的特异性大大增加,被扩增的靶基因片段也就能保持很高的正确度。再通过选择特异性和保守性高的靶基因区,其特异性程度就更高。

2. 高灵敏度 PCR产物的生成量是以指数方式增加的,能将皮克($pg = 10^{-12}g$)量级的起始待测模板扩增到微克($\mu g = 10^{-6}g$)水平。能从100万个细胞中检出1个靶细胞;在病毒的检测中,PCR的灵敏度可达3个RFU(空斑形成单位);在细菌学中最小检出率为3个细菌。

3. 快速简便 PCR反应用耐高温的Taq DNA聚合酶,一次性地将反应液加好后,即在PCR仪上进行变性—退火—延伸反应,反应一般在2~4小时完成。扩增产物常用电泳分析,操作简单易推广,如采用特殊PCR仪(荧光时定量PCR仪)则可全程监测PCR反应的结果,故耗时将更短。

4. 低纯度模板 不需要分离病毒或细菌及培养细胞,DNA粗制品及总RNA等均可作为扩增模板。可直接用临床标本如血液、体腔液、洗漱液、毛发、细胞、活组织等粗制的DNA扩增检测。

(四) PCR引物设计的一般原则

引物是PCR特异性反应的关键,PCR产物的特异性取决于引物与模板DNA互补的程度。理论上,只要知道任何一段模板DNA序列,就能按其设计互补的寡核苷酸链做引物,利用PCR就可将模板DNA在体外大量扩增。引物设计有3条基本原则:首先引物与模板的序列要紧密互补,其次引物与引物之间避免形成稳定的二聚体或发夹结构,再次引物不能在模板的非目的位点引发DNA聚合反应(即错配)。

1. 引物长度 PCR特异性一般通过引物长度和退火温度来控制。引物的长度一般为15~30bp,常用的是18~27bp,但不应大于38bp。引物过短时会造成T_m值过低,在酶反应温度时不能与模板很好的配对;引物过长时又会造成T_m值过高,超过酶反应的最适温度,还会导致其延伸温度大于74℃,不适于Taq DNA聚合酶进行反应,而且合成长引物还会大大增加合成费用。

2. 引物碱基构成 引物的G-C含量以40%~60%为宜,过高或过低都不利于引发反应,上下游引物的G-C含量不能相差太大。其T_m值是寡核苷酸的解链温度,即在一定盐浓度条件下,50%寡核苷酸双链解链的温度,有效启动温度,一般高于T_m值为5~10℃。若按公式$T_m = 4(G+C) + 2(A+T)$估计引物的T_m值,则有效引物的T_m为55~80℃,其T_m值最好接近72℃以使复性条件最佳。引物中四种碱基的分布最好是随机的,不要有聚嘌呤或聚嘧啶的存在。尤其3′端不应超过3个连续的G或C,因这样会使引物在G+C富集序列区错误引发。

3. 引物二级结构 引物二级结构包括引物自身二聚体、发卡结构、引物间二聚体等。这些因素会影响引物和模板的结合从而影响引物效率。对于引物的3′端形成的二聚体,应控制其ΔG大于-5.0kcal/mol或少于3个连续的碱基互补,因为此种情形的引物二聚体有进一步形成更稳定结构的可能性,引物中间或5′端的要求可适当放宽。引物自身形成的发卡结构,也以3′端或近3′端对引物-模板结合影响更大;影响发卡结构的稳定性的因素除了碱基互补配对的键能之外,与茎环结构形式亦有很大的关系。应尽量避免3′端有发卡结构的引物。

4. 引物3′端序列 引物3′端和模板的碱基完全配对对于获得好的结果是非常重要的,而引物3′端最后5~6个核苷酸的错配应尽可能的少。如果3′端的错配过多,通过降低反应的退火温度来补偿这种错配不会有什么效果,反应几乎注定要失败。

引物 3′端的另一个问题是防止一对引物内的同源性。应特别注意引物不能互补,尤其是在 3′端。引物间的互补将导致不想要的引物双链体的出现,这样获得的 PCR 产物其实是引物自身的扩增。这将会在引物双链体产物和天然模板之间产生竞争 PCR 状态,从而影响扩增成功。

引物 3′端的稳定性由引物 3′端的碱基组成决定,一般考虑末端 5 个碱基的 ΔG。ΔG 值是指 DNA 双链形成所需的自由能,该值反映了双链结构内部碱基对的相对稳定性,此值的大小对扩增有较大的影响。应当选用 3′端 ΔG 值较低(绝对值不超过 9),负值大,则 3′端稳定性高,扩增效率更高。引物的 3′端的 ΔG 值过高,容易在错配位点形成双链结构并引发 DNA 聚合反应。

5. 引物的 5′端 引物的 5′端限定着 PCR 产物的长度,它对扩增特异性影响不大。因此,可以被修饰而不影响扩增的特异性。引物 5′端修饰包括:加酶切位点;标记生物素、荧光、地高辛、Eu^{3+} 等;引入蛋白质结合 DNA 序列;引入突变位点,插入与缺失突变序列和引入一启动子序列等。对于引入 1~2 个酶切位点,应在后续方案设计完毕后确定,便于后期的克隆实验,特别是在用于表达研究的目的基因的克隆工作中。

6. 引物的特异性 引物与非特异扩增序列的同源性不要超过 70% 或有连续 8 个互补碱基同源,特别是与待扩增的模板 DNA 之间要没有明显的相似序列。

(五) PCR 技术的发展

聚合酶链式反应是最常用的分子生物学技术之一,通过变性、退火和延伸的循环来完成核酸分子的大量扩增。近年来又开展了定量 PCR 技术、快速 PCR 技术、mRNA 差异显示 PCR 技术。定量 PCR 技术是克服了原有的 PCR 技术存在的不足,能准确敏感地测定模板浓度及检测基因变异等;快速 PCR 技术在保证 PCR 反应特异性、灵敏性和保真度的前提下,在更短时间内完成对核酸分子的扩增;mRNA 差异显示 PCR 技术是在基因转录水平上研究差异表达和性状差异的有效方法之一。

(六) PCR 技术的应用

现已使用 PCR 技术于寄生虫病诊断,如锥虫病、利什曼病、肺孢子虫病、肠球虫病、贾第虫病、弓形虫病等。在一些疾病中,有时原虫数量极少,用一般方法无法检测,经用 PCR 扩增 DNA 模板,提供了一条解决诊断的途径。例如,在检测锥虫时,PCR 扩增纯化 DNA 可使探针检测到血样中 1 个虫体;国内建立了弓形虫病 PCR 诊断方法,具有高度特异、敏感且快速的优点。今后在寄生虫学领域中将会更广泛深入地开展 PCR 技术的应用。

(李福玲)

第 6 节 标本的固定和保存

固定是使虫体在短时间内迅速死亡,保持其原有的形态、构造。然后选择适当的保存方法,进行长期保存。标本的固定方法有物理固定法和化学固定法。物理固定法是通过加热、冷冻或干燥的方法进行固定,如用热水烫死蚊幼虫,使虫体伸展,以显示其自然姿态,在空气中晾干各种标本,以干燥法固定和保存双翅目昆虫等。化学固定法是用某些化学制剂配成溶液来进行固定,配成的这些溶液称为固定剂或固定液,固定时将样本浸于固定液内进行固定。

一、蠕虫标本的固定与保存

(一) 虫体的固定保存

1. 吸虫的固定保存 小型吸虫可置于小瓶中,加生理盐水,用力摇荡数分钟,倒去生理盐水,注入固定液。较大的吸虫应先放在薄荷脑乙醇液(薄荷脑24g、95%乙醇10ml)中,使虫体肌肉松弛,用载玻片压平后固定,或将洗净后的吸虫放在两片载玻片间用细线紧扎压平后固定。一般用10%甲醛固定,24小时后移至5%甲醛中保存,也可用70%乙醇固定0.5~3小时,最后将虫体保存于70%乙醇中。凡用含有升汞固定液固定的样本会产生许多汞盐沉淀,沉积于组织内影响今后制片观察,故需用0.5%碘乙醇(iodoethanol),似葡萄酒色,浸泡12小时,以除去汞盐沉淀,再放入70%乙醇中褪去碘的颜色,最后将虫体保存于70%乙醇中。

2. 绦虫的固定保存 大型绦虫如猪、牛带绦虫,可将虫体浸入自来水中8~12小时,使虫体在水中充分伸展、松弛,然后移至3%甲醛溶液中固定,24~28小时后转置5%甲醛溶液中保存。小型绦虫可先在生理盐水中清洗数次,然后于3%甲醛溶液中固定3~5小时,再移入5%甲醛溶液中保存。如需染色制片时,将虫体从上述3%甲醛溶液中取出后置载玻片上,用另一载玻片轻压,沿载玻片边缘滴加5%甲醛溶液固定数小时,最后移至5%甲醛溶液中保存。在操作过程中切勿损伤虫体。

3. 线虫的固定保存 用生理盐水洗净虫体黏附的污物,将虫体放入加热至60~70℃的热水或乙醇等固定液中固定,这样可获得伸直的虫体,待冷后移至70%~80%乙醇或巴氏液(3%甲醛生理盐水)中保存。小型线虫(旋毛虫、蛲虫、钩虫等)宜用甘油乙醇(70%乙醇95ml、甘油5ml)加热固定,保存于80%乙醇中。也可用冰醋酸固定约半小时后移入70%乙醇或甘油乙醇中保存。

[附注:保存在瓶、管中的虫体如暂不作检查,可在保存液(乙醇)中加入甘油数滴,以防止保存液的蒸发干涸。]

(二) 虫卵的固定与保存

1. 小型虫卵的固定与保存 用80~100目尼龙网筛过滤水洗获取虫卵,加3%甲醛液与含虫卵沉淀粪渣混合,固定24小时,然后再更换为5%甲醛生理盐水,并加甘油数滴密封保存。

2. 大型虫卵的固定与保存 用40~60目尼龙网筛过滤水洗获取虫卵,加3%甲醛液与含虫卵沉淀粪渣混合,固定24小时,然后再更换为5%甲醛生理盐水,并加甘油数滴密封保存。另受精蛔虫卵和钩虫卵容易发育成胚胎,故固定时需用加热至70℃的10%甲醛进行处理,以阻止卵细胞继续发育。

3. 蛲虫卵的固定与保存 用透明胶纸行肛拭法取得虫卵,将贴有蛲虫卵的透明胶纸分割成5mm×5mm的小块,取一载玻片,在中央加1滴甘油,将一小块胶纸置甘油上摊平,再在胶纸上加1滴中性树胶,覆以盖玻片于37℃温箱烘干,可较长期保存。

虫卵保存于甲醛液中时间不宜太久,一般不超过5年,否则会使卵壳损坏剥离影响虫卵鉴定。

二、原虫标本的固定与保存

（一）肠道原虫样本的固定与保存

1. 固定保存 当采到含有肠道原虫新鲜样本时，无论原虫是滋养体还是包囊，应立即制成涂片标本，用肖氏固定液固定，再移置于70%乙醇内保存，以便日后染色制片诊断。肠道原虫滋养体由人体排出后容易死亡分解，应趁新鲜时及时涂片固定，包囊除了涂制玻片标本染色外，亦可保存于5%甲醛生理盐水中。

2. 保存方法 将含有原虫包囊较多的粪便用5%甲醛生理盐水调成混悬液，经60目孔铜筛过滤于尖底量筒中，静置3~4小时后，倾去上清液，再换以新的5%甲醛生理盐水倒入瓶中保存。检查时，用吸管吸取此混悬液1滴置于载玻片上，覆以盖玻片于高倍显微镜下镜检。如需染色检查时，可加入碘液1滴与粪液相混后检查。此法可保持包囊形态较长时间不变。

（二）腔道内原虫的固定与保存

1. 阴道毛滴虫的固定与保存 取阴道分泌物在玻片上涂成薄膜，在空气中晾干，用甲醇固定后，可短期保存，如用吉氏染液染色30~60分钟，水洗晾干后可长期保存。

2. 齿龈内阿米巴与口腔毛滴虫固定与保存 取患者牙龈周围污垢物质加一小滴生理盐水和血清于载玻片中央调和均匀，使成一圆形薄膜，平置待尚未干燥而湿润时可用肖氏固定液固定，再移至70%乙醇内保存，供日后染色制片、长期保存。

（三）组织内原虫样本的固定与保存

1. 杜氏利什曼原虫的固定与保存 杜氏利什曼原虫标本一般是通过脊突或髂骨穿刺获得。取骨髓穿刺液制成薄膜涂片，在空气中晾干，用甲醇固定。也可将阳性患者的穿刺液接种于田鼠腹腔，待田鼠感染后，取其肝、脾用研钵磨碎，加入适量生理盐水和血液稀释后，再涂制薄血膜片，待自然干燥后用甲醇固定。

2. 弓形虫固定与保存 取急性患者的体液、脑脊液经离心沉淀，取沉渣作涂片，干燥后用甲醇固定。当虫体较少时，可将阳性体液或组织磨碎，加适量无菌生理盐水稀释或制成混悬液，注射于小白鼠腹腔内，经过1~3周，待小白鼠发病时，取腹腔渗出液或小白鼠肝、脾、脑磨碎制成厚膜涂片，待自然干燥后用甲醇固定。

（四）血清内原虫样本的固定与保存

疟原虫的固定与保存：末梢采血分别制成薄血膜和厚血膜片，自然干燥，用铅笔在薄血膜上，或用特种蜡笔在玻片背面编号，用吉氏染液染色。

三、节肢动物标本的保存

对有翅昆虫成虫，可用特制的昆虫针针插虫体固定、晾干，存放于昆虫盒内，盒内放入纸包的樟脑粉即可。针插方法：大型昆虫（蝇、虻等）用1~3号昆虫针，从虫体背面、中胸右侧直插。注意保持左侧完整，以便鉴定。小型昆虫（蚊、蛉、蚋、蠓等）可用00号短针自胸部腹面两中足基部之间插入，不可刺透胸背，再用另一长针从软木片另一端插下。

蚊、白蛉、蝇等昆虫的卵、幼虫和蛹，以及蚤、虱、臭虫、蜱、螨等的发育各期均可保存于70%乙醇中。需要分离病原体的昆虫不做任何处理，收集于干净的试管、小瓶中保存。

第7节 检验技术常用试剂配制

▶ 一、蠕虫检验试剂

（一）饱和盐水浮聚法

饱和盐水的配制：于烧杯中加入一定量的蒸馏水，使其煮沸后，慢慢加入食盐并不时搅动，直至食盐不再溶解为止，冷却后的液体即为饱和盐水。100ml 沸水加食盐 35~40g。

（二）带绦虫节片检查

卡红染液配制：钾明矾饱和液 100ml，卡红 3g，冰醋酸 10ml。混合液置于 37℃温箱内过夜，过滤后即可使用。

（三）血膜染色法

1. 吉姆萨染色液配制 吉姆萨染剂粉 1g，甲醇 50ml，纯甘油 50ml。将吉姆萨染剂粉置于研钵中，加小量甘油研磨，使吉姆萨粉充分溶解，再加甘油再磨，直至 50ml 甘油加完为止，倒入棕色瓶中。然后分几次用少量甲醇冲洗研钵中甘油染粉，倒入玻瓶直至 50ml 甲醇用完为止，塞紧瓶口，充分摇匀，置 65℃温箱内 24 小时或室温阴暗处 1~2 周后过滤，备用。

2. 瑞氏染色液配制 瑞氏染剂粉 0.1~0.5g，甲醇 97ml，甘油 3ml。将瑞氏染剂粉置于研钵中，加入甘油充分研磨，使瑞氏染剂粉充分溶解，然后加少量甲醇，研磨后倒入棕色瓶内，再分几次用甲醇冲洗研钵中的甘油溶液，倒入瓶内直至甲醇用完为止。摇匀，24 小时后过滤待用。

（四）汞醛碘离心沉淀试剂配制

1. 汞醛（MF）液 1/1000 硫柳汞酊 200ml，甲醛（40%）25ml，甘油 50ml，蒸馏水 200ml。

2. 卢戈液 碘 5g，碘化钾 10g，蒸馏水 100ml：先用少量蒸馏水溶解碘化钾，再将碘溶于碘化钾溶液中，最后加蒸馏水至 100ml。

检查时取汞醛液 2.35ml，5% 卢戈液 0.15ml 混合备用。但混合液保存 8 小时后即变质，不宜再用，碘液则不宜于 1 周后再用。

▶ 二、原虫检验试剂

（一）血膜染色法

1. 吉姆萨染色液配制 同蠕虫检验试剂。

2. 瑞氏染色液配制 同蠕虫检验试剂。

（二）包囊碘液染色检查

碘染色液配制：碘化钾 4g，溶于 100ml 蒸馏水中，再加入碘 2g，溶解后储于棕色瓶中即可使用。

（三）铁苏木素染色法

染液配制：①苏木精染色液的配制：苏木精粉 10g，溶于 95% 乙醇 100ml 中，装入 250ml 大口玻瓶内，加塞置室温环境中 6~8 周，使之充分氧化。如将玻瓶晒于阳光下，每天振摇，可加速其氧化，便于应急使用。氧化成熟的染液滴于水中呈鲜艳紫色，未氧化成熟染液则呈淡红或红紫色,此为原液。使用时,按 1∶19 加蒸馏水配成 0.5% 染液,此染液可保存 3~6 个月。②碘乙醇配制:先用碘化钾 10g 溶于 100ml 蒸馏水中,再加结晶碘 5g,溶解后储于棕色瓶中,该液即为卢戈碘液。在 70% 乙醇中加数滴卢戈碘液即为碘乙醇。③2% 铁明矾溶液配制:硫酸铁铵 2g,溶于 100ml 蒸馏水中,临用前配制。④肖丁固定液配制:饱和氯化汞水溶液 2 份加 95% 乙醇 1 份配成 100ml,用前再加冰醋酸 5ml,并加热至 40℃。

(四) 三色染色法

染液配制:取铬变素 2R 6g,亮绿 SF 3g 及磷钨酸 7g,加入冰醋酸 10ml,转动烧瓶使之混合,静止 30 分钟,加入蒸馏水 100ml,充分混合。配制好的染液呈深紫色。染液应保存带玻璃塞的瓶中。此染液稳定,使用时无须稀释。

(五) 快速改良抗酸二步法

试剂配制:①苯酚品红溶液:4% 碱性品红结晶溶解在 25ml 95% 乙醇中,再加 12ml 苯酚,用玻棒搅拌后加 25ml 甘油(CP),25ml 苯酚品红液和 75ml 蒸馏水混合而成,置室温保存;②复染液:2% 孔雀绿 220ml,加 30ml 冰醋酸(99.5%)和 50ml 甘油混合,过滤,置室温保存,备用。

(六) 金胺-酚染色

染液配制:①1g/L 金胺-酚染色液(第一液):金胺 1g,苯酚 5.0g,蒸馏水 100ml;②3% 盐酸乙醇(第二液):盐酸 3ml,95% 乙醇 100ml;③高锰酸钾液(第三液):高锰酸钾 0.5g,蒸馏水 100ml。

(七) 改良抗酸染色法

染液配制:①苯酚复红染色液(第一液):碱性复红 4g,95% 乙醇 20ml,苯酚 8ml,蒸馏水 100ml;②10% 硫酸溶液(第二液):纯硫酸 10ml,蒸馏水 90ml(将硫酸徐徐倾入水中,边加边搅拌);③2g/L 孔雀绿液(第三液):20g/L 孔雀绿原液 1ml,蒸馏水 10ml。

(八) 劳氏染色法

试剂配制:首先将丙酮 50ml、冰醋酸 50ml、甲醛 10ml、肖丁液 890ml(含饱和氯化汞 66ml、95% 乙醇 33ml、冰醋酸 5ml)混合后,加入酸性品红 1.25g、固绿 0.25g,溶解后密闭储存于棕色瓶中(可保存 2 个月)。

(九) 汞醛碘离心沉淀试剂配制

同蠕虫检验试剂。

(十) 溶组织内阿米巴培养基制备

1. 常规培养基

(1) 营养琼脂双相培养基

1) 固相部分:牛肉浸膏 3g,蛋白胨 5g,琼脂 15g,NaCl 8g,蒸馏水 1000ml。

2) 液相部分:NaCl 8g,KCl 0.2g,CaCl$_2$ 0.2g,MgCl$_2$ 0.01g,Na$_2$HPO$_4$ 2g,KH$_2$PO$_4$ 2g,蒸馏水 1000ml。

配制液相部分时,KCl 和 CaCl$_2$ 各加少许蒸馏水溶解,分别另装小瓶,其他成分一起溶解,高压灭菌(121℃,20 分钟),冷却后再混合在一起。固相部分的各成分经沸水浴 2~3 小时完全溶解后,经 4 层纱布过滤除渣,趁热分装试管,每管 5ml,加棉塞,高压灭菌后斜置使成斜面,冷却后放入 4℃ 冰箱备用。接种前每管加液相部分 4.5ml,灭活小牛血清 0.5ml,米粉 20mg（180℃烤箱消毒 3 次），青霉素、链霉素各 1000U/ml。

(2) 洛克液鸡蛋血清培养基

1) 培养基成分：洛克液 70ml，灭活马血清（每管 0.5ml），米粉（每管 20mg），鸡蛋 4 个。

2) 洛克液的配制：NaCl 9.0g，CaCl$_2$ 0.2g，KCl 0.4g，NaHCO$_3$ 0.2g，葡萄糖 2.5g，蒸馏水 1000ml，高压灭菌（110℃，15 分钟）。

取鸡蛋 4 个，用肥皂水刷洗，再用 70% 乙醇抹洗后，破壳装入有 70ml 洛克液烧瓶内，加玻璃珠充分摇动，混匀后，分装至消毒试管内，每管约 5ml，斜置并加热至 70℃ 1 小时使之凝固为斜面，翌日再高压消毒 20 分钟。

接种前每管加洛克液 4.5ml，马血清 0.5ml，无菌米粉 20mg，青霉素、链霉素各 1000U/ml。

2. 有菌培养基 ①琼脂斜面：琼脂 15g、氯化钠 7.5g 溶于 1000ml 蒸馏水中，取 1.5~2ml 盐水琼脂置于 6ml 培养管中高压灭菌（121℃，15 分钟），当冷却至 75℃ 左右斜置使其形成斜面。②红霉素溶液：在无菌容器中加入 70% 乙醇 20ml，再加 0.5g 红霉素粉剂，溶解后，在 4℃ 放置 2 小时以上，然后加灭菌水至 50ml。③米粉：大米粉高压消毒（121℃，30 分钟）或 180℃ 干燥灭菌。④BRS 溶液：NaCl 50g、(NH$_4$)$_2$SO$_4$ 10g、枸橼酸（枸橼酸·2H$_2$O）20g、MgSO$_4$(MgSO$_4$·7H$_2$O)0.5g、KH$_2$PO$_4$ 5g、乳酸（90% 纯度）4ml，加水至 950ml，调节 pH 至 7.0，最终调节容量至 1000ml，分装高压灭菌，此为储存液。使用时将 100ml 储存液加入 850ml 双蒸水，调节 pH 至 7.0 分装高压灭菌，即为 R 溶液工作液。25ml R 溶液工作液与 1 个克隆大肠埃希菌，37℃ 振摇培养 48 小时，即为 BR 溶液。在 BR 溶液中加入等量血清（56℃ 30 分钟灭活的牛或马血清），继续培养 24~48 小时，即为 BRS 溶液。

(十一) 阴道毛滴虫培养基的配制

培养基的成分：15% 肝浸液 100ml；蛋白胨 2g；葡萄糖 0.5g。

将以上成分混合，加热使溶，经滤纸过滤，调节 pH 至 5.5~6.0。每管分装 5ml，8 磅 20 分钟高压灭菌，冷却后，置 37℃ 恒温箱中 24 小时，证明无菌后，储存于冰箱备用。接种前每管加灭活无菌马血清 1ml，即可用。

15% 肝浸液的制备：取牛或兔肝 15g，洗净，剪碎如小米粒大小，浸入 100ml 蒸馏水中，置冰箱过夜，次日煮沸半小时，用 4 层纱布过滤除去渣滓，补充蒸馏水至 100ml，即成 15% 肝浸液。

三、节肢动物检验试剂

屋尘螨人工饲养。

饲料配方：以全麦粉为主，加以适量的麦皮、干酵母、虾皮、牛肉粉、维生素 C、肌醇、胆固醇、山梨酸等混合物，经磨碎，高温高压除霉灭菌后封装备用。

四、免疫学诊断试剂

(一) 皮内抗原试验

本试验主要用于对尘、螨、花粉等抗原过敏的辅助诊断。

1. 粉尘螨可溶性抗原的制备 将 0.5g 经丙酮脱脂尘螨干粉研磨后加 0.01mol/L、pH=7.4 磷酸盐缓冲液（PBS）至 25ml，超声粉碎 8 分钟，置 4℃ 冰箱过夜，12 000r/min 低温离心 12 分钟，其上清液为粉尘螨水溶性抗原（DefA）。将离心后的沉渣溶于 20ml 的 8mol/L 尿素溶液中,再用上述方法离心,其上清液为尿素溶性抗原(DerfU)。测其蛋白浓度后,-20℃储存。

2. 粉尘螨分泌/排泄抗原的制备 冷冻的粉尘螨代谢培养基100g,经乙醚脱脂后制成浸液,取100ml经50%~80%饱和硫酸铵分级沉淀。第2次离心沉淀物以0.01mol/L、pH=7.0磷酸缓冲盐溶液(PBS)15ml稀释,4℃透析48小时,测其蛋白浓度后,-20℃储存。

(二) 环卵沉淀试验

环卵沉淀试验是以血吸虫整卵为抗原。

血吸虫虫卵的收集:要得到虫卵,需先使动物感染血吸虫。其步骤:①先将动物固定于接种板上(小鼠可先剪毛后固定),注意固定小鼠时,橡皮筋不宜缚得太紧;而固定家兔时,则须将棉纱绳缚紧其四肢。②用弯头手术剪剪去动物腹毛,剪毛范围依接种尾蚴量而定,慎勿剪破皮肤。一般小鼠为1.5cm²,家兔为4.0cm²左右。③用棉签涂适量去氯水均匀涂抹于剪毛部位皮肤以湿润之。④将感染日本血吸虫的阳性钉螺置去氯水中,按常规方法逸尾蚴。将载有定量尾蚴的盖玻片覆盖在去毛皮肤上,立刻计时,接种小鼠、家兔时间一般为15~20分钟。尾蚴接种数量:40~50条/鼠,或200~1000条/兔。注意接种时间内应保持接种部位潮湿,并不使盖玻片脱落,冬季则应维持室温20℃左右为宜。⑤接种毕,取下盖片,同时用脱脂药棉拭干动物皮肤,对动物编号和做标记后,按雌雄分笼饲养。⑥一般饲养42~45天后剖杀小鼠或家兔,取出肝脏分离虫卵。

(三) 酶联免疫吸附试验

1. 包被缓冲液(pH 9.6、0.05mol/L 碳酸盐缓冲液) Na_2CO_3 1.59g,$NaHCO_3$ 2.93g,加蒸馏水至1000ml。

2. 洗涤缓冲液(pH 7.4、0.15mol/L PBST) 0.05% 吐温-20 0.5ml,加入PBS缓冲液1000ml中。

3. PBS缓冲液 KH_2PO_4 0.27g,$Na_2HPO_4 \cdot 12H_2O$ 3.58g,NaCl 8g,KCl 0.2g,加蒸馏水至1000ml。

4. 封闭缓冲液 牛血清白蛋白(BSA) 2g,加洗涤缓冲液100ml。

5. 稀释液 牛血清白蛋白 0.1g,加PBS缓冲液100ml。

6. 底物缓冲液(pH 5.0) 0.2mol/L Na_2HPO_4(无水28.4g/L,带12个结晶水71.7g/L)取25.7ml,0.1mol/L枸橼酸(无水19.2g/L,带1个结晶水21.01g/L)取24.3ml,加蒸馏水至100ml(或 $Na_2HPO_4 \cdot 12H_2O$ 1.84g,枸橼酸·H_2O 0.51g,加蒸馏水至100ml)。

7. TMB(四甲基联苯胺)**显色液**(显蓝色) TMB(2mg/ml水) 0.05ml,底物缓冲液 0.95ml,30% H_2O_2 0.001ml,总体积1ml。

8. 或配OPD(邻苯二胺)**显色液**(显黄棕色)(现配避光) OPD(干粉) 0.004g,底物缓冲液 10ml,30% H_2O_2 0.015ml,总体积10ml。

9. 终止液(2mol H_2SO_4) 在178.3ml水中,逐滴加入浓硫酸(98%)21.7ml,边加边摇。

(四) 斑点金免疫层析试验

胶体金的制备:一般采用还原法,常用的还原剂有枸橼酸钠、鞣酸、维生素C、白磷、硼氢化钠等。

以枸橼酸三钠还原法为例:取0.01% $HAuCl_4$ 溶液100 ml搅拌、加热、回流,沸腾2分钟,迅速一次加入一定量的1%枸橼酸三钠水溶液(现配),保持低沸,经由蓝、灰,至呈现透明的橙红色停止加热。回流冷却至室温(应为原体积,否则应用蒸馏水恢复体积)。

枸橼酸钠的用量不同,其胶体金颗粒的大小也不同(表 12-1)。

表 12-1　枸橼酸钠量与胶体金特性的相互关系

胶体金粒径(nm)	枸橼酸钠加入量(ml)	胶体金颜色	最大吸收峰(nm)
16.0	2.00	橙色	518
24.5	1.50	橙红色	522
41.0	1.00	红色	525
71.5	0.70	紫色	535

一般来讲,作为免疫检测试剂所用的胶体金颗粒在 40~60nm 为好。颗粒过大则变为黑色,且不稳定;颗粒过小,虽然稳定性好,但颜色为橙黄色,视觉效果不好,而且小颗粒相对要结合更多的抗体,系统的灵敏度也随之下降。胶体金溶液应清亮透明。

五、标本的固定和保存试剂

标本固定的方法分物理固定法与化学固定法两种。物理固定法是用加热和干燥的方法对标本进行固定。化学固定法是将某些化学试剂配制成溶液来固定标本,这些溶液称为固定剂或固定液,固定时将样本浸于固定液内进行固定。

(一) 常用固定液和保存液

常用固定液包括甲醛、乙醇、升汞、苦味酸、冰醋酸等。固定液分为单纯固定液与复合固定液两种。单纯固定液虽然配制简单,使用方便,但往往不能兼备各种药品的优点,因此应用较少。复合固定液由两种以上化学药品配制而成,可利用各种药品的优点以互补不足。例如,乙酸会使细胞膨胀,而乙醇与苦味酸反使细胞收缩,两者混合使用,收缩和膨胀的作用恰可抵消。

1. 单纯固定液配制

(1) 甲醛(formaldehyde):具有强大的杀菌力,能保存样本使其不至于腐烂,渗透力较强,有硬化样本的性能,故供作切片的活检组织多用此固定液保存。用福尔马林(40%的甲醛)固定和保存时,常用的浓度为 5%~10%,配制时按甲醛原液浓度(40%)为百分之百计算。配制时可用 0.85%~0.9% 生理盐水稀释,使固定液内的渗透压成为等渗液较好。用此液固定时间一般不得少于 24 小时。

5% 甲醛的配制:取 40% 的甲醛 5ml,加生理盐水到 100ml,混匀。

10% 甲醛的配制:取 40% 的甲醛 10ml,加生理盐水到 100ml,混匀。

(2) 乙醇(ethanol):俗称酒精,为无色液体,具有固定、保存和硬化样本的性能,渗透力强,其主要缺点在于吸收水分,能使样本收缩,由于乙醇可使虫体或组织收缩,表面发硬,因而较难渗入到组织深部,所以不宜固定大块组织。固定虫体一般用 70%~100% 乙醇,固定时间为 24 小时,固定完毕保存于 70% 乙醇内,若在 70% 乙醇中加入 5% 甘油,则对样本更为有利,固定微丝蚴厚涂片标本则需要用纯乙醇或甲醇,固定时间 10~30 分钟(固定厚血涂片标本须先溶去血红蛋白)。固定毕,不做任何处理即可染色,如当时不进行染色可将涂片晾干后保存。

70%乙醇的配制:取无水乙醇70ml,加蒸馏水至100ml,混匀。

5%甘油乙醇的配制:取甘油5ml,加70%乙醇至100ml,混匀。

2. 复合固定液配制

(1)鲍恩(Bouin)固定液的配制:苦味酸饱和水溶液70份,甲醛25份,冰醋酸5份,混匀。固定时间为3~12小时,或过夜。本剂最好临用时配制,不宜久藏,但苦味酸饱和水溶液可预先配制备用。本试剂一般用于小型蠕虫的固定。

(2)劳氏(Looss)固定液的配制:升汞(bichloride)饱和水溶液100ml,乙酸(acetic acid)2ml,混匀。本试剂适用于固定小型吸虫,固定时间为4~24小时,固定完毕更换于加碘液的70%乙醇中(70%乙醇中加入碘液使成葡萄酒色为止)去除沉淀,然后换入70%乙醇1~2次使碘化汞沉淀完全消失,最后保存于70%乙醇内。

(3)肖氏固定液的配制:升汞饱和水溶液2份,95%乙醇1份,每100ml混合液中加入冰醋酸5~10ml,混匀。本试剂适用于固定肠原虫涂片用,固定时间为10~60分钟,固定完毕用50%或70%乙醇换洗,再用碘酒或碘液除去升汞沉淀,本液配制后可长期保存。

(4)布莱(Bless)固定液:70%乙醇90ml,40%甲醛7ml,冰醋酸3ml,混匀。此固定液渗透力强,为昆虫幼虫的良好固定剂,亦可固定小型吸虫和绦虫。

(二)蠕虫标本的固定与保存

1. 虫体的固定保存试剂

(1)吸虫的固定保存:按1:1的比例配制生理盐水和固定液的混合液。凡用含有升汞固定液固定的样本会产生许多汞盐沉淀,沉积于组织内影响今后制片观察,故需用0.5%碘乙醇,似葡萄酒色,浸泡12小时,以除去汞盐沉淀,再放入70%乙醇中褪去碘的颜色,最后将虫体保存于70%乙醇中。

薄荷脑乙醇液的配制:薄荷脑24g,95%乙醇10ml。

(2)绦虫的固定保存:用10%甲醛生理盐水液固定保存。

10%甲醛生理盐水的配制:取40%甲醛10ml,加生理盐水至100ml,混匀。

(3)线虫的固定保存:70%~80%乙醇或巴氏液(3%甲醛生理盐水)中保存。

3%甲醛生理盐水的配制:40%甲醛3ml,加生理盐水至100ml,混匀。

0.5%碘乙醇溶液的配制:取碘片0.5g,用少量饱和碘化钾溶液溶解,再加无水乙醇至100ml,混匀。

2. 蠕虫虫卵的固定保存试剂

(1)小型虫卵:3%甲醛液,5%甲醛生理盐水。

(2)大型虫卵:10%甲醛。

3. 保存液配方 甲醛10ml,无水乙醇30ml,甘油4ml,蒸馏水56ml。

(三)原虫标本的固定与保存

1. 肠道原虫样本的固定保存

(1)70%乙醇:取无水乙醇70ml,加蒸馏水至100ml,混匀。

(2)5%甲醛生理盐水:取40%甲醛5ml,生理盐水至100ml,混匀。

(3)肖氏固定液。

2. 腔道内原虫的固定保存 阴道毛滴虫:甲醇固定可短期保存,如用吉氏染液染色30~60分钟,水洗晾干后即可长期保存。齿龈内阿米巴与口腔毛滴虫:用肖氏固定液固定,再移置于70%乙醇内保存。

3. 组织内原虫样本的固定与保存 组织内原虫主要为利什曼原虫和弓形虫,常用甲醇进行固定和保存。

4. 血液内原虫样本的固定与保存 吉氏染色液配制:吉氏染粉10g、中性甘油500ml和纯甲醇500ml。配制时将吉氏染粉置大研钵中,缓慢加入少量甘油,充分研磨后,置棕色玻瓶中,用甲醇分数次洗出研钵中的甘油染液,倒入瓶内摇匀,在室温下放置3~5天即可使用。将吉氏染液用pH=7.0~7.2的水配成3%的稀释液,将血片插入染色缸内染色,或用滴管将此稀释液滴在厚、薄血膜上,染色30分钟。若需快速染色,可在2ml水中加吉氏染色液3滴,染色6分钟。或先在厚血膜上加几滴清水溶去血红蛋白后滴加染液,效果更佳。染色后,用水轻轻冲洗,插在玻片板上晾干,室温保存备用。

(四) 昆虫标本的保存

蚊、白蛉等成虫通常用针插好晾干,存放于昆虫盒内,盒内应放樟脑块以防虫蛀。蚊、白蛉、蝇等昆虫的卵、幼虫和蛹,以及蚤、虱、臭虫、蜱、螨等的发育各期均应保存于70%乙醇中。需要分离病原体的昆虫不做任何处理,收集于干净的试管、小瓶中保存。

樟脑混合剂配制:樟脑粉6份,氯仿1份,木馏油1份,石蜡油4份。先将樟脑粉1.5份与氯仿1份混合,随后加樟脑粉1.5份与木馏油1份,用玻璃棒混匀,最后加樟脑粉3份及石蜡油4份,再搅匀备用。此混合剂易燃,宜置于严密而不透气的瓶内储藏。

目 标 检 测

一、名词解释
1. DNA探针
2. PCR技术
3. 物理固定法
4. 化学固定法

二、选择题
1. 目前酶免疫技术中应用较广、提纯较简便的酶是
   A. 脲酶
   B. 碱性磷酸酶
   C. 葡萄糖氧化酶
   D. 辣根过氧化物酶
   E. 半乳糖苷酶
2. 以下关于酶标记抗体或抗原不正确的是
   A. 过碘酸盐氧化法只用于HRP的标记
   B. 未标记上的游离的抗体与酶标抗体竞争固相上前抗原
   C. 制备的标志物无须纯化,因为游离的酶或未标记上的抗原或抗体成分在测定过程中被洗掉
   D. 制备的结合物需要纯化
   E. 标志物需要鉴定
3. 关于酶联免疫吸附试验ELISA错误的是
   A. 属于液相和固相酶免疫测定
   B. 固相载体常用聚苯乙烯反应板
   C. 通过洗涤除去未结合成分
   D. 底物显色
   E. 既能定性或又能定量分析
4. ELISA技术中,最常用来检测抗体的方法是
   A. 双抗体夹心法   B. 间接法
   C. 竞争法   D. 捕获法
   E. 应用生物素和亲和素的ELISA
5. 下列有关双位点一步法ELISA的叙述错误的是
   A. 使用针对同一抗原不同决定簇的两种单克隆抗体作为酶标抗体
   B. 一种单克隆抗体作为固相抗体,另一种作为酶标抗体
   C. 采用高亲和力的单克隆抗体将提高测定的敏感性和特异性
   D. 可使标本和酶标抗体同时加入
   E. 标本中抗原过高时,会出现钩状效应
6. 双位点一步法钩状效应的产生是因为
   A. 标本中的抗原不纯
   B. 洗涤不充分

C. 孵育时间长
D. 酶标抗体过量
E. 标本中的抗原浓度过高

7. 用一种标志物可检测多种与抗原相应的抗体的 ELISA 方法是
   A. 双抗体夹心法　　B. 间接法
   C. 竞争法　　　　　D. 双抗原夹心法
   E. 双位点一步法

8. ELISA 间接法中固相上包被的是
   A. 抗体　　　　　　B. 不完全抗体
   C. 抗原　　　　　　D. 抗抗体
   E. 酶标抗体

9. 下列哪一项不属于 ELISA 测定方法中所必需的
   A. 抗原或抗体固相化
   B. 酶标记抗原或抗体

C. 酶作用的底物
D. 戊二醛交联剂
E. 显色

10. 在 ELISA 中,哪一步骤不是 ELISA 的反应过程,但却是决定试验成败的关键
    A. 温育　　　　　　B. 洗涤
    C. 结果判断　　　　D. 加样
    E. 显色

三、问答题

1. 如何校正显微镜测微尺?
2. 皮内抗原试验的原理是什么?
3. PCR 技术的特点有哪些?
4. 常用的单纯固定液有哪些?
5. 叙述蠕虫虫卵的固定与保存。

（王群兴）

寄生虫检验技术实验指导

第1节 实验指导总则

一、实验室生物安全规则

1. 实验课前必须预习实验指导,了解实验内容和要求,复习教科书相关内容,以便有计划地进行实验,提高学习效率,达到实验要求。
2. 进实验室必须穿白大衣,带实验指导、实验报告纸、绘图铅笔、橡皮等学习用具。
3. 实验课过程中,保持室内安静。要做到不迟到,不早退。按指导教师的要求进行实验操作和标本观察,按时完成实验报告,切实达到实验目的。
4. 爱护显微镜、标本,节约使用试剂及其他物品。实验前要检查显微镜各部件,按操作规程使用,用后将显微镜擦拭干净,送回显微镜室。实验标本在实验前后要认真清点,按组使用,如有损坏,及时报告老师,按学校规章制度处理。
5. 观察示教标本时,不得随意移动标本及说明,观察镜下标本如不清晰,可轻轻上下调节细调螺旋,不得动推进尺,如仍观察不清楚,可请老师帮助解决。
6. 实验过程中用过的玻片、玻棒、玻皿等实验用具,用完后放入消毒缸内,盛粪便的纸盒、竹签等放入污物桶内,以便统一处理。
7. 实验课结束后,认真做好清洁卫生,桌面、地面打扫干净,桌椅排列整齐,关好门、窗、水、电后离开实验室。

二、寄生虫学检验的目的和方法

寄生虫学实验是医学检验技术专业的核心课程之一,它既是一门形态科学,又是一门实验性科学。本学科实验的主要目的在于通过标本观察和技术操作,加深和巩固在课堂上学到的理论知识,进一步理解人体寄生虫的形态、生活史、致病作用、诊断、流行和防治,熟悉和掌握一些常用的寄生虫学诊断方法,通过实验培养学生实事求是、严肃认真的科学态度,提高独立思考和分析问题、解决问题的能力,为今后从事寄生虫病的诊断、流行病学调查及防治工作打下扎实的基础。

三、普通光学显微镜的使用及维护

寄生虫学实验最常用的仪器是显微镜,学生应在生理学、解剖学的学习基础上进一步熟练掌握对显微镜的使用与维护,这是寄生虫学实验要求掌握的基本技能之一。以下将其使用的方法和注意点扼要介绍如下:

（一）显微镜的使用

1. 调光　将实验台上的光源打开，调节显微镜粗调螺旋，使载物台下降或镜筒上升，旋转物镜转换器，使低倍镜头对准通光孔，打开光阑，使聚光器上升到适宜位置，一边观察，一边调节反光镜，使视野中光线均匀，亮度适中。视野中光线的强弱应根据标本的颜色深浅和物镜的放大倍数进行调节，一般来说，未经染色的标本或用低倍镜观察时应把视野中光线调暗，用高倍或油镜观察时应把光线调强。光线的强、弱可通过聚光器（上升变强，下降变弱）、光阑（开大变亮，关小变弱）和反光镜调节。

2. 低倍镜与高倍镜的使用　调节好光源后，将标本置于载物台上，先用低倍镜观察。找到所要观察的物体后，如需要用高倍镜观察，应将待观察的物体移至视野中央，再转换高倍镜头观察（注意转换物镜前应先将载物台下降或镜筒上升，以免损坏镜头和玻片）。

3. 油镜的使用　将低倍或高倍镜下找到的物体移至视野中央，调节光线至较强的亮度，在要观察的标本上滴加1滴香柏油，然后上升镜筒或下降载物台，转换油镜镜头，在显微镜侧面注视，慢慢下调镜头或上提载物台，使油镜镜头浸入油滴中（注意切勿与标本接触，以免压坏标本或镜头），用左眼注视目镜，慢慢转动粗调螺旋，至视野中出现物象时，改用细调螺旋略加调节，至物象清晰为止。若将镜头上调到离开镜油，而视野中尚未出现物象，应按上述步骤，将镜头浸入油滴中，重新调节。

观察完毕，应将镜头和载玻片上的香柏油擦拭干净。镜头的擦拭方法是提高镜筒或下降载物台，把油镜镜头转向外侧，用擦镜纸蘸取少许二甲苯轻轻顺抹镜头。标本的擦拭方法是取一、两张擦镜纸，平放在标本上，滴加二甲苯1~2滴，轻轻拖拉镜纸，直至无油迹。禁止用擦镜纸或擦镜布用力擦拭，以免损坏标本（特别是未加盖片的标本）。

（二）显微镜的维护

1. 从镜柜中取出或放入显微镜时，应轻拿轻放，左手托镜座，右手持镜臂，保持显微镜平衡，以防显微镜或其部件滑落损坏。

2. 不得擅自拆卸显微镜各部件，发现部件松动及时报告老师，以便维修。

3. 目镜或物镜上若有灰尘，可用擦镜纸或绸布轻擦，禁止用口吹或用手擦拭，以防损坏或沾染镜头。

4. 勿用暴力旋转粗、细螺旋，并保持螺旋齿轮清洁。

5. 显微镜使用完毕后，将物镜转换器稍微旋转，使物镜与镜筒不在一条直线上，已使用的油镜，用少量的二甲苯擦拭干净，送回显微镜室，放在镜柜中。

四、显微镜测微尺的使用方法

显微镜测微尺是用来测量镜下标本大小的仪器，由目镜测微尺与物镜测微尺两部分组成。目镜测微尺，又称目尺，为一直径约2cm的圆形玻片，其中央刻有精确的刻度，通常是将5mm划分为50格，实际每格等于100μm。刻度的大小随着使用的目镜和物镜的放大倍数而改变，用前必须用物镜测微尺来标定。物镜测微尺，又称校正尺。物镜测微尺为一块特制的载玻片，其中央有一小圆圈。圆圈内刻有分度，将长1mm的直线等分为100小格，每小格等于10μm，见图12-1。

（一）确定目镜测微尺每小格的长度值

1. 取下接目镜，旋下目镜上的目透镜，将目镜测微尺放入接目镜的中隔板上，使有刻度一面朝下,再旋上目透镜,并装入镜筒内。

2. 将物镜测微尺置于显微镜的载物台上,使有刻度的一面朝上,同观察标本一样,使具有刻度的小圆圈位于视野中央。

3. 先用低倍镜观察,对准焦距,待看清物镜测微尺的刻度后,转动目镜,使目镜测微尺的刻度与物镜测微尺的刻度相平行,并使两尺的左边第一条线相重合,再向右寻找两尺的另外一条重合线。

4. 记录二条重合线间的目镜测微尺的格数和物镜测微尺的格数。然后,根据以下公式计算目镜测微尺每小格的长度值。

$$目镜测微尺每小格长度值 = \frac{物尺格数}{目尺格数} \times 0.01\text{mm}$$

(二)测量标本

1. 目镜测微尺每小格的长度已求出,将物镜测微尺取下,放上欲测的标本,按一般观察方法找到物体,移动目镜测微尺和推进尺,以测量标本的长、宽是多少小格数,按已知目镜测微尺每小格代表的实际长度值计算标本的大小。

2. 如此测定后的目镜测微尺的尺度,仅适用于测定时所用的显微镜的目镜和物镜的放大倍数,若更换物镜、目镜的放大倍数时,必须再进行校正标定。

▶▶ 五、实验报告撰写要求

寄生虫学检验的实验主要是标本观察和技术操作完成的。对于实验报告的要求有以下两种。

(一)绘制标本图的要求

绘制寄生虫标本图是为了帮助同学们加强记忆和准确细致地了解寄生虫的形态结构,是寄生虫学实验课基本技能训练内容之一。要求同学们必须在认真观察多个标本的基础上,对标本的结构有一定的概念,综合其形态特征进行描绘,力求真实、准确。同时,在绘制过程中应注意以下几个问题。

1. 绘制出的图形必须清楚明了、整齐有序,图的位置、大小比例(特别是同类标本之间,如蠕虫卵之间、原虫包囊之间等)要恰当。

2. 标本图形的长、宽比例,内部结构的位置和比例,以及外形整体安排应与实物相当。

3. 绘图用的铅笔一般用较尖的硬铅笔,部分标本(如原虫)可用彩色铅笔。应先在实验报告纸上勾一轮廓,然后再描绘,以求准确。绘图过程中,不得使用直尺、圆规等器具。

4. 绘出的图形线条要光滑,无重叠现象,图中颜色的深浅和明暗对比程度要用圆点的疏、密表示,一般不在图中涂抹黑影。绘制圆点时,用铅笔垂直轻击纸面即可,不要把圆点绘成","状。

5. 图形绘制完成后,要标注结构名称。标注时,从要标注的部位引出直线,将其名称注于线的末端,所画直线应与绘图纸的上下边缘平行,字须横列。

6. 最后,在图的下方注明标本名称、放大倍数、染色方法、绘图日期等。

(二)技术操作的要求

1. 要写出实验操作的项目、实验原理、目的、实验对象、试剂与器材。

2. 要写出实验的操作方法。

3. 要进行结果判断。
4. 实验结果讨论。

(李福玲)

第2节 线虫检验

实验1 线虫的形态观察

【目的要求】

1. 掌握 蛔虫未受精卵、蛔虫受精卵、蛲虫卵、钩虫卵、鞭虫卵的形态特点及丝虫微丝蚴、旋毛虫幼虫囊包的形态特征。

2. 熟悉 蛔虫成虫、蛲虫成虫、两种钩虫成虫、鞭虫成虫的形态特点。

3. 了解 丝虫成虫、旋毛形线虫成虫的形态特点及蛔虫、钩虫、鞭虫的病理标本。

【形态观察内容】

(一)似蚓蛔线虫

1. 成虫(液浸标本) 虫体形似蚯蚓,灰白色,呈长圆柱形,头端较尖细,尾端略钝圆。体表有细横纹,两侧有明显的侧线。雌虫长 20~35cm,尾端尖直;雄虫长 15~31cm,尾端向腹面弯曲。

2. 虫卵(玻片标本)

(1)受精卵:低倍镜观察,宽椭圆形,大小为(45~75)μm×(35~50)μm,卵壳厚而透明,表面有一层凹凸不平的蛋白质膜,棕黄色。卵内含有1个大而圆的卵细胞,其两端与卵壳间各形成一个新月形空隙。

(2)未受精卵:低倍镜观察,长椭圆形,棕黄色,大小为(88~94)μm×(39~40)μm,卵壳及其表面的蛋白质膜均较受精蛔虫卵薄,卵内充满了大小不等的折光颗粒(卵黄细胞)。

(3)脱蛋白膜蛔虫卵:低倍镜观察,受精卵、未受精卵表面的蛋白质膜有时可脱落,使虫卵变为无色,观察时应注意与钩虫卵相鉴别。

3. 病理标本(液浸标本)

(1)蛔虫性肠梗阻:蛔虫扭结成团,阻塞肠腔,导致肠梗阻。

(2)胆道蛔虫:蛔虫钻入胆道、胆囊,严重的可见钻入肝内。

(二)蠕形住肠线虫

1. 成虫(液浸标本) 虫体细小,乳白色,呈线头状。雌虫大小为(8~13)mm×(0.3~0.5)mm,虫体中部膨大,尾端长直尖细;雄虫较小,大小为(2~5)mm×(0.1~0.2)mm,尾端向腹面卷曲。显微镜下观察可见头端角皮膨大形成的头翼,以及咽管末端膨大所形成的咽管球。

2. 虫卵(玻片标本) 低倍镜观察,虫卵无色透明,呈不规则椭圆形,两侧不对称,一侧扁平,一侧稍凸,形似柿核,大小为(50~60)μm×(20~30)μm,卵壳较厚,刚产出的虫卵内含1个蝌蚪期胚,感染期虫卵内含1条盘曲的幼虫。

（三）十二指肠钩口线虫和美洲板口线虫

1. 成虫（液浸标本）　虫体细长略弯曲，长度大约为1cm，灰白色。虫体前端向背面仰曲。雌虫稍大，尾端尖直；雄虫较小，尾端膨大，由角皮层向后延伸形成交合伞。两种钩虫的区别见附表2-1。

附表2-1　两种钩虫的区别

鉴别要点	十二指肠钩虫	美洲钩虫
体态	头端和尾端都向背面弯曲，虫体似"C"形	头端向背面仰曲，尾端向腹面弯曲，虫体似"S"形
大小	大	小
口囊腹侧缘	有2对钩齿	有1对半月形板齿
背辐肋	远端分2支，每支再分3小支	基部分2支，每支再分2小支
交合伞	略圆	略扁，似扇形
交合刺	两刺末端分开	两刺合并，末端形成一倒钩
尾刺	有	无

2. 虫卵（玻片标本）　低倍镜观察，两种钩虫卵形态相似，光学显微镜下不易区别。呈椭圆形，大小为(57~76)μm×(39~40)μm，卵壳薄，无色透明，刚随粪便排出时，卵内通常含2~4个卵细胞，随着粪便放置时间增加，卵内细胞数也逐渐增多。便秘患者排出的钩虫卵内细胞也增多。卵壳与卵细胞之间有明显空隙。

（四）毛首鞭形线虫

1. 成虫（液浸标本）　肉眼观察，成虫外形似马鞭，虫体前3/5较细似鞭绳，后2/5较粗如鞭柄。雌虫长30~50mm，尾端顿圆；雄虫稍小，长30~45mm，尾端向腹面呈环状卷曲。

2. 虫卵（玻片标本）　低倍镜观察，虫卵呈纺锤形或腰鼓形，大小为(50~54)μm×(22~23)μm，棕黄色，卵壳较厚，两端各有一透明塞状突起。新鲜粪便中所见到的虫卵内含有1个尚未分裂的卵细胞。

3. 病理标本（液浸标本）　肉眼观察，鞭虫寄生于结肠壁（注意鞭虫的寄生方式）。从病变的肠壁上虫体寄生处，肉眼可见以虫体为中心的肠壁组织呈环形隆起、充血。虫体前2/3细端插入肠黏膜内，后1/3粗端游离在肠壁外。提醒在临床实际工作中，千万不要硬性拉拽虫体，以免将虫体拉断，细端残留在肠壁内，加重肠壁炎症症状。

（五）班氏吴策线虫和马来布鲁线虫

1. 成虫（液浸标本）　肉眼观察，两种丝虫成虫形态相似，虫体细长如丝线，乳白色，长3~7cm，表面光滑。雄虫尾端向腹面卷曲可达2~3圈，雌虫略大于雄虫，尾部钝圆。

2. 两种微丝蚴（玻片染色标本）　低倍镜观察，见白细胞呈小点状，微丝蚴染色后为蓝紫色，形状为细小弯曲的线状虫体。高倍镜或油镜观察，可见微丝蚴体外有鞘膜，体内有点状体核。可通过头间隙的大小、体态的变化、体核的分布与密度，以及有无尾核等来鉴别两种微丝蚴。

(六)旋毛形线虫

1. 旋毛虫成虫(玻片标本)　虫体细小,咽管长占虫体的 1/3~1/2,雄虫大小为(1.4~1.6)mm×(0.04~0.05)mm,雌虫大小为(3.0~4.0)mm×0.06mm。

2. 旋毛虫幼虫囊包(玻片染色标本)　低倍镜观察,可见与肌纤维平行的梭形囊包,大小为(0.25~0.5)mm×(0.21~0.42)mm,一个囊包内通常含 1~2 条盘曲的幼虫。

【实验报告】

实验报告内容:按照生物学绘图要求,对照显微镜镜下所见各种标本,绘出蛔虫、蛲虫、钩虫、鞭虫虫卵图;班氏微丝蚴、马来微丝蚴及旋毛虫幼虫囊包图。

实验 2　线虫的检验技术

【目的要求】

1. 掌握　粪便直接涂片法、饱和盐水浮聚法、透明胶纸法,肛周蛲虫成虫检查法的实验操作方法。

2. 熟悉　新鲜血片法、厚血膜找微丝蚴法、肌肉压片找囊包蚴法的实验操作方法。

3. 了解　厚涂片透明法、虫卵计数法、钩蚴培养法的实验操作方法。

【操作内容】

(一)粪便直接涂片法

1. 实验原理　虫卵随粪便排出,将粪便直接涂磨于载玻片的生理盐水中,显微镜下观察,即可检出粪便中的虫卵。

2. 试剂与器材　生理盐水、竹签、载玻片。

3. 操作方法

(1)于清洁玻片中央滴加生理盐水 1~2 滴。

(2)用竹签挑取米粒或绿豆大小新鲜粪便于生理盐水中涂膜,制成直径约 1cm 大小的圆形粪膜,厚薄以透过粪膜还刚可辨认书上字迹为宜。

(二)饱和盐水浮聚法

1. 实验原理　利用饱和盐水作为浮聚液,粪便溶解于饱和盐水时,密度小于饱和盐水的虫卵浮聚于饱和盐水表面,使虫卵浓集,而达到提高检出率的目的。

2. 试剂与器材　饱和盐水、竹签、载玻片、漂浮杯或青霉素瓶。

3. 操作方法

(1)用竹签挑取黄豆大粪便放入漂浮杯或青霉素瓶内。

(2)加入少量饱和盐水搅匀,再慢慢加入饱和盐水至近瓶口处,用竹签挑出粗大粪渣。

(3)改用滴管继续加饱和盐水,以略高出瓶口又不溢出为宜,覆以载玻片。

(4)静置15分钟后,将载玻片迅速上提并翻转,直接镜检或上覆盖玻片镜检。

(三)厚涂片透明法

1. 实验原理　较厚的粪膜经甘油和孔雀绿浸泡的玻璃纸覆盖处理后变得透明,便于镜检。

2. 试剂与器材　塑料刮片、尼龙网(4cm×4cm 的 100 目/吋)、浸透甘油-孔雀绿溶液的玻璃纸片、胶塞、载玻片。

3. 操作方法

（1）将尼龙网覆盖在粪便标本上，用塑料刮片在网上刮取粪便约 50mg，置于载玻片上。

（2）用浸透甘油-孔雀绿溶液的玻璃纸片覆于粪便上。

（3）用胶塞轻压，使粪便展开约 20mm×25mm 大小粪膜。

（4）将粪膜置 30~36℃温箱中约 30 分钟，或 25℃约 1 小时，待粪膜稍干并透明镜检。

（四）虫卵计数法

1. 实验原理　定量粪便制备较厚的粪膜，经甘油和孔雀绿浸泡的玻璃纸覆盖处理后变得透明，便于在显微镜下观察，计数整个粪膜中虫卵数后，通过公式即可计算出每克粪便中虫卵数。

2. 试剂与器材　聚丙烯定量板(规格为 40mm×30mm×1.37mm，模孔为 8mm×4mm)、刮棒、尼龙网或金属筛网(4cm×4cm 的 100 目/吋)、浸透甘油-孔雀绿溶液的玻璃纸片(5cm×2.6cm)、压板、载玻片。

3. 操作方法

（1）用尼龙网或金属筛网覆盖在粪便标本上，用刮棒在网上刮取一定量粪便。

（2）将定量板放置于载玻片上，用手指压住定量板两端。

（3）将刮取的粪便填满模孔，刮去多余粪便。

（4）移去定量板，在粪膜上覆盖用浸透甘油-孔雀绿溶液的玻璃纸，用压板轻压，使粪膜展平铺成长椭圆形。

（5）将粪膜置 30~36℃温箱中约 30 分钟，或 25℃约 1 小时。

（6）显微镜下计数粪膜中全部虫卵数。

（7）计算出每克粪便虫卵数(粪膜中全部虫卵数×24×粪便性状系数)。

（五）透明胶纸法

1. 实验原理　蛲虫雌虫在感染者肛周及会阴部皮肤上产卵，可以用透明胶纸在肛门周围及会阴部皮肤上粘去虫卵检查，对蛲虫感染进行病原学诊断。

2. 试剂与器材　载玻片、透明胶纸(宽 1.8cm)、特种铅笔、剪刀。

3. 操作方法

（1）剪取宽度为 1.8cm 的透明胶纸 6cm，一端向胶面折叠约 0.5cm(易于使用时揭开)，再将透明胶纸贴在洁净的载玻片上，备用。

（2）在载玻片的一端贴上标签，并写上被检者姓名或编号。

（3）检查时，从载玻片上揭下胶纸，用透明胶纸胶面粘贴肛门周围皮肤，然后将透明胶纸平整贴回载玻片，待检。

（六）肛周蛲虫成虫检查法

1. 实验原理　蛲虫雌虫在感染者睡眠时钻出肛门在肛周及会阴部皮肤上产卵，可在肛门周围检查蛲虫成虫，对蛲虫感染进行病原学诊断。

2. 试剂与器材　透明胶纸、载玻片、镊子、小瓶、70%乙醇。

3. 操作方法

（1）透明胶纸粘贴法：在儿童睡眠1小时后或出现肛周瘙痒征象时，暴露其肛门，若发现有白色小虫，用透明胶纸黏附虫体，然后贴于载玻片上，待检。

（2）乙醇固定检查法：在儿童睡眠1小时后或出现肛周瘙痒征象时，暴露其肛门，若发现有白色小虫，用镊子夹入含有70%乙醇的小瓶内，固定待检。

（七）钩蚴培养法

1. 实验原理 在温暖、潮湿条件下，3~5天钩虫卵内细胞发育为幼虫并孵出，肉眼或用手持放大镜即可观察。

2. 试剂与器材 试管（1cm×10cm）、冷开水、滤纸、剪刀、竹签、铅笔。

3. 操作方法

（1）将滤纸剪成与试管内径等宽略短于试管长度的"T"字形，用铅笔在宽端部写上受检者信息。

（2）取1cm×10cm的洁净试管1支，加1.5~2ml冷开水。

（3）用竹签挑取约0.4g粪便，均匀涂于滤纸中部2/4处，上、下端各1/4处不涂粪便。

（4）将涂有粪便的滤纸沿试管壁插入试管内，使滤纸下端没有涂粪便处的下1/2浸入水中。

（5）25~30℃温箱中孵育（每天沿管壁添加少量冷开水以保持液面高度），3天后取出观察，若无钩虫幼虫，继续培养观察至第5天。

（八）新鲜血片法查丝虫微丝蚴

1. 实验原理 丝虫微丝蚴周期性地出现在人体外周血中，经制片、染色、镜检可鉴别丝虫微丝蚴的种类。

2. 试剂与器材 75%酒精棉球、采血针、载玻片、显微镜等。

3. 操作方法

（1）用75%酒精棉球消毒耳垂或手指。

（2）待干后用采血针刺破耳垂或手指，待血自然流出。

（3）取1大滴血，放载玻片中央，加一盖玻片。

（4）置低倍镜下观察，如有微丝蚴可呈蛇形蠕动，碰撞血细胞，使红细胞摆动不停。

（九）厚血膜查丝虫微丝蚴

1. 实验原理 丝虫微丝蚴周期性地出现在人体外周血中，经制片、染色、镜检可鉴别丝虫微丝蚴的种类。

2. 试剂与器材 75%酒精棉球、采血针、载玻片、pH 7.0~7.2 PBS缓冲液、吉氏染液、显微镜等。

3. 操作方法

（1）采血：①采血时间：应在夜间9时至次晨2时为宜，采血量多则检获率也高。②采血部位：从患者耳垂或指尖（以左手无名指为宜）取血，婴儿通常从大拇指指腹针刺采血。③采血方法：用75%酒精棉球消毒取血部位皮肤，待干后用左手大拇指和食指捏住采血部位，右手持针迅速刺入皮肤，待血液流出或轻轻挤出血滴，供制作涂片用，采血完毕用干棉球压伤口止血。

(2) 制片：从耳垂或指尖取血 3 大滴（约 60μl），滴在干净的载玻片中央，用另一载玻片一角将血液涂成 1.5cm×2.5cm 长方形或直径 1.5~2.0cm 的圆形厚血膜，边缘整齐，厚薄应均匀。自然晾干，注意防止落上灰尘或被昆虫舔食。取蒸馏水滴于血膜上，15 分钟后倒去血水，重复溶血一次，至血膜无红色为止，即可镜检。

(3) 染色：如需鉴定虫种，血片应经染色后镜检，染色方法有瑞氏染色和吉氏染色。

(4) 镜检：溶血后的血片，可直接镜检微丝蚴。低倍镜下微丝蚴为细长、无色透明、头端钝圆、尾端尖细的呈不同形状弯曲的虫体，其粗细、大小相似。应与棉纤维区别，棉纤维长短粗细不等，两端呈折断状，内部常有纵形条纹。染色后血片可进一步在高倍镜或油镜下镜检虫体内部特征结构，鉴别虫种。

（十）肌肉压片法查旋毛形线虫囊包蚴

1. 实验原理 旋毛虫幼虫寄生于宿主横纹肌细胞中，可通过活组织检查，查到病原体。

2. 试剂与器材 载玻片、剪刀、50%甘油。

3. 操作方法 外科手术时，从患者疼痛的腓肠肌或肱二头肌取米粒大小的肌肉，置于载玻片上，加 50%甘油 1 滴，盖上另一载玻片，压紧后低倍镜下观察。或取感染旋毛虫小鼠的横纹肌（咬肌、舌肌等），撕去肌膜，顺肌纤维方向剪成米粒大的小块，置两载玻片之间，轻轻压平后于镜下检查。注意取下的肌组织需立即检查，否则幼虫变模糊，不易观察。

【实验报告】

每项检验方法在实验课学习完毕后，撰写实验报告（实验报告内容：1. 实验原理 2. 试剂与器材 3. 操作方法 4. 结果判断 5. 实验结果讨论）。

（翁　静）

第3节　吸虫检验

实验1　吸虫及中间宿主的形态观察

【目的要求】

1. 掌握 华支睾吸虫、卫氏并殖吸虫、日本裂体吸虫和布氏姜片吸虫虫卵形态。

2. 熟悉 华支睾吸虫、卫氏并殖吸虫、斯氏狸殖吸虫、日本裂体吸虫和布氏姜片吸虫成虫内部结构特征与区别点。

3. 了解 华支睾吸虫、卫氏并殖吸虫、日本裂体吸虫和布氏姜片吸虫幼虫形态和中间宿主。

【形态观察内容】

（一）华支睾吸虫

1. 成虫（玻片染色标本）　体视镜投影观察，背腹扁平，狭长叶状，形似葵花子。大小为 (10~25)mm×(3~5)mm，半透明。消化道包括口、食管及沿虫体两侧伸至末端为盲端的两根肠支。生殖器官呈子宫管状，盘曲于卵巢与腹吸盘之间，卵巢分叶状，受精囊椭圆形，2 个分支状睾丸前后排列于虫体的后 1/3 处，故名支睾吸虫。

2. 虫卵(玻片标本)　低倍镜及高倍镜观察,椭圆形,形似灯泡或芝麻状,大小平均为(27~35)μm×(11~20)μm,为人体寄生蠕虫最小的虫卵,黄褐色,卵盖明显,两侧可见突起的肩峰,底部有一疣状突起,卵内含一成熟毛蚴。华支睾吸虫卵与猫后睾吸虫、异形吸虫及横川后殖吸虫等虫卵和灵芝孢子的形态很相似,应注意鉴别,不要误诊(附表3-1)。

附表3-1　华支睾吸虫卵与类似吸虫卵的鉴别

	华支睾吸虫卵	猫后睾吸虫卵	异形吸虫卵	横川后殖吸虫卵
大小(μm)	平均为29×17	平均为30×11	(28~30)×(15~17)	(26.5~28.0)×(15.5~17.0)
形状	芝麻粒状	稍狭长	卵圆形	稍狭长
卵盖	隆起明显	隆起明显	隆起不明显	隆起不明显
肩峰	明显	不明显	不明显	较明显
小疣	明显	明显	不明显	不明显
卵内毛蚴	不对称	不对称	对称	对称

3. 尾蚴(玻片标本)　低倍镜及高倍镜观察,略似烟斗状,具有圆筒形体部和弯曲的尾部,尾不分叉。体部(216~238)μm×(62~93)μm,尾部长度大于体部2~3倍。

4. 囊蚴(玻片标本)　低倍镜及高倍镜观察,平均大小为138μm×115μm,椭圆形,有两层囊壁,囊内可见到黑褐色的排泄囊和口、腹吸盘等。

5. 中间宿主　①第一中间宿主:纹沼螺、长角涵螺、赤豆螺等(干制标本)肉眼观察;②第二中间宿主:淡水鱼、淡水虾(液浸标本)肉眼观察。

6. 病理标本(液浸标本)　肉眼观察,成虫寄生肝脏液浸标本,肝切断面可见肝胆管管壁增厚、管腔因虫体的寄生而阻塞。

(二) 卫氏并殖吸虫

1. 成虫(玻片染色标本)　体视镜投影观察,虫体长7.5~12mm,宽4~6mm,长宽之比约为1:2。口、腹吸盘大小略同,腹吸盘位于体中横线之前。卵巢与子宫并列于腹吸盘之后,卵巢分5~6叶,形如指状。睾丸分支,左右并列约在虫体后端1/3处。卵黄腺为许多密集的卵黄滤泡所组成,分布于虫体两侧。肠管分支弯曲;排泄孔位于虫体后端腹面。除口吸盘、腹吸盘、生殖孔、排泄孔及其附近的体壁外,全身满布体棘。

2. 虫卵(玻片标本)　低、高倍镜观察,虫卵外形呈不对称椭圆形,近卵盖一端处最宽,大小为(80~118)μm×(48~60)μm,卵壳厚薄不均,底部最厚,卵盖明显,常略倾斜,但也有缺盖者。卵内含一卵细胞,周围有10多个卵黄细胞,新鲜虫卵为金黄色。

3. 尾蚴(玻片标本)　低倍镜观察,尾蚴尾部极短,呈圆球状为其特点,属短尾尾蚴。

4. 囊蚴(玻片标本)　低倍镜观察,囊蚴壁厚,圆球形,内卷一幼虫,可见口、腹吸盘、弯曲肠管和排泄囊。

5. 中间宿主　①第一中间宿主川卷螺(干制标本)肉眼观察,属于大型的塔锥形螺蛳,黑色和黑黄色,壳厚,顶端因水流与石头的撞击而被损。②第二中间宿主石蟹、蝲蛄(液浸标本)肉眼观察。

6. 病理标本(液浸标本)　肉眼观察,成虫寄生于肺,注意表面囊肿及切开囊肿后暴露的虫体。

(三) 斯氏狸殖吸虫

1. 成虫(玻片染色标本) 体视镜投影观察,成虫窄长,前宽后窄,最宽处在腹吸盘稍下水平,两端较尖,宽长比例为 1∶2.4~1∶3.2。大小为(3.5~6.0)mm×(11.0~18.5)mm。腹吸盘位于体前约 1/3 处,略大于口吸盘。卵巢位于腹吸盘的后侧方,其大小及分支数与虫龄成正比关系。睾丸 2 个,左右并列,可分多叶,其长度占体长的 1/7~1/4,位于体中、后 1/3 间部。

2. 虫卵 与卫氏并殖吸虫卵无明显区别。

(四) 日本裂体吸虫

1. 成虫(玻片染色标本) 体视镜投影观察,雄虫长 12~20mm,前端有口吸盘和腹吸盘,腹吸盘以下虫体向两侧延展,并略向腹面卷曲,形成抱雌沟。雄虫生殖系统有 7 个椭圆形睾丸,位于腹吸盘后段呈线状排列。另有储精囊、生殖孔等。雌虫前细后粗,形似线虫,体长 20~25mm,腹吸盘大于口吸盘,由于肠管充满消化或半消化的血液,故雌虫呈黑褐色,常居留于雄虫的抱雌沟内,与雄虫呈合抱状。雌虫生殖系统有卵巢、卵黄腺、卵模、梅氏腺、子宫等。子宫开口于腹吸盘的下方,内含虫卵 50~300 个。雌、雄虫消化系统有口、食管、肠管。肠管在腹吸盘前背侧分为两支,向后延伸到虫体后端 1/3 处汇合成盲管。成虫摄食血液,肠管内充满被消化的血红蛋白,呈黑色。肠内容物可经口排放到宿主的血液循环内。

2. 虫卵(玻片标本) 低倍镜与高倍镜观察,虫卵椭圆形,大小平均 89×67μm,淡黄色,卵壳厚薄均匀,无卵盖,表面常附有宿主肠内残留物,卵壳一侧有一小棘突,成熟虫卵内含有一毛蚴,毛蚴与卵壳之间常有油滴状的头腺分泌物,是可溶性虫卵抗原的主要成分。

3. 毛蚴(玻片染色标本) 低倍镜观察,呈长椭圆形或呈梨形,两侧对称,大小约为 99μm×35μm,周身被有纤毛,是其活动器官。前端呈嘴状突起,或称顶突;体内前部中央有 1 个顶腺;2 个侧腺或称头腺位于顶腺稍后的两侧,可分泌 SEA,它们均开口于顶突。

4. 尾蚴(玻片染色标本) 血吸虫尾蚴属叉尾型,由体部及尾部组成,尾部又分尾干和尾叉。体长 100~150μm,尾干长 140~160μm,尾叉长 50~70μm,体部有 1 个头腺和 5 对穿刺腺。

5. 中间宿主钉螺(干制标本) 肉眼观察,螺体约 1cm 长,螺壳塔形,有 6~9 个螺旋,有厣。山区型螺壳光滑,平原型粗糙(有脊),褐色深浅不一。

6. 病理标本(液浸标本) 肉眼观察,成虫寄生的肠系膜,合抱成虫在肠系膜静脉寄生,部分黑色的雌虫深入肠壁血管。

(五) 布氏姜片吸虫

1. 成虫(玻片染色标本) 肉眼或体视镜下观察虫体,虫体肥厚、背腹扁平、前窄后宽,形似姜片。长为 20~75mm,宽为 8~20mm,厚为 0.5~3mm,是人体寄生吸虫中最大的一种。口吸盘位于虫体前端,腹吸盘紧挨口吸盘之后,比口吸盘大 4~5 倍,呈漏斗状,直径为 0.5mm,肌肉发达,肉眼可见。咽和食管短,两肠支呈波浪状弯曲达虫体后端,末为盲端。两个高度分支如珊瑚状睾丸,前后排列,位于虫体后半部。卵巢分三瓣,子宫盘曲在卵巢和腹吸盘之间。缺乏精囊,具劳氏管。卵模和梅氏腺明显可见。卵黄腺发达,位于虫体两侧。生殖孔位于腹吸盘的前缘。

2. 虫卵(玻片标本) 低、高倍镜观察,椭圆榄形,卵壳薄而均匀,卵的前端有一小而不明显的卵盖,卵内含 1 个卵细胞和 20~40 个卵黄细胞,金黄或淡黄色,大小为(130~140)

μm×(80~85)μm,是寄生人体的蠕虫中最大虫卵。

3. 尾蚴(玻片标本) 低倍镜观察,形似蝌蚪,分为椭圆形的体部和细长的尾部。体部平均大小195μm×145μm,尾部为498μm×57μm,尾部不分叉,具有口、腹两个吸盘。

4. 囊蚴(玻片标本) 低倍镜观察,囊蚴呈扁圆形,外壁厚度不均,内壁光滑,平均大小为216μm×187μm,内卷一后尾蚴,可见口、腹吸盘、弯曲肠管和排泄囊。

5. 中间宿主扁卷螺(干制标本) 肉眼观察,螺体扁平,体小棕黄色,常漂浮于水面。

6. 水生媒介植物(液浸标本) 肉眼观察,水生植物如菱角、荸荠、茭白等为此虫的植物媒介,尾蚴在这些水生植物的表面形成囊蚴。

【实验报告】

实验报告内容:绘出华支睾吸虫卵、卫氏并殖吸虫卵、日本裂体吸虫卵、布氏姜片吸虫卵图。

实验 2　吸虫的检验技术

【目的要求】

1. 掌握 自然沉淀集卵法、十二指肠引流液中寄生虫检查法、痰液中寄生虫检查法、尼龙绢筛集卵法、毛蚴孵化法实验的操作方法。

2. 熟悉 自然沉淀集卵法、十二指肠引流液中寄生虫检查法、痰液中寄生虫检查法、尼龙绢筛集卵法、毛蚴孵化法实验所需试剂与器材,实验结果的观察。

3. 了解 自然沉淀集卵法、十二指肠引流液中寄生虫检查法、痰液中寄生虫检查法、尼龙绢筛集卵法、毛蚴孵化法实验的实验原理。

【操作内容】

（一）自然沉淀集卵法

1. 实验原理 利用蠕虫卵和原虫的包囊相对密度比水大,在一定时间内,蠕虫卵或原虫包囊自然下沉,使大量粪便中的蠕虫卵或包囊达到浓集的目的。经过数次水洗后,使镜下视野较清晰,蠕虫卵或包囊易于检出,从而提高了对病原体的检出率。此法主要缺点为操作过程费时,以及对相对密度小的钩虫卵效果较差。

2. 试剂与器材 粪便样本为20~30g、沉淀杯(500~1000ml量筒)、塑料杯、压舌板、60目铜筛、载玻片、盖玻片、长滴管、污物缸、消毒液、玻璃棒、生物显微镜。

3. 操作方法 ①取新鲜粪便20~30g(鸡蛋大小)置于塑料杯中,加少量清水,用玻璃棒将粪便充分搅碎,粪便中虫散落于水中;②经60目铜筛过滤到沉淀杯中,去粗渣;③将沉淀杯加满清水,静置20~30分钟;④倒去上清液,再加水后静置15分钟,如此反复2~3次;⑤最后缓缓倒去上清液,静置数分钟后,用吸管吸取沉淀物,涂片3张镜检;⑥如欲检查原虫包囊则换水间隔时间延长为6小时,使包囊充分沉于水底,同时加盖玻片及用碘液染色。

（二）十二指肠引流液中寄生虫检查法

1. 实验原理 常见寄生于肝、胆系统内的寄生虫有:蓝氏贾第鞭毛虫、华支睾吸虫、肝片形吸虫等,原虫或虫卵可随胆汁排入十二指肠,故可采集十二指肠引流液作为检查样本,寻找原虫或虫卵,有时也可发现蛔虫卵、姜片虫卵、粪类圆线虫成虫和幼虫。

2. 试剂与器材 十二指肠引流液样本、10%氢氧化钠、生理盐水、离心管、载玻片、盖玻片、滴管、离心机、显微镜。

3. 操作方法 从送检的十二指肠引流液的 4 瓶(甲:胆总管液,乙:胆囊液,丙:肝胆管液,丁:十二指肠液)标本中,用吸管从底部吸出少许引流液,滴于载玻片上,加盖玻片后镜检。或将各部分引流液加生理盐水稀释,充分搅拌后,分装离心管内,以 2000r/min 离心 5~10 分钟,吸沉渣涂片镜检。如果引流液过于黏稠,可加 10%氢氧化钠消化后离心。检查肝胆系统寄生虫病,一般认为以检查乙液效果较好。

(三) 痰液中寄生虫检查法

痰液中可能查见肺吸虫卵、溶组织内阿米巴滋养体、细粒棘球蚴的原头蚴、粪类圆线虫幼虫、蛔蚴、钩蚴、尘螨、粉螨及其虫卵。卡氏肺孢子虫的包囊也可出现于痰中,但检出率很低。

样本采集:嘱患者早上起床后,用力咳出气管深部的痰液,不应混有唾液,置于洁净的容器内送检。

1. 痰液直接涂片法
(1) 实验原理:在生理盐水涂片中,痰液中的虫卵或病原体易被低、高倍镜检查发现。
(2) 试剂与器材:痰液样本、生理盐水、洁净载玻片、盖玻片、竹签、生物显微镜。
(3) 操作方法:滴 1~2 滴生理盐水于洁净的载玻片上,挑取少许痰液,最好选带脓血的部分,涂匀后加盖玻片镜检。如未发现肺吸虫卵时,但在痰液中见到较多的嗜酸粒细胞和夏科-雷登晶体,提示很可能有肺吸虫感染,应再多次涂片,仔细查找虫卵,或改用浓集法,以提高检出率。

2. 消化沉淀法
(1) 实验原理:黏性的痰液样本在 10%氢氧化钠作用下,消化成稀液状。存在于样本中的虫卵或病原体在快速旋转的离心管中沉积于管底。
(2) 试剂与器材:痰液样本、10%氢氧化钠、离心管、离心机、吸管、洁净载玻片、盖玻片、生物显微镜。
(3) 操作方法:嘱患者留取清晨或 24 小时痰液于清洁容器中,加等量 10%氢氧化钠,充分搅拌后置 37℃温箱或水浴箱内,经 2 小时消化成稀液状,分装于离心管中,以 1500r/min 离心 5~10 分钟,吸弃上清液部分,吸沉渣作涂片,置低、高倍镜检。

(四) 尼龙绢筛集卵法

1. 实验原理 将较多量的粪便,经 3 个不同孔径,即第 1 个粗筛去粗粪渣,第 2 个尼龙筛去细粪渣,第 3 个尼龙筛收集虫卵,水洗过筛,再经消化进一步去除粪渣,以达到又快又好地浓集血吸虫卵,从而提高虫卵检出率目的。

2. 试剂与器材 粪便样本约 30g、粗铜筛 1 个、尼龙筛 120 目和 260 目各 1 个、搅粪杯 1 个、玻璃棒、20% NaOH 溶液 20ml。

3. 操作方法 取粪便约 30g(鸡蛋大小)置于搅粪杯中,加少量水后用玻璃棒将粪便充分搅匀,倒入预先重叠好(120 目在上,260 目在下)的尼龙筛内,在自来水下边摇边冲洗,移去 120 目筛,继续冲洗以冲去小杂物,然后,用吸管从筛内底部吸取粪渣涂片 3 张镜检,或者将筛底粪渣反冲入孵化瓶内,做毛蚴孵化观察。为便于镜下观察,可将留有粪液的 260 目尼龙筛浸泡在 20% NaOH 溶液中消化 10 分钟后,用自来水冲洗出消化后细粪渣子,再涂片检查。

此法主要用于浓集血吸虫卵。若选用合适规格的尼龙绢做袋,也可浓集其他虫卵。此法浓集速度快,省时、省水,虫卵散失少,并可避免在自然沉淀中血吸虫卵孵出的毛蚴因换水而被倒掉。尼龙袋体积小、体重轻、便于携带,适用于大规模调查。

注意事项:为避免交叉污染,对尼龙筛在使用前后,先放入来苏水中浸泡消毒30分钟,然后均应充分冲洗干净;清洗筛时,不得用刷子刷洗或揉搓,不能用开水烫,以免孔径增大或缩小,影响孔径对集卵的效果;尼龙筛应晾干保存。尼龙绢筛集卵法为病原诊断慢性血吸虫病的主要方法。

(五)毛蚴孵化法

1. 实验原理 血吸虫感染者粪便中虫卵,在温度25~28℃、pH 7.5~8.0的清水中,经4~8小时时间孵化,血吸虫卵内毛蚴可从卵内孵出,孵出后毛蚴接近水面呈直线运动。在黑色背景下,水中运动的半透亮毛蚴,可通过肉眼或借助放大镜直接观察,也可用吸管吸出置载玻片,用低倍镜观察。

2. 试剂与器材 粪便样本30~50g、烧杯、孵化瓶或三角烧瓶、pH 7.4清水、带光源的恒温箱、放大镜、玻璃吸管、观察毛蚴日光光源。

3. 操作方法 将自然沉淀法或尼龙筛集卵法收集的粪便沉渣,倒入孵化瓶内,加调试好pH的清水(约30℃水温)置瓶颈处,然后将孵化瓶移放在25℃有光照的条件下孵化毛蚴。孵育4~8小时后取出检查毛蚴,若为阴性,继续孵化,于8~10小时及20~24小时左右各再检查一次,仍为阴性,则报告为阴性。检查时面向光源,将孵化瓶移置在黑色背景下,用肉眼或扩大镜观察,双目平视,注意寻找接近水面1cm水域处快速运动的小白点,如见针尖大小、菱形、乳白色、半透明小白点,同时仔细观察这些小白点的运动特点(直线游动,碰壁迅速拐弯),即可能是毛蚴。且应特别注意与水中其他原生动物(如草履虫)相鉴别。若肉眼观察鉴别困难,可用吸管吸出运动的小白点,置于载玻片上,用低倍镜进行鉴别,其基本形态特征是:梨形,体表有纤毛。如未发现毛蚴,可将孵化瓶中粪渣经260目过筛浓集,用吸管吸取粪渣涂片在镜下寻找虫卵,这样做可显著提高检出率。

【实验报告】

每项检验方法在实验课学习完毕后,撰写实验报告(实验报告内容:1. 实验原理 2. 试剂与器材 3. 操作方法 4. 结果判断 5. 实验结果讨论)。

(陆予云 邝浩成)

第4节 绦虫检验

实验1 绦虫的形态观察

【目的要求】

1. 掌握 链状带绦虫、肥胖带绦虫、细粒棘球绦虫和曼氏迭宫绦虫虫卵形态。

2. 熟悉 链状带绦虫、肥胖带绦虫、细粒棘球绦虫、微小膜壳绦虫和曼氏迭宫绦虫成虫内部结构特征与区别点。

3. 了解 链状带绦虫、肥胖带绦虫、细粒棘球绦虫和曼氏迭宫绦虫幼虫形态和中间宿主。

【形态观察内容】

（一）带绦虫

1. 成虫（液浸大体标本）　肉眼观察，猪带绦虫成虫乳白色、背腹扁平带状，长 2~4m，前端较细，向后渐扁阔，整个虫体薄而透明。虫体分为头节、颈节和链体三个部分。头节球形，细小似小米粒，直径 0.6~1mm。颈节纤细，长 5~10mm，直径约为头节的一半。链体由 700~1000 个节片组成。前端幼节短而宽；中部的成节较大，近方形；末端的孕节最大，为长方形。牛带绦虫成虫与猪带绦虫相似。虫体乳白色、分节，长 4~8m，体节大而肥厚，不透明，链体由 1000~2000 节片组成。

2. 带绦虫卵（玻片标本）　低倍或高倍镜下观察，卵壳很薄，易破碎，在虫卵自孕节散出后，多数已脱落，镜检一般难以见到。脱去卵壳的虫卵呈球形或近似球形，直径为 31~43μm。胚膜较厚，呈棕黄色，具有放射状的条纹。胚膜内含有一个发育成熟的球形的六钩蚴，有 3 对小钩。

3. 头节（卡红染色玻片标本）　低倍镜观察，头节近似球形，细小似小米粒，直径为 0.6~1mm，有 4 个吸盘，顶端还具有能伸缩的顶突，顶突上有排列成内外两圈的小钩。

4. 成节（卡红染色玻片标本）　肉眼或低倍镜观察，成节较大，近方形，每个节片内均有成熟的雌雄生殖器官各一套，侧面有 1 个生殖孔。睾丸圆球形呈滤泡状，150~200 个，分布于节片两侧，输精管由节片中部向一侧横走，经阴茎囊开口于生殖腔；阴道在输精管的后方并与其并行，也开口于生殖腔。子宫呈管状，居节片中央。卵巢位于节片后 1/3 的中央，分为左右两叶和中央一小叶。卵黄腺呈块状，位于卵巢之后。

5. 孕节（墨汁注射，卡红染色玻片标本）　肉眼或低倍镜观察，孕节呈长方形，较薄，子宫呈树枝状向两侧发出分支，每侧 7~13 支，各分支不整齐，子宫内充满虫卵，每一孕节中含虫卵 3 万~5 万个。

6. 囊尾蚴（玻片标本）　低倍镜下观察，囊尾蚴椭圆形或不规则状，头节盘曲在囊内，其结构与成虫相似。

7. 囊尾蚴寄生的病理标本（液浸标本）　肉眼观察，猪囊尾蚴寄生在猪的肌肉及各种脏器，在肌纤维间可见豆状大小的白色小泡囊，内含 1 个乳白色点状的头节。

（二）曼氏迭宫绦虫

1. 成虫（液浸大体标本）　肉眼观察，虫体大小为(60~100)cm×(0.5~0.6)cm，扁平、带状、分节。颈部细长，链体有节片约 1000 个，节片一般宽度均大于长度，但远端的节片长宽几近相等。

2. 虫卵（玻片标本）　低倍或高倍镜下观察，椭圆形，两端稍尖，大小为(52~76)μm×(31~44)μm，呈浅灰褐色，卵壳较薄，一端有卵盖，内有 1 个卵细胞和若干个卵黄细胞。

3. 头节（卡红染色玻片标本）　低倍镜下观察，头节细小，呈指状，其背、腹面各有一条纵行的吸槽。

4. 成节（卡红染色玻片标本）　肉眼或低倍镜下观察，节片节短，宽大于长，每个节片内均有成熟的雌雄生殖器官各一套，侧面有 1 个生殖孔。睾丸圆球形呈小泡状，有 320~540 个，分布于节片两侧；成节卵巢分两叶，子宫位于节片中部，呈螺旋状盘曲，紧密重叠，似金字塔状。

5. 原尾蚴（卡红染色玻片标本）　低倍镜下观察，长椭圆形，大小为 260μm×(44~100)

μm，前端略凹，后端有尾球，内含6个小钩。

6. 裂头蚴（卡红染色玻片标本） 低倍镜下观察，长带形，白色，大小为300mm×0.7mm，头端膨大，后端钝圆，中央有一明显凹陷，是与成虫头节相似；体不分节，有不规则横皱褶，活动时伸缩能力很强。

7. 中间宿主剑水蚤（玻片染色标本） 低倍镜下观察，体细长，长1~3mm，头胸部呈卵圆形，占体大部分。第一触角大，腹部细长，呈圆梭形，尾叉各有一簇尾毛。

（三）细粒棘球绦虫

1. 成虫（卡红染色玻片标本） 低倍镜下观察，虫体较小，体长2~7mm。除头节和颈部外，整个链体只有幼节、成节和孕节各一节，偶或多一节，各节片均为狭长形。头节呈梨形，具有顶突和4个吸盘，顶突上有两圈大小相间的小钩，呈放射状排列。成节的结构与带绦虫相似。睾丸45~65个。孕节最大，子宫有不规则的分支和侧囊，含虫卵200~800个。

2. 虫卵（玻片标本） 低倍或高倍镜下观察，虫卵与猪、牛带绦虫卵基本相同，在光镜下难以区别。

3. 原头蚴（卡红染色玻片标本） 从棘球蚴中取出囊液，沉淀后用生理盐水洗净，70%乙醇固定，染色后制成标本。用低倍镜或高倍镜观察，原头蚴呈椭圆形或圆形，大小为170μm×122μm，为向内翻卷收缩的头节，其顶突和吸盘内陷，内有数十个小钩。原头蚴与成虫头节的区别在于其体积小和缺顶突腺。

4. 棘球蚴（大体标本） 取患者可受感染动物的肝脏，用甲醛固定制成标本。肉眼观察，棘球蚴为球形囊状体，囊壁分两层，外层为角皮层，厚约1mm，乳白色、半透明，似粉皮状。内层为生发层，厚约20μm，具有细胞核，生发层紧贴在角皮层内，肉眼不易区分。在胚层上有许多颗粒状的小白点，为育囊。囊内可见乳白色子囊，大小不等，内含棘球蚴液。

【实验报告】

实验报告内容：绘出链状带绦虫、肥胖带绦虫、细粒棘球绦虫和曼氏迭宫绦虫虫卵和成虫图。

实验2 绦虫的检验技术

【目的要求】

1. 掌握 粪便检查虫卵、粪便淘洗法检查孕节、皮下或肌肉组织活检囊尾蚴实验的操作方法。

2. 熟悉 粪便检查虫卵、粪便淘洗法检查孕节、皮下或肌肉组织活检囊尾蚴实验所需试剂与器材，实验结果的观察。

3. 了解 粪便检查虫卵、粪便淘洗法检查孕节、皮下或肌肉组织活检囊尾蚴实验的实验原理。

【操作内容】

（一）粪便检查虫卵

1. 实验原理 用生理盐水稀释粪便，不改变涂片的渗透压，保持虫卵原有形态。

2. 试剂与器材 粪便、载玻片、盖玻片、竹签、显微镜。

3. 操作方法 滴 1 滴生理盐水于洁净的载玻片,用竹签挑取绿豆大小的粪便,在生理盐水中涂抹均匀,涂片的厚度以透过涂片约可辨认书上的字迹为宜。一般在低倍镜下检查,如用高倍镜观察,需加盖玻片。应注意虫卵与粪便中异物的鉴别。虫卵都具有一定形状和大小;卵壳表面光滑整齐,具固有色泽;卵内含卵细胞或幼虫。

注意事项:

(1)要取得准确的结果,粪便必须新鲜,送检时间一般不宜超过 24 小时。

(2)盛粪便的容器须洁净、干燥,并防止污染;粪便不可混入尿液及其他体液等,以免影响检查结果。

(3)粪便量要适中。粪便过多,则涂片太厚不利于观察;粪便太少,则涂片薄影响检出率。制好的涂片以透过水膜能隐约看到课本的字体为适宜。

(4)粪便中含有各种植物细胞、酵母菌、花粉、植物纤维和未完全消化的食物残渣等,容易与虫卵混淆,必须注意鉴别。

(5)制好的涂片不能干燥,否则不易辨认虫卵。

(二)粪便淘洗法检查孕节

1. 实验原理 猪带绦虫和牛带绦虫的孕节片可从链体上脱落,随粪便排出体外或自主逸出肛门,或服药驱虫后获取节片,可根据节片结构或子宫分支鉴定虫种。

2. 试剂与器材 粪便、载玻片、量杯、平皿、黑纸、玻璃棒、清水、镊子、注射器、碳素墨水、卡红染液、3% 甲醛。

3. 操作方法 挑取粪便置量杯中,加清水搅拌至糊状,静置 20~30 分钟,弃去上清液。如此反复直至水清澈,弃去上清液后将沉渣置于大平皿中,下面衬黑纸检查虫体,也可取洗净的节片,置于 3% 甲醛中固定 24 小时。将固定的孕节用清水漂洗后,用滤纸吸去节片外多余的水分,置于两载玻片之间,轻轻压平,肉眼观察内部结构,并根据子宫分支情况鉴定虫种。也可用注射器从孕节后端正中部插入子宫内徐徐注射碳素墨水或卡红染液,待子宫分支显现后计数。

注意事项:

(1)加水不能过猛,清洗时间不能太长,以免虫体胀破。

(2)操作时戴上手套,以免感染。

(3)卡红染液配制:钾明矾饱和液 100ml,卡红 3g,冰醋酸 10ml。混合液置于 37℃ 温箱内过夜,过滤后即可应用。

(三)皮下或肌肉组织活检囊尾蚴

1. 实验原理 猪囊尾蚴可寄生于皮下或肌肉组织中形成肿块,用外科手术摘取肿块,查找囊尾蚴。

2. 试剂与器材 外科手术器械、载玻片盖玻片、显微镜、10% 甲醛。

3. 操作方法 用外科手术摘取皮下或肌肉中的肿块,剥离其中的囊状的白色小泡即囊尾蚴,用 10% 甲醛固定,装入平皿肉眼观察。或剥除囊尾蚴外层纤维被膜,放在 2 张载玻片间压平,囊尾蚴两边各放 1 条小滤纸,防止囊状物滑动并可吸收囊液,用显微镜观察鉴定。也可经组织固定后作切片,染色后镜检。

【实验报告】

每项检验方法在实验课学习完毕后,撰写实验报告(实验报告内容:1. 实验原理 2. 试剂与器材 3. 操作方法 4. 结果判断 5. 实验结果讨论)。

（刘 萍）

第5节 原虫检验

实验1 原虫的形态观察

【目的要求】

1. 掌握 溶组织内阿米巴滋养体与包囊的形态,疟原虫、刚地弓形虫、隐孢子虫、阴道毛滴虫、兰氏贾第鞭毛虫的形态结构特征。

2. 熟悉 寄生人体的非致病性阿米巴,肠内阿米巴、哈氏内阿米巴滋养体与包囊特征与区别点。

3. 了解 致病性自生生活阿米巴耐格里阿米巴、棘阿米巴的形态。

【形态观察内容】

（一）溶组织内阿米巴

1. 滋养体 可按其大小、致病性与寄生部位的不同分为大滋养体、小滋养体。

（1）大滋养体:寄生于人体结肠黏膜壁及肠外多种器官组织中,又称组织型滋养体。常出现于患者的脓血便和脓肿组织中,是致病阶段。虫体 20~60μm,运动活泼,内外质分界清楚,外质无色透明,常向外伸出舌状或指状伪足,内质呈颗粒状,含有细胞核、食物泡及吞噬的红细胞。有无被吞噬的红细胞是鉴别溶组织内阿米巴大滋养体、小滋养体及其他肠道阿米巴滋养体的重要依据之一。

（2）小滋养体:生活于结肠腔内,无致病力,又称共栖型或肠腔型滋养体,见于患者的稀、软便中。虫体 10~30μm,虫体运动不活泼,内外质分界不清,在未染色的活体标本中,内质中含有吞噬的细菌。

滋养体的核形为泡状核,经铁苏木素染色后,清晰可见。核蓝黑色圆形,核仁小而居中,核膜薄,核膜内侧缘的染色质颗粒大小均匀,排列整齐。

2. 包囊 由小滋养体形成,虫体呈圆球形,直径 5~20μm,外有光滑囊壁,根据结构不同分为成熟包囊和未成熟包囊。

成熟包囊即四核包囊,囊内仅有 4 个细胞核,核的结构与滋养体相同,此期是原虫的感染阶段。未成熟包囊有单核和双核包囊。胞质内有储存的营养物质拟染色体和糖原团。经铁苏木素染色后,拟染色体呈棒状,糖原团被溶解,呈空泡状;碘液染色后拟染色体不着色,而糖原团为棕黄色。

（二）结肠内阿米巴

结肠内阿米巴(Entamoeba coli Grassi,1879)是人体肠道最常见的共栖原虫,不致病。

滋养体直径 20~50μm,略大于溶组织内阿米巴滋养体。胞质呈颗粒状,内外质不分明,活动迟缓。内质含大量细菌、酵母菌及淀粉粒等食物泡,但不含红细胞。具有鉴别意义的核,经铁素木苏染色后可见核周染色质粒粗细不均,排列不齐,核仁稍大,经常偏位。

包囊球形，直径为 10~30μm 或更大，明显大于溶组织内阿米巴包囊。胞核 4~8 个，成熟包囊偶有超过 8 个者。核亦能在未染色的活体中见到。未成熟包囊常有较大的糖原泡。拟染色体常不清晰，似碎片状，两端尖细不整。

(三) 其他阿米巴

1. 哈氏内阿米巴　哈氏内阿米巴 (*Entamoeba hartmani* von prowazek, 1912) 形态与溶组织内阿米巴极其相似，而体积较小。滋养体直径 3~12μm，包囊 4~10μm。滋养体与包囊的细胞结构和胞核特征，除大小外酷似非侵袭型的溶组织内阿米巴，糖原泡不明显，拟染色体细小，亦称棒状小体，成熟包囊有 4 个核，不致病，传播及分布与溶组织阿米巴相似，常并存感染，仅感染率较低，流行病学调查中，测量包囊大小，以 10μm 为界线，可与痢疾阿米巴包囊相区别，大小在界线交叉范围者鉴别十分困难，有时需借助血清学辅助诊断。

2. 福氏耐格里阿米巴、棘阿米巴　两类阿米巴均有滋养体和包囊期，胞核都为泡状核型，核仁大，居中。

耐格里属阿米巴多孳生于淡水中，活动的滋养体呈长阿米巴形，大小为 7~20μm，常向一端伸出宽大奔放的伪足，另一端较细小为伪尾区，在不良环境中可形成有 2 根鞭毛的滋养体，此形不分裂也不直接形成包囊；包囊圆形，直径 9μm，单核，囊壁光滑有孔，包囊多在外环境形成，组织内不成囊。滋养体在 35℃ 以下加速增殖，含氯 10ppm 不能杀死虫体，而 0.7% 盐水可致死。能致病的主要是福氏耐格里阿米巴 (*N. fowleri*)。

棘阿米巴多见于污染的土壤和水源中，滋养体为长椭圆形，直径为 10~40μm，活动迟缓，体表有多个棘状突起，称棘状尾足 (acanthopodia)，无鞭毛型；包囊类圆形，双层囊壁，外壁常皱缩，内层光滑呈多边形。现已分离到多个致病种，其中以卡氏棘阿米巴 (*A. castellanii*) 为多见。

与溶组织内阿米巴在形态上相似的非致病阿米巴的种类很多，为了鉴别，现仅将结肠内阿米巴、哈氏内阿米巴及齿龈内阿米巴列表比较 (附表 5-1)。

附表 5-1　溶组织阿米巴与其他阿米巴鉴别

	鉴别点	溶组织内阿米巴	结肠内阿米巴	哈氏内阿米巴	齿龈内阿米巴
生理盐水涂片查滋养体	直径	12~60μm	20~50μm	3~12μm	10~30μm
	伪足及活动力	伪足指状，透明、有定向，伸展活跃	伪足短而宽，伸展迟缓，无定向	运动迟缓，有定向	伪足多、透明，运动活泼
	胞核	1 个，不易见	1 个，可见	1 个，不易见	1 个，不易见
	胞质	内外质分明	内外质不分明	内外质分明	内外质分明
	吞噬物	红细胞、白细胞、细菌	细胞、碎屑物	细菌	细菌、白细胞，偶有红细胞
铁苏木素染色查滋养体	胞核	小，位居中央	大，偏于一侧	小，常居于中央	小，位居中央
	核仁	小，居中	大，偏于一侧	小，居中或偏位	居中或偏位
	核周颗粒	排列整齐、均匀	粗大，分布不匀	细小，分布不匀	排列整齐
碘液涂片查包囊	直径	10~20μm	10~30μm	4~10μm	无包囊
	形态	圆形	圆形	类圆形	
	胞核	1~4 个，偶见 8 个	1~8 个，偶见 16 个	1~4 个	
	糖原泡	棕黄色，见于未成熟包囊	棕黄色，见于未成熟包囊	棕黄色，见于未成熟包囊	

续表

	鉴别点	溶组织内阿米巴	结肠内阿米巴	哈氏内阿米巴	齿龈内阿米巴
苏木素染色查包囊	胞核	小,位居中央	大,偏于一侧	小,常居于中央	
	拟染色体	见于未成熟包囊,内含1至数个,棒状,两端钝圆	见于未成熟包囊,碎片状或稻束状,边缘不整	见于未成熟包囊,4~6个,短棒状	
寄生部位		结肠、肝、肺、脑等组织	结肠	结肠	口腔齿龈
致病情况		阿米巴痢疾,肝、肺、脑、皮肤等脓肿	不致病	一般不致病,大量寄生时可有消化道症状	常与齿龈、牙槽的化脓感染并存

(四)间日疟原虫

1. 环状体(玻片染色标本) 又称早期滋养体,是疟原虫进入红细胞的最早阶段。虫体细胞质较少,中间有一空泡,细胞质被挤向周边呈环状,细胞核较小,位于一侧,形似指环。被寄生的红细胞没有明显变化。

2. 大滋养体(玻片染色标本) 又称晚期滋养体或阿米巴样体。虫体变大,细胞质增多,有时伸出伪足,形状不规则,有1~3个空泡,细胞核1个,增大,形状与位置不定。细胞质中出现丝状疟色素。从此期起,被疟原虫寄生的红细胞体积胀大,颜色变浅,并出现细小、染成红色的薛氏小点。

3. 裂殖体(玻片染色标本) 大滋养体继续发育,虫体增大,变圆,空泡变小直至消失,细胞核分裂成2个以上,但细胞质未分裂,疟色素分散,称为未成熟裂殖体。核继续分裂成12~24个时,细胞质也分裂成相应的小块,包绕每一个核,形成12~24个裂殖子(merozoite),疟色素集中成团,常位于疟原虫的一边,虫体常充满胀大的红细胞,称为成熟裂殖体。

4. 配子体(玻片染色标本) 有雌、雄之分,呈圆形或椭圆形,细胞质无空泡,细胞核1个,疟色素均匀分布于虫体内。雌配子体较大,细胞质致密,染成深蓝色,细胞核小致密偏向一侧,染成深红色。雄配子体较小,细胞质疏松,染成浅蓝色,细胞核大疏松多位于中央,染成淡红色。

(五)恶性疟原虫

1. 环状体(玻片染色标本) 环纤细,约为红细胞直径的1/5,有时位于红细胞的边缘;核1~2个,红细胞内常有2个以上原虫。

2. 大滋养体(玻片染色标本) 细胞质深蓝色,圆形,细胞核1个,红色,疟色素黑褐色,块状。此期起被寄生的红细胞可出现较粗、大小不一、分布不匀、数目较少的红色茂氏小点。虫体集中在内脏毛细血管中,外周血液不易见到。

3. 裂殖体(玻片染色标本) 圆形或卵圆形,细胞质蓝色,细胞核分裂为2个以上,红色,但细胞质未分裂,称为未成熟裂殖体。核继续分裂成8~36个时,细胞质也分裂成相应的小块,包绕每一个核,形成8~36个裂殖子,平均18~24个,排列不规则,疟色素集中成团位于中央或一侧,外周血不易见到。

4. 配子体(玻片染色标本) 雌配子体新月形,两端较尖,细胞质深蓝色;细胞核致密,较小,深红色,居中,疟色素黑褐色,在核周较多。雄配子体腊肠形,两端钝圆,细胞质蓝而略带红色,核疏松,淡红色,居中,疟色素黄棕色,多位于核周。

(六) 刚地弓形虫

1. 滋养体(玻片染色标本)　游离的滋养体呈弓形或新月形,一端钝圆,一端尖细,寄生细胞内的滋养体呈纺锤形或椭圆形。大小平均为 $(4\sim7)\mu m \times (2\sim4)\mu m$,经瑞氏或吉氏染色后胞质呈蓝色,胞核位于中央,呈紫红色。滋养体分速殖子和缓殖子,在弓形虫病急性期,滋养体快速增殖称为速殖子,游离于细胞外或寄生于细胞内。速殖子在感染的细胞内增殖后,数个或数十个速殖子被宿主细胞的细胞膜包裹,形成假包囊。在弓形虫病慢性期,滋养体在包囊内缓慢增殖或相对静止称为缓殖子。

2. 包囊(玻片染色标本)　包囊呈圆形或椭圆形,直径 $5\sim100\mu m$,有囊壁,囊内含数个至数百个增殖缓慢的缓殖子,在一定条件下包囊破裂,释出的缓殖子重新进入新的细胞形成包囊,或形成假包囊进行快速增殖。

(七) 隐孢子虫

卵囊(玻片染色标本)呈圆形或椭圆形,直径 $4\sim6\mu m$,成熟卵囊内含 4 个裸露的月牙形子孢子和残留体。残留体由颗粒状物和一空泡组成。吉氏染色后,胞质呈蓝色,可见数个致密的红色颗粒;在改良抗酸染色标本中,卵囊为玫瑰红色,囊内子孢子排列不规则,形态多样,残留体为暗黑(棕)色颗粒状。

(八) 阴道毛滴虫

1. 阴道毛滴虫滋养体(姬氏染色标本)　虫体为梨形或椭圆形,前端有 4 根鞭毛,另有 1 根后鞭毛沿虫体向后伸展,与虫体之间有波动膜相连。细胞核大,紫红色,椭圆形,位于虫体前 1/3 处。轴柱纵贯虫体,并从后端伸出体外。胞质内可见深染、颗粒状的氢化酶体。

2. 阴道毛滴虫活滋养体(示教)　活滋养体呈无色透明状,有折光性,体态多变,活动力强。

(九) 蓝氏贾第鞭毛虫

1. 蓝氏贾第鞭毛虫滋养体(铁苏木素染色标本)　正面观似半个纵切的倒置梨形,侧面观呈瓢状。两侧对称,背面隆起,腹面前半部向内凹陷形成左右两叶吸盘,每叶吸盘的背侧备有 1 个圆形的泡状细胞核。轴柱纵贯虫体但不伸出体外,中部有 2 个半月状中体。鞭毛 4 对,即前侧鞭毛、后侧鞭毛、腹鞭毛和尾鞭毛。

2. 蓝氏贾第鞭毛虫包囊(铁苏木素染色标本)　包囊呈卵圆形,囊壁很厚,不着色,囊壁与虫体之间常有明显的空隙。成熟的包囊内有 4 个核,常偏聚于一侧,核仁清晰,可见鞭毛、轴柱和中体。未成熟的包囊内有 2 个核。

(十) 杜氏利什曼原虫

1. 杜氏利什曼原虫无鞭毛体(吉氏染色标本)　在油镜下观察,在巨噬细胞内或细胞外有许多分散或成堆集在一起的虫体,选择细胞外的散在虫体仔细观察。虫体极小,仅为红细胞直径的 1/2 或 1/3,呈卵圆形或圆形,虫体细胞质染成淡蓝色,核圆形染成紫色或紫红色,核旁有一动基体和基体,染成深紫色,由基体发出 1 根丝体(鞭毛根),由于基体靠近动基体,故而在光镜下不易区分开。

2. 杜氏利什曼原虫前鞭毛体(吉氏染色标本)　高倍镜下可见成熟的前鞭毛体呈梭形,前部较宽,后部较尖细,虫体中央有一个大而圆的核,前端有动基体、基体,均染成红色或紫红色,虫体细胞质染成淡蓝色。由基体发出1根鞭毛,游离于虫体外,鞭毛的长度与虫体长度相仿。在培养基内,虫体常以前端聚集成菊花状排列。未成熟的前鞭毛体外形比较粗短。

3. 媒介——白蛉(示教)。

【实验报告】

实验报告内容:绘出溶组织内阿米巴、结肠内阿米巴、哈氏内阿米巴包囊及滋养体的图,红细胞内间日疟原虫及恶性疟原虫形态图,刚地弓形虫滋养体及包囊图,隐孢子虫卵囊图,阴道毛滴虫滋养体、蓝氏贾第鞭毛虫滋养体及包囊,杜氏利什曼原虫无鞭毛体及前鞭毛体图。

实验2　原虫的检验技术

【目的要求】

1. 掌握　粪便直接涂片检查溶组织内阿米巴滋养体、蓝氏贾第鞭毛虫滋养体的形态特征,厚薄血膜检查疟原虫,阴道分泌物涂片检查阴道毛滴虫的操作方法及结果的观察。

2. 熟悉　碘液染色直接涂片检查溶组织内阿米巴包囊、蓝氏贾第鞭毛虫包囊的形态特征,厚薄血膜法所需试剂与器材,金胺-酚-改良抗酸染色法的操作方法、所需试剂与器材。

3. 了解　碘液染色直接涂片的注意事项,厚薄血膜检查法、金胺-酚-改良抗酸染色法的实验原理。

【操作内容】

(一)粪便直接涂片法

1. 基本原理　用生理盐水稀释粪便,一方面在等渗环境下寄生虫可以保持原有的形态与活力,一方面能使与粪便黏附在一起的寄生虫分散于涂片中,充分显现其形态结构,从而有利于识别。

2. 试剂与器材　显微镜、载玻片、盖玻片、竹签、粪便、生理盐水、5%甲酚皂溶液。

3. 操作步骤　在一张洁净的载玻片中央滴加生理盐水1~2滴,用竹签选择粪便的不正常部分(如黏液脓血部分),或挑取不同部位的粪便约米粒大小,在生理盐水中调抹均匀,剔除粗大颗粒和纤维,镜检。镜检时,应先在低倍镜下观察,如发现物体或可疑物,加盖玻片,再至高倍镜下进行鉴定。

注意事项:①粪便中若发现有意义的成分如红细胞、白细胞和夏科-雷登结晶等应记录;②要具备生物安全意识,将检查完的玻片投入5%甲酚皂溶液消毒缸内,粪便盒及竹签放入污染桶内,避免污染环境。

检查原虫滋养体还应该注意:①粪膜要薄而均匀;②盛放标本的器皿要干净,不能混有尿液和消毒剂等;③寒冷季节应注意保温,以保持滋养体的运动活力,但不能直接将标本放入温箱,可用保温台保持温度,或先将载玻片和生理盐水略加温,尽可能在15分钟内检查完毕;④尽量于治疗前送检标本。

(二)碘液染色直接涂片法

1. 基本原理　通过碘液染色,原虫的包囊及其不同的结构显示不同的特点,在显微镜下容易被辨认,染色后的包囊为黄色或棕黄色,糖原团为棕红色,囊壁、核仁和拟染色体均不着色。此法主要用于检查原虫的包囊。

2. 试剂与器材 显微镜、载玻片、盖玻片、竹签、粪便、碘液、生理盐水、5%甲酚皂溶液。

碘液配方:常用的是 Lugol 碘液。碘化钾 4g,溶于 100ml 蒸馏水中,再加入碘 2g,溶解后储存于棕色瓶内。

3. 操作步骤 在载玻片上加 1 滴碘液,挑取米粒大小的粪便在碘液中涂匀,然后加盖玻片镜检。

若需同时检查滋养体则可以将载玻片等分为两部分,在左、右两侧分别做生理盐水直接涂片和碘液染色直接涂片。也可在生理盐水直接涂片加盖玻片后,从盖玻片一侧边缘加入碘液 1 滴,使粪便一侧被染成浅黄色或草绿色以查找包囊,未染色的一侧用于检查滋养体。

注意事项:①滴加碘液不易太多、太浓,否则粪便凝集成团块,包囊折光性降低,不利于观察;②观察成熟包囊时,由于拟染色体与糖原团消失,而且细胞核多而小,结构不够清晰,因此鉴定种类的难度加大,观察时要特别加以注意。

(三) 疟原虫厚薄血膜检查法

1. 实验原理 红细胞和疟原虫所含蛋白质的氨基酸电离出的阴阳离子与酸性染料伊红、碱性染料亚甲蓝有色基团所带的阴、阳离子相互结合,疟原虫的细胞质被染成蓝色,红细胞、疟原虫的细胞核被染成紫红色。

2. 试剂与器材 采血针、75%酒精棉球、载玻片、甲醇、蜡笔、蒸馏水、瑞氏染液、吉氏染液、显微镜等。

3. 操作方法

(1) 采血:从患者耳垂或指尖采血,婴儿可于足后跟采血。先用 75%酒精棉球消毒取血部位,待干后持采血针迅速刺入皮肤 1~2mm 深,挤出血滴涂片。

(2) 血膜制作

1) 薄血膜制作:取血 1 小滴(约 2μl)置于载玻片上,选取一张边缘光滑的载玻片为推片,与载玻片形成 30°~45°夹角,将推片一端置于血滴之前,待血液沿推片端缘扩散时,均匀而迅速适当地用力向前推成薄血膜。血膜自然晾干后用甲醇固定。理想的薄血膜:血细胞分布均匀,整个血膜呈舌形,无裂缝。

注意事项:制片时血量适中,两玻片间的夹角要适当,以免血膜过厚或过薄。推片时用力均匀,一次推成,切勿中途停顿或重复推片。

2) 厚血膜制作:取血 1 大滴(约 3μl)置于载玻片上,以推片的一角,将血滴自内向外螺旋形摊开成直径约 1cm 的厚血膜。血膜自然晾干后滴加蒸馏水溶血,待血膜呈灰白色时,将水倒去,晾干后再用甲醇固定。

注意事项:血膜厚度适中,过厚则血膜易脱落,过薄则达不到浓集虫体的目的。

3) 厚薄血膜同片制作:将载玻片分成六等份,将厚血膜涂在第三格的中央,薄血膜涂在第四格前缘至第六格中部,标签及编号置于一、二格。厚、薄血膜间用蜡笔画线分开,以免溶血或固定时厚、薄血膜相互影响。

(3) 染色

1) 瑞氏染色法(Wright's stain):瑞氏染剂含甲醇,血膜不需先固定。染色前用蜡笔划出染色范围,滴加染液覆盖厚、薄血膜,30 秒至 1 分钟后加等量蒸馏水,轻轻摇动载玻片,使蒸馏水和染液混合均匀,此时出现一层灿铜色浮膜,3~5分钟后用水缓慢从玻片一端冲洗(注意勿先倒去染液或直接对血膜冲洗),至血膜呈现紫灰色为止,晾干后镜检。

2) 吉氏染色法(Giemsa stain):染色前用蜡笔划出染色范围,用 pH 6.8~7.0 的缓冲液将吉氏染液原液稀释 15~20 倍后滴于已固定的薄、厚血膜上,室温下染色半小时,缓冲液冲洗,晾干后镜检。稀释的染液宜现配现用,否则易产生沉淀,影响染色结果。

(4) 镜检:在镜检薄血膜时,有时血小板、染液颗粒、细菌、真菌、尘粒、白细胞碎片重叠于红细胞上,与疟原虫类似,应加以区别,这些类似物大多呈同一种颜色,与红细胞不在同一水平面上。镜检厚血膜时,因红细胞溶解,疟原虫皱缩变形,虫体比薄血膜中的略小;有的疟原虫细胞质着色深,细胞核模糊不清,应仔细观察。当厚、薄血膜涂在同一载玻片上时,应先检查厚血膜,鉴定虫种有困难时再仔细观察薄血膜,以节约时间,提高检出率。

(四) 金胺-酚-改良抗酸染色法查隐孢子虫卵囊

1. 实验原理　粪便样本浓集涂片后,先用金胺-酚染色法初染,再用改良抗酸染色法复染,提高了检出率和准确性。如仅用金胺-酚染色法或改良抗酸染色法效果均不如复染法。

2. 试剂与器材　粪便样本 20~30g、1g/L 金胺-酚染色液、3% 盐酸乙醇、5g/L 高锰酸钾液、苯酚复红染色液、10% 硫酸溶液、2g/L 孔雀绿溶液、蒸馏水、显微镜、500ml 三角量杯、塑料杯、60 目铜筛、载玻片、玻璃棒、长滴管等。

3. 操作方法

(1) 粪便标本涂片:取患者腹泻的新鲜粪便或经 10% 甲醛溶液固定保存(4℃、1 个月内)的粪便,自然沉淀,用吸管吸取管底部粪便,于载玻片上涂成粪膜,自然干燥。

(2) 金胺-酚染色法初染:用甲醇固定 2~3 分钟,滴加 1g/L 金胺-酚染色液于晾干的粪膜上,10~15 分钟后水洗;滴加 3% 盐酸乙醇,1 分钟后水洗;滴加 5g/L 高锰酸钾液,1 分钟后水洗。

(3) 改良抗酸染色法复染:滴加苯酚复红染色液 1.5~10 分钟后水洗;滴加 10% 硫酸溶液,1~10 分钟后水洗;滴加 2g/L 孔雀绿溶液,1 分钟后水洗,待干;置显微镜下镜检。

(五) 阴道分泌物检查

1. 实验原理　阴道毛滴虫主要寄居在女性阴道,偶可侵入女性尿道、男性尿道或前列腺,也可侵及睾丸、附睾或包皮下组织。取阴道后穹隆分泌物、尿液沉淀物或前列腺液,用生理盐水涂片法或涂片染色法(瑞氏或吉氏染色)镜检,若查得本虫滋养体即可确诊。

2. 试剂与器材　棉签、阴道分泌物标本、生理盐水、载玻片、凹孔的载玻片、盖玻片、滴管、甲醇、瑞氏染液或吉氏染液、污物缸、消毒液,生物显微镜。

3. 悬滴法　① 先在一盖玻片周缘涂一薄层凡士林,中间滴 1~2 滴生理盐水;② 将阴道分泌物涂于生理盐水中;③ 翻转盖片小心覆盖在一具凹孔的载玻片上,稍加压使两片黏合,液滴即悬于盖片下面;④ 镜检。

4. 生理盐水直接涂片法　① 阴道分泌物棉拭子置于 1~2ml 生理盐水制成悬液;② 在玻片上滴 1 滴生理盐水,与分泌物悬液混匀;③ 盖上盖玻片镜检。

5. 涂片染色法　① 阴道分泌物生理盐水涂片,或经离心沉淀,取沉渣涂片;② 干燥玻片,甲醇固定;③ 瑞氏染色或吉氏染色;④ 干燥,镜检。

【实验报告】

每项检验方法在实验课学习完毕后,撰写实验报告(实验报告内容:1. 实验原理 2. 试剂与器材 3. 操作方法 4. 结果判断 5. 实验结果讨论)。

(李　华　戴翠萍　叶　薇)

第6节　医学节肢动物检验

实验1　医学节肢动物的形态观察

【目的要求】

1. **熟悉**　蚊,蝇,虱,白蛉,全沟硬蜱,蠕形螨、疥螨及尘螨成虫形态。
2. **了解**　蝇蛆形态。

【形态观察内容】

(一) 蚊

1. 蚊成虫玻片标本

(1) 中华按蚊、白蚊伊蚊、淡色库蚊针插标本:肉眼初步观察,用放大镜比较3种蚊的外形、体色、翅上有无白斑等,并根据触角长短、触角与触须的比例鉴别雌、雄蚊。

(2) 雌、雄蚊头部玻片标本:体视镜下观察其复眼、触角、触须和喙的结构。

(3) 蚊翅玻片或大体标本:观察蚊翅上鳞片,翅脉的走向特征,观察中华按蚊翅前缘脉上白斑数目及位置。

(4) 蚊口器玻片标本:观察刺吸式口器的构成和特点。

2. 蚊卵玻片标本　体视镜下观察蚊卵的形态,大小,有无浮囊及卵的排列方式,并根据这些特点鉴定其蚊属。

3. 蚊幼虫玻片标本　体视镜下观察幼虫有无呼吸管及其形状,掌状毛的有无及形状,蛹的外形及呼吸管的形状,开口部的形态特征。

(二) 蝇

1. 蝇成虫针插标本　舍蝇、大头金蝇、丝光绿蝇、麻蝇的针插标本。注意观察舍蝇、大头金蝇、丝光绿蝇、麻蝇,比较其虫体大小、体色及与分类有关的主要体征。

2. 蝇头部玻片标本　低倍镜下观察蝇的复眼、单眼,根据复眼间距鉴别雌、雄。观察触角、触角芒及喙的位置。

3. 蝇的爪垫玻片标本　低倍镜下观察爪垫的形态和其上的细毛。

4. 蝇卵、幼虫、蛹的瓶装浸制标本　观察一般形态特征。

(三) 蚤

人蚤雌雄成虫玻片标本:低倍镜下观察,成蚤体型小,黄褐色,体长通常为1~3mm,雌蚤较长,雄蚤稍短,虫体两侧扁平,无翅,有眼或无眼。体表各部分具有鬃、刺和栉,均向后方生长。头部略呈三角形,触角3节位于触角窝内。头部腹面具有刺吸式口器,由针状的下颚内叶1对和内唇组成食物管,外包以分节的下唇须形成喙。有的种类颊部边缘具有若干粗壮的颊栉。胸部分成3节，有些种类前胸背板后缘具有前胸栉。3对足长而发达，基节粗壮，善于跳跃，故俗称跳蚤。腹部10节。雄蚤第8、9腹节，雌蚤第7~9腹节特化为外生殖器。第8节上的臀板为感觉器官，略呈圆形，板上有若干杯状凹陷，并且各具1根细长鬃和许多小刺。雌蚤在第7~8腹板的位置上可见几丁质较厚的受精囊。雌蚤受精囊形状与雄蚤外生殖器形状均因种而异，是分类的重要依据。

（四）虱

虱成虫玻片标本：低倍镜下形态观察，人虱成虫背腹扁平，虫体分头、胸、腹三部分，胸部3节融合，身体狭长，灰白色，雌虫长约4.5mm，雄虫稍小。头部呈菱形触角1对，眼1对，明显向外突出，位于触角后方。口器为刺吸式，位于咽下的口针囊内，吸血时伸出。足跗节仅1节，末端有爪；胫节末端内侧有一指状胫突，与爪相对构成强有力的抓握器，便于握紧宿主的毛发或衣服纤维。腹部分9节，但通常仅见7节。雄虱末端钝圆，近似"V"形，有交合刺伸出雌虱体末呈"W"形。人体虱与人头虱差别较小，一般人体虱较大，体色较淡，灰白色，触角细长。

（五）白蛉

白蛉成虫玻片标本：低倍镜下形态观察，成虫体小，长1.5~4.5mm。全身密被灰黄色细毛。头部球形，有1对大而黑的复眼；1对触角细长而明显；下颚须1对，在头下向后弯曲；刺吸式口器约与头等长，雌蛉口器发育完善，雄蛉口器发育不全。口腔内多有口甲和色板，咽内有咽甲，这些特征是白蛉分类的重要依据。胸部多毛，背面隆起呈驼背状。1对翅狭长而尖，翅上多长毛，停息时两翅向背面竖立，与躯体约呈45°角。腹部背面第2~6节有毛。足细长，足上有毛。腹部分10节，前7节相似，背面有长毛，第1节的长毛均竖立，第2~6节的长毛在不同蛉种竖立和(或)平卧。因此将白蛉分为竖立毛、平卧毛与交杂毛三大类。

（六）全沟硬蜱

1. 成虫（玻片标本） 体视镜投影观察，颚体位于躯体前端，从背面可见，由颚基、口下板、1对螯肢及1对须肢组成。颚基与躯体的前端相连接，为骨化区，呈六角形、矩形或方形；雌蜱的颚基背面有1对孔区。螯肢1对，从颚基背面中央伸出，为刺割器。口下板1块，位于螯肢腹面，与螯肢合拢时形成口腔。口下板腹面有倒齿。螯肢的两侧有须肢，由4节组成。躯体呈长圆形，暗褐色，表皮革质，弹性极大，两侧对称。躯体背面有背板，雄蜱躯体背面几乎全部为背板所覆盖，雌虫背板仅占背面前部。腹面有足4对，每足6节，即基节、转节、股节、胫节、膝节和跗节。跗节末端有爪和爪垫。第1对足跗节背面有哈氏器。生殖孔位于腹面的前半。肛门位于躯体的后部，有肛沟。位于第4对足基节的后外侧有1对气门。

2. 若虫及幼虫（玻片标本） 体视镜投影观察，足4对，幼虫形似若虫，但体小，足3对。

3. 卵（玻片标本） 体视镜投影观察，呈球形或椭圆形，大小为0.5~1mm，常堆集成团。

（七）蠕形螨

实验检查需通过对患者面部皮肤(鼻梁沟等处)用透明胶纸在睡前粘贴至次晨取下镜检蠕形螨。

1. 成虫（玻片标本） 低倍镜观察，毛囊蠕形螨和皮脂腺蠕形螨形态基本相似。虫体细长呈蠕虫状，半透明，乳白色。成虫体长0.1~0.4mm，雄虫略小于雌虫。身体分颚体、足体和末体三部分。颚体位于虫体前端，宽短呈梯形，有一刺吸式口器，针状螯肢1对，须肢分3

节,端部具须爪;足体腹面有足 4 对,粗短呈芽突状;4 对足基节与躯体愈合成 4 对基节板,其余各节均很短,呈套筒状。雄虫的阴茎位于足体背面的第 2 对足之间,雌虫的阴道在腹面第 4 对足之间。末体细长,表皮具有环形皮纹;毛囊蠕形螨较长,末端较钝圆,末体占躯体长度的 2/3~3/4;皮脂腺蠕形螨较粗短,末端呈锥形,末体占躯体长度的 1/2。

2. 幼虫及若虫(玻片标本)　高倍镜观察,虫体细长,有足 3 对,若虫与成虫形态相似,惟生殖器官发育尚未成熟。

3. 卵(玻片标本)　高倍镜观察,无色半透明,呈蘑菇状或蝌蚪状。

(八) 疥螨

挑选早期丘疹,滴少许石蜡油或普通镜油于皮损上,然后用消毒后的外科刀在皮损表面稍为使劲刮数下,直至油内出现小血点为度,最后移放到油载玻片上实施镜检。

1. 成虫(玻片标本)　低倍镜观察,大小为(0.3~0.5)mm×(0.25~0.4)mm,乳白或淡黄色,体类圆形,背面隆起,腹面偏平。颚体短小位于前端。螯肢钳状,尖端有小齿,须肢分 3 节。背面有横形的波状横纹、成列的鳞状皮棘及成对的粗刺、刚毛和长鬃;腹面有粗短的圆锥形足 4 对。前两对足的末端有具长柄的爪垫即吸垫;后两对足的末端,雌虫均为长刚毛,而雄虫的第 4 对足末端具吸垫。

2. 卵(玻片标本)　低倍镜观察,呈长椭圆形,淡黄色,壳很薄,大小为 180μm×80μm。

(九) 尘螨

成虫(玻片标本):低倍镜观察,呈长椭圆形,白色粉末状,成螨长 120~500μm。躯体角皮薄,半透明,背面体表有不密但较长的体毛;躯体前端背面有盾板,上具鬃毛。螯肢 1 对,呈钳状,位于颚体前方中央。足 4 对,跗节末端有爪。雌螨有一发达的外覆生殖瓣的产卵孔,中央纵裂状,在躯体后缘有一交合囊,无肛吸盘及跗吸盘。雄螨有阴茎、肛吸盘及跗吸盘。

实验 2　医学节肢动物的检验技术

【目的要求】

1. 掌握　检查疥螨的针挑法、刮片法及检查蠕形螨挤压涂片法、透明胶纸法的操作过程。

2. 熟悉　检查疥螨的针挑法、刮片法及检查蠕形螨的挤压涂片法、透明胶纸法的实验所需试剂与器材,实验结果的观察。

3. 了解　检查疥螨的针挑法、刮片法及检查蠕形螨挤压涂片法透明胶纸法的实验原理。

【操作内容】

(一) 疥螨的检查法

1. 针挑法

(1) 实验原理:疥螨寄生在宿主表皮层的深处,以角质层和淋巴液为食,并以螯肢和前跗爪挖掘一条与皮肤平行的蜿蜒隧道。隧道的盲端常有虫体隐藏,呈针尖大小的灰白小点。

(2) 试剂与器材:解剖镜、消毒针、液体石蜡、载物玻片、放大镜或光学显微镜。

(3) 操作方法:针挑法适用于皮损为隧道或水疱。首先在解剖镜下仔细观察隧道,然后于盲端处找出淡黄色虫点。疥疮用消毒针头从侧旁刺入,在其底部把虫体挑出,置于滴加液体石蜡的载物玻片上用放大镜或显微镜检查。若有水疱者,这种疥疮的检测多在疱边缘处可找到虫点,按上面方法把它挑出进行检查。

2. 刮片法

(1) 实验原理:同针挑法。

(2) 试剂与器材:石蜡油或普通镜油、外科刀、油载玻片、光学显微镜。

(3) 操作方法:挑选早期丘疹,滴少许石蜡油或普通镜油于皮损上,然后用消毒后的外科刀在皮损表面稍为使劲刮数下,直至油内出现小血点为度,最后移放到油载玻片上实施镜检。

(二) 蠕形螨的检查法

1. 挤压涂片法

(1) 实验原理:人体蠕形螨寄生于人体的毛囊或皮脂腺内,以宿主细胞和皮脂腺分泌物、皮脂、角质蛋白和细胞代谢物为其营养来源。

(2) 试剂与器材:痤疮压迫器、载玻片、光学显微镜。

(3) 操作方法:先消毒受检部位皮肤,再采用消毒后的痤疮压迫器刮取,或用干净手指挤压,或用沾水笔尖后端等器材刮取,将刮出物置于载玻片上,加 1 滴甘油,铺开,加盖玻片镜检。

2. 透明胶纸法

(1) 实验原理:同挤压涂片法。

(2) 试剂与器材:透明胶纸、载玻片、石蜡油、光学显微镜。

(3) 操作方法:睡觉前清洗脸部后,再用透明胶纸粘贴于面部的鼻、鼻沟、额、颧及颊部等处,至次晨取下明胶纸贴于载玻片上,滴加 1 滴石蜡油镜检。此法简便无痛苦。检出率与胶纸的黏性、粘贴的部位、面积和时间有关。

【实验报告】

每项检验方法在实验课学习完毕后,撰写实验报告(实验报告内容:1. 实验原理 2. 试剂与器材 3. 操作方法 4. 结果判断 5. 实验结果讨论)。

(员建武 朱炳生)

第 7 节 寄生虫的免疫学检验技术

一、皮内抗原试验

1. 实验原理 皮内抗原试验是寄生虫变应原刺激宿主后,机体产生特异性抗体(IgE),当将同样抗原注入皮内与抗体结合后,导致肥大细胞和嗜碱粒细胞脱颗粒,释放生物活性介质,引起注射部位局部出现红肿。此试验属于超敏反应,操作简单,反应较快,敏感性较高,有一定的特异性,是寄生虫检验应用较早也较为广泛的一种免疫检测技术。

2. 操作方法　将适宜浓度的无菌皮试抗原0.03ml,注射入消毒后的前臂屈面表皮内层形成皮丘。在邻近处或另一手臂同样注射生理盐水皮丘作为对照,15分钟后观察结果。

3. 结果判定　阳性:皮丘红肿,硬结直径大于1.5cm,红晕范围直径超过4cm,有时出现伪足或有痒感。阴性:局部无红肿、无异常全身反应。

4. 临床意义　皮内试验用于多种寄生虫病的检测,如血吸虫病、卫氏并殖吸虫吸虫病等。最常用于血吸虫病的调查,操作简单,并且可即时观察结果,适宜现场应用。大多用粗制可溶性血吸虫虫卵抗原(稀释度为1:4000)或成虫冷浸抗原(稀释度为1:8000)敏感性高,其阳性率在93%~97%,但有部分假阳性反应(2.1%~3.5%),并且对其他寄生虫病交叉反应较高。皮内试验可用作:①过筛方法,先做皮试,阳性者再做进一步追查;②临床辅助诊断;③考核预防效果,用作检查新感染的方法,特别对儿童。

▶▶ 二、环卵沉淀试验

1. 实验原理　环卵沉淀试验是以血吸虫整卵为抗原的特异免疫血清学试验,卵内毛蚴或胚胎分泌排泄的抗原物质经卵壳微孔渗出与检测血清内的特异抗体结合,可在虫卵周围形成特殊的复合物沉淀,在光镜下判读反应强度并计数反应卵的百分率称环沉率。

2. 操作方法　常规法用载玻片或凹玻片进行,加样本血清后,挑取适量鲜卵或干卵(100~150个,从感染动物肝分离),覆盖24mm×24mm盖片,四周用石蜡密封,37℃保温48小时后,低倍镜观察结果,必要时需观察72小时的反应结果。

3. 结果判定　典型的阳性反应为泡状、指状、片状或细长卷曲状的折光性沉淀物,边缘整齐,与卵壳牢固粘连。阴性反应必须观察全片;阳性者观察100个成熟卵,计环沉率及反应强度比例。环沉率是指100个成熟虫卵中出现沉淀物的虫卵数。凡环沉率≥5%者可报告为阳性(在基本消灭和消灭血吸虫病地区环沉率≥3%者可判为阳性),1%~4%者为弱阳性。环沉率在治疗上具有参考意义。

分级强度判定:

"-"折光淡,与虫卵似连非连:"影状"物(外形不甚规则,低倍镜下有折光,高倍镜下为颗粒状)及出现直径小于10μm的泡状沉淀物者,皆为阴性。

"+"虫卵外周出现泡状沉淀物(>10μm),累计面积小于虫卵面积的1/2;或呈指状的细长卷曲样沉淀物,不超过虫卵的长径。

"++"虫卵外周出现泡状沉淀物的面积大于虫卵面积的1/2;或细长卷曲样沉淀相当或超过虫卵的长径。

"+++"虫卵外周出现泡状沉淀物的面积大于虫卵本身面积;或细长卷曲样沉淀物相当或超过虫卵长径的2倍。

4. 临床意义　COPT可作为诊断血吸虫病的血清学方法之一,以及临床治疗患者的依据;可用作考核治疗和防治效果的方法;并且用于血清流行病学调查及监测疫情的方法。

▶▶ 三、酶联免疫吸附试验

酶联免疫吸附试验是把抗原或抗体结合到某种固相载体表面,并保持其免疫活性,也就是形成固相抗原或抗体;将抗原或抗体与酶连接成酶标记抗原或抗体,它既保留了免疫活性,又保留了酶的活性;测定时将受检样品(含待测抗原或抗体)和酶标记抗原或抗体按一定程序与结合在固相载体上的抗原或抗体反应形成固相化抗原抗体-酶复合物;用洗涤的方法将固相载体上形成的抗原抗体-酶复合物与其他成分分离,结合在固相载体上的酶量与标本中受检物质的量成一定的比例;加入底物后,底物被固相载体上的酶催化生成有色产物,通过定性或定量检测有色产物的量即可确定样品中待测物质的含量。

附:用酶联免疫法检测弓形虫 IgM 抗体

以下以弓形虫 IgM 抗体检测试剂盒(酶联免疫法)为例。

【产品名称】

通用名称:弓形虫 IgM 抗体检测试剂盒(酶联免疫法)　　英文名称:ELISA

【包装规格】

48 人份/盒　96 人份/盒

【预期用途】

本试剂盒用于检测血清或血浆中是否含有弓形虫 IgM 抗体,用于辅助诊断患者是否感染了弓形虫。

【检验原理】

本试剂盒采用鼠抗人 IgG(抗 μ 链)单克隆抗体包被微孔条,辣根过氧化物酶(HRP)标记基因工程表达的弓形虫特异性抗原为示踪物,TMB 显色系统,捕获法检测人的血清或血浆中弓形虫 IgM 抗体。

【主要组成成分】

	半成品名称	主要组分	规格
1	抗 μ 链反应板	鼠抗人 IgG 抗体	4×12 孔/8×12
2	弓形虫-IgM 酶结合物	HRP 标记弓形虫-抗原	1 瓶(6.5ml/13ml)
3	弓形虫-IgM 阴性对照	山羊血清	1 瓶(1ml)
4	弓形虫-IgM 阳性对照	弓形虫-IgM 阳性血清	1 瓶(1ml)
5	浓缩洗涤液(20*)	磷盐酸	1 瓶(4ml/8.5ml)
6	底物液 A	过氧化氢溶液	1 瓶(4ml/8.5ml)
7	底物液 B	TMB	1 瓶(4ml/8.5ml)
8	终止液	硫酸	1 瓶(4ml/8.5ml)
9	塑封袋		1 个
10	封板膜		2 贴
11	说明书		1 份

【储存条件和有效期】

试剂盒应置 2~8℃中避光保存,有效期 12 个月。

【样本要求】

血清样本按照常规方法有静脉采集,血浆标本可采用常规用量的肝素或枸橼酸钠抗凝。5 天内测定的标本可放置 4℃保存,标本放置在-20℃至少可保存 3 个月。标本避免溶血或反复冰冻。混浊或有沉淀的标本应离心或过滤澄清后再检测。需保存的血清在采集保存过程中应注意无菌操作。

【检验方法】

1. **平衡** 同时从冷藏环境中取出试剂盒，在室温下平衡30分钟后使用。
2. **配制** 将浓缩洗涤液做用蒸馏水活去离子水作20倍稀释备用。
3. **设定** 每次试验应预设空白对照1孔（暂不加任何试剂）、阴性对照3孔、阳性对照2孔。
4. **加样** 按顺序在各板孔中分别加入20μl待测标本和阴、阳性对照。
5. **加酶** 依次向每孔加入100μl酶结合物（空白孔不加），震荡混匀。
6. **温育** 在反应板上盖封板膜，置37℃温箱或水浴锅中，反应60分钟。
7. **洗板** 将孔内液体甩干，在各反应孔加入稀释后的洗涤液300μl，静止15秒钟，弃洗涤液；如此洗涤5次，最后一次扣干反应板。
8. **显色** 每空依次加底物A、B液各50μl（包括空白对照孔），加盖封板膜，震荡混匀。37℃避光显色15分钟。
9. **终止** 每孔加入终止液各50μl（包括空白对照孔），震荡混匀终止反应。
10. **测定** 用空白对照孔调零，并尽快用酶标仪单波长450nm测定各孔OD值。有可用双波长450nm/630~690nm测定各孔OD值。

参考值：

临界值=0.10+阴性对照OD值（阴性对照OD平均值≤0.05按0.05计算）

【检验结果的解释】

测定标本OD值≥临界值时为抗弓形虫-IgM抗体阳性。

测定标本OD值<临界值时为抗弓形虫-IgM抗体阴性。

阳性对照OD值≥1.0且阴性对照OD值≤0.1时试验有效，否则需重新检验。

【检验方法的局限性】

该实验方法仅适用于定性检测和辅助诊断，确认感染弓形虫须同时结合患者的临床表现或进一步结合其他方法来进行。

【产品的性能指标】

应使用企业参考品进行检测，其中阴性参考品血清、阳性参考品血清应符合阴阳参考品血清的要求，最低检出限应符合最低检出限血清的检测要求，精密度（CV%）不高于15%，37℃±1℃放置6天产品性能稳定。血清中三酰甘油含量高于4mmol/L、胆红素含量高于150.0μmol/L、血红蛋白高于2.0g/L时会对检验结果产生影响，不得使用本试剂盒检测。

注意事项：

1. 检测标本尽量避免反冰冻、融血或长菌。否则可能会影响检测结果。
2. 不同批号不同品种的试剂不能混用；封板膜不能重复使用。
3. 各种实际使用前要混匀，部分溶液（如洗液等）如有结晶析出，轻微加热或摇匀溶解后不影响使用结果。
4. 请严格按照说明书操作，严格控制反应时间和反应温度，各种反应也均需用加液器加注，并经常矫对其准确性。
5. 反应版开封后如不能一次性用完时，将剩余板条和干燥剂同时放入塑料袋内封好，置2~8℃可短期保存。

6. 处理标本、废液、阳性对照等均应按传染性污染物处理(试剂盒内的对照血清已进行灭活处理),121℃高温蒸汽灭菌 30 分钟或用 5.0g/L 次氯酸钠等消毒剂处理 30 分钟后废弃。

【实验报告】

每项检验方法在实验课学习完毕后,撰写实验报告(实验报告内容:1. 实验原理 2. 试剂与器材 3. 操作方法 4. 结果判断 5. 实验结果讨论)。

(李福玲)

参 考 文 献

曹励民．2010．寄生虫学检验．第3版．北京：人民卫生出版社
曹宁．2015．病原生物学和免疫学．北京：高等教育出版社
陈佩惠．2002．人体寄生虫学．第5版．北京：人民卫生出版社
陈兴保．2006．病原生物学和免疫学．第5版．北京：人民卫生出版社
陈育民，罗江灵．2011．病原生物学与免疫学．第2版．西安：第四军医大学出版社
何蔼．2012．人体寄生虫学实验指导．第2版．北京：人民卫生出版社
陆予云，丁丽，吴秀珍．2012．寄生虫检验技术．武汉：华中科技大学出版社
罗萍．2014．寄生虫学检验．北京：高等教育出版社
皮至明．2014．免疫学及免疫检验技术．北京：高等教育出版社
仇锦波．2003．寄生虫学检验．第2版．北京：人民卫生出版社
沈继龙，张进顺．2012．临床寄生虫学检验．第4版．北京：人民卫生出版社
汪世平．2004．医学寄生虫学．第8版．北京：高等教育出版社
王兰兰，许化溪．2011．临床免疫学检验．北京：人民卫生出版社
吴观陵．2013．人体寄生虫学．第4版．北京：人民卫生出版社
肖纯凌，赵富玺．2014．病原生物学和免疫学．第7版．北京：人民卫生出版社
徐国成，韩秋生，王继春．2011．人体寄生虫学彩色图谱．北京：人民军医出版社
詹希美．2010．人体寄生虫学．第2版．北京：人民卫生出版社
张进顺，高兴政．2009．临床寄生虫检验学．北京：人民卫生出版社
赵建玲．2013．临床寄生虫学检验实验．武汉：华中科技大学出版社
祖淑梅，潘丽红．2007．医学免疫学与病原生物学．北京：科学出版社

《寄生虫检验技术》教学大纲

▶▶ 一、课程性质和任务

《寄生虫检验技术》课程是医学检验技术专业的核心课程之一，其内容也是医学检验职业资格考试必考内容，故为医学检验技术专业必修的一门专业主干课程。学好本课程，对于学生今后在临床检验实际工作中，掌握对人体常见寄生虫的基本理论知识，寄生虫感染病变准确的选择检验方法，熟练地进行各种实验操作技能至关重要。同时，对于学习者日后通过医学检验职业资格考试也尤为重要。本课程主要学习和掌握人体寄生虫的医学原虫、医学蠕虫、医学节肢动物等基本理论知识。掌握医学原虫、医学蠕虫、医学节肢动物的临床常用主要实验诊断方法。使学生学习本课程后，能掌握本学科的基本理论知识和常用实验操作技能，为培养学生对人体寄生虫与寄生虫感染性疾病实验诊断工作能力及全面素质的提高奠定基础。

▶▶ 二、课程教学目标

（一）知识学习教学目标

（1）掌握：寄生虫与宿主、中间宿主、终宿主、保虫宿主、生活史、感染阶段、消除性免疫、带虫免疫、伴随免疫、世代交替、生物源性蠕虫和土源性蠕虫的基本概念；寄生虫对人体损害方式；寄生虫病流行基本环节。

（2）掌握：各种蠕虫虫卵、幼虫，各种原虫的形态特点；各种寄生虫生活史过程及实验诊断方法。

（3）熟悉：寄生虫分类及人体常见寄生虫种类；各种寄生虫的流行与防治。

（4）了解各种寄生虫的致病机制与所致疾病；寄生虫抗原的制备；寄生虫病实验诊断的 DNA 检测技术与 PCR 技术。

（二）技能培养教学目标

（1）掌握：显微测量法技能；粪便直接涂片法找虫卵、原虫技能；饱和盐水浮聚法和沉淀集卵法找虫卵技能；薄血片法找疟原虫、厚血片法找微丝蚴技能；肌肉压片法找旋毛形线虫囊包蚴技能；痰液涂片找虫卵、阴道分泌物涂片找原虫技能。

（2）熟悉：粪便厚涂片法找虫卵与计数；粪便毛蚴孵化法；肛门胶纸法找虫卵；钩蚴培养法等实验方法；疥螨、蠕形螨检查方法。

（三）思想教育目标

（1）通过基本理论知识与基本技能方法的学习，培养学生认真、仔细、耐心、负责的敬业精神。

（2）通过临床实践学习，培养学生热爱医学检验技术专业，并在今后从事医学检验工作生涯中,做到实事求是的科学工作态度。

(3) 通过专业知识、人文知识和相关法律法规等知识的学习,培养学生具有良好的职业道德、人际沟通能力和团队精神。

(4) 培养学生刻苦的学习态度、敢于创新的精神、创新的能力。

▶ 三、教学内容和要求

教学内容	教学要求			教学活动参考
	了解	理解	掌握	
第1章 绪论				理论讲授
一、寄生、寄生虫与宿主			√	多媒体演示
二、寄生虫与宿主的相互作用			√	
三、寄生虫病的流行与防治			√	
四、寄生虫感染的诊断方法		√		
五、实验室诊断中的生物安全	√			
第2章 线虫纲				理论讲授
一、似蚓蛔线虫、蠕形住肠线虫、十二指肠钩口线虫和美洲板口线虫、班氏吴策线虫和马来布鲁线虫、旋毛形线虫的形态;生活史;实验诊断方法			√	多媒体演示
二、似蚓蛔线虫、蠕形住肠线虫、十二指肠钩口线虫和美洲板口线虫、班氏吴策线虫和马来布鲁线虫、旋毛形线虫致病;流行;防治原则		√		实验室观察示教标本
三、其他线虫;毛首鞭形线虫、粪类圆线虫、结膜吸吮线虫、广州管圆线虫		√		实验室观察实验项目操作示教
四、线虫的检验技术			√	实验室学习实验项目操作
第3章 后棘头虫纲	√			理论讲授
猪巨吻棘头虫				多媒体演示
第4章 吸虫纲				理论讲授
一、华支睾吸虫、卫氏并殖吸虫、斯氏狸殖吸虫、日本血吸虫、布氏姜片吸虫的形态;生活史;实验诊断方法			√	多媒体演示 实验室观察示教标本
二、华支睾吸虫、卫氏并殖吸虫、斯氏狸殖吸虫、日本血吸虫、布氏姜片吸虫的致病;流行;防治原则		√		实验室观察实验项目操作示教
三、吸虫的检验技术			√	实验室学习实验项目操作
第5章 绦虫纲				理论讲授
一、链状带绦虫、肥胖带绦虫、细粒棘球绦虫、微小膜壳绦虫、曼氏迭宫绦虫的形态;生活史;实验诊断方法			√	多媒体演示 实验室观察示教标本
二、链状带绦虫、肥胖带绦虫、细粒棘球绦虫、曼氏迭宫绦虫、微小膜壳绦虫的致病;流行;防治原则		√		实验室观察实验项目操作示教
三、绦虫的检验技术			√	实验室学习实验项目操作
第6章 叶足纲				理论讲授
一、溶组织内阿米巴形态;生活史;实验诊断方法			√	多媒体演示
二、溶组织内阿米巴致病;流行;防治原则		√		实验室观察示教标本

续表

教学内容	教学要求			教学活动参考
	了解	理解	掌握	
三、其他阿米巴		√		实验室观察实验项目操作示教
四、原虫检验技术			√	实验室学习实验项目操作
第7章 动鞭毛纲				理论讲授
一、阴道毛滴虫、蓝氏贾第鞭毛虫、杜氏利什曼原虫的形态;生活史;实验诊断方法			√	多媒体演示
二、阴道毛滴虫、蓝氏贾第鞭毛虫、杜氏利什曼原虫的致病;流行;防治原则		√		实验室观察示教标本
三、其他人体寄生鞭毛虫:人毛滴虫、口腔毛滴虫	√			实验室观察实验项目操作示教
四、原虫检验技术			√	实验室学习实验项目操作
第8章 孢子纲				理论讲授
一、疟原虫、刚地弓形虫、隐孢子虫形态;生活史;实验诊断方法			√	多媒体演示
二、疟原虫、刚地弓形虫、隐孢子虫的致病;流行;防治原则		√		实验室观察示教标本
三、其他人体寄生孢子虫:肉孢子虫、贝氏等孢球虫	√			实验室观察实验项目操作示教
四、原虫检验技术			√	实验室学习实验项目操作
第9章 动基裂纲				理论讲授
结肠小袋纤毛虫	√			多媒体演示
				实验室观察示教标本
第10章 昆虫纲				理论讲授
一、蚊、蝇蛆、蚤、虱、白蛉的发育与变态,对人体的危害		√		多媒体演示
二、昆虫纲节肢动物的检验技术			√	实验室观察示教标本
第11章 蛛形纲				理论讲授
一、蜱、恙螨、疥螨、蠕形螨、尘螨的发育与变态,对人体的危害		√		多媒体演示
二、其他常见医学螨类:革螨、蒲螨	√			实验室观察示教标本
三、蛛形纲节肢动物的检验技术			√	
第12章 其他检验技术				多媒体演示
第1节 显微镜测微尺使用方法			√	实验室观察示教标本
一、测微尺的构造				实验室观察实验项目操作示教
二、测微尺使用				实验室学习实验项目操作
第2节 原虫的人工培养方法	√			
一、溶组织内阿米巴的人工培养				
二、阴道毛滴虫的人工培养				
第3节 动物感染与保种方法	√			
一、旋毛形线虫				
二、弓形虫				
三、利什曼原虫				

续表

教学内容	教学要求			教学活动参考
	了解	理解	掌握	
第4节 免疫学诊断方法				
一、皮内抗原试验		√		
二、环卵沉淀试验		√		
三、尾蚴膜试验	√			
四、酶联免疫吸附试验			√	
五、斑点金免疫层析试验			√	
第5节 分子生物学诊断技术				
一、DNA探针技术	√			
(一) DNA探针技术的基本原理				
(二) DNA探针的来源与制备				
(三) DNA探针的标记				
(四) DNA探针的杂交方法				
(五) 杂交信号的检测				
(六) DNA探针技术的应用				
二、PCR技术	√			
(一) PCR技术的基本原理				
(二) PCR反应的典型操作				
(三) PCR技术的特点				
(四) PCR引物设计的一般原则				
(五) PCR技术的发展				
(六) PCR技术的应用				
第6节 标本的固定和保存		√		
一、蠕虫标本的固定与保存				
二、原虫标本的固定与保存				
三、节肢动物标本的保存				
第7节 检验技术常用试剂配制				
一、蠕虫检验试剂			√	
二、原虫检验试剂			√	
三、节肢动物检验试剂			√	
四、免疫学诊断试剂	√			
(一) 皮内抗原试验				
(二) 环卵沉淀试验				
(三) 酶联免疫吸附试验				
(四) 斑点金免疫层析试验				
五、标本的固定和保存试剂			√	
(一) 常用固定液和保存液				
(二) 蠕虫标本的固定与保存				
(三) 原虫标本的固定与保存				
(四) 昆虫标本的保存				

四、教学大纲说明

(一)适用对象与参考学时

本教学大纲可供 3 年制高职高专。或 3+2 中、高职衔接医学检验技术专业的学生学习使用。总学时为 50 学时,其中理论教学 25 学时,实践教学 25 学时。

(二)教学要求

1. 本课程对理论教学部分要求有掌握、理解、了解三个层次。掌握是指对《寄生虫学检验》课程中所学的基本知识、基本理论具有深刻的认识,并能灵活地应用所学知识分析、解释实际工资临床问题。理解是指能够解释、领会概念的基本含义并会应用所学技能。了解是指能够简单理解、记忆所学知识。

2. 本课程突出以培养能力为本位的教学理念,在实践技能方面分为熟练掌握和学会两个层次。熟练掌握是指能够独立娴熟地进行正确的实践技能操作。学会是指能够在教师指导下进行实践技能操作。

(三)教学建议

1. 在教学过程中要积极采用现代化教学手段,加强直观教学,充分发挥教师的主导作用和学生的主体作用。注重理论联系实际,并组织学生开展必要的临床案例分析讨论,以培养学生分析问题和解决问题的能力,使学生加深对教学内容的理解和掌握。

2. 实践教学要充分利用教学资源、案例分析讨论等教学形式,充分调动学生学习的积极性和主观能动性,强化学生的动手能力和专业实践技能操作。

3. 教学评价应通过实验报告、课堂提问、布置作业、单元目标测试、案例分析讨论、期末实验考核与理论考试等多种形式,对学生进行学习能力、实践能力和应用新知识能力的综合考核,以期达到教学目标提出的各项任务。

五、学时分配建议(50 学时)

序号	教学内容	学时数		
		理论	实践	合计
1	绪论	1.5		1.5
2	线虫纲寄生虫	4	6	10
3	后棘头虫纲寄生虫	1		1
4	吸虫纲寄生虫	3.5	7	10.5
5	绦虫纲寄生虫	3	1	4
6	叶足纲寄生虫	2	2	4
7	动鞭毛纲寄生虫	3	1	4
8	孢子纲寄生虫	3	3	6
9	动基裂纲寄生虫	1	1	2
10	昆虫纲节肢动物	1.5	1	2.5
11	蛛形纲节肢动物	1.5	1	2.5
12	显微镜测微尺使用方法		2	2
	合计	25	25	50

目标检测选择题参考答案

第 1 章
1. C 2. B 3. D 4. C 5. A 6. B 7. D 8. A 9. D 10. D 11. D 12. A 13. B 14. A
15. B 16. C 17. A 18. D 19. E 20. A 21. C 22. C 23. C 24. B 25. D 26. E
27. E 28. A 29. D 30. E

第 2 章
1. C 2. B 3. D 4. D 5. B 6. A 7. E 8. B 9. C 10. E

第 3 章
1. D 2. B 3. C

第 4 章
1. E 2. D 3. D 4. D 5. A 6. E 7. D 8. C 9. B 10. E

第 5 章
1. A 2. B 3. A 4. E 5. C 6. C 7. D 8. E 9. A 10. B

第 6 章
1. B 2. A 3. D 4. B 5. B 6. C 7. C 8. E 9. A 10. D

第 7 章
1. B 2. C 3. B 4. C 5. D 6. B 7. B 8. B 9. B 10. A 11. E 12. E 13. D 14. D
15. D 16. E 17. A

第 8 章
1. C 2. D 3. E 4. D 5. A 6. D 7. E 8. D 9. B 10. B 11. C 12. A 13. E 14. C
15. E 16. B 17. E 18. A 19. E 20. A

第 9 章
1. B 2. D 3. B

第 10 章
1. B 2. C 3. E 4. A 5. D 6. B 7. C 8. E 9. B 10. A

第 11 章
1. D 2. B 3. D 4. A 5. D 6. B 7. C 8. A 9. B 10. A

第 12 章
1. D 2. C 3. A 4. B 5. A 6. E 7. B 8. C 9. D 10. B